Jürgen Schebera

Kurt Weill

1900–1950

Eine Biographie in Texten, Bildern und Dokumenten

SCHOTT

Mainz · London · New York · Tokyo

Die vorliegende Biographie entstand mit Unterstützung der Kurt Weill Foundation for Music, New York.

Die Verwendung von Auszügen aus der Korrespondenz von Kurt Weill erfolgte mit freundlicher Genehmigung der Kurt Weill Foundation for Music, New York sowie der Universal Edition Wien.

Bestellnummer: ED 7678

QM Library
23 1371895 5

GOETHE
INSTITUT
LONDON

Kurt Weill

1900–1950

Eine Biographie

INHALT

EINLEITUNG

Als der Komponist Kurt Weill am 3. April 1950 im New Yorker Flower Hospital an den Folgen einer Koronarthrombose gestorben war, schien es für mehr als zwei Jahrzehnte, als würden von seiner Musik nur einige »Ohrwürmer« überleben, die man mittlerweile in Europa und in den USA auf der Straße pfiff – von *Mackie Messer* bis *Septembersong.* Der Dramatiker Maxwell Anderson hatte in seiner Rede auf dem Gedenk-Konzert am 10. April die Rezeptionsschwierigkeiten der fünfziger und sechziger Jahre vorausgeahnt, als er sagte: »Wie groß Kurt Weill als Komponist war, wird die Welt erst allmählich entdecken – denn er war ein weitaus größerer Musiker, als man heute denkt. Es werden Jahre, Jahrzehnte nötig sein; aber wenn es eines Tages soweit ist, dann wird Kurt Weill als einer der wenigen bleiben, der große Musik geschrieben hat.«[1]

Seit dem Ende der siebziger Jahre hat nun eine bemerkenswerte Weill-Renaissance eingesetzt, die mit Aufführungen, Schallplatten und einer rasch wachsenden Literatur endlich den Blick auf das außerordentlich vielfältige Œuvre des Komponisten öffnet. Ein »klassisches« Instrumentalwerk, vor allem aus der frühen Phase des Busoni-Schülers, steht neben gewichtigen Arbeiten auf dem Gebiet des Kunstlieds und der Chorkomposition. Vor allem seine Arbeiten für die Bühne aber sind es, die Kurt Weill zu einem der großen Erneuerer und Avantgardisten des 20. Jahrhunderts werden ließen; sowohl auf dem Musiktheater der Weimarer Republik wie danach auf der so gänzlich andersgearteten Szene des Broadway.

Während der Arbeit an der »Broadway-Oper« *Street Scene* schrieb Weill 1946 rückschauend: »Seit ich mit 19 Jahren festgestellt hatte, daß das Theater meine eigentliche Domäne werden würde, habe ich ständig auf meine Weise versucht, die Formprobleme des Musiktheaters zu lösen; und im Verlauf der Jahre habe ich mich diesen Problemen auf sehr verschiedene Weise genähert.«[2]

In der Zusammenarbeit mit führenden Dramatikern seiner Zeit – von Georg Kaiser bis Bertolt Brecht, von Maxwell Anderson bis Elmer Rice – hat Kurt Weill sowohl in Deutschland als danach in den USA Werke geschaffen, die bei aller Wandlungsfähigkeit der Musik doch stets sein unverwechselbares Stilprinzip ausdrücken, wie er es kurz vor seinem Tode formulierte: »Ich habe gelernt, meine Musik direkt zum Publikum sprechen zu lassen, den unmittelbarsten, geradlinigsten Weg zu finden, um das zu sagen, was ich sagen möchte, und um es so einfach wie möglich zu sagen.«[3]

Kurt Weill teilte das Schicksal der meisten progressiven Künstler und Geistesschaffenden aus der Periode der Weimarer Republik. Mit der Errichtung der Hitlerdiktatur in Deutschland wurde er 1933, auf dem Gipfel des bisherigen Schaffens, aus seiner Heimat vertrieben. Als einem der ganz wenigen deutschen Emigranten gelang ihm in den USA die völlige Assimilation mit der amerikanischen Theaterszene, er wurde ein Komponist Amerikas. Seither beschäftigt die Frage nach den »zwei Weills« die Musikwelt, das – wenig produktive – gegenseitige Aufrechnen der europäischen und amerikanischen Werke. David Drew ist zuzustimmen, wenn er schreibt, daß man dem Komponisten wohl nur gerecht werden kann, »wenn man sein Werk als ein Ganzes betrachtet, und nicht nur einige Teile davon«.[4] In diesem Sinne möchte auch das vorliegende Buch einen Beitrag leisten.

Wegen der komplizierten Quellenlage war bis in die siebziger Jahre hinein die vorhandene Weill-Literatur kaum nennenswert. Erst 1975 legte der Londoner Musikwissenschaftler David Drew zwei Bände Schriften (von und über Weill) vor, die eine erste Auswahl des verstreuten Textmaterials boten. 1977 folgte ein Buch von Gottfried Wagner über die Zusammenarbeit von Weill und Brecht. In den USA erschien 1979 die tieflotende analytische Monographie *Kurt Weill in Europe* von Kim H. Kowalke. Drei biographische Arbeiten erschienen 1980 in den USA (von Ronald Sanders), 1982 in Großbritannien (von Douglas Jarman) und 1985 in Japan (von Tatsuji Iwabuchi und Erina Hayasaki).

Der Verfasser legte 1980 in der Reihe »Für Sie porträtiert« im Deutschen Verlag für Musik eine biographische Skizze vor, der er 1983 eine erste Biographie folgen ließ: *Kurt Weill – Leben und Werk* (mit einem Anhang: Texte von und über Kurt Weill).

Eine neue Phase für die Weill-Forschung begann nach dem Tode von Lotte Lenya 1981, als der gesamte umfangreiche Nachlaß des Komponisten und seiner Gattin gesichtet, systematisiert und für wissenschaftliche Nutzung archiviert wurde. Seit 1983, mit der Eröffnung des Weill-Lenya-Archivs an der Yale University, New Haven, sowie des Weill-Lenya Research Centers bei der Kurt Weill Foundation for Music in New York sind sämtliche Materialien (Autographe, Korrespondenz, Noten, Dokumente, Fotos, Programme usw.) zugänglich. Der gleichfalls seit 1983 zweimal jährlich in New York erscheinende »Kurt Weill Newsletter« informiert weltweit über neue Forschungsergebnisse sowie über Aufführungen, Notendrucke, Schallplatten und Bücher.

Eine erste internationale wissenschaftliche Konferenz zu Kurt Weill vereinte im November 1983 in New Haven Musikwissenschaftler aus vier Kontinenten. Der 1986 erschienene Band *A New Orpheus – Essays on Kurt Weill* mit den erweiterten Beiträgen der Konferenz darf als erstes Resultat dieser neuen Forschungsphase angesehen werden.

Von grundlegender Bedeutung war 1987 die Veröffentlichung *Kurt Weill. A Handbook* von David Drew, das im Ergebnis jahrzehntelanger Forschungsarbeit erstmals einen vollständigen Überblick zu sämtlichen Kompositionen Weills vorlegte. Weitere Quellenpublikationen sind in Arbeit: die Veröffentlichung des Briefwechsels Weill-Lenya; eine Auswahl aus der Korrespondenz Weills mit der Universal-Edition Wien; eine umfangreiche Edition der Gesammelten Schriften des Komponisten.

Der neue Forschungsstand ließ es geraten erscheinen, die rasch vergriffene Biographie von 1983 gründlich zu überarbeiten und neu zu konzipieren. Dank zahlreicher kritisch-produktiver Hinweise nach Erscheinen des Buches konnte eine ganze Reihe von Fakten erhellt bzw. korrigiert werden. Neues Material wurde in die Darstellung einbezogen; vor allem die jetzt mögliche Benutzung der Weillschen Korrespondenz läßt Leben und Werk des Komponisten in den Selbstaussagen plastischer erscheinen. Solchermaßen in Text und Bild wesentlich erweitert, erscheint die Biographie nunmehr in völlig veränderter Gestalt. Dem Prinzip »Work in Progress« verpflichtet, markiert sie die dritte Annäherung des Autors an seinen Gegenstand. Unverändert bekennt sie sich zu den Prämissen ihrer Vorgänger von 1980 (»Unser Band soll dazu beitragen, ein Bild des ganzen Kurt Weill zu vermitteln«) und 1983 (»Das Buch soll ein Interesse befördern, sich mit Leben und Werk wie mit der

Musik Weills intensiver als bisher zu beschäftigen«).

Wie die erste Biographie ohne Mitarbeit und Unterstützung von Lotte Lenya nicht hätte entstehen können, so wäre dieses neue Buch nicht möglich gewesen ohne die großzügige Hilfe und Unterstützung der Kurt Weill Foundation for Music, New York, insbesondere ihres Präsidenten Prof. Kim H. Kowalke und des Leiters des Weill-Lenya Research Centers, David Farneth, denen der erste Dank gilt. Sie haben mir während mehrerer Arbeitsaufenthalte in New York ebenso bereitwillig wie geduldig viele Fragen beantwortet und alles gewünschte Material bereitgestellt. Zu danken ist im besonderen für die Abdruckgenehmigung der verwendeten Briefzitate sowie vieler neuer Fotos und Dokumente.

Dank gilt gleichermaßen den Mitarbeitern der John Herrick Jackson Music Library an der Yale University, New Haven, die mir Einblick in die Autographe und Materialien des Weill-Nachlasses gewährten.

David Drew in London hat meine Arbeit ermuntert und unterstützt. Ohne seine jahrzehntelange Pionierarbeit bei der Herausgabe und Erschließung der Weillschen Musik wäre dieses Buch nicht denkbar. Für die Darstellung der amerikanischen Jahre haben mir mit Material weiterhin geholfen Dr. Peter Frank von der Stanford University Library, Stanford; Peter Knudson von der University of Southern California, Los Angeles; sowie die Bibliotheken der Academy of Motion Pictures and Arts, Beverly Hills, und der UCLA, Los Angeles. Prof. James K. Lyon, La Jolla, und Mordecai Bauman, New York, haben mich gleichfalls großzügig unterstützt.

Mein besonderer Dank gilt Dr. Günter Glaeser vom Bertolt-Brecht-Archiv bei der Akademie der Künste der DDR; Berlin; Dr. Jutta Theurich von der Musikabteilung der Deutschen Staatsbibliothek Berlin (DDR) und Dr. Ulla Jablonowski vom Stadtarchiv Dessau, der die Aufhellung vieler »weißer Flecke« aus Weills Kindheit und Jugend zu danken ist.

Für die Bereitstellung bisher unbekannter Dokumente ist den Mitarbeitern der Deutschen Bücherei Leipzig, der Deutschen Staatsbibliothek Berlin (DDR), der Staatsbibliothek Preußischer Kulturbesitz Berlin (West) sowie dem Archiv der Akademie der Künste Berlin (West) herzlich zu danken.

Die beiden engagierten Schellackplatten-Sammler Bernd Meyer-Rähnitz (Dresden) und Klaus Hohn (Nürnberg) haben mir wertvolle Informationen und Plattendokumente überlassen, dafür gilt ihnen ein besonderer Dank.

Schließlich waren Irene Hempel und Thomas Frenzel im Deutschen Verlag für Musik aufgeschlossene Begleiter des Projektes, wofür ihnen abschließend ebenso gedankt sei wie Dr. Stephen Hinton, Berlin (West), für die kritische Lektüre des Manuskripts.

Berlin, im Sommer 1988 Jürgen Schebera

KINDHEIT UND JUGENDJAHRE IN DESSAU

1900–1918

Am 2. März 1900 kam in Dessau das dritte Kind der Familie Weill zur Welt. Der Eintrag im Geburtenregister der Stadt verzeichnet, daß der Sohn »die Vornamen Curt Julian erhalten habe«.[5] Bereits 1898 war der Bruder Nathan, 1899 der Bruder Hans Jakob geboren worden, und 1901 folgte noch die Schwester Ruth.

Vater Albert Weill war jüdischer Kantor und Religionslehrer, geboren 1867 im badischen Süddeutschland. 1897 hatte er Emma Ackermann aus Wiesloch geheiratet, die aus einer Rabbinerfamilie stammte (ihr Bruder Aaron wurde 1908 Rabbi der jüdischen Gemeinde von Brandenburg). Im Jahre 1898 erhielt Albert Weill das Angebot, als Kantor an die jüdische Gemeinde nach Dessau zu kommen. Ende des Jahres siedelte er mit seiner Frau ins Anhaltische um und trat Anfang 1899 seine neue Stellung an.

Curt Julian – nennen wir ihn von hier an Kurt, wie er selbst später seinen Vornamen schrieb – verbrachte die ersten Kindheitsjahre zusammen mit seinen Geschwistern in der Leipziger Straße 59 zu Dessau. Obwohl, wie das erhaltene Foto des Hauses erkennen läßt, die Familie Weill nicht in großem Wohlstand lebte, wuchsen die Kinder doch in einer musischen Atmosphäre auf, zu der von der Seite des Vaters die Liebe und Kenntnis der Musik beitrugen, während mütterlicherseits die literarischen Ambitionen eingebracht wurden. Emma Weill hatte eine große Vorliebe für französische Literatur des 19. Jahrhunderts, Kurt Weills zweiter Vorname Julian ist Stendhals Julien Sorel aus *Rot und Schwarz* geschuldet. In der elterlichen Biblio-

Die Eltern Albert Weill (1867–1955) und Emma Weill, geb. Ackermann (1872–1957). Aufnahme von 1897, dem Jahr ihrer Eheschließung

Titelblatt einer Sammlung von Kompositionen des Vaters, Frankfurt am Main 1893

Eintragung im Geburtenregister der Stadt Dessau: Curt Julian Weill

292

A.

Nr. 292

Dessau am 8ten März 1900

Vor dem unterzeichneten Standesbeamten erschien heute, der Persönlichkeit nach [illegible] bekannt, der Kantor und Religionslehrer Albert Weill wohnhaft in Dessau, Leipziger Straße 59 mosaischer Religion, und zeigte an, daß von der Emma Weill geborene Ackermann seiner Ehefrau, mosaischer Religion, wohnhaft bei ihm zu Dessau in seiner Wohnung am zweiten März des Jahres tausend neunhundert Nachmittags um vier ein halb Uhr ein Knabe geboren worden sei und daß das Kind die Vornamen Curt Julian erhalten habe.

Vorgelesen, genehmigt und unterschrieben

Albert Weill

Der Standesbeamte.

In Vertretung: Elze.

Die Uebereinstimmung mit dem Hauptregister beglaubigt

Dessau am 8ten März 1900

Der Standesbeamte

In Vertretung Elze

Kurt Weills Geburtshaus in der Dessauer »Sandvorstadt«, Leipziger Straße 59. Aufnahme von 1947. Ende der sechziger Jahre mußte das Haus abgerissen werden

thek standen die Werke Goethes und Heines neben denen von Herder und Moses Mendelssohn, unter den zeitgenössischen Autoren war Rilke der bevorzugte Dichter. Albert Weill war nicht nur ausübender Musiker, ein guter Pianist, er komponierte auch selbst. 1893 war in einem Frankfurter Verlag eine Sammlung von Synagogengesängen aus seiner Feder erschienen, *Kol Avraham – Synagogengesänge für Kantor und Männerchor.*

Die Geschichte der jüdischen Gemeinde von Dessau reicht bis in das Jahr 1621 zurück, als den ersten drei jüdischen Familien die Niederlassung in der Stadt erlaubt wurde. Ein reichliches Jahrhundert später, um 1750, lebten bereits 200 jüdische Familien in Dessau, sie machten immerhin damals neun Prozent der Gesamtbevölkerung aus. Seit 1687 verfügte die Gemeinde auch über eine Synagoge. Im 18. und 19. Jahrhundert entwickelte sich die jüdische Gemeinde in Dessau zu einer der aufgeklärtesten in ganz Deutschland. Dem Vorbild des 1729 in Dessau geborenen Moses Mendelssohn verpflichtet, erwirkte ein Verein »jüdischer Menschenfreunde« sowohl die Einrichtung eines jüdischen Gymnasiums wie einer jüdischen Volksschule für Kinder armer Juden beiderlei Geschlechts. Auch die Reform des jüdischen Gottesdienstes nahm von Dessau aus ihren Weg: Am 22. Oktober 1808 wurde die erste deutsche Predigt in der Synagoge gehalten, ab 1810 wurden hier Trauungen vorgenommen und analog der christlichen Kirche Konfirmationen eingeführt. Auch die erste deutschsprachige Zeitung des Judentums, »Sulamith«, erschien in Dessau.[6]

Zur Zeit von Kurt Weills Geburt zählte Dessau unter seinen 15000 Einwohnern etwa 600 jüdische Bürger. Naturgemäß bildete die Synagoge den Mittelpunkt der Gemeinde. Als 1903 die vermögende Tochter des ehemaligen Hofbankiers Moritz Cohn, Julie Baronin von Cohn-Oppenheim, in Dessau verstarb, hinterließ sie einen beträchtlichen Teil ihres bedeutenden Besitzes der jüdischen Gemeinde, u.a. zweckbestimmt für den Bau einer neuen repräsentativen Synagoge. Als nach den Plänen der Berliner Architekten Cremer und Wolfferstein 1906

Emma Weill mit dem einjährigen Sohn Kurt. Aufnahme von 1901

Die neue Dessauer Synagoge mit dem Gemeindehaus, Steinstraße 14. Im Erdgeschoß befand sich die Wohnung der Familie Weill, sie wurde zu Ostern 1907 bezogen. Die Einweihung der Synagoge fand am 18. Februar 1908 statt

die Grundsteinlegung stattfand, war auch ein Ende der etwas bedrückenden Wohnungssituation der Familie Weill in Sicht, da der Kantor im Erdgeschoß des neben der Synagoge entstehenden Gemeindehauses eine geräumige Wohnung erhalten sollte.

Nach knapp zweijähriger Bauzeit wurde das Gebäude Ostern 1907 fertiggestellt, die Weills zogen aus der Leipziger Straße in die nahe gelegene Steinstraße/Ecke Askanische Straße. Im Erdgeschoß des Gemeindehauses befand sich neben den

Verwaltungsräumen die Wohnung des »Kantors und Religionslehrers« Albert Weill. Das erste Stockwerk des Hauses diente mit seinen großen Räumen dem geselligen Leben der Gemeindemitglieder, und im zweiten versammelten sich in entsprechend ausgestatteten Sitzungszimmern die Brüder der 1901 gegründeten jüdischen Anhalt-Loge.

Dem Gemeindehaus schloß sich das imposante, im romanisch-byzantinischen Stil errichtete, mit altjüdischen Motiven geschmückte Gebäude der Synagoge an, das mit seiner hohen, kupfergedeckten Kuppel, gekrönt vom Davidstern, die »Sandvorstadt« weithin sichtbar beherrschte. Da sich die Dessauer Gemeinde zu einem fortschrittlichen Kult bekannte, war im Hauptraum der Synagoge eine prächtige Orgel aus der Dessauer Werkstatt Fleischer & Kindermann eingebaut, die der musikalischen Umrahmung der Gottesdienste diente. Neben dem großen Kultraum stand noch ein kleiner zwischen Synagoge und Gemeindehaus für die wochentäglichen Gebetsstunden zur Verfügung.

Ein dreiviertel Jahr nach dem Gemeindehaus wurde auch die Synagoge im Beisein von Herzog Friedrich II. mit einem Festgottesdienst am 18. Februar 1908 eingeweiht. Dies war einer der ersten Höhepunkte, die der kleine Kurt miterleben durfte:

»Inzwischen setzte die Orgel, an der bei dieser Gelegenheit der Hoforganist Professor Richard Bartmuss Platz genommen hatte, mit einem weichen Vorspiel ein, das zum ersten Choral überleitete. Am Platz des Vorbeters erschien Kantor Weill, der, im Wechselgesang mit dem Chor, den ersten Teil des Gottesdienstes leitete.«[7]

Es ist klar, daß Kurt Weill in der Familie des Kantors Albert Weill eine streng jüdische Erziehung genoß. Der Vater war stolz darauf, seine deutsch-jüdische Familienlinie bis 1360 im Süddeutschen zurückverfolgen zu können, die Kinder lernten

Kantor Weill mit seinen Söhnen (v. l.) Kurt, Nathan und Hans. Aufnahme von 1909

sowohl den Stolz auf ihre jüdische Abstammung und Tradition als auch die strenge Ausübung der Religion. Hier finden sich Wurzeln für die Musik Weills, die zwar in den verschiedenen Schaffensphasen unterschiedlich zum Ausdruck kommen, aber immer vorhanden sind und vor allem Teile des Frühwerks prägen sollten wie auch einige Werke, die er ab 1935 in Frankreich und den USA schuf.

Die musikalische Ausbildung des Knaben erfolgte zunächst durch den Vater, der sehr bald die Begabung seines Sohnes Kurt erkannte, ihn im Klavierspiel unterwies und, sooft es ging, in die Synagoge mitnahm. Bereits mit sieben Jahren spielte Kurt ganz passabel Klavier, und als Zwölfjäh-

Die Geschwister Ruth, Hans, Kurt und Nathan Weill.
Aufnahme von 1910

riger füllte er erste Notizbücher mit Kompositionsversuchen.

1909 trat Kurt Weill in die Herzogliche Friedrichs-Oberrealschule ein, die in einem Gebäude mit dem Herzoglichen Friedrichs-Gymnasium untergebracht war. Einer seiner Mitschüler, Willy Krüger, erinnert sich: »Kurt war ein begabter Schüler. Allerdings nie ein Streber, er belegte viele Jahre den vierten bis sechsten Platz in der Klasse, das genügte ihm. Während wir nach dem Unterricht oft zum Sport gingen, Fußball oder Völkerball spielten, übte Kurt fast an jedem Nachmittag drei bis vier Stunden Klavier oder Orgel.«[8]

Es waren vor allem zwei Lehrer, die Weills musische Ausbildung an der Oberrealschule maßgeblich förderten: der Musiklehrer August Theile (verantwortlich für den Chor und das Schulorchester) und der Deutschlehrer Dr. Max Preitz. Dieser war ein begeisterter Bibliophile. Da auch Albert Weill über eine ansehnliche Bibliothek verfügte, wurde Kurt vor schwierigen Stunden oft von der Klasse beauftragt, den Lehrer doch zunächst abzulenken, was mehrfach gelang. »Kurt meldete sich und fragte Dr. Preitz nach dieser oder jener besonderen Klassiker-Ausgabe. Der Lehrer ließ sich nur zu gern auf solchen Spezialdisput ein und vergaß darüber, die anstehenden Hausaufgaben zur prüfen.«[9]

Neben der Schule war es ein weiteres Dessauer Gebäude, das für den Knaben nach seiner Wohnung im Gemeindehaus zur zweiten Heimat wurde; das Herzogliche Hoftheater. 1856 nach einem Brand des Innenraums wiederaufgebaut, mit den wuchtigen korinthischen Säulen der Fassade von Pozzi, die bis zur Straße vorsprangen, war hier – insbesondere mit der Wagner-Pflege seit dem *Tannhäuser* von 1857 – ein »norddeutsches Bayreuth« entstanden, das zu den bedeutendsten Musiktheatern Deutschlands zählte.

Das Theater stand dem herzoglichen Palais in der Kavalierstraße, in dem Herzog Friedrich wohnte, genau gegenüber. Jahre später beschrieb Weill einem Interviewer in New York, wie er als Kind beobachtete, »daß Herzog Friedrich II. jeden Morgen zwischen zehn und elf aus dem Palasthof heraus und über den Platz fuhr, um den Proben im Theater beizuwohnen, dessen Schirmherr er war«.[10] Der musikbeflissene Sohn des Kantors Weill war dem Herzog aufgefallen, seit dem Jahr 1910 erhielt Kurt Weill sowohl freien Eintritt zu den Theateraufführungen als auch zu den Proben. Ebenso wurde er öfters an den Hof gerufen, um den beiden Neffen und der Nichte des Herzogs Klavierunterricht zu geben. Gelegentlich durfte er auch Sänger bei Musikabenden im Schloß begleiten. Nach dem Konzert bekam er Tee und Gebäck und konnte die herzoglichen Kinder besuchen. Eine Episode bewahrte Weill für immer in seinem Gedächtnis: »Einmal durfte ich mich mit einem Neffen des Herzogs unterhalten, der in meinem Alter war und wissen wollte, was man in den öffentlichen Schulen alles lernte. Ich zählte die Reihe der Fächer auf, die in unserer Klasse auf dem Stundenplan standen. Der kleine Edelmann war ganz überwältigt. ›Ich habe gerade gelernt, den Buchstaben i zu schreiben.‹«[11]

Schulfreunde Weills in den Jahren ab 1912 waren Martin Friesleben, Sohn eines Konsistorialrats, und der Sohn des Arztes Dr. Schmidt. Mit ihnen musizierte Kurt des öfteren in der Wohnung der Weills. Einmal durfte auch die ganze Klasse an einem jüdischen Fest in der Synagoge teilnehmen, dem Sukkoth (Laubhüttenfest).

Die mit dem Ausbruch des ersten Weltkriegs einsetzende nationalistische Welle in Deutschland ging auch an der Dessauer Oberrealschule nicht spurlos vorüber. Kriegsgedichte und nationale Chöre bestimmten jetzt den Deutsch- und Musikunterricht, auch Kurt Weill nahm an der Begeisterung aktiven Anteil. Er wurde Mitglied einer nationalen Pfadfinder-Organisation, die sich »Dessauer Feldkorps« nannte und unter Leitung des Lehrers Gerlach sowohl Kriegs-Geländespiele übte wie auch nationale Programme aufführte. Der Programmzettel eines solchen Abends des »Dessauer Feldkorps« vom Januar 1915 ist erhalten, im Restaurant »Zentrale« wurde rezitiert und gesungen, am Klavier saß der »Kundschafter« (eine der Rangbezeichnungen innerhalb des »Feldkorps«) Kurt

Musikzimmer im herzoglichen Palais Dessau. Hier unterrichtete der junge Weill die beiden Neffen und die Nichte des Herzogs und trat 1915 als Pianist auf

Weill. Zu dieser Zeit komponierte er auch selbst verschiedene Kriegschöre, die an der Schule einstudiert wurden, darunter *Ich weiß wofür.* Auch ein verschollener Operneinakter nach Theodor Körners die Vaterlandsliebe verherrlichendem Drama *Zriny* von 1812 entstand in jenen ersten Kriegsjahren.

In den Jahren 1915/16 wurden die ersten Schüler der Oberrealschule zur kaiserlichen Armee einberufen. Wenig später erreichten dann die ersten Gefallenenmeldungen Kurt Weill, der als Vertreter der Schüler Worte des Gedenkens zu sprechen hatte. »Dabei fand er stets die passenden Worte«, erinnert sich Willy Krüger. Und ein anderer Mitschüler: »Wir alle, auch Kurt Weill, waren damals in unserer politischen Unerfahrenheit angesteckt vom nationalen Geist, der in Deutschland umging.«[12]

Nur zwei Jahre später, angesichts der Niederlage des deutschen Kaiserreichs, der Zehntausenden von Toten, der Not und des Hungers im Jahre 1918/19, hatte Weill diese Positionen verlassen. Rückblikkend äußerte er 1930: »Damals komponierte ich sogar Kriegs-Chöre (erstaunlich genug, wenn Sie sich vorstellen, wer ich heute bin).«[13]

Am 1. Oktober 1913 war der Pfitzner-Schüler Albert Bing als Opernkapellmeister am Hoftheater engagiert worden. Er nahm in den folgenden Jahren großen Einfluß auf die weitere musikalische wie allgemeine Ausbildung des jungen Kurt Weill. Dieser erhielt bei Bing ersten systematischen Unterricht in Kompositionslehre, und neben dem Klavierspiel konnte er hier vor allem seine ersten autodidaktischen Kompositionsversuche, nunmehr auf der Grundlage einer gediegenen theoretischen Ausbildung, vervollkommnen.

Ein großer Teil dieser frühen Kompositionen galt lange Zeit als verschollen, erst 1983 sind aus dem Familienbesitz der Schwester Ruth verschiedene Autographe wieder an die Öffentlichkeit gelangt,

Kurt Weill (vordere Reihe, ganz rechts sitzend) bei einer Klassenfahrt nach Staßfurt, vor der Einfahrt in das Salzbergwerk Leopoldshall. Aufnahme von 1915

so daß heute Aussagen dazu möglich sind. Weill hat in diesen frühen Jahren neben Kompositionen für religiöse Feiern in der Synagoge (*Gebet*, ein gemischter Chor a cappella nach einem Text von Emanuel Geibel, »für Ruths Konfirmation«; *Mi Addir: Jüdischer Trauungsgesang*) vor allem Lieder mit Klavierbegleitung komponiert (nach Texten von Otto Julius Bierbaum, Joseph von Eichendorff, Richard Dehmel, Hermann Löns, Arno Holz u. a.), doch auch ein »Charakterstück für Klavier« mit dem Titel *Intermezzo* findet sich bereits. Herausragendes Werk sind ohne Zweifel *Ofrah's Lieder*, ein 1916 geschriebener Zyklus von 5 Liedern mit Klavierbegleitung nach hebräischen Versen von Jehuda Halevi.

Durch Albert Bing festigten sich auch Weills Verbindungen zum Theater, er war ab 1916 regelmäßiger »außerplanmäßiger« Korrepetitor am Hause. Als Pianist wirkte er bereits im Dezember 1915 in

Autograph des Titelblatts einer der frühesten Kompositionen, Dessau, September 1916

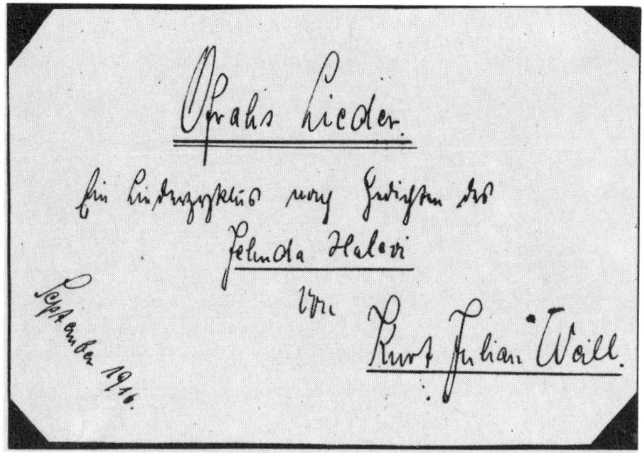

einem offiziellen Schloßkonzert mit, bei dieser Gelegenheit spielte er ein Prélude von Chopin und ein Notturno von Liszt. Daneben besuchte er selbstverständlich weiter die Oberrealschule, sein Musiklehrer war von den Ambitionen des Schülers sehr angetan, wie Weill später berichtete: »Der Direktor ... und der Professor zeigten das größte Interesse an der Musik. Schon zu dieser Zeit bekräftigten sie mich auf das stärkste.«[14]

Im Hause Albert Bings erhielt Kurt Weill auch Zugang zu anderen Künsten, vor allem zur Literatur und bildenden Kunst jener Jahre, die Bings Ehefrau – eine Schwester des Dichters Carl Sternheim – in ihrem musischen Zirkel den Freunden und Gästen des Hauses nahebrachte. Hier schloß Kurt erste Bekanntschaft mit den Werken des Expressionismus.

Wie familiär die Beziehung des jungen Kurt Weill zu dem Ehepaar Bing war, belegt ein Brief an den Bruder Hans, in dem er den Besuch einer Verdi-Aufführung unter Bings Leitung im Oktober 1917 schildert und fortfährt: »Wir haben das Ereignis dann noch bei Tee und Schokolade zu dreien gefeiert, und Bing hat sehr schön erzählt von ›Rigoletto‹-Aufführungen mit Caruso und Baklanow. Du kannst Dir denken, daß ich heute morgen zu allem anderen Lust hatte, als in die Schule zu gehen. Aber was hilft's?«[15]

Es war sicher auch Bings Fürsprache, die den jungen Korrepetitor und Oberrealschüler 1918 mit der gefeierten Sopranistin des Hoftheaters, Kammersängerin Emilie Feuge, zusammenführte. Als diese am 6. Februar 1918 in Dessau ein Schülerkonzert veranstaltete, übertrug sie Weill die Klavierbegleitung (es erklangen u. a. Lieder und Arien von Bellini, Mozart und Wagner) und stimmte auch zu, daß zwei ihrer Schülerinnen Duette von Weill (*Abendlied* und *Maikaterlied* nach O. J. Bierbaum) ins Programm aufnahmen. Am nächsten Tag schrieb die Presse zu Weills Auftritt im Konzertsaal: »Als Eingang sang Frau Feuge die Rose-Friquet-Arie aus Maillarts *Das Glöckchen des Eremiten* und entfesselte damit einen wahren Sturm der Begeisterung. Und dann folgte eine wahre Perlenschnur von Arien, Liedern, Duetten, Terzetten, mit denen die Schülerinnen davon Zeugnis ablegten, was sie in der Gesangsschule der Frau Feuge gelernt haben ... Ein großes Verdienst um das Wohlgelingen des Abends erwarb sich Herr Kurt Weill, ein Schüler des Herrn Musikdirektors Bing, der die Klavierbegleitung mit reicher technischer Fertigkeit und feinem Anpassungsvermögen ausführte. Auch mit zwei Duetten eigener Komposition war Herr Weill beteiligt, die allgemein gefielen.«[16]

Offenbar hatte auch die Kammersängerin Gefallen an dem jungen Pianisten gefunden, denn in den nächsten Jahren sollte er ihre Tochter Elisabeth noch mehrfach bei Liederabenden begleiten.

Der Fünfzehnjährige am Klavier in der elterlichen Wohnung, Dessau, Steinstraße 14. Aufnahme von 1915

Der Krieg ging auch an der Familie Weill nicht spurlos vorüber. Wenn noch 1914 das Bild der am Samstag durch Dessau spazierenden sechs Weills, »der Vater stets mit dem Hut auf dem Kopfe, voller Harmonie und Unbeschwertheit mit seiner Frau und den vier Kindern redend«,[17] charakteristisch gewesen war, so änderte sich das ab 1916. Nathan war als Sanitäter an die französische Front abkommandiert worden, Ende 1917 wurde Hans eingezogen. Obwohl Kurt im April 1918 das Kriegsdienstalter erreichte, kam er nicht mehr zur Armee. Wie sehr er dies begrüßte, geht aus einem Brief an Hans hervor: »Lieber hungern als Soldat spielen, meinst du nicht auch?«[18]

Die wirtschaftliche Notlage im dritten Jahr des Krieges machte auch vor dem Kantor Weill nicht halt. Seine Bezüge wurden drastisch gekürzt, im Hause an der Synagoge zog der Hunger ein. Obwohl Kurt durch Klavierunterricht ein bescheidenes Einkommen beisteuerte, erinnert sich Ruth Weill, »daß der kleine, körperlich zarte Kurt mehr als einmal vor Hunger ohnmächtig wurde und sich über jede Einladung freute, weil es dort außer Musik auch ein Abendessen gab«.[19]

Längst stand die Musik für Kurt Weill als Studienfach fest. Kurz bevor er im März 1918 die Oberrealschule abschloß, hatte er in einem damals üblichen »Rede-Akt« (ein freier Vortrag, in dem sich die Schüler üben konnten) in der Aula einen einstündigen Vortrag über Felix Mendelssohn Bartholdy gehalten und dabei selbst am Klavier. Musikbeispiele vorgeführt. Die beeindruckende Klarheit seiner musikalischen Analyse ist den Mitschülern noch viele Jahrzehnte später gegenwärtig gewesen. Auch ein erhaltenes neunseitiges Manuskript des Fünfzehnjährigen (*Richard Wagners »Meistersinger von Nürnberg«*. Ein Vortrag von Kurt Julian Weill) belegt diese Fähigkeit nachdrücklich.

Im April 1918 fuhrt Kurt Weill zur Aufnahmeprüfung an die Staatliche Hochschule für Musik nach Berlin. Er bestand sie und wurde für das Wintersemester immatrikuliert. In diesen Apriltagen hatte er neben der Absolvierung seiner Prüfung einige Vorlesungen an der Universität besucht (bei Max Dessoir und Ernst Cassirer), die ihn beinahe in seinem Wunsche, Musik zu studieren, schwankend machten und ihm die Philosophie als Studienfach lohnender erscheinen ließen. Zurückgekehrt nach Dessau aber waren es wohl erneut Albert Bing sowie der Vater, die ihm seine große musikalische Begabung eindringlich vor Augen riefen. Die beiden Sommermonate lebte er noch in Dessau – Hoftheater, Familie Bing, herzogliches Palais und Gemeindehaus die wechselnden Stationen –, dann fuhr er Ende August 1918 nach Berlin. Die Kindheit und erste Jugendjahre lagen hinter ihm – ein musikalisch aufs höchste begabter junger Mann, schickte er sich nun an, im geistigen Zentrum Deutschlands endgültig das Komponistenhandwerk zu erlernen.

ERSTES STUDIUM IN BERLIN

1918–1919

Als Kurt Weill Ende August 1918 nach Berlin kam, erlebte er die letzten Wochen des Kaiserreiches. Deutschland hatte den ersten Weltkrieg bereits faktisch verloren, bis zum Waffenstillstand im November 1918 blieben noch drei Monate. Die revolutionäre Situation in Deutschland verschärfte sich, nach dem Kieler Matrosenaufstand vom 3. November folgten die Ereignisse der Novemberrevolution. In Berlin zwang der von der Spartakusgruppe organisierte Generalstreik des 9. November den Kaiser zur Abdankung, Deutschland wurde eine bürgerliche Republik. Überall bildeten sich Arbeiter- und Soldatenräte. In den blutigen Berliner Januarkämpfen des Jahres 1919 wurden die revolutionären Arbeiter von den Noske-Truppen niedergeschlagen und ihre Führer, Karl Liebknecht und Rosa Luxemburg, ermordet. Sicher hat Kurt Weill die Ereignisse jener Wochen und Monate voller Aufmerksamkeit verfolgt, und sicher schärften sie seinen politischen Blick, der in Dessau kaum Möglichkeiten hatte, sich zu entwickeln.

Auch an der Hochschule für Musik gingen die Ereignisse nicht spurlos vorüber. Im Dezember 1918 wurde ein revolutionärer Studentenrat gebildet, in dem Weill mitarbeitete. Seine erste Forderung bestand in der Ablösung des siebzigjährigen konservativen Direktors der Hochschule, Hermann Kretzschmar. Diese erfolgte dann auch Anfang 1919, und es dauerte mehr als ein Jahr, ehe im Frühjahr 1920 mit Franz Schreker ein Nachfolger für das Amt gefunden wurde. Ihn hat Weill jedoch nicht mehr kennengelernt.

Musikalisch brachte das Studium für Weill in mehrfacher Hinsicht Gewinn. Er studierte Kompositionslehre bei Engelbert Humperdinck, Kontrapunkt bei Friedrich E. Koch und Dirigieren bei Rudolf Krasselt, dem damaligen Ersten Kapellmeister des Städtischen Opernhauses Berlin.

Von ihm wurde Weill am stärksten gefordert: »Krasselt stellt an den werdenden Korrepetitor immer höhere Ansprüche. Mit dem, was Bing mich in Dessau lernen lassen wollte, will er mich jetzt schon ausrüsten. Er verlangt auch, daß ich klaviertechnisch wieder einen Schritt weiterkomme, und ich sehe selbst ein, daß ich den Sommer über tüchtig Klavier üben muß, um meine Technik wieder aufzuholen.«[20] Unter dem Einfluß Krasselts, so bekennt er im Frühjahr 1919, sei er »beinahe zu dem Entschluß gekommen, die Schreiberei aufzugeben« und sich »ganz in die Kapellmeisterei zu stürzen.«[21]

Dennoch absolviert er weiter den Kompositionsunterricht bei Humperdinck und assistiert diesem bei der Orchestrierung der Oper *Gaudeamus. Szenen aus dem deutschen Studentenleben.* Unter der Aufsicht Humperdincks entstehen auch weitere eigene Kompositionen, darunter das *Streichquartett h-Moll* (1918) und eine *Orchestersuite E-Dur* (»Meinem Vater in dankbarer Verehrung«, 1919).

Das Streichquartett besteht aus vier Sätzen: Mäßig 6/8 – Allegro ma non troppo (im heimlich erzählenden Ton) 2/4 – Langsam und innig 3/3 – Lustig und wild 12/8. Der dritte und vierte Satz werden ohne Zwischenpause gespielt. Gleich das Eröffnungsthema des ersten Satzes erinnert an

Engelbert Humperdinck auf der Terrasse seines Berliner Hauses. Aufnahme von 1919

Mozart, im zweiten Satz klingt dagegen Brahms an. Auch eine Huldigung an Mahlers 6. Sinfonie durch Übernahme des »Alma«-Themas ist offensichtlich. Schließlich ist das Finale des Quartetts in Form einer Fuge vielen Kammermusikwerken Regers verpflichtet. Insofern zeigt das Werk des Achtzehnjährigen die natürlichen Tribute an die unmittelbaren musikalischen Vorfahren. Ebensosehr aber ist die neue, chromatische Harmonie bereits ausgeprägt, Weills Musik trägt eindeutig alle Zeichen des Nach-Wagnerianismus. Im Quartett tritt erstmals als melodisches Modell das Fallen zusammengehöriger Quinten und Quarten auf, das David Drew ein »Weillsches Ur-Motiv« genannt hat und das in späteren Werken, von der *1. Sinfonie* bis zur *Dreigroschenoper*, wiederkehren wird. Auch bestimmte rhythmische Figuren, Ansätze eines Toccata-Stils, der später viele Werke des Komponisten bis hin zur *Bürgschaft* begleiten wird, sind bereits im Streichquartett ausgeprägt.

Die Orchestersuite besteht aus insgesamt sieben Sätzen und zeigt bereits die erstaunliche Sicherheit des Achtzehnjährigen bei der Behandlung der einzelnen Instrumentengruppen. Die Komposition galt lange als verschollen und ist erst 1983 wieder aufgefunden worden.

Das für Weill wichtigste Werk dieser Berliner Monate aber war ein sinfonisches Poem nach Rainer Maria Rilkes *Weise von Liebe und Tod des Cornets Christoph Rilke*. Über die Arbeit daran berichtete er dem Bruder Hans: »Soweit will ich kommen – nur durch Schönberg könnte ich's –, daß ich nur schreibe, wenn ich muß, wenn es mir ehrlichst aus tiefstem Herzen kommt, sonst wird es Verstandesmusik, und die hasse ich ... Die Weise kommt mir aus dem Herzen; ich lebe tatsächlich in dieser Musik – aber ich schäme mich ihrer zugleich! Ich benötige Verse, um meine Phantasie in Gang zu bringen; und meine Phantasie ist kein Vogel, sie ist ein Flugzeug! ... Nun mußt du nicht denken, daß ich den ganzen Tag herumsitze und mir leidtue. Nein, die Orchestration macht mich sehr glücklich, obwohl eine Menge Fehler sich einschleichen, da ich leichtsinnig genug bin, sie ganz alleine fertigzubringen.«[22]

Hier kündigt sich bereits ein Arbeitsprinzip an, das Kurt Weill später lebenslang praktizierte.

Die Uraufführung des sinfonischen Poems fand im März 1919 durch das Orchester der Hochschule statt. Da das Werk heute als verloren gilt, sei dazu ein Ausschnitt aus Heinrich Strobels Essay über den jungen Weill wiedergegeben, der 1927 in der Zeitschrift »Melos« erschien: »Eine symphonische Dichtung zu Rilkes *Weise von Liebe und Tod* sucht nach Art von Schönbergs *Pelleas und Melisande* stärkere Konzentration des expressiv gespannten Melos in der Übereinanderlagerung von Linien, die zugleich Klangträger sind. Hier spürt man zuerst Entwicklungswerte: vorsichtiges Abwenden vom äußerlichen Pathos des spätromantischen Epigonentums. Bezeichnend genug, daß der Glanz straussischer Instrumentation schon nicht mehr über diesen ersten Arbeiten liegt.«[23]

Zahlreiche Berichte in der erhaltenen Korrespondenz der Zeit belegen, daß Kurt Weill während des Studiums an der Hochschule eifriger Theater- und Konzertbesucher war. Er spricht begeistert über Else Lasker-Schülers Schauspiel *Die Wupper*, bewundert den Komiker Max Pallenberg, besucht die Oper und immer wieder Beethoven-Aufführungen. Emphatisch schreibt er dem Bruder: »Ich möchte mich einmal bis zum Rasendwerden verlieben, so, daß ich darüber alles andere vergessen würde, ich glaube, das wäre wohltuend. Es gibt nur noch eins, was eine ähnliche Wirkung auf mich ausübt wie ich mir die Liebe denke: Beethoven. Eben hörte ich in der Hochschule wieder die Kreutzer-Sonate; die könnte mich noch zum Weinen bringen, die allein könnte mich, wenn ich schlecht wäre, gut machen.«[24]

Obwohl Weill nach der wohlwollenden Aufnahme seines Rilke-Poems durch Vermittlung Humperdincks ein Stipendium der Felix-Mendelssohn-Bartholdy-Stiftung in Höhe von 300 Mark erhielt, verließ er die Hochschule Anfang Juli 1919.

Zwei Ursachen dürften dafür maßgebend gewesen sein: zum einen fehlte ihm dort mit Sicherheit ein wirklich inspirierender Lehrer, der ihn über die akademischen Pflichtübungen hinaus forderte; zum anderen aber hatten sich die materiellen Verhältnisse der Familie in Dessau so verschlechtert, daß dringend die Unterstützung des Sohnes gebraucht wurde. Der Vater hatte im Frühsommer 1919 seine Anstellung bei der jüdischen Gemeinde infolge Finanznot verloren; bis er eine neue Stellung erhielt (ab Mai 1920 als Direktor eines jüdischen Waisenhauses in Leipzig), durfte die Familie noch im Gemeindehaus wohnen bleiben.

Die Erfüllung der Sohnespflicht war für Kurt Weill – wie auch in späteren Jahren – keine Frage. Da man am Dessauer Theater auch eingedenk seiner früheren »ehrenamtlichen« Tätigkeit eine Stelle als Korrepetitor für ihn frei hatte, entschloß er sich zum Abbruch des Studiums, fuhr von Berlin nach Dessau zurück und lebte vorerst wieder in der elterlichen Wohnung, zusammen mit der Schwester Ruth. Die beiden Brüder hatten nach der Rückkehr aus der kaiserlichen Armee Dessau verlassen, Nathan studierte in Leipzig Medizin und Hans absolvierte eine kaufmännische Lehre in Halberstadt.

THEATERPRAXIS IN DESSAU UND LÜDENSCHEID

1919–1920

Mit Beginn der Spielzeit 1919/1920 trat Kurt Weill am 1. September 1919 am Dessauer Friedrich-Theater, wie das frühere Herzogliche Hoftheater nach Abschaffung der Monarchie in Deutschland nun hieß, seine Stellung als Korrepetitor an. Es war seine erste Arbeit als Berufsmusiker, stolz brachte er jetzt monatlich Geld nach Hause, das er durch die Musik verdiente. Neuer Musikalischer Oberleiter des Friedrich-Theaters war Hans Knappertsbusch, damals bereits ein bekannter Dirigent. Weills früherer Lehrer und Freund Albert Bing blieb weiterhin als Kapellmeister tätig.

Gleich zu Beginn seiner Tätigkeit konnte Weill einen großen Erfolg als Pianist und Komponist feiern. Mit der jungen Sopranistin Elisabeth Feuge, Tochter der mehr als zwanzig Jahre in Dessau gefeierten Kammersängerin Emilie Feuge, hatte er einen Arien- und Liederabend vorbereitet, der nach seiner Generalprobe am 3. September im nahegelegenen Köthen einen Tag später im Dessauer Theater Premiere hatte. Neben Arien von Meyerbeer und Rossini sowie Liedern u.a. von Liszt, Wolf, Reger und Pfitzner waren auch zwei Lieder von Weill im Programm. Nach der Leistung der Sängerin hob der Rezensent besonders Weills Anteil hervor: »Am Flügel hatte Frl. Feuge in Herrn Kurt Weill einen in jedweder Hinsicht ganz ausgezeichneten Begleiter, der vorzüglich in der Technik und musikalisch poesievoll mitgestaltend in allem voll auf der Höhe stand. Viel Interesse erweckten auch zwei Liedkompositionen dieses jungen vielversprechenden Musikers, die – namentlich das erste – ausgesprochen expressionistisch angelegt, ein starkes, auf sich selbst gestelltes Talent verrieten. Die den Konzertsaal bis auf den letzten Platz füllende Zuhörerschaft überschüttete die beiden Vortragenden förmlich mit Beifall.«[25]

Welche beiden Lieder Weills aufgeführt wurden, ist nicht mehr zu ermitteln, die Aufnahme beim Auditorium jedoch hat er selbst ganz anders kommentiert als der Rezensent: »Der Hoftheatersaal war bis zum Brechen überfüllt mit allererstem Publikum, besonders Adel, da der ganze Hof erschienen war. Besonders meine Lieder sang sie berükkend schön, doch stießen sie durch ihre strenge Modernität auf blödes Mißverstehen bei der großen Menge. Elisabeth war dann beim Prinzen und sie und ich wurden für nächste Woche zur Erbprinzessin zum Musizieren eingeladen. In Dessau will das auch nach dem 9. November 1918 etwas heißen! Da auch das ganze Theater im Konzert war, habe ich mich in meiner neuen Stellung glänzend eingeführt.«[26] Die Zusammenarbeit mit Elisabeth Feuge wurde fortgesetzt, so ist u.a. der Programmzettel eines Liederabends mit zeitgenössischen Werken (Schreker, Pfitzner, Schönberg, Weill) am 22. Juni 1920 in Halberstadt erhalten geblieben.

Für Weill aber wurden – nach den ersten Wochen der freudig erwarteten Arbeit – die Aufgaben als Korrepetitor rasch zu eng.

Nach kurzer Zeit kam es zu Spannungen zwischen Knappertsbusch und ihm. Was bei Bing in den Jahren bis 1918 üblich gewesen war, daß nämlich der junge Kurt Weill in allen musikalischen Fragen mitdiskutierte, seine Meinung einbrachte, entsprach nicht Knappertsbuschs Arbeitsme-

Kurt Weill als Konzertbegleiter. Ankündigung aus dem Anhalter Anzeiger, Dessau, vom 3. September 1919

Friedrich-Theater
(Konzertsaal)
Donnerstag, d. 4. September, abds. 7½ Uhr:
Arien- und Lieder-Abend
Elisabeth Feuge
(Sopran).
Am Flügel Herr Kurt Weill.
Vortragsfolge: Arien von Meyerbeer, Rossini, Thomas.
Lieder von Herrmann, Pfitzner, Liszt, Wolf, Reger, Trunk, Schäffer, Weill.
Karten zu Mk. 4, 3, 2 u. 1 in der Hofmusikalienhandlung Gustav Allner, Kavalierstraße.

thode. Er verwies den Korrepetitor streng in die Grenzen seines Aufgabenbereichs – und das bedeutete für den jungen, vielseitig interessierten Weill, nun eingeschnürt zu sein in die rein mechanische Rollenvorbereitung der Sänger. Eine Begebenheit macht die Atmosphäre deutlich, die zwischen Weill und seinem Chef herrschte. Eines Abends fiel der Korrepetitor, der auf der Hinterbühne einem Sänger seinen Einsatz zu geben hatte, in eine Versenkung und blieb eine Zeit betäubt unten liegen. Der Tenor verpaßte dadurch den Auftritt. Nach Aktschluß stürmte Knappertsbusch hinter die Bühne, um seinen Assistenten Weill zu suchen. »Er war schon immer so winzig«, brüllte er, »und jetzt ist er total verschwunden!«[27]

So kann es nicht verwundern, daß Weill das erste Angebot nutzte, um das Friedrich-Theater zu verlassen. Im Dezember 1919 bot sich dafür die Gelegenheit.

In der kleinen westfälischen Stadt Lüdenscheid hatte ein Herr Arthur Kistenmacher im Herbst 1919 die Gründung eines Stadttheaters beschlossen, unter anderem war auch die Position des Kapellmeisters zu besetzen. Mit einer Empfehlung seines früheren Lehrers Humperdinck bewarb sich Weill für die Stelle und wurde engagiert. Nach nur dreimonatiger Tätigkeit in Dessau kündigte er dem Friedrich-Theater und verließ Ende November 1919 die Vaterstadt endgültig. Nur noch zweimal, 1923 und 1928, kam er gelegentlich von Aufführungen seiner Werke zu kurzen Besuchen nach Dessau zurück.

Was Kurt Weill in Lüdenscheid vorfand, waren die Verhältnisse einer typischen »Schmiere«. Gespielt wurden im Gesellschaftssaal eines Hotels Schauspiel, Oper und Operette. Das Orchester war entsprechend, hinzu kamen die im Vergleich zu Weills bisherigen Dessauer Erfahrungen enorm kurzen Vorbereitungs- und Probenzeiten, da fast jede Woche eine Premiere stattfand und wegen mangelnder Zuschauer nur wenige weitere Aufführungen folgten. Das Repertoire reichte von Wagner bis Kollo, wobei Operetten und Schwänke natürlich dominierten.

Weill hatte nicht nur zu dirigieren, sondern darüber hinaus die ankommenden Notenmaterialien entsprechend der Besetzung des Lüdenscheider Orchesters einzurichten, Stimmen um- und neuzuschreiben, Sänger in die Inszenierung einzuarbeiten und für die Kollegen vom Schauspiel allerhand musikalische Hilfsdienste zu leisten. Über den abenteuerlichen Beginn des völlig unerfahrenen Dirigenten in Lüdenscheid hieß es 1941 in einem USA-Interview: »Der junge Mann fuhr in größter Eile zum Ort seiner neuen Anstellung und war schon ziemlich überrascht, als er bei seiner Ankunft am Spätnachmittag hörte, daß er noch am

Kurt Weill (vorn links kniend) mit dem Ensemble des Stadttheaters Lüdenscheid. Aufnahme vom Mai 1920

gleichen Abend eine Aufführung von *Martha* dirigieren sollte. Noch mehr irritierte ihn dann die Nachricht, daß die Partitur noch nicht da war; aus Sparsamkeitsgründen pflegten die Verlage solche Partituren nämlich ständig von einem Theater zum nächsten zirkulieren zu lassen. Man sagte ihm, er solle sich keine Sorgen machen, die Noten würden bestimmt rechtzeitig zur Vorstellung dasein. Während er auf die Partitur wartete, versuchte er fieberhaft, sich an die Oper zu erinnern. Schließlich wurden seine schlimmsten Befürchtungen schaurige Wirklichkeit. Als die Partitur vorlag, fand er kaum eine Seite im Originalzustand. Die Seiten waren über und über mit Anmerkungen vollgekritzelt, in verschiedenen Farben; grün bedeutete ›Streichungen in Hamburg‹, rot ›Dresden‹, blau ›München‹

und so weiter. Der Konzertmeister sagte ihm, daß man sich hier in Lüdenscheid an manche Streichungen halte, an andere hingegen nicht; allerdings wußte er nicht genau, an welche.«[28]

Dennoch stürzte sich Kurt Weill zunächst kopfüber in die Arbeit. Seiner Schwester Ruth berichtete er: »Du kannst dir denken, wie ich zu tun habe. Sonntag nachmittag *Fledermaus*, abends *Cavalleria Rusticana*, Montag nachmittag *Zigeunerbaron*, abends Premiere einer neuen Operette. Wie ich mit den Proben fertig werden soll, ist mir schleierhaft, es glaubt ja kein Mensch, was es heißt, mit diesem Orchester und Chor *Cavalleria* aufzuführen.«[29] Wie mag ihm erst am Dirigentenpult während des *Fliegenden Holländers* zumute gewesen sein? Besonders deprimierend war die Beschäftigung mit Werken unterhalb des Niveaus der Operette: »Morgen habe ich wieder Premiere, eine furchtbar dreckige Gesangsposse *Im 6. Himmel*.«[30]

Trotz dieser Arbeitsbedingungen, trotz vieler Tiefpunkte – hier lernte Weill die Theater- und Orchesterpraxis von Grund auf, fortan konnte man ihm auf diesem Gebiet nichts mehr vormachen. »Dort lernte ich alles, was ich über Theater weiß«, sagte er später und erklärte im gleichen Sinne, daß es jenes reichliche halbe Jahr in Lüdenscheid war, in dem er feststellte, »das Theater wird meine eigentliche Domäne«[31] und in dem er beschloß, hier einmal hauptsächlich tätig zu sein.

Daß Kurt Weill neben solch aufreibender Theaterpraxis noch Zeit zum Komponieren fand, spricht für die eiserne Energie des gerade Zwanzigjährigen. In Lüdenscheid nahm er – sieht man von dem *Zriny*-Projekt des Jahres 1916 ab – seine erste richtige Opernarbeit in Angriff, einen Einakter nach dem Schauspiel *Ninon von Lenclos* von Ernst Hardt. Der Schwester schreibt er dazu: »Falls mir das Theaterleben einmal wieder ein wenig Zeit und Muße zu eigenem Schaffen läßt, habe ich die Absicht, den Einakter von Ernst Hardt, dessen Vertonung ich begonnen habe, zu vollenden. Das könnte, wenn es gelänge, sogar Wegweiser für eine neue, durchaus lyrische Richtung in der musikdramatischen Produktion werden. Wenn ich nun mit einem Dichter zusammen ein Kunstwerk schaffen würde, so schwebten mir auch dafür ganz neue Ideen vor… Vorläufig aber ist ja an kompositorische Tätigkeit gar nicht zu denken, es kann mir

Programmzettel vom März 1920

Stadttheater Lüdenscheid.

Direktion: Arthur Kistenmacher.

Das Dreimäderlhaus

Singspiel in 3 Akten von Dr. A. M. Millner und Heinz Reichert.
Musik nach Franz Schubert.

Spielleitung: Heinz Arno. Musikalische Leitung: Kurt Weill.

Personen:

Franz Schubert	Dir. Arthur Kistenmacher
Baron Schober, Dichter	Oskar von Dobee
Moritz von Schwind, Maler	Carl Friedrich
Kupelwieser, Zeichner	Siegfried Handel
Johann Michael Vogt, Hofopernsänger	Albert Böttger
Graf Scharntorff	Felix Helfferich
Christian Tschöll, Hofglasermeister	Heinz Arno
Marie, seine Frau	Grete Albes-Hoffmann
Hederl } beider Töchter	Marga Friedrich
Haiderl } beider Töchter	Lissy Chilla
Hannerl } beider Töchter	Bella Waldritter
Demoiselle Lucia Grisi, Hoftheatersängerin	Bronka Mauetska
Andreas Bruneder, Sattlermeister	Adolf Kreutler
Ferdinand Binder, Posthalter	Ernst Kühn
Novotny, ein Vertrauter	Franz Voß
Piccolo	Friedel Moldenhauer
Rosl, Stubenmädchen der Grisi	Elfriede Bohri
Frau Brametsberger, Hausbesorgerin	Sofie Janeck

Musikanten, Kinder, Mägde, Ger[illegible]men, Herre[illegible]d Damen der Gesellschaft.

Der 1. Akt spielt im Hofe von Schuberts Wohnhaus.
Der 2. Akt in einen Salon bei Tschöll.
Der 3. Akt am Platzl in Herzing.
Ort der Handlung: Wien. Zeit: 1826.

Bahnhofs-Drogerie Friedr. Gerold, Lüdenscheid i. W. Bahnhofstraße 35 Fernspr. 721.

Bahnhofs-Drogerie Friedr. Gerold, Lüdenscheid i. W. Bahnhofstraße 35 Fernspr. 721.

„Hotel zur Post", Lüdenscheid.

Nach dem Theater:
Warme Küche im Wein- und Bier-Restaurant.

kein Mensch nachfühlen, wie ich darunter leide.«[32] Ob Weill damals den Einakter vollendet hat, ist fraglich, da keinerlei Material überliefert ist. Anders verhält es sich mit einer gleichfalls in Lüdenscheid geschriebenen Komposition, der Chorfantasie *Sulamith* nach Texten aus dem Hohenlied Salomos. Ob sich Weill damit von der äußerst säkularen Theaterwelt in die Gefilde seines Glaubens zurückziehen wollte? Teile des Manuskripts sind erhalten, und Heinrich Strobel muß das Werk ganz gekannt haben, als er schrieb: »[Weill] schlägt sich an kleinsten Schmieren durch. Das Handwerkliche des Theaters ist ihm geläufig. Man nimmt eine der Manuskriptkompositionen aus dieser Zeit: die musikalische Sphäre, in welcher der Zwanzigjährige lebt, breitet sich aus. Sie reicht bis zu Debussy, bis zum frühen Schönberg. Impressionistischer Klang und expansive Ausdrucksmelodik fließen in der Chorfantasie *Sulamith* zusammen. Nur ganz vorübergehend heben sich deutlichere Konturen von der dramatisch wellenden Bewegung ab. Wesentlich bereits: die steile Führung der Linien, die den tonalen Rahmen sprengt, wesentlich auch das Bestreben, die auf Frauenchor und Sopran verteilte Dichtung klar und übersichtlich zu gliedern.«[33]

Ende Mai 1920 endete die Spielzeit des Stadttheaters Lüdenscheid, gleichzeitig war Weills Vertrag abgelaufen und er hatte keine Ambitionen, etwa eine weitere Saison hier zu verbringen. Auch das Angebot des Direktors Kistenmacher, mit ihm gemeinsam Sommertheater auf Norderney zu machen, lehnte er ab. Nach sechsmonatiger Arbeit fuhr Kurt Weill von Westfalen nach Leipzig, wohin seine Eltern von Dessau gezogen waren, um zunächst dort zu wohnen und weitere Pläne für die Zukunft zu schmieden.

Hier vollendete er eine Komposition, die er bereits während des Studiums an der Berliner Hochschule begonnen und dann in Lüdenscheid fortge-

Der junge Kurt Weill als Protagonist zeitgenössischer Musik. Programmzettel eines Konzerts des jüdischen Kulturvereins der Stadt Halberstadt vom Juni 1920

Berend Lehmann-Verein - Halberstadt

Halberstadt, den 17. Juni 1920.

Als Abschluß unserer diesjährigen Arbeitsperiode veranstalten wir

am Dienstag, den 22. Juni 1920, abends 8 Uhr

im großen Saal des „Casino" ein

KONZERT

zu dem wir uns erlauben, Sie und Ihre werten Angehörigen hierdurch ergebenst einzuladen

Gesang: Fräulein Elisabeth Feuge vom Landestheater in Dessau
Am Klavier: Herr Kapellmeister Kurt Weill-Leipzig

Vortragsfolge

Einleitende Worte ... Kurt Weill

Max Reger: Waldeinsamkeit :: Maiennacht ... Elisabeth Feuge
Max Reger: Gavotte und Humoreske: „Aus meinem Tagebuch" ... Kurt Weill
R. Trunk: In meiner Heimat ...
Franz Schreker: Und wie mag die Liebe ...
Hans Pfitzner: Sonst ... } Elisabeth Feuge
Hans Pfitzner: Vorspiel zur Oper „Der arme Heinrich" ... Kurt Weill

Kurt Weill: Abendlied :: Die stille Stadt ...
Jos. Marx: Marienlied :: Venetianisches Wiegenlied } Elisabeth Feuge
Franz Schreker: Vorspiel zu einem Drama ... Kurt Weill
Arnold Schoenberg: Toves Gesang aus den Gurreliedern ... Elisabeth Feuge

setzt hatte: die *Sonate für Violoncello und Klavier*, gewidmet Fritz Rupprecht – Solocellist am Dessauer Theater – und Albert Bing.

Die Sonate besteht aus drei Sätzen: Allegro ma non troppo 4/4 – Andante espressivo 7/8 – Allegro assai. Wild bewegt, grotesk vorzutragen 3/8. Sie demonstriert – noch vor Beginn des Studiums bei Busoni – bereits Weills bemerkenswerte Kontrolle seines diatonisch-harmonischen Materials. Gleichzeitig werden die charakteristischen Merkmale des *Streichquartetts in h-Moll* beibehalten. Die thematische Konstruktion des Werkes kann zyklisch genannt werden. »Ein ständiges Charakteristikum von Weills Harmonik ist, was man etwa ›semitonale Instabilität‹ nennen kann, wobei ein Akkord oder harmonischer Komplex sich in den nächsten auflöst durch den chromatischen Wechsel eines Halbtones in einer oder mehrerer seiner Noten. Das Ergebnis ist ein beständiges Schwanken zwischen Dur- und Molltonarten.«[34]

Da die eben genannte harmonische Besonderheit (chromatischer Wechsel des Halbtons) ein Charakteristikum vieler Kompositionen Ferruccio Busonis darstellt, zeigt die Sonate auch, wie sehr sich Weill bereits vor Aufnahme in dessen Meisterklasse mit Busonis Musik auseinandergesetzt, sie als Vorbild empfunden und ihre Stilmittel adaptiert hat.

So hätte denn ein normales Dirigentenleben für Kurt Weill beginnen können, eine Theater- oder Konzertlaufbahn vielleicht. Aber seine Kompositionsarbeiten nur nebenbei machen, quasi als Erholung neben dem Beruf des Dirigenten? Dies war für den Zwanzigjährigen nicht diskutabel. Die einstigen Gedanken daran, die »Schreiberei« aufzugeben, hatte er längst beiseite gelegt. Auch der Vater bestärkte ihn erneut in dem Entschluß, seine kompositorischen Fähigkeiten bei einem wirklichen Lehrer weiter zu vervollkommnen. Franz Schreker, der inzwischen neuer Direktor der Hochschule für Musik in Berlin geworden war, schien ihm dafür die besten Voraussetzungen zu bieten. So entschloß sich Kurt Weill im Sommer 1920, erneut in der Hauptstadt sein Glück zu versuchen.

Anfang September verließ er die Eltern in Leipzig und siedelte endgültig nach Berlin um, einer neuen wichtigen Etappe seines Lebens entgegensehend. Die Wanderjahre waren nun beendet, es folgte die entscheidende Phase in der Formung des Komponisten.

MEISTERSCHÜLER BEI BUSONI

1921–1923

Als Kurt Weill im September 1920 in Berlin eintraf, gehörte er zu jener nahezu unübersehbaren Schar junger Intellektueller und Künstler, die es von überallher in Deutschland nach der Hauptstadt zog, wo sich mit atemberaubendem Tempo ab 1919 das neue geistige und kulturelle Zentrum der Weimarer Republik formierte. Mit dem Beschluß des Preußischen Landtags vom 1. Oktober 1920, der acht bisherige Stadtgemeinden und 59 Landgemeinden zu dem neuen Organismus Groß-Berlin vereinigte, entstand eine Dreieinhalb-Millionen-Stadt, die damals in der Welt an Einwohnern und Ausdehnung nur noch von Los Angeles übertroffen wurde. Berlin entwickelte sich in den darauffolgenden Jahren zu einer Kunstmetropole von europäischem Rang. Nach dem Wegfall vieler Behinderungen der wilhelminischen Ära gab es eine breite Öffnung für demokratischen Austausch, auch entstanden im Zentrum von Industrialisierung und Urbanisierung zahlreiche neue Institutionen und Produktionsmöglichkeiten für Kunst, wie man sie vorher nicht kannte. Die opulente Presse-, Verlags- und Theaterlandschaft der Stadt bot vielfältige Arbeitsmöglichkeiten, kurz: wer es von den Jungen zu etwas bringen wollte, der ging Anfang der zwanziger Jahre nach Berlin. Carl Zuckmayer hat dieses Gefühl einer ganzen Generation reflektiert: »Es war bereits die unvergleichliche Intensität, der Hauch jenes stürmischen Aufschwungs zu spüren, der Berlin in wenigen Jahren zur interessantesten, erregendsten Stadt Europas machte... Berlin schmeckte nach Zukunft, und dafür nahm man den Dreck und die Kälte gern in Kauf.«[35]

Parallel zur Opulenz des kulturellen Lebens der Stadt vollzogen sich gravierende soziale und politische Polarisierungen, Berlin war während all dieser Jahre gleichzeitig die größte Mietskasernenstadt der Welt wie auch – vor allem in der Endphase der Weimarer Republik – Austragungsort erbitterter Klassenkämpfe und Auseinandersetzungen der progressiven Kräfte mit denen der Reaktion.

In den zwanziger Jahren erlangte auch Berlins Musikleben Weltgeltung. Die Stadt bot zahlreiche Lehr- und Arbeitsmöglichkeiten für Musiker und zugleich erstklassige Aufführungsbedingungen für ihre Werke. Kurt Weill sollte beides in seinem folgenden reichlichen Berliner Jahrzehnt kennenlernen.

Zunächst aber war sein Stern noch nicht aufgegangen. Ausgerüstet mit einer monatlichen Anweisung seines Mannheimer Onkels Leopold über 50 Reichsmark, mit denen dieser das Musikstudium des Neffen befördern wollte, mietete er ein bescheidenes möbliertes Zimmer und suchte erste Kontakte. Das musikalische Berlin feierte damals gerade die Rückkehr Ferruccio Busonis in die Stadt nach fünfjährigem Aufenthalt in Zürich. Wir wissen nicht, ob Weill einen der beiden triumphalen Klavierabende besuchte, die Busoni im November 1920 in der Berliner Philharmonie gab und über die der Brite Edward J. Dent, ab 1921 erster Präsident der neugegründeten Internationalen Gesellschaft für Neue Musik (IGNM), schrieb: »Der Saal war überfüllt, und er wurde mit solchen Ausbrüchen von Enthusiasmus begrüßt, wie sie der Raum selten erlebt hat... Diese Konzerte lassen keinen

Zweifel daran, daß Berlin ihn mit offenen Armen willkommen heißt.«[36] Bereits im Sommer 1920 hatte die Presse gemeldet, daß Busoni eine Meisterklasse für Komposition an der Preußischen Akademie der Künste übernehmen werde.

Die Initiative dazu ging von Leo Kestenberg aus, selbst ehemaliger Schüler Busonis und seit 1910 im Preußischen Kultusministerium zuständig für das Referat Musik. Er hatte Busoni schon 1919 nach Zürich die kaum auszuschlagende Offerte unterbreitet: Übernahme einer Klasse, begrenzt auf jeweils sechs Monate pro Jahr und auf zwei Unterrichtstage pro Woche in seiner Berliner Wohnung. Busoni nahm das Angebot an, bis Dezember 1920 sollte die Auswahl der Schüler durch ihn erfolgen und im Januar 1921 die Meisterklasse eröffnet werden.

Diese Nachrichten bewogen Weill, seinen ursprünglichen Plan, wieder an die Hochschule zurückzugehen, zunächst zu verschieben und sich dafür bei Busoni zu bewerben. Durch wessen Vermittlung dies geschah, ist nicht genau zu rekonstruieren – ein erhaltener Brief von Ende November 1920 an den Vater belegt jedoch, daß der Kritiker Oskar Bie Anteil daran hatte und daß Weill im selben Monat eine Einladung zu Busoni bekam. Bei dieser Gelegenheit übergab er mit seiner Bewerbung eine Reihe Kompositionen zur Prüfung: »Ihr glaubt nicht, wie schwer es ist, an Busoni heranzukommen, der Portier ist angewiesen, jeden fortzuschicken. Trotzdem habe ich einen überaus interessanten Nachmittag bei Busoni verbracht, er spricht kolossal anregend, verlangt auch im Umgang völlige Freiheit und Offenheit mit einer solchen Konsequenz, daß es für unsereinen schwer ist, mit ihm umzugehen. Etwas Positives erreicht habe ich noch nicht. Er ist erstaunt über meine Jugend, hat meine Kompositionen dabehalten, will sich aber nicht entscheiden, da sich so viele Kapazitäten gemeldet haben, daß für so junge Burschen wie ich kaum noch ein Platz übrigbleibt. Na schön.«[37] Um so größer muß die Freude für Kurt Weill gewesen sein, als ihn wenig später, im Dezember 1920, die Nachricht erreichte, daß Busoni ihn in die Klasse aufgenommen hatte.

Der 1866 in der Nähe von Florenz geborene Ferruccio Busoni war für die Musikentwicklung der ersten Jahrzehnte unseres Jahrhunderts eine der bestimmenden Persönlichkeiten. Aufgewachsen als musikalisches Wunderkind, trat er schon in jungen Jahren als Klaviervirtuose und Komponist in Erscheinung. Ab 1888 war er zunehmend als Klavierpädagoge tätig, unter anderem an den Konservatorien von Helsinki, Moskau und Boston, wo er auch Musiktheorie unterrichtete. Von 1894 an war er in Berlin ansässig, leitete aber einige Monate im Jahr Meisterklassen für Pianisten in Wien (1907/08) sowie Basel (1910) und 1913/14 das Liceo musicale in Bologna als Direktor. Dazwischen lagen immer wieder ausgedehnte Konzertreisen. Ab Herbst 1915 lebte Busoni in Zürich.

Zu komponieren begonnen hatte er bereits als Siebenjähriger, seine Musik stand unter dem Einfluß der klassischen und romantischen deutschen Musiktradition des 18. und 19. Jahrhunderts. Außerdem hatte er zahlreiche Werke Bachs neu herausgegeben, so daß er auch als »Bach-Busoni« einen hervorragenden Ruf genoß. Schon in seinen Jugendwerken war er in neue Bereiche der Harmonik vorgestoßen, die Kompositionen ab etwa 1909 sind gekennzeichnet durch radikale bi-, poly- und atonale Erweiterungen der Harmonik.

Sein ästhetisches Programm hatte Busoni 1907 mit der – vor allem nach der zweiten, erweiterten Auflage von 1916 – bei vielen jungen Musikern weitverbreiteten Schrift *Entwurf einer neuen Ästhetik der Tonkunst* formuliert, in der man lesen konnte: »Das Wesen der heutigen Harmonie – und nicht mehr auf lange: denn alles verkündet eine Umwälzung und einen nächsten Schritt.«[38] Die Gedanken dieses Buches entsprangen dem Grundgefühl der Unzufriedenheit und des Unbehagens an der den Fortschritt der Musik hemmenden Dogmatisierung tradierter Regeln und der darauf folgenden Stagnation in der Entwicklung – ein Gefühl, das zu dieser Zeit in allen Künsten die Fragestellung nach der Erneuerung und Umwälzung hergebrachter Formen und Inhalte auf die Tagesordnung brachte. Hieraus erklärt sich auch die breite Aufnahme von Busonis Schrift, die zum programmatischen Dokument einer ganzen Generation junger Musiker wurde. Sie behandelt die verschiedensten Probleme musikalischer Produktion und Reproduktion, bietet keine fertigen Lösungen an, sondern will kritische Anregungen vermitteln, ebenso wie das 1918 von Busoni entworfene und 1920 öffentlich vorgestellte Konzept einer »umfassenden, jungen Klassizität, die alles Experimentelle vom Anfang des 20. Jahrhunderts einverleibt«.[39] Im letzten Abschnitt seines *Entwurfs* entwickelt Busoni statt der beiden Tongeschlechter Dur und Moll hundertdreizehn Skalen von sieben Tönen innerhalb einer Oktave, mit einem »kaleidoskopischen Durcheinanderschütteln von zwölf Halbtönen«[40] kommt er ganz in die Nähe von Schönbergs atonaler Periode.

Die Wirkung des Buches ist nur aus der Zeit heraus zu verstehen. Busoni schreibt in einem Brief an seine Frau Gerda: »Ein junger Student sprach mich mit vor Aufregung zitternder Stimme auf der Straße an, um mir seinen großen Eindruck von der Lectüre meines Büchels mitzuteilen.«[41] Der *Entwurf* war ein Appell des Aufbruchs zu neuen Ufern und entsprach genau dem, was sich in der musikalischen Entwicklung seit etwa 1910 abspielte. Naturgemäß löste das Werk große Kontroversen aus, die Konservativen mit Hans Pfitzner an der Spitze sahen eine »Futuristengefahr« auf die deutsche Musik zukommen – so lautete jedenfalls der Titel einer Pfitznerschen Streitschrift als Reaktion auf den *Entwurf einer neuen Ästhetik der Tonkunst.*

Auch für die Entwicklung des Musiktheaters hatte Busoni zu der Zeit, als Weill zu ihm stieß, Bedeutendes geleistet. Obwohl er insgesamt nur vier Bühnenwerke geschaffen hat, waren es vor allem die beiden 1917 uraufgeführten Einakter *Turandot* und *Arlecchino* sowie die erst postum uraufgeführte Oper *Doktor Faust* (die 1920/21 gerade im Entstehen war und aus der Busoni bereits Teile vorgestellt hatte), die seine operntheoretischen Gedanken in die Theaterpraxis umsetzten und seinerzeit die Diskussion äußerst stark beeinflußten. Als den für ihn allein gültigen Operntyp formulierte Busoni jenes Werk, das »als musikalische Komposition stets aus einer Reihe kürzerer, geschlossener Stücke bestand und nie anders als in diesen Formen wird bestehen können«.[42]

Ferruccio Busoni war darüber hinaus durch sein aristokratisches Aussehen und seine Kontakte zu vielen führenden Vertretern des Geisteslebens seiner Zeit eine berühmte Persönlichkeit – kurz: er bildete um 1920 das musikalische und auch persönliche Idol einer ganzen jungen Musikergeneration in Deutschland und Europa. Ganz sicher nicht von Schönbergs nachwirkender schulebildender Bedeutung, in seinen Werken heute zu Unrecht fast vergessen, bleibt Busoni doch lebendig als der zweite große zentrale Kopf spätbürgerlicher Musikentwicklung unseres Jahrhunderts. Eine Synthese zwischen ihm und Schönberg ist mit Sicherheit nicht herstellbar, beide repräsentieren antinomische Wege der Musikentwicklung, und doch sind beide »durch unversöhnliche Unterschiede ebenso miteinander verbunden wie durch geheime Affinitäten«[43], wie es David Drew formuliert hat. Dazu schreibt Jutta Theurich: »Will man die Wechselwirkung zwischen beiden Künstlern sowohl als auch

Ferruccio Busoni im Kreise seiner Meisterschüler.
Von links: Kurt Weill, Walther Geiser, Luc Balmer, Wladimir Vogel. Aufnahme von 1922

ihre Persönlichkeit einschätzen, so läßt sich immer wieder feststellen, daß trotz Verschiedenartigkeit oder sogar Gegensätzlichkeit, künstlerische Lösungen anzubieten, dieselben nur unterschiedliche Antworten auf allgemeine Probleme einer bestimmten historischen Etappe waren. Insofern stellt sich also ihre äußere und individuelle Differenz als eine innere Gemeinsamkeit verschiedenartiger Erscheinungen heraus.«[44]

Einsichtig wird aus dem Gesagten, welch große Auszeichnung es für Kurt Weill bedeutete, nunmehr in Busonis Meisterklasse aufgenommen zu werden. Diese begann im Januar ihre Tätigkeit, wurde offiziell am 1. Juli 1921 eröffnet und bestand endgültig nur aus fünf Schülern – entgegen Weills gegenüber dem Vater geäußerten Befürchtungen allesamt »junge Burschen«! Mit Weill zusammen wurden die drei Schweizer Luc Balmer (geb. 1898), Robert Blum (geb. 1900) und Walther Geiser (geb. 1897) sowie der aus Moskau stammende Wladimir Vogel (geb. 1896) ausgewählt. Auch hierin äußerte sich das Bewußtsein Busonis als Weltbürger.

Der Unterricht erfolgte in Busonis eleganter Wohnung am Viktoria-Luise-Platz, ein erhaltenes Foto zeigt den Lehrer würdevoll als Spiritus rector inmitten der jungen Männer sitzend. Zweimal wöchentlich empfing er die Schüler: »Die Jünglinge kommen Montags und Donnerstags; da kann ich sie nach 1–1 1/2 Stunden verabschieden.«[45] Die Lehrmethode Busonis hat der Komponist Philipp Jarnach, seit 1914 mit ihm befreundet und von 1918 bis Mitte 1921 am Konservatorium Zürich tätig, beschrieben: »Busoni war kein Lehrer im engen Sinne des Wortes. Ihm fehlte jede erzieherische Neigung, wie auch – was sich von selbst versteht – die leidenschaftliche Unparteilichkeit des Pädagogen. Er war durch eine umständliche Schule der Theorie gegangen, glaubte aber nicht an Unterrichtssysteme. Er meinte, nur geistige Selbständigkeit und Einsicht könne das Handwerkliche so durchdringen, daß nicht Routine, sondern Kunst entstünde. Individuelle Empfindung war ihm die einzig taugliche Kraft, die Widerstände des Materials zu überwinden; und wenn er lückenloses Aneignen der empirischen Erfahrung als unerläßlich voraussetzte, so forderte er vom Künstler, daß er sich niemals auf ein Erlerntes stütze, vielmehr aus der jeweiligen Idee die Mittel herleite, sie zu formulieren. Diese heroische Anschauung, die bewußt alle Zwischenstufen des Könnens ignorierte und auch technische Probleme in die Sphäre des Schöpferischen rückte, erklärt hinlänglich Busonis Unduldsamkeit aller Systematik, aller rhetorischen Unselbständigkeit des Ausdrucks gegenüber. Dennoch wurde er nicht müde, auf die unbegrenzte Formenwelt eines Bach, eines Mozart hinzuweisen; er zeigte an ihnen, wie höchste Unbefangenheit der Phantasie scheinbar enge Schemen im freien Spiel der Melodiegewalten unerschöpflich neu belebte. Sein eigenes Beispiel und diese Gesinnung waren die große Lehre, die junge Künstler von ihm empfingen.«[46]

Kurt Weill schrieb 1925 über das Erlebnis der Stunden bei dem Lehrer: »›Schüler‹ gab es für ihn in diesem Abschnitt nicht mehr. ›Disciples‹ nannte er uns und gab keinen Unterricht, aber er ließ uns sein Wesen atmen, das sich in allen Bezirken offenbarte, das aber immer in Musik mündete. Diese Stunden täglichen Zusammentreffens sind noch zu nahe, um darüber sprechen zu können. Es war Gedankenaustausch im höchsten Sinne, ohne Meinungszwang, ohne Selbstherrlichkeit, ohne die Spur von Neid oder Böswilligkeit, und die Anerkennung jedes Schaffens, das Begabung und Können verriet, war rückhaltlos und enthusiastisch.«[47]

Sehr bald bildete sich zwischen Busoni und Weill ein herzliches Verhältnis heraus. Wladimir Vogel erinnert sich: »Kurt war ein bescheidener, ziemlich ruhiger Zuhörer, der Busoni außerordentlich respektierte und von diesem geschätzt wurde.«[48] Und der Musikkritiker Rudolf Kastner schrieb:

»An einem Nachmittag stellte mir Busoni einen kleinen, stillen Menschen von etwa zwanzig Jahren vor. Hinter Brillen leuchten, flackern zwei Augensterne. Im Gespräch enthüllte er sich als ein ungemein ernster, zielbewußter, charakterhafter Mensch. Busoni sprach in seiner Abwesenheit von ihm mit ganz besonderer Wärme. In der Tat ›pflegte‹ er ihn gleich einem väterlich liebenden Gärtner, der auf eine Blume, einen Baum alle Liebe überträgt.«[49]

Die in Busonis Nachlaß erhaltenen Briefe von Kurt Weill aus den Jahren 1921 bis 1924 zeigen, in welch starkem Maße der Schüler diese liebevolle Zuneigung des Lehrers erwiderte. »Sehr verehrter, lieber Meister«, schreibt Weill bereits gegen Ende des ersten Unterrichtsmonats im Januar 1921, »lassen Sie es als selbstverständlich gelten, daß ich mit allem, was ich habe, Ihrem Werk und Ihrem Leben zur Verfügung stehe.«[50]

Die erste gewichtige Komposition Weills während des Studiums bei Busoni entstand zwischen April und Juni 1921, ein einsätziges Orchesterwerk, heute als *Sinfonie Nr. 1* bekannt. Ausgangspunkt dafür war im November 1920 eine Begegnung mit dem Dichter Johannes R. Becher gewesen, der Weill von seinem gerade vollendeten expressionistisch-pazifistischen Festspiel *Arbeiter, Bauern, Soldaten: Der Aufbruch eines Volkes zu Gott* erzählt hatte. Dem Bruder berichtete Weill unmittelbar nach dem Treffen: »Außerdem habe ich einen Kompositionsauftrag für ein Stück von J. R. Becher in Aussicht. Es ist eine ganz große Sache! ›Aufbruch eines Volkes zu Gott‹, ekstatische Spannung, und es reißen sich die bedeutendsten jungen Musiker darum, da man Becher für die größte Zukunft unter den jungen Dichtern hält.«[51] Wenige

Kurt Weill. Porträtzeichnung von Busonis Sohn Raffaelo, 1925

Tage später schickte Becher das Manuskript an Weill, heute ist nicht mehr zu rekonstruieren, ob die beiden etwa eine Vertonung als Oratorium – wozu sich der Text zweifellos eignet – ins Auge gefaßt hatten. Dazu kam es indes nicht, statt dessen schrieb Weill eine einsätzige Sinfonie.

Diese präsentiert sich als Jugendwerk eines Komponisten von außerordentlichem Können. Die

Titelseite der Partitur trägt ein Motto aus Bechers Festspiel von 1920, dessen sozialutopischer, von Strindbergs Religiosität beeinflußter Text die Vision eines Gott preisenden Volkes beschwört, das in ein Land der sozialen Gerechtigkeit aufbricht. Idee und expressionistisch-fiebernde Diktion des Bühnenwerkes entsprachen dem Weltbild des damals einundzwanzigjährigen Weill, der darauf ein entsprechendes sinfonisches Konzept aufbaute, formal in der einsätzigen Gestaltung zweifelsohne von Schönbergs *Kammersinfonie op. 9* beeinflußt. Das Werk zeigt bereits eine höchst eigenständige, erwachsene Ausdruckskunst; Einflüsse von Liszt und Richard Strauss bei Thematik und Motivik sowie von Gustav Mahler im musikalischen Ausdruck sind hörbar, können jedoch die originale Leistung Weills nicht übertönen. Trotz des Zitats auf dem Titelblatt ist das Werk nur in dem Sinne »programmatisch«, als es mit den Mitteln der Musik die religiösen und revolutionären Thesen von Bechers Stück auszudrücken versucht.

Die Sinfonie ist für ein verhältnismäßig kleines Orchester geschrieben, vergleicht man sie mit den folgenden Orchesterwerken Weills oder gar mit den Vorläufern Liszt oder Strauss. Dadurch erreicht Weill an manchen Stellen transparente Solo-Kombinationen, die der Kammermusik näherstehen als der großen Sinfonie. Drei große Teile (Exposition – Durchführung – Reprise) bestimmen das Werk, dabei ist die Komposition quasi aus vielen kleinen Abschnitten mit eigenem thematischen Profil »zusammengesetzt«. Weills Mittel der kontinuierlichen thematischen Transformation verbindet die einzelnen, recht unterschiedlichen Abschnitte verschiedenen Charakters zu einer einheitlichen zyklischen Struktur. Das Finale ist als dreistrophige Choralvariation gestaltet, hier wird die Analogie zu Bechers »Aufbruch eines Volkes zu Gott« hergestellt. Außerdem drückt sich Weills tiefes religiöses Empfinden, das er noch oft in seine Musik einbringen wird, hier in seiner reinen Form aus.

Heinrich Strobel, der das Werk im Manuskript kannte, schrieb: »Es kündet sich erste Berührung mit den Tendenzen der Zeit, die entscheidend werden für spätere Arbeiten. Schon biegt der neue Musikwille die melodischen Vorhaltsspannungen auf. Rhythmische Elemente, die sich bisher im Chaos der Klänge und musikdramatischen Steigerungen verloren, drängen eruptiv hervor. Der Aufbau ist wesentlich gedrungener.«[52]

Als Weill das Werk Ende Juni in einer Klavierbearbeitung für vier Hände während des Unterrichts vorstellte, war Busonis Reaktion eher kritisch. Das expressionistische Idiom und außermusikalische Beziehungsgeflecht zu den geistigen Bewegungen der Zeit fanden seine Zustimmung nicht, nur die Choralvariation des Finales ließ er gelten. Auch befand der Meister, daß Weill weitere gründliche Kontrapunktstudien betreiben müsse und vermittelte ihm entsprechenden Unterricht bei Philipp Jarnach, der Mitte 1921 aus Zürich nach Berlin gekommen war. Ein reichliches Jahr lang, bis Ende 1922, war Weill nun auch Jarnach-Schüler.

Die Sinfonie aber gab er nach Busonis Kritik nicht zur Aufführung frei. Ihre 1933 verschollene Partitur kam erst 1957 wieder zum Vorschein, das Werk erlebte sechsunddreißig Jahre nach seiner Entstehung seine Uraufführung in Hamburg.

Weills materielle Verhältnisse waren während der gesamten Studienzeit mehr als bescheiden. Obwohl ihm von der Akademie die Studiengebühren erlassen worden waren, reichte das Geld des Onkels nicht aus, um den Lebensunterhalt zu bestreiten.

»Meine Hemden gehen zur Neige«, schreibt er kurz vor dem Weihnachtsfest 1920 dem Vater, »kriege ich Chanuka Karpfen? Eine sehr unbescheidene Bitte habe ich: könnt ihr mir nicht ein ganz kleines Fläschchen von dem Sherry Brandy abfüllen, nur zum Durchwärmen?«[53]

Ab Januar 1921 hatte der Busoni-Schüler einen festen Nebenverdienst: in einer typischen Berliner Kneipe durfte er zur Unterhaltung der Gäste Klavier spielen.

Hans W. Heinsheimer, der spätere Leiter der Bühnenabteilung der Universal-Edition Wien, gibt eine anschauliche Schilderung von Weills Auftritten: »Nachts spielte er in einem Bierkeller Klavier, wo von der samtenen und seidenen Atmosphäre seines Meisters nichts zu verspüren war. Seine Einnahmen hingen von der Generosität der Gäste ab, die ihre finanziellen Beiträge auf einem Teller entrichteten, der unübersehbar auf dem alten Klavier deponiert war. Um die Spendenbereitschaft zu stimulieren, brach Weill immer dann in unüberhörbar tremolierende Crescendi aus, wenn er bei einer besonders wohlhabend aussehenden Tischgesellschaft Anstalten zum Gehen bemerkte.«[54]

Erst ab Ende 1922, nunmehr bereits ausgewiesener Meisterschüler Busonis, besserte sich Weills finanzielle Lage etwas, als er erste eigene Schüler unterrichten konnte, die ihm oft Philipp Jarnach vermittelte, darunter den aus Griechenland nach Berlin gekommenen Komponisten Nikos Skalkottas, den Pianisten Claudio Arrau und den gleichfalls in Griechenland geborenen Schweizer Maurice Abravanel, der später zu einem der wichtigsten Dirigenten Weillscher Musik werden sollte. Abravanel erinnert sich an seinen Unterricht bei Weill, zu einer Zeit, als die Inflation in Deutschland ihrem Höhepunkt entgegentrieb: »1922/23 besaß Kurt keinen Heller, er fuhr durch ganz Berlin, um seine Stunden zu geben, weil er das Geld brauchte. Ich erinnere mich, wie er einmal zu mir kam und sagte: ›Eben hat mich ein weißrussisches Mädchen beschimpft, weil ich zwanzig Minuten zu spät bei ihr zur Stunde kam. Sie wissen doch, wie schwer es ist, mit der Straßenbahn pünktlich zu sein.‹ An diesem Tag beschloß ich, künftig meine Stunden bei ihm zu Hause zu nehmen... Das wichtigste für ihn war immer die Musik. Obwohl er absolut kein Geld hatte, sagte er zu mir: ›Wissen Sie, daß es am Karfreitag in der Leipziger Thomaskirche eine Aufführung der *Matthäus-Passion* gibt? Ich fahre mit dem Zug hin. Wollen Sie nicht mitkommen?‹ Und ich besaß auch keinen Heller. Aber irgendwie besorgten wir uns Geld für die Fahrkarten und hörten die Passion.«[55]

Sehr wichtig für Kurt Weills Integration in das Berliner Geistes- und Musikleben wurde ab 1922 seine Mitarbeit in der »Novembergruppe«. Das war eine der einflußreichsten und aktivsten Künstlervereinigungen Berlins, gegründet im November 1918 und tätig bis Ende 1932. Die Gruppe war zunächst als Sammelpunkt bildender Künstler entstanden und zählte schon bald nach ihrer Gründung etwa einhundertzwanzig Mitglieder. Ab 1922 trat die Musik hinzu, für die im Januar eine eigene Abteilung innerhalb der Gruppe gebildet wurde. Die Geschäftsstelle befand sich im Hause des Geschäftsführers Hugo Graetz in der Potsdamer Straße 113, wo auch Weill öfters zu Gast war.

Die Novembergruppe hatte ihre Arbeit zur Erneuerung der Kunst und der Politik im Januar 1919 aufgenommen, bereits nach wenigen Jahren aber waren die künstlerischen Aspekte weitaus in den Vordergrund getreten, so daß es zum Auszug einer Gruppe von politisch bewußten und engagierten Mitgliedern kam, die ihre Position in einem »Offenen Brief an die Novembergruppe« formulierte: »Uns ist das Bekenntnis zur Revolution, zur Neuen Gemeinschaft kein Lippenbekenntnis, und so wollen wir mit unserer erkannten Aufgabe Ernst machen: mitzuarbeiten am Aufbau der neuen menschlichen Gemeinschaft, der Gemeinschaft der Werktätigen!«[56] Zu den Unterzeichnern des Briefes gehörten unter anderem Otto Dix, George Grosz, Raoul Hausmann und Rudolf Schlichter. Bezeichnenderweise zählte kein Musiker zu denen, die hier den Weg der Novembergruppe aus politischen Gründen verließen – für sie war die Diskussion der neuen Kunstmöglichkeiten und -formen wichtiger als der operative Eingriff in die politischen Kämpfe der Zeit. Weill machte da keine Ausnahme.

Die zahlreichen Aktivitäten der Gruppe ermöglichten ihren Mitgliedern interessante Begegnungen mit Künstlern anderer Genres, Diskussionen und Streitgespräche sowie auch die Präsentationsmöglichkeit der eigenen neuentstandenen Werke.

Die Musikabteilung wurde von Heinz Tiessen und Max Butting gegründet und geleitet, 1924 übernahm Hans Heinz Stuckenschmidt diese Arbeit.

Aktive Mitglieder in der Abteilung waren neben Tiessen, Butting, Stuckenschmidt und Weill auch Philipp Jarnach, Wladimir Vogel, Felix Petyrek, Jascha Horenstein, George Antheil, Stefan Wolpe und ab 1925 Hanns Eisler.

Man veranstaltete regelmäßige Konzerte im Kleinen Saal des Vox-Hauses, im Grotrian-Steinweg-Saal in der Potsdamer Straße, im Meistersaal in der Köthener Straße und auch gelegentlich Kammermusikabende in der Wohnung des Geschäftsführers. Max Butting berichtet über die Arbeit: »Die Konzerte fanden in dem kleinen Saal des Vox-Hauses statt. Auch das überlegt, denn der kleine Saal war immer überfüllt, und daß die Konzerte ausgezeichnet besucht waren, wurde überall in der Presse hervorgehoben. Hätten wir einen auch nur mittelgroßen Konzertsaal genommen, würde man vielleicht bei gleich großer Besucherzahl über halbleeren Raum berichtet haben. Wir suchten uns auch die allerbesten Interpreten. Ein Appell an die bildenden Künstler hatte zur Folge, daß von ihnen

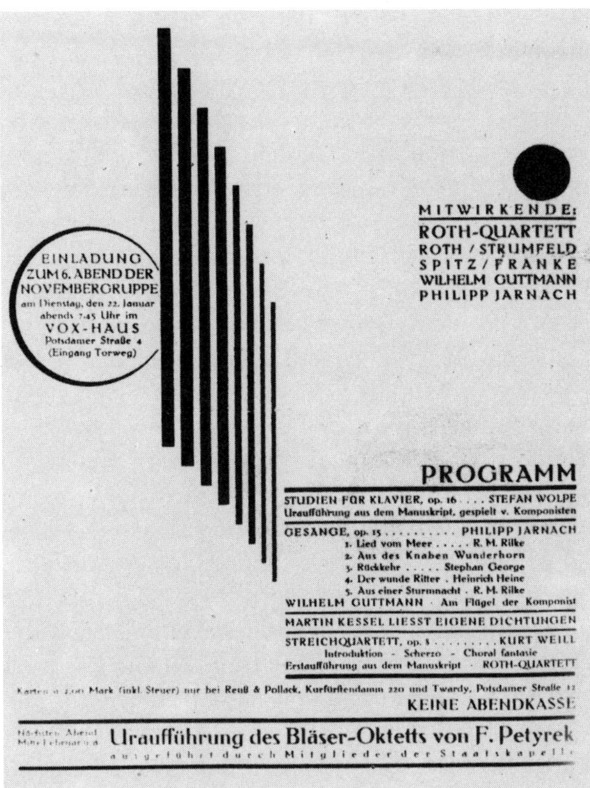

EINLADUNG ZUM 6. ABEND DER NOVEMBERGRUPPE
am Dienstag, den 22. Januar abends 7.45 Uhr im
VOX-HAUS
Potsdamer Straße 4
(Eingang Torweg)

MITWIRKENDE:
ROTH-QUARTETT
ROTH / STRUMFELD
SPITZ / FRANKE
WILHELM GUTTMANN
PHILIPP JARNACH

PROGRAMM

STUDIEN FÜR KLAVIER, op. 16 . . . STEFAN WOLPE
Uraufführung aus dem Manuskript, gespielt v. Komponisten

GESÄNGE, op. 15 . . . . PHILIPP JARNACH
1. Lied vom Meer . . . . . R. M. Rilke
2. Aus des Knaben Wunderhorn
3. Rückkehr . . . . . Stephan George
4. Der wunde Ritter . Heinrich Heine
5. Aus einer Sturmnacht . R. M. Rilke
WILHELM GUTTMANN · Am Flügel der Komponist

MARTIN KESSEL LIESST EIGENE DICHTUNGEN

STREICHQUARTETT, op. 8 . . . . KURT WEILL
Introduktion - Scherzo - Choral fantasie
Erstaufführung aus dem Manuskript · ROTH-QUARTETT

Mark (inkl. Steuer) nur bei Reuß & Pollack, Kurfürstendamm 220 und Twardy, Potsdamer Straße
KEINE ABENDKASSE

Uraufführung des Bläser-Oktetts von F. Petyrek
ausgeführt durch Mitglieder der Staatskapelle

Programmzettel des 6. Musikabends der »Novembergruppe« am 22. Januar 1924. Hier erfolgte die Berliner Erstaufführung von Weills Streichquartett op. 8

Zeichnungen, Aquarelle, Kleinplastiken zur Verfügung gestellt wurden, und den meisten Interpreten machte es große Freude, sich etwas von diesen Werken als Honorar aussuchen zu können, außerdem blieben die bildenden Künstler den Konzerten nicht fern, wenn sie wußten, daß die Interpreten der Musik ihre eigenen Werke entgegennahmen. So hatten wir auch immer ein lebhaft interessiertes

Publikum, das zum größten Teil aus Künstlern bestand. Wir sorgten dafür, daß Kammermusikwerke, die außerhalb Berlins uraufgeführt und in der Berliner Presse mit besonderer Beachtung besprochen wurden, bei uns zur Erstaufführung kamen. Ich erinnere mich, daß wir die Klaviersonate op. 1 von Hanns Eisler, das zweite Streichquartett von Hindemith zuerst in Berlin aufführten, daß das Amar-Quartett zum ersten Mal bei uns spielte, und das alles verschaffte dem Podium der Novembergruppe Ansehen und Geltung. Da wir nichts anderem als unserem künstlerischen Prinzip, neue Werke zur Diskussion zu stellen, zu folgen brauchten, entstand hier ein erstes und gewichtiges Zentrum für neue Musik. Bei dem Einfluß der Berliner Presse auf ganz Deutschland und infolge der ausgiebigen Beachtung, die jedes Konzert in der Presse fand, wirkte sich die Tätigkeit der Novembergruppe weithin aus.«[57]

Titelblatt der Weillschen Bearbeitung von Busonis Divertimento op. 52, die 1922 in Leipzig erschien

Noch eine Stimme sei zitiert, um die Atmosphäre authentisch wiederzugeben, in der – neben dem Unterricht bei Busoni und Jarnach – Weills Künstlerpersönlichkeit reifte und sich entwickelte. Hans Heinz Stuckenschmidt erzählt: »Es muß 1922 gewesen sein, daß ich in Berlin mit einem Gruß von Hirsch an der Wohnung von Hugo Graetz klingelte und drinnen ehrfürchtig die nassen Leinwände vieler mir vertrauter Maler sah. Bald danach wurde ich als Mitglied aufgenommen. Bei den Sitzungen lernte ich Heinz Tiessen, Max Butting und Kurt Weill kennen. Stefan Wolpe traf ich erstmalig am Bauhaus in Weimar, Sommer 1923. Die Konzerte der Gruppe besuchte ich, wann immer ich von Hamburg nach Berlin kam. Sie fanden in kleinen Räumen statt, wie dem Schwechten-Saal, dem Künstlerhaus Bellevuestraße und dem Grotrian-Steinweg-Saal. Aber sie waren gedrängt voll mit einem Publikum, bei dem bildende Kunst, Literatur und Architektur die Mehrheit gegenüber der Musik bildeten. Das unterschied sie zum Beispiel von den Veranstaltungen des Melos-Kreises und der Internationalen Gesellschaft für Neue Musik, wo die Fachleute mehr unter sich waren, und deren innere Resonanz infolgedessen geringer war ... Trotz ihres politischen Namens spielte die praktische Politik in der Gruppe keine wesentliche Rolle. Aber den politisch engagierten Wiener Schönberg-Schüler Eisler in unseren Kreis aufzunehmen, war eine Selbstverständlichkeit. Wladimir Vogel, aus Moskau nach Berlin gekommen und mit der Aura des revolutionären Musikers behaftet, gehörte zum Kreis um Ferruccio Busoni, den wir bewunderten, dessen klassizistische Ordnungsrufe wir aber nicht verstanden. Weill war darin weitblickender und verteidigte Busonis Ästhetik in vielen Diskussionen. Er war es, der Philipp Jarnach als Mitglied vorschlug… Bei den oft leidenschaftlichen Diskussionen während der Gruppen-Versammlungen in der Achenbachstraße war der schärfste Zündstoff die Situation der modernen Künste in Sowjetrußland. Vogel hielt sich dabei immer zurück, Eisler und Weill standen ganz auf der Seite der sozialistischen Ästhetik, die lieber auf technische und geistige Errungenschaften der europäischen Avantgarde verzichtete als auf Breitenwirkung.«[58]

Bei dieser Erinnerung Stuckenschmidts nach vierzig Jahren ist Relativierung nötig: Eine Gleichsetzung von Eislers und Weills ästhetischem Programm wäre eine grobe Vereinfachung. Während Eisler, als er zur »Novembergruppe« stieß, bereits dabei war, sein Programm einer Musik für die Arbeiterklasse konkret zu formulieren und bald danach auch zu komponieren, galten Weills Erneuerungsbestrebungen allein den Kunstformen der Musik und des Theaters.

Mit drei Kompositionen des Jahres 1922 sollte er sich beiden Gebieten zuwenden und auch erste Aufführungen in Berlin erleben. Zunächst jedoch erhielt er durch Busoni den Auftrag, von dessen *Divertimento für Flöte und Orchester op. 52*, entstanden 1920 und uraufgeführt am 13. Januar 1921 in Berlin, eine Fassung für Flöte und Klavier herzustellen. Sie erschien 1922 parallel zur Partitur im Verlag Breitkopf & Härtel Leipzig. Weill selbst schrieb zu dieser Zeit zunächst das *Divertimento für kleines Orchester mit Männerchor*, bestehend aus sechs Sätzen, wobei im letzten Satz der Chor hinzutritt, nach einem Text von Jens Peter Jacobsen, jenes dänischen Dichters, dessen Verse auch Schönbergs *Gurre-Liedern* zugrunde liegen. In einem »Konzert mit Kompositionen der Staatsakademischen Schüler aus der Meisterklasse Prof. Dr. Ferruccio Busoni« am 7. Dezember 1922 in der traditionsreichen Berliner Singakademie wurde der letzte Satz des Werkes durch das Berliner Philharmonische Orchester und den Chor der Kaiser-Wilhelm-Gedächtniskirche aufgeführt, zusammen mit Werken von Geiser, Balmer, Blum und Vogel. Dirigent war Heinz Unger, der wenig später, am 10. April 1923, das gesamte *Divertimento* in einem Philharmonischen Konzert uraufführte. Die Partitur ist leider nur teilweise erhalten geblieben, ebenso wie die der folgenden Arbeit.

Seine »Premiere« in der Berliner Philharmonie hatte Kurt Weill schon einen Monat vorher, als Alexander Selo mit dem Philharmonischen Orchester die *Sinfonia sacra: Fantasia, Passacaglia und Hymnus für Orchester* (gewidmet Philipp Jarnach »in Dankbarkeit«) uraufführte. Sicher ein stolzer Moment für Weill, der in diesen beiden Orchesterwerken die Linie seiner ersten Sinfonie weiterverfolgt hatte. Sowohl tiefe religiöse Bezüge finden erneut ihren Ausdruck, als verstärkt auch Busonis Einfluß. Heinrich Strobel vermerkte dazu:

»Langsam vollzieht sich die Wandlung von der pathetischen Erregtheit zur frei ausschwingenden, absoluten Melodie. Der Sinn für das Formale, für Knappheit und organische Gliederung des Aufbaus wird geweckt. Suitengeist und Polyphonie – beides wesentliche Elemente in Busonis Schaffen – brechen ein, bieten Halt für einen Ablauf, der zur fantasieartigen Gruppierung der Teile hindrängt. Hierin spürt man am deutlichsten die dramatische Tendenz auch der für den Konzertsaal geschriebe-

Programmzettel eines Konzerts der Busoni-Klasse in der traditionsreichen Berliner Sing-Akademie, Dezember 1922

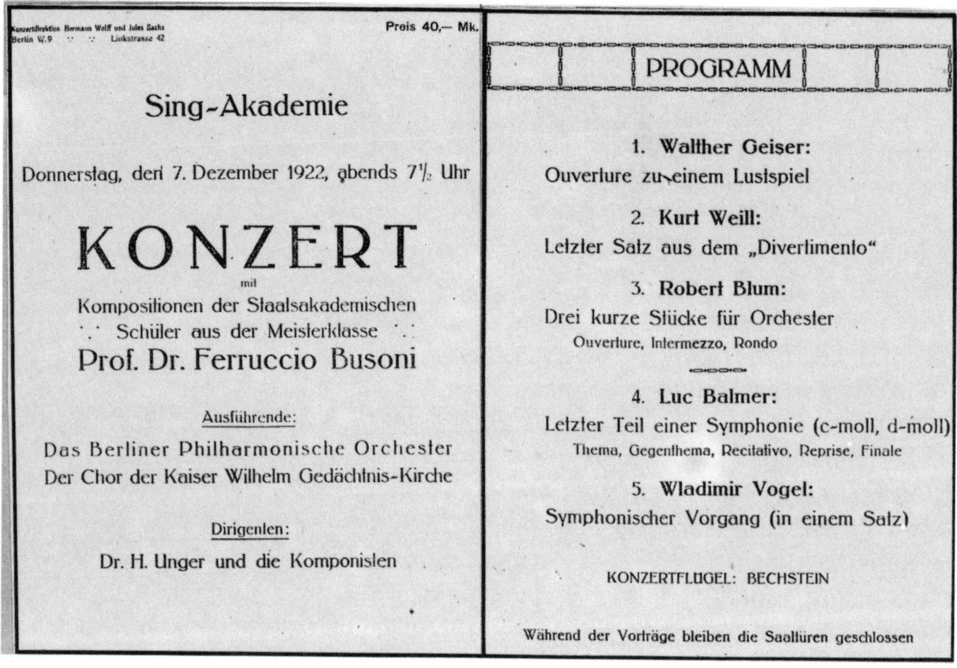
Konzertdirektion Hermann Wolff und Jules Sachs Berlin W.9 Linkstrasse 42

Preis 40,– Mk.

Sing-Akademie

Donnerstag, den 7. Dezember 1922, abends 7½ Uhr

KONZERT

mit

Kompositionen der Staatsakademischen Schüler aus der Meisterklasse

Prof. Dr. Ferruccio Busoni

Ausführende:

Das Berliner Philharmonische Orchester

Der Chor der Kaiser Wilhelm Gedächtnis-Kirche

Dirigenten:

Dr. H. Unger und die Komponisten

PROGRAMM

1. **Walther Geiser:**
Ouverture zu einem Lustspiel

2. **Kurt Weill:**
Letzter Satz aus dem „Divertimento"

3. **Robert Blum:**
Drei kurze Stücke für Orchester
Ouverture, Intermezzo, Rondo

4. **Luc Balmer:**
Letzter Teil einer Symphonie (c-moll, d-moll)
Thema, Gegenthema, Recitativo, Reprise, Finale

5. **Wladimir Vogel:**
Symphonischer Vorgang (in einem Satz)

KONZERTFLÜGEL: BECHSTEIN

Während der Vorträge bleiben die Saaltüren geschlossen

nen Werke ... Das eigentliche Problem: den dramatischen Ausdruckswillen, der im Blute liegt, mit der neuen musikalischen Sprache zu verschmelzen, die sich von Werk zu Werk klarer ausprägt. Irgendwann wird das zum Theater hinführen.«[59]

Schon im Spätsommer 1922 ergab sich die Möglichkeit einer solchen Arbeit, als Weill – wahrscheinlich erneut durch Jarnachs Vermittlung – den Auftrag zur Komposition einer Ballett-Pantomime erhielt.

Der russische Choreograph Wladimir Boritsch hatte ein selbstverfaßtes Libretto, *Die Zaubernacht*, nach Berlin mitgebracht, das als Ballett-Pantomime für Kinder in der Vorweihnachtszeit gemeinsam mit Strawinskys *Petruschka* im Theater am Kurfürstendamm aufgeführt werden sollte. Weills Partitur für neun Musiker sowie Solosopran steht am Anfang seiner Arbeit für das Musiktheater, obwohl seinerzeit kaum beachtet, kommt ihr große Bedeutung für den weiteren Weg des Komponisten zu.

Er selbst bemerkte zur Musik: »Ich schrieb die Pantomime *Die Zaubernacht* für eine russische Truppe am Theater am Kurfürstendamm. Ich habe aus der konzentrierten Intensität der russischen Theaterkunst zwei Dinge gelernt: daß die Bühne ihre eigene musikalische Form hat, deren Gestalt organisch aus dem Fluß der Handlung erwächst; und daß bedeutsame Ereignisse szenisch nur durch die einfachsten, unauffälligsten Mittel ausgedrückt werden können. Ein Orchester von neun Mann, eine Sängerin, zwei Tänzer und einige Kinder – das war der ganze Apparat dieses getanzten Traums.«[60]

Die Premiere der *Zaubernacht* fand am 18. November 1922 im Theater am Kurfürstendamm statt, Weill selbst dirigierte die Aufführung, Franz-Ludwig Hörth führte Regie. Die Geschichte einer Zauberfee, die Spielzeug zum Leben erwecken kann, bot zusammen mit Weills einfacher und pointierter Musik den beiden Solotänzern alle Möglichkeiten des Ausdrucks. Da die Vorstellungen nachmittags liefen, gab es kaum eine Reaktion der Berliner Presse; unter den prominenten Künstlern, die die Aufführung besuchten, waren auf jeden Fall Busoni, der das Stück seines Schülers begutachten wollte – und der expressionistische Dramatiker Georg Kaiser, der bald für Weill ein wichtiger Partner werden sollte.

Heinrich Strobel erkannte die Möglichkeiten, die diesem Theatermusiker zur Verfügung standen, als er schrieb: »Wenn er nun, von seiner Begabung getrieben, zum Theater kommt, so ist die Vorherrschaft der Musik im Tanzspiel, im Opernspiel selbstverständlich. Es bedarf nur der entscheidenden Anregung durch eine Dichtung, und der Strom einer von dramatischen Inhalten mächtig gespannten Musik ergießt sich auf das Theater.«[61] Es sollten jedoch noch drei Jahre vergehen, ehe Weills Entwicklung endgültig zur Opernbühne hin erfolgte.

Uraufführung der Orchestersuite op. 9 in Dessau. Programmzettel vom Juni 1923

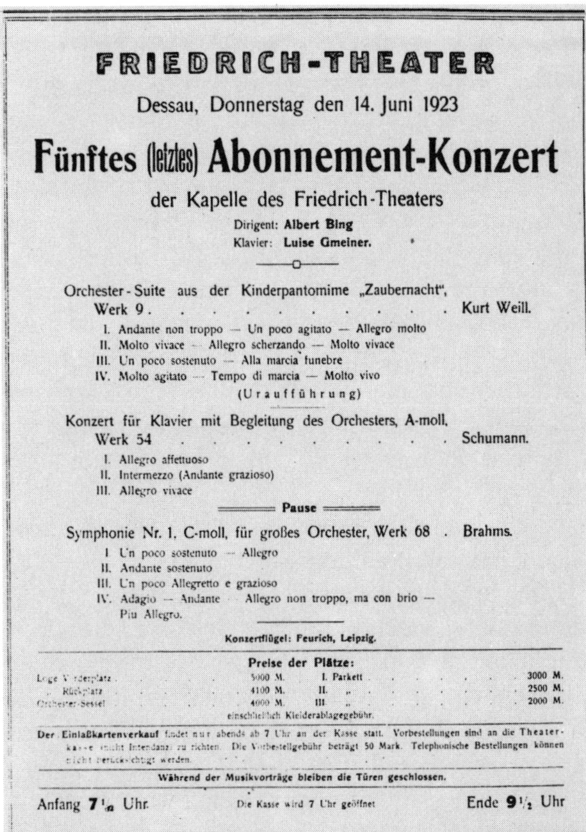

FRIEDRICH-THEATER

Dessau, Donnerstag den 14. Juni 1923

Fünftes (letztes) Abonnement-Konzert

der Kapelle des Friedrich-Theaters

Dirigent: **Albert Bing**
Klavier: **Luise Gmeiner.**

Orchester-Suite aus der Kinderpantomime „Zaubernacht", Werk 9 . . . . Kurt Weill.

I. Andante non troppo — Un poco agitato — Allegro molto
II. Molto vivace — Allegro scherzando — Molto vivace
III. Un poco sostenuto — Alla marcia funebre
IV. Molto agitato — Tempo di marcia — Molto vivo

(Uraufführung)

Konzert für Klavier mit Begleitung des Orchesters, A-moll, Werk 54 . . . . Schumann.

I. Allegro affettuoso
II. Intermezzo (Andante grazioso)
III. Allegro vivace

Pause

Symphonie Nr. 1, C-moll, für großes Orchester, Werk 68 . Brahms.

I. Un poco sostenuto — Allegro
II. Andante sostenuto
III. Un poco Allegretto e grazioso
IV. Adagio — Andante — Allegro non troppo, ma con brio — Piu Allegro.

Konzertflügel: Feurich, Leipzig.

Preise der Plätze:

Loge Vorderplatz	5000 M.	I. Parkett	3000 M.
„ Rückplatz	4100 M.	II. „	2500 M.
Orchester-Sessel	4000 M.	III. „	2000 M.

einschließlich Kleiderablagegebühr.

Der Einlaßkartenverkauf findet nur abends ab 7 Uhr an der Kasse statt. Vorbestellungen sind an die Theaterkasse (nicht Intendanz) zu richten. Die Vorbestellgebühr beträgt 50 Mark. Telephonische Bestellungen können nicht berücksichtigt werden.

Während der Musikvorträge bleiben die Türen geschlossen.

Anfang **7 1/2** Uhr. Die Kasse wird 7 Uhr geöffnet Ende **9 1/2** Uhr

1923 stellte der Komponist aus der Musik die *Orchestersuite aus der Pantomime »Zaubernacht«* zusammen, gewidmet seinem ersten Lehrer Albert Bing, der sie auch am 14. Juni 1923 in Dessau uraufführte. Nachdem das Werk Ende 1925 von der Universal-Edition unter dem Titel *Quodlibet. Eine Unterhaltungsmusik. Vier Stücke aus einem Kindertheater für großes Orchester* veröffentlicht wurde, erlebte es zahlreiche Aufführungen durch bedeutende Dirigenten wie Felix Weingartner (Wien

1927), Alexander von Zemlinsky (Prag 1927) und Jascha Horenstein (Berlin 1929).

Die Zaubernacht war auch das erste Werk Weills, das Ende 1924 in den USA aufgeführt wurde, in New York unter dem Titel *Magic Night.* Und noch eine Begegnung brachte die Berliner *Zaubernacht*-Aufführung, von der Weill zu dieser Zeit noch nicht ahnte, was sie später für ihn bedeuten sollte. Unter den jungen Tänzerinnen und Tänzern, die sich für die Mitwirkung in der Aufführung bewarben, war auch die damals vierundzwanzigjährige Lotte Lenya[61a], die gerade mit ihrem Lehrer aus Zürich nach Berlin gekommen war. Sie erinnert sich: »Als ich auf die Bühne gerufen wurde, sagte der Produzent zu mir: ›Fräulein Lenya, ich möchte Sie mit unserem Komponisten, Kurt Weill, bekannt machen‹ und ich fragte: ›Wo ist er denn?‹ Der Produzent gab mir zu verstehen, daß er unten beim Orchester saß, aber ich konnte ihn nicht sehen. Ich hörte nur eine leise Stimme sagen: ›Es freut mich, Ihre Bekanntschaft zu machen, Fräulein Lenya.‹ Aber ich habe ihn gar nicht richtig gesehen. Das war also unsere erste Begegnung.«[62]

1923, im letzten Jahr des Studiums bei Busoni, komponierte Weill zwei Werke, die bald seinen Ruf als avantgardistischer junger Komponist in Deutschland endgültig verbreiten sollten: Das *Streichquartett op. 8* und den Liedzyklus *Frauentanz – Sieben Gedichte des Mittelalters für Sopran und fünf Instrumente op. 10.* Das Streichquartett, gewidmet Weills Vater, ist wiederum ein einsätziges Werk, bestehend aus den drei Teilen Introduktion – Scherzo – Choralfantasie. Nicht nur in der Struktur ist das Quartett also der *Sinfonie Nr. 1* verwandt, auch in der Behandlung des harmonischen Materials ergeben sich zahlreiche Parallelen, ebenso im Werkaufbau, der wiederum aus zahlreichen, in sich geschlossenen einzelnen Abschnitten sich zyklisch zusammenfügt. Allerdings ist Weills Praxis, schon Vorhandenes noch einmal zu gestalten, in der abschließenden Choralfantasie nicht glücklich gehandhabt: Die Passagen der im Orchester ausgeführten Choralmusik überzeugen nun, in der wesentlich reduzierten Kraft eines Quartetts, nicht mehr gänzlich. Dennoch ist das Streichquartett für Weills Entwicklung ein wichtiges Werk. Nahe seiner *1. Sinfonie* stehend, voll des expressionistischen Idioms des *Divertimento* und der *Sinfonia sacra,* zeigt sich hier eine neue Vorliebe Weills für pure Melodieführung und Reduzierung der kontrapunktischen Komplexität. Religiöser Symbolismus ist zwar noch spürbar, aber kaum noch so ausgearbeitet wie in früheren Kompositionen. Alles drängt bereits zu einem anderen Ausdruck, zur Expressivität der Vokalkomposition.

Die Uraufführung des *Streichquartetts op. 8* fand am 21. Juni 1923 während der »Kammermusikwoche« in Frankfurt am Main statt. Das berühmte Hindemith-Amar-Quartett interpretierte das Werk in Anwesenheit des Komponisten. Dieser berichtete darüber Busoni: »Mein Quartett höre ich heute zum ersten Mal, weil die Hindemith-Leute sehr überlastet sind. Merkwürdigerweise scheint der letzte Satz – für mich ebenso wie für Sie der reifste – bei den 4 Herren den geringsten Anklang zu finden. Ich fürchte, daß Hindemith schon etwas zu tief in das Land des Foxtrotts hineingetanzt ist ...«[63]

Die Aufmerksamkeit des Festivalpublikums galt allerdings weniger dem Quartett des immer noch relativ unbekannten Weill als Werken wie Hindemiths *Marienleben,* Busonis *Fantasia contrappuntistica* und Schönbergs *Lieder aus dem Buch der hängenden Gärten.* Unbestreitbarer – und in seiner Wirkung auf die deutsche Musikentwicklung gar nicht zu überschätzender – Höhepunkt aber war die deutsche Erstaufführung von Strawinskys *L'Histoire du Soldat* mit Hermann Scherchen als Dirigent, Paul Hindemith als Solo-Violonist und Carl

Ebert als Erzähler. Interessant ist der Eindruck Weills nach dem ersten Kennenlernen des Werkes, das viele seiner späteren Theaterkompositionen (und auch die Ausformung des »epischen Theaters«) nachdrücklich beeinflußt hat. Vorerst klingt sein Bericht an Busoni eher verhalten: »Dann gab es noch ein Experiment, das aufhorchen ließ: Strawinskys *L'Histoire du Soldat*. Das ist eine Art ›Volksstück mit Gesang und Tanz‹, ein Mittelding zwischen Pantomime, Melodram und Posse; die Musik ist, soweit das diese Art zuläßt, meisterlich gestaltet, und auch das Schielen nach dem Geschmack der Straße ist erträglich, weil es sich dem Stoff einfügt.«[64]

Nur zwei Monate später begleiteten Kurt Weill und Wladimir Vogel Busoni zur Bauhaus-Festwoche nach Weimar, wo im August 1923 die zweite deutsche Aufführung von *L'Histoire du Soldat* stattfand, wiederum geleitet von Hermann Scherchen. Auch Strawinsky war aus Paris angereist. Seine Weimarer Begegnung mit Busoni, bei der er mit Sicherheit auch Weill traf, hat er später geschildert: »Ich lernte dort Ferruccio Busoni kennen. Ich hatte ihn nie zuvor gesehen, aber man hat mir erzählt, daß er ein unversöhnlicher Gegner meiner Musik sei. Um so größeren Eindruck machte es mir, als ich während der Aufführung des Stückes sah, daß er mit starker Anteilnahme zuhörte. Er hat mir das auch selbst am gleichen Abend bestätigt, und diese Anerkennung bewegte mich um so mehr, als sie von einem sehr großen Musiker kam, dessen Werk und Gesinnung dem Geist meiner Kunst völlig entgegengesetzt waren. Es war das erste- und letztemal, daß ich ihn sah; er starb ein Jahr darauf.«[65] Weill und Strawinsky trafen später in den USA noch mehrfach zusammen.

Das Urteil Weills zu *L'Histoire du Soldat* aber hatte sich reichlich zweieinhalb Jahre nach dem Erlebnis der Frankfurter Erstaufführung merklich geändert: »Als die zukunftssicherste Zwischengattung kann wohl das gelten, was Strawinsky in seiner *Geschichte vom Soldaten* versucht; auf der Grenze zwischen Schauspiel, Pantomime und Oper stehend, zeigt dieses Stück doch ein so starkes Überwiegen der opernhaften Elemente, daß es vielleicht grundlegend für eine bestimmte Richtung der neuen Oper werden kann.«[66]

Das in Frankfurt am Main 1923 uraufgeführte *Streichquartett op. 8* erlebte seine Berliner Erstaufführung im Rahmen eines Konzertabends der »Novembergruppe« am 22. Januar 1924; im Dezember des gleichen Jahres erklang es in Paris und erlebte ab 1925 weitere Aufführungen durch verschiedene Quartettvereinigungen.

Unmittelbar nach dem im März 1923 geschriebenen Streichquartett schuf Weill im Juni und Juli den Liedzyklus *Frauentanz – Sieben Gedichte des Mittelalters für Sopran und fünf Instrumente op. 10*. Im Bläserquintett der Begleitung ersetzte er die von ihm nicht sonderlich geschätzte Oboe durch die Viola.

Der Zyklus besteht aus sieben Liedern nach Texten von Minnesängern, jedes der Lieder ist eine kleine Miniatur zwischen siebenundzwanzig und achtundsiebzig Takten, die Aufführungsdauer des gesamten Zyklus beträgt nur reichlich zehn Minuten. Dennoch ist *Frauentanz* ein wichtiges Werk Weills und erreichte seinerzeit einen großen Erfolg. Vergleiche mit der Arie der Fee, der einzigen Vokalnummer aus der Ballettpantomime *Zaubernacht*, kurz vorher komponiert, sind angebracht: Wie diese Arie werden auch die Lieder des *Frauentanz* von der Sopranstimme gesungen und rhythmisch-bewegt homophon begleitet. Der Text ist ohne Wortwiederholungen in Musik gesetzt, klare Deklamation und direkte Präsentation der Worte verhindern eine extensive Polyphonie. Das kleine Instrumentalensemble wird innerhalb der sieben

Lieder noch weiter aufgespalten, nur im ersten und vierten Lied spielen sämtliche Instrumente. Alle Lieder enthalten ständige metrische Wechsel, diese metrische Freiheit erlaubt Weill nicht nur, den linguistischen Rhythmus des Textes musikalisch genau zu erfassen, sondern auch in der Begleitung komplexe Rhythmen einzusetzen. Obwohl nur einmal, im ersten Lied, von Weill eine Tanzbezeichnung gegeben wird: »Andantino, quasi Tempo di Menuetto«, ist die rhythmische Vitalität der Lieder so evident, daß der gesamte Zyklus eine tänzerische Qualität erhält. Dabei präsentiert die Musik den Text ohne illustrative Effekte und ohne psychologisierende Charakterisierung, sie liefert eigenständige Beiträge. Der Lyrismus des Liedkomponisten gewann allmählich die Überhand gegenüber der Polyphonie des Instrumentalkomponisten. Kurt Weill war weiterhin auf dem Wege zum Theater.

Als Philipp Jarnach in einem Brief an Busoni das neueste Werk Weills hervorhob, antwortete der Lehrer mit einer sehr schönen Einschätzung seines dreiundzwanzigjährigen Schülers: »Weills *Frauentanz* kenne ich noch nicht. Betrachtet man seine zurückhaltende Art und seine gewissenhaften Bemühungen, so ist die Produktivität des Jünglings erstaunlich. Er hat eine Menge ›Ideen‹ – wie Sie sagen –, doch diese scheinen noch verborgen oder verschlossen, so daß nur ›Leute wie wir‹ sie entdekken und bewundern können. Er – Weill – ist sich noch nicht bewußt, wann er auf dem richtigen Punkt angekommen ist; stattdessen gleitet er über ihn hinweg wie über Sand und Felsen, zwischen denen wunderschöne einzelne Blumen blühen, die er weder zertritt noch pflückt, und bei denen er sich nicht aufhält. Sein Vermögen ist groß, seine gezielte Auswahl gegenwärtig inaktiv. Man beneidet ihn und möchte gerne helfen. – Aber er wird von selbst den richtigen Weg finden! – Die ewige

Emil Hertzka, Direktor der Universal-Edition Wien, während einer Italienreise. Aufnahme von 1922

Frage: ist er noch in der Entwicklung oder hat er bereits seinen Höhepunkt erreicht? –«[66a]

Im November 1923 berichtete Weill Busoni: »Die 7 Lieder mit Bläserbegleitung, die ich unter dem Titel *Frauentanz* zusammengefaßt habe, gefallen allgemein. Besonders Jarnach hält sie für das beste,

Erste Notenausgabe einer Weillschen Komposition, Universal-Edition Wien 1924

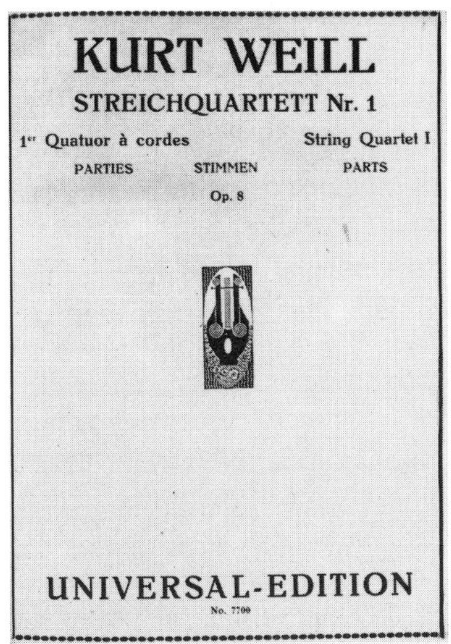

was er von mir kennt. Den Gedanken eines Intermezzos habe ich mir aus dem Kopf geschlagen, nachdem ich für diesen Zweck vier verschiedene Stücke geschrieben hatte. Für den Fall, daß eine Aufführung zustande kommt, bin ich auf der Suche nach einer geeigneten Sängerin.«[67] Sie wurde schließlich in Nora Pisling-Boas gefunden, die den *Frauentanz* im Februar 1924 unter Leitung von Fritz Stiedry in einem Konzert der Preußischen Akademie der Künste in Berlin uraufführte.

Den Durchbruch für das Werk aber bedeutete die Aufführung während des Zweiten Kammermusikfestes der Internationalen Gesellschaft für Neue Musik (IGNM) in Salzburg im August 1924 durch die Wiener Sopranistin Lotte Leonard und den Dirigenten Philipp Jarnach. »Mit kleinsten Klangmitteln, in komprimiertester Form ist hier letzter plastischer Ausdruck gefunden. Mit eigener Kraft umgeht Weill, bei allem Reichtum der Harmonik, die Klippe Schönbergscher Intervall-Kopie, an der so viele scheitern. Er prägt sich eigene Melos-Bogen und durchtränkt den Inhalt der Gedichte mit Musik.«[68]

Am 18. April 1927 sendete die Funkstunde Berlin den Liedzyklus, den Sopranpart sang erneut Nora Pisling-Boas.

Das letzte Werk, das Weill noch 1923 bei Busoni vollendete, zeigt ihn geistig wie in der Beherrschung des musikalischen Handwerks auf der Höhe seines Lehrers. *Recordare. Klagelieder Jeremiae V. Kapitel, op. 11* ist ein großer A-cappella-Chorzyklus für vierstimmigen gemischten Chor und zweistimmigen Knabenchor nach Texten aus dem Alten Testament. Weill zeigt sich dabei als Meister polyphoner Gesangstechniken, die bis in die Renaissance zurückreichen.

Als er das Werk Ende 1923 Hermann Scherchen zeigte, einem der engagiertesten Chordirigenten jener Jahre, äußerte dieser gegenüber dem Komponisten, der Zyklus sei technisch so schwierig, daß er auch bei unbegrenzter Probenzahl praktisch unaufführbar bliebe. Erst die Uraufführung beim Holland-Festival 1971 lieferte den Beweis, daß dieses anspruchsvolle Stück Chorliteratur des 20. Jahrhunderts auch gesungen werden kann.

Inzwischen neigte sich das Studium bei Busoni seinem Ende zu. Wie der Schüler 1922 die Klavierfassung eines Werkes des Lehrers herstellte, so fertigte der Meister nunmehr 1923 vom dritten Lied aus Weills *Frauentanz* eine Fassung für Gesang und Klavier. Auch diese Arbeit spricht von der intensiven Beziehung, die sich zwischen beiden entwikkelt hatte. Ferruccio Busoni tat ein weiteres für die Zukunft seines Schülers. Im Juli 1923 empfahl er Weill dem Direktor des damals renommiertesten

Verlages für zeitgenössische Musik, der Universal-Edition Wien. An Dr. Emil Hertzka hieß es: »Ich habe meinem Schüler Kurt Weill einen Brief gegeben, der an Sie adressiert ist und den Sie in Kürze erhalten werden. Er betrifft Weills Streichquartett, ein Werk hervorragender Qualität mit Kraft und Erfindungsgeist. Ich kenne kaum ein anderes Stück eines heute 23jährigen, das so attraktiv und lohnend ist. – Es ist durch und durch ›modern‹, ohne jedes unangenehme Merkmal. Ich habe in dem Brief nachdrücklich unterstrichen, daß Sie dieses Talent unverzüglich ergreifen sollten. Außerdem (und deshalb ist es so wichtig) ist Weill ein Mann, der nachdenkt und belesen ist, ein Mann des aufrechtesten Charakters.«[69]

Zunächst gab es mehrere Monate keine Reaktion aus Wien, so daß Weill im November 1923 an Busoni schrieb: »Was den Verleger betrifft, so schwanke ich noch zwischen einem Versuch bei Breitkopfs, deren vornehme, solide Art mir doch sehr sympathisch ist, und einer neuen Attacke auf die Universal-Edition.«[70] Ein Vierteljahr später kann er jedoch berichten: »Von Hertzka hatte ich ein erfreuliches Telegramm: ›Habe für Übernahme Ihrer Werke lebhaftes Interesse, erbitte Vorschläge betreffs Bedingungen.‹ Trotzdem ich in Verlagssachen sehr skeptisch bin, will ich doch... versuchen, mit Hertzka mündlich einig zu werden.«[71]

Diese Einigung kam bald darauf zustande, im April 1924 schloß die Universal-Edition mit Weill einen Zehnjahresvertrag, der ihr die Rechte an allen Kompositionen sicherte, während Weill vom Verlag einen mit späteren erhofften Tantiemen zu verrechnenden festen Monatsbetrag erhielt.

Im Dezember 1923 ging das dreijährige Studium bei Ferruccio Busoni zu Ende. Weill erhielt ein Diplom der Preußischen Akademie der Künste und nahm Abschied von seinem Lehrer, dem er bis zu dessen frühem Tod am 27. Juli 1924 eng verbunden blieb, und dessen Bedeutung er in den Folgejahren mehrere Artikel und Essays widmete. An einer Stelle schrieb der dankbare Schüler: »Und wenn uns Busoni nicht seine Kompositionen und Schriften hinterlassen hätte, nicht seine Bach-Ausgaben und die Erinnerung an sein unvergeßliches Klavierspiel, so würde der Einfluß seines persönlichen Wirkens allein sich den kommenden Geschlechtern vererben.«[72]

BERLIN I: OPERNEINAKTER

1924–1927

Dem Dresdner Dirigenten und Opernchef Fritz Busch ist es zu verdanken, daß Weill 1924 die Bekanntschaft und Zusammenarbeit mit einem der führenden dramatischen Dichter Deutschlands beginnen konnte, mit Georg Kaiser.

Im November 1923 besuchten die Meisterschüler eine Aufführung von Busonis *Arlecchino* an der Dresdener Semperoper. Fritz Busch – immer auf der Suche nach neuen Werken – kam nach der Vorstellung mit Weill ins Gespräch, »den mir Busoni empfohlen hatte«,[73] und von dessen Berliner Ballettkomposition er gehört hatte. Nun regte Busch an, etwas Ähnliches für Dresden zu schreiben. Als Librettisten empfahl er den ihm befreundeten Georg Kaiser, die Begegnung der beiden wollte er arrangieren. Glücklich ob solch prominenter Förderung, willigte Weill in das Projekt ein.

Mit insgesamt 45 vollendeten Dramen war Georg Kaiser der produktivste Bühnendichter deutscher Sprache zwischen 1910 und 1930, und er war auch der mit Abstand meistaufgeführte Gegenwartsautor der Weimarer Republik. Neidlos bekannte der um zwanzig Jahre jüngere Brecht 1928: »Gefragt, ob ich die Dramatik Georg Kaisers für entscheidend wichtig, die Situation des europäischen Theaters für durch ihn verändert halte, habe ich mit ja zu antworten.«[74]

Zum Zeitpunkt der Begegnung mit Weill befand sich der sechsundvierzigjährige Kaiser auf dem Gipfel seines Ruhms, das Stück *Gas* hatte einen Höhepunkt der expressionistischen Dramatik markiert. In der Spielzeit 1921/22 waren nicht weniger als sieben Stücke von ihm zur Uraufführung ge-

Georg Kaiser. Aufnahme von 1925

langt, so daß einige Kritiker die Vermutung äußerten, hinter dem Namen Kaiser verberge sich eine ganze Gruppe von Stückeschreibern. Kurt Weill war zu diesem Zeitpunkt ein Dreiundzwanzigjähriger, hätte also ohne weiteres Kaisers Sohn sein können.

Es war Anfang Januar 1924, als Weill das erste Mal nach Grünheide bei Erkner, an den Stadtrand Berlins, zu Kaiser in dessen am Peetzsee gelegenes Haus fuhr. Sicher fühlte er sich etwas beklommen, als er Deutschlands »Dramatiker Nummer eins« gegenüberstand. Sehr bald aber stellte sich heraus, daß Kaiser 1922 *Die Zaubernacht* gesehen und noch in guter Erinnerung hatte. Und Weills Beklommenheit wich bald einem Gefühl der Freude, als sich Kaiser bereit erklärte, mit dem jungen Komponisten arbeiten zu wollen.

Dies war für Kaiser durchaus ungewöhnlich – und eine Auszeichnung für Weill. Der Dichter verwendete in seinen Stücken kaum musikalische Mittel, die Kaisersche Dramenstruktur benötigte keine Lieder, Songs oder Chöre – Ausnahmen wie das Revuestück *Zwei Krawatten* bestätigen nur die Regel. So war es Kaiser auch stets gleich, welche Art von Bühnenmusiken die Theater für Inszenierungen seiner Werke herstellten. Angebote, seine Stücke zu Opernlibretti umzuformen, lehnte er seit 1912 permanent ab (damals hatte Fritz Stiedry *Europa* als Singspiel komponiert, Kaiser hatte die Aufführung untersagt). Erst 1939, im Exil, stimmte er zu, daß Caspar Neher und Rudolf Wagner-Régeny sein Stück *Die Bürger von Calais* zur Oper umformten. Postum haben dann Gottfried von Einems *Das Floß der Medusa* und Robert Hanells *Die Spieldose* die Eignung Kaiserscher Texte für das Musiktheater durchaus bestätigt.

Die einzige Ausnahme inmitten von Kaisers musikalischer Abstinenz, der einzige Komponist, mit dem er je wirklich zusammenarbeitete, war Kurt Weill. Diese Beziehung dauerte ein knappes Jahrzehnt, bis 1933.

Kurt Weill. Aufnahme von 1925

Am Anfang stand die Arbeit für Buschs Dresdener Ballettauftrag. Im Januar und Februar 1924 war

Weill nun häufiger Gast in Grünheide: »Ich war sehr froh und glücklich, als Georg Kaiser sich erbot, ein abendfüllendes Ballettlibretto für mich zu schreiben. Wir begannen gemeinsam die Arbeit. In zehn (es waren nur sechs – J. S.) Wochen entstanden fast Dreiviertel des Werkes. Die Partitur des Vorspiels und der beiden ersten Akte war vollendet. Da stockte es. Wir waren über den Stoff hinausgewachsen, die Schweigsamkeit dieser Figuren quälte uns, wir mußten die Fesseln dieser Pantomime sprengen: es mußte eine Oper werden.«[75]

Ob von Anbeginn dieser Arbeit Kaisers 1920 geschriebenes und 1922 in Breslau uraufgeführtes Stück *Der Protagonist* Grundlage für die beabsichtigte Ballett-Pantomime bilden sollte, ist nicht ganz klar.

Zunächst aber trat Mitte Februar eine Arbeitspause ein. Kaiser war mit anderen Projekten beschäftigt, und Weill trat eine Reise in die Schweiz und nach Italien an. Erst im Sommer des Jahres 1924 wurde die Arbeit am nunmehrigen Opernprojekt *Der Protagonist* fortgesetzt.

Weill fuhr zunächst nach Davos, wo er sich mit seiner entfernten Kusine Nelly Frank traf. Er hatte sie Ende 1922 bei der Hochzeit seines Bruders Hans kennengelernt, im Verlaufe des Jahres 1923 entwikkelte sich zwischen beiden eine mehr als freundschaftliche Beziehung – ungeachtet der Tatsache, daß Nelly verheiratet war. Den März 1924 verbrachte Kurt Weill in Mailand, Florenz, Bologna und Rom. In der Mailänder Scala erlebte er eine Opernaufführung mit Arturo Toscanini am Pult – »das allein war ein Ereignis, um das sich die ganze Reise lohnt«, berichtet er Busoni, »ich wußte nicht, daß man mit solcher Freiheit, mit solchen willkürlichen rubati ›auf‹ einem Orchester spielen kann«.[76] Gegen Ende seiner Reise schreibt er dem Meister, daß »diese paar Wochen südlicher Sonne Dinge zur Entfaltung gebracht haben, die längst in mir ruhten; jedenfalls spüre ich einen heftigen Tatendrang und bin angefüllt mit Plänen«.[77]

Ende März 1924 wieder in Berlin, schrieb Weill im April und Mai das *Konzert für Violine und Blasorchester op. 12.* Das Werk besteht aus drei Sätzen, der mittlere nochmals dreigeteilt: I. Andante con moto, II. a) Notturno b) Kadenza c) Serenata, III. Allegro molto un poco agitato. Obwohl dies formal genau dem Aufbau von Mahlers Sinfonie Nr. 7 entspricht, steht das Konzert der musikalischen Sprache Strawinskys nahe, insbesondere seiner *Geschichte vom Soldaten*, der *Sinfonie für Blasinstrumente* und dem *Oktett.* Abgesehen von solchen möglichen Assoziationen – und Weill hat selbst oft seine große Affinität zu Strawinsky betont – ist das Konzert keineswegs etwa abgeleitet, es ist in seiner einmaligen Kombination von Busoni-inspirierter Klarheit und Reinheit des Klanges inmitten eines konsequent polyphonen Aufbaus ganz Weills Schöpfung. Das Konzert war das letzte reine Instrumentalwerk, das er in Deutschland schrieb, erst im Exil sollte mit der *2. Sinfonie* etwas Ähnliches wieder in Angriff genommen werden.

Die traditionelle dramatische Auseinandersetzung des Instrumentalkonzertes zwischen Soloinstrument und Orchesterbegleitung ist im eckigen ersten Satz voll ausgeprägt. In dem lichten zweiten Satz kommt sie zur Ruhe. Jeder der drei Satzteile erlaubt der kantablen Melodieführung der Violine, sich über die mehr rhythmisch bewegte Begleitung zu erheben. Die freie Atonalität, die Weill hier übt, folgt gleichsam einem schöpferischen und imaginären Impuls, dem nur sein inneres Ohr gehorcht. Nirgends ist die Schärfe dieses inneren Ohres mehr ersichtlich als in der Orchestrierung des Konzertes.[78] Den Schritt zur Zwölftonmusik hat Weill, im Gegensatz zur Wiener Schule, nie vollzogen. Die Klarheit und Mannigfaltigkeit des Klanges, die Weill mit dem begrenzten Instrumentarium (zehn

Blasinstrumente, Schlagwerk, Bässe) erreicht, ist bemerkenswert.

Das *Konzert für Violine und Blasorchester* wurde am 11. Juni 1925 in Paris durch den Geiger Marcel Darrieux und den Dirigenten Walter Straram uraufgeführt, ähnlich wie der Liedzyklus *Frauentanz* aber setzte es sich erst gänzlich durch, als eine Aufführung auf dem IGNM-Fest in Zürich im Juni 1926 durch Stefan Frenkel zum triumphalen Erfolg für Weill wurde. »Kurt Weills *Konzert für Violine und Blasorchester* war das bemerkenswerteste Stück des Abends, weil hier die Ungewöhnlichkeit des Klanges durch die Eigenständigkeit der Konzeption verbindlich vorgestellt wird. Man mag an Strawinsky erinnert sein. Aber ich glaube, daß Weill absolut auf seinen eigenen Füßen steht, mit seinen starken Kontrasten zwischen dem Solisten und dem Orchester, in dem der Kontrabaß das einzige Streichinstrument ist«,[79] schrieb Adolf Weißmann.

Die deutsche Erstaufführung des Violinkonzertes fand am 29. Oktober 1925 in Weills Geburtsstadt Dessau statt, hier spielte erstmals Stefan Frenkel das Werk, mit dem er dann bis 1930 mehr als zwanzigmal in verschiedenen europäischen Musikzentren konzertierte.

Doch kehren wir in das Jahr 1924 zurück, wo die Arbeitsunterbrechung mit Kaiser auslösende Ursache für die Komposition des Violinkonzerts gewesen war.

Ab Juni ist Weill wieder öfters Gast in Grünheide, die Umformung des Stückes *Der Protagonist* zur Oper wird besprochen. Mittlerweile hatte sich zwischen Kaiser, seiner Gattin Margarethe und Weill ein freundschaftliches Verhältnis entwickelt. Getrübt waren diese Wochen jedoch durch die Nachricht von der rapiden Verschlechterung des Gesundheitszustandes Busonis, mit dessen baldigem Tode gerechnet werden mußte. Weill schrieb an seine Schwester: »Busoni ist todkrank und wir wissen alle nicht, wo uns der Kopf steht. Selbst zu leiden wäre nicht so schlimm als einen solchen Menschen so entsetzlich leiden zu sehen. Wenn ich nicht bei ihm bin, muß ich mich in die Arbeit stürzen, um den Anblick etwas zu vergessen. Vorige Woche war ich wieder – leider bei Regenwetter – in Grünheide bei Kaisers, die mir liebe Freunde geworden sind und vielleicht die einzigen sein wer-

Deutsche Erstaufführung des Violinkonzerts op. 12 in Dessau, Programmzettel vom Oktober 1925

FRIEDRICH-THEATER

Dessau, Donnerstag den 29. Oktober 1925

Drittes

Abonnement-Konzert

der Kapelle des Friedrich-Theaters

Dirigent: Generalmusikdirektor **Franz von Hoesslin**

Solist: **Stefan Frenkel** (Violine).

Tanz-Suite Nr. 2 . . . . **Béla Bartók**
I. Moderato; II. Allegro molto; III. Allegro vivace;
IV. Molto tranquillo; V. Comodo, — Finale (Allegro).
(Zum 1. Male.)
geb. 25. III. 1881 in Nagy in Ungarn.

Konzert für Violine und Blasorchester op. 12 . **Kurt Weill**
(komponiert im April 1925)
I. Andante con moto; II. a) Notturno, b) Cadenza, c) Serenata;
III. Allegro molto, un poco agitato.
(Deutsche Uraufführung.)
geb. 2. III. 1900 in Dessau.

Pause

Symphonie Nr. 4 d-moll (op. 120) . . . **Robert Schumann**
Introduction, Allegro, Romanze, Scherzo
und Finale (in einem Satze).
geb. 8. IV. 1810 in Zwickau i. S
gest. 29. VII. 1856 in Endenich b. Bonn.

Programme, Musikführer und Partituren am Eingang.

Preise der Plätze:
Orchester-Sessel . . . 6,20 R.-M. | I. Parkett 4,70 R.-M.
II. Parkett . . . 3,70 R.-M.
in den Preisen sind Garderobe- und Versicherungsgebühr mit 20 Pfg. eingerechnet.

Der Einlaßkartenverkauf findet mittags von 10–1 und abends ab 7 Uhr an der Kasse statt.
Der **Vorverkauf** der Eintrittskarten findet drei Tage vor jeder Vorstellung an der Theaterkasse, Muldstraße von 10—1 Uhr statt.
Schriftlich vorbestellte Karten sind bis 1 Uhr mittags abzuholen.
Vorbestellungen sind an die **Theater-Kasse** (nicht Intendanz) zu richten.
Telephonische Bestellungen sind an die Theaterkasse (Fernruf 1630) in der Zeit von 10—1 Uhr vorm. zu richten.
Für schriftliche und telephonische Bestellungen wird eine Vorbestellgebühr von 0,25 Mk. erhoben.

Während der Musikvorträge bleiben die Türen geschlossen.

Anfang 7 1/2 Uhr — Die Kasse wird 7 Uhr geöffnet — Ende nach 9 1/4 Uhr

Mittwoch (Bußtag) den 18. November 1925: **Viertes Abonnement-Konzert** (in der Johanniskirche). Solisten: Frau **Burkard-Rohr** und **Alfred Paulus**. **J. S. Bach:** Kantate Nr. 140: „Wachet auf, ruft uns die Stimme". (Zum 1. Male). **J. Brahms:** Ein deutsches Requiem.

den, die mir einen Teil von dem ersetzen können, was ich an Busoni verliere.«[80]

Doch wie so häufig im Leben, mischte sich in diesem Sommer 1924 der Schmerz um Leiden und Tod Busonis (er starb am 27. Juli) mit der Freude an einer neuen, entscheidenden Begegnung in Weills Leben.

Im Hause Kaiser genoß damals eine junge Schauspielerin und Tänzerin Gastrecht, die aus Zürich nach Berlin gekommen war. Als Karoline Wilhelmine Blamauer 1898 in Wien geboren, hatte sie bereits mit achtzehn Jahren den Künstlernamen Lotte Lenya gewählt, unter dem sie später berühmt werden sollte. Was Armut bedeutet, das wußte die junge Frau, die aus proletarischen Verhältnissen stammte und eine harte Jugend hinter sich hatte. Als sechsjähriges Mädchen arbeitete sie bereits im Zirkus als Akrobatin und Seiltänzerin. Noch Jahrzehnte später, längst berühmte Sängerin, wird sie auf die Frage, welche Künstler sie besonders bevorzuge, antworten: »Zirkusleute. Im Zirkus muß man absolut harte Arbeit abliefern, ein kleiner Fehler kann Verderben bedeuten. Man kann nicht schwindeln oder lügen, wenn man auf dem Drahtseil steht.«[81] Nach Abschluß der Mittelschule ging Karoline nach Zürich, wo sie Schauspiel- und Ballettunterricht nahm. Ab 1912 war sie zunächst als Elevin, danach ab 1915 als Tänzerin am dortigen Theater tätig. Sehr bald aber reifte ihr Entschluß, die Tanzschuhe an den Nagel zu hängen und Schauspielerin zu werden. In Zürich bot sich dazu wenig Gelegenheit. So kam sie 1920 nach Berlin und nahm ein Engagement an Otto Kirchners »Shakespeare-Bühne« an, einer unbedeutenden Vorstadt-»Schmiere«, wo sie in den Jahren bis 1923 zahlreiche kleine und große Rollen zu spielen hatte und ihr Handwerk von der Pike auf lernte. Ein Vergleich zu Weills Lüdenscheider Erfahrungen liegt auf der Hand.

USA-Erstaufführung des Violinkonzerts op. 12 in Cincinnati. Programmzettel vom März 1930

EIGHTEENTH PAIR

Friday Afternoon March 28 — 1930 — Saturday Evening March 29

CINCINNATI SYMPHONY ORCHESTRA

FRITZ REINER, Conductor

MENDELSSOHN — Overture "To the Fairy Tale of the Fair Melusina"

KURT WEILL — Concerto for Violin and Wind-Orchestra (First Time in America)
I. Andante con moto
II. Nocturne, Cadenza, Serenata
III. Allegro molto, un poco agitato
EMIL HEERMANN

BOSSI — Intermezzi Goldoniani for String-Orchestra
I. Prelude and Minuet
II. Gagliarda
III. Serenatina*
IV. Burlesca
*Viola d'amore played by Vladimir Bakaleinikoff

INTERMISSION

WAGNER — "Der Venusberg" (Paris Version) from "Tannhäuser"

BERLIOZ — "Hungarian March" from "The Damnation of Faust"

The Baldwin is the official piano of the Cincinnati Symphony Orchestra

If necessary to leave before the end of the concert, please do so during an interval between the numbers

1923 lernte Lotte Lenya das Ehepaar Kaiser kennen, das eine Zuneigung zu der jungen Frau faßte und sie einlud, die Sommerpause doch bei ihnen in Grünheide zu verbringen. Dies wiederholte sich im darauffolgenden Jahr, wo im Juli 1924 die entscheidende Begegnung zwischen ihr und Weill stattfinden sollte.

Lenya erzählte später: »Eines Sonntags morgens sagte Kaiser: ›Oh, Lenya, ich erwarte einen jungen Komponisten, würde es Dir etwas ausmachen, ihn vom Bahnhof abzuholen?‹ Na ja, der kürzeste Weg war, mit dem Boot über den See zu rudern. Aber bevor ich ging, fragte ich Kaiser noch, wie ich ihn erkennen würde, und er sagte: ›Ach, die sehen doch alle gleich aus‹ ... Auf jeden Fall ging ich zum Bahnhof, und da war er. Nur etwas größer als ich selbst, in einem blauen Anzug, sehr ordentlich und korrekt, mit einer sehr starken Brille und natürlich einem schwarzen Hut. Ich fragte: ›Sind Sie Herr Weill?‹ und er sagte: ›Ja.‹ Und dann lud ich ihn ein, in unser ›Transportmittel‹ zu steigen. Wir setzten uns also hin, und ich ruderte – nach althergebrachter deutscher Art –, die Frau macht die ganze Arbeit. Und während ich ruderte, schaute er mich an, und nach einer Weile sagte er: ›Wissen Sie, Fräulein Lenya, wir sind uns schon mal begegnet.‹ Ich sagte: ›Ach wirklich? Wo denn?‹ Und dann erinnerte er mich an jenen Tag, an welchem ich mich für die Rolle in *Zaubernacht* vorgestellt hatte. Von diesem Zeitpunkt an waren wir zusammen«.[82] Wie der Vierundzwanzigjährige auf Lotte Lenya gewirkt haben kann, mag eine Charakterisierung von Hans W. Heinsheimer andeuten: »Ein kleiner junger Mann, der mit wachen, feurigen Augen hinter einer dicken Gelehrtenbrille in die Welt sah, ruhig, bedachtsam und immer mit leiser Stimme sprechend, dessen Kleidung im quirligen Berlin des Jahres 1923 eher für einen Doktoranden der Theologie passend gewesen wäre als für einen Komponisten, und der mit der geistesabwesenden Konzentration eines Mathematikprofessors an einer herkömmlichen Tabakspfeife saugte.«[83]

Lotte Lenya und Margarethe Kaiser im Garten des Kaiserschen Hauses am Peetzsee, Grünheide bei Berlin. Aufnahme vom Sommer 1925

Kurt Weill und Lotte Lenya fanden rasch Gefallen aneinander. Zwei ausgeprägte Individualitäten wa-

Die sechzehnjährige Karoline Blamauer als Ballettelevin am Stadttheater Zürich. Aufnahme von 1914

ren sich begegnet, beide noch auf der Suche nach dem eigentlichen künstlerischen Weg, den anderen achtend und liebend. Im Mai 1925 zogen beide gemeinsam in eine Pension am Luisenplatz in Charlottenburg. Den Eltern schrieb Weill bei dieser Gelegenheit, wie er in seiner Kompositionsarbeit immer sicherer und freier werde. Und er fuhr fort: »Daran hat natürlich das Zusammenleben mit Lenya starken Anteil. Das hat mir sehr geholfen. Es ist ja die einzige Art, wie ich einen Menschen neben mir dulden kann: ein Nebeneinander zweier verschiedener künstlerischer Interessen, jeder auf seinem Weg durch den anderen gefördert. Wie lange das geht? Ich hoffe: recht lang.«[84]

Weills Wunsch von 1919, sich einmal »bis zum Rasendwerden« zu verlieben, ging jetzt in Erfüllung. Am 28. Januar 1926 heiratete er Lotte Lenya; die erhaltenen Briefe aus den Jahren ab 1924 sind berührende Dokumente seiner tiefen Zuneigung zu ihr. Ständig findet Weill neue Kosenamen – von »Pummilein« bis »Rehbeinchen« –, meist unterzeichnet er mit »Dein Weillili«.

Die finanzielle Lage der beiden war vorerst mehr als bescheiden. So nahm Kurt Weill im Januar 1925 nur zu gern das Angebot an, ständiger Mitarbeiter der wöchentlich erscheinenden Programmzeitschrift »Der deutsche Rundfunk« zu werden. Vier Jahre lang schrieb er fortan sowohl eine Vorschau auf die Programme der kommenden Woche in den Bereichen Musik und Sendespiel (wie das gerade entstehende Hörspiel damals noch hieß) als auch Kritiken zu den Sendungen der vergangenen Woche. Bis 1929 entstanden auf diese Weise fast vierhundert Beiträge, in denen sich Weill sehr oft als scharfsinniger Kritiker erwies und in geschliffenem Stil neben Artikeln für den Tag eine große Anzahl von Rezensionen und Essays schrieb, die bleibenden Wert besitzen. Neben der willkommenen Nebeneinnahme war es das große Interesse an dem in Deutschland gerade zwei Jahre bestehenden neuen technischen Massenmedium, das Weill zur Aufnahme dieser äußerst zeitaufwendigen, viele Abende des Hörens erfordernden Arbeit bewogen hatte – ein Interesse, das er mit vielen anderen

Weills erste gedruckte Aufsätze erschienen 1925 im Berliner Börsen-Courier und in der Bühnenzeitschrift Der neue Weg

Telegramm an den Verlag in Wien, Juni 1925

Das Hochzeitspaar Kurt Weill und Lotte Lenya am 26. Januar 1926 im Park des Schlosses Charlottenburg

Der neue Weg

Deutsche Bühnen-Genossenschaft

Amtliche Zeitung der Genossenschaft Deutscher Bühnenangehörigen

Verlag und Schriftleitung: Berlin W. 62, Keithstraße 11

Druck und Kommissions-Verlag: Hermann Eilert, Berlin SO. 16, Neanderstraße 4

Anzeigen-Annahme: Annoncen-Expedition Hermann Mittelbach, Charlottenburg 2, Uhlandstr. 188.

54. Jahrgang | Nummer 21 | Berlin, 1. November 1925

Busoni und die neue Musik.

Von Kurt Weill

Unter den großen produktiven Künstlererscheinungen gibt es solche, deren Name nur in ihren Werken fortlebt, deren eigenes Leben und Wirken vollständig hinter ihren Schöpfungen verschwindet; und andere, die schon bei Lebzeiten durch die Ausstrahlungen ihrer Persönlichkeit einen solchen Einfluß ausüben, daß die Erinnerung an die Reinheit ihrer Erscheinung genau so wach bleibt wie ihre künstlerische Hinterlassenschaft selbst. Ferruccio Busonis Lebenskreise vollzogen sich im Lichte eines Geistes, der alle erreichbaren Gebiete zu umfassen strebte, einer Gesinnung, deren Lauterkeit allein ihn schon über seine Zeitgenossen stellte. Die beseligende Harmonie dieser Künstlernatur mußte nicht nur in den Menschen seiner näheren Umgebung beglückende Gefühle auslösen, sondern auch Fernerstehende spürten den unsichtbaren Einfluß einer Gestalt, an deren heiterer Güte jede Bosheit, jede Schlechtigkeit zerschellen mußte. Wenigen war es bewußt, aber alle fühlten es: daß Busoni der unsichtbare Führer im europäischen Musikleben geworden war, alle ahnten, daß einer da war, vor dessen Gerechtigkeit nur eine wahre und große Kunst bestehen konnte. Die kraftvolle Auswirkung eines solchen Lebens wird durch den Tod nicht abgeschlossen, sie greift so mächtig in das Geschehen ihrer Zeit ein, daß ihre Spuren bis in die spätesten Generationen erhalten bleiben. Und wenn uns Busoni nicht seine Kompositionen und Schriften hinterlassen hätte, nicht seine Bach-Ausgabe und die Erinnerung an sein unvergeßliches Klavierspiel, so würde der Einfluß seines persönlichen Wirkens allein sich den kommenden Geschlechtern vererben.

Viele kennen Busoni nur als den größten Pianisten seiner Zeit. Sie kennen nur einen kleinen Teil dieser Erscheinung; sie können nicht den Einfluß dieses Mannes begreifen, weil sie nicht wissen, daß in ihm in seltenem Maße das schöpferische Genie mit der höchsten reproduktiven Begabung vereint war. Busonis Klavierabende waren keine Unterhaltungsstunden; denn auch als Nachschaffender war er produktiv, mußte er immer Eigenes, Neues, Ueberraschendes sagen. Jede Aeußerung dieses Geistes, von der Interpretation eines Virtuosenstückes bis zur empfindungsreichsten Phrase seines „Doktor Faust“, war von einer unmittelbaren Wirkung auf die künstlerische Entwicklung seiner Zeit. So hat er jede neue Stilrichtung in der Musik vorgeahnt, angeregt und so lang begleitet, bis er spürte, daß sie überlebt war. Dann hatte er aber auch den Mut zur Umkehr, zur Erneuerung. Er gehörte — wie Bizet, Berlioz, Mendelssohn und Weber — zu jenen Komponisten, die bewußt Mozart als ihren Meister anerkennen. Schon seine Jugendwerke, deren Reife und Leichtigkeit ihn mit 15 Jahren zum Mitglied der Akademie in Bologna machte, zeigen das. Der starken Einflußsphäre von Brahms unterlag er nicht. Seine frühzeitige Weltberühmtheit, seine zahlreichen Triumphreisen durch die alte und neue Welt ließen nie die leiseste Verflachung aufkommen, verhinderten ihn nie, eine unausgesetzte Verinnerlichung, ein Vordringen zum Wesentlichen als einziges Ziel im Auge zu behalten. Er experimentierte nicht wahllos, er suchte neue Wege, er fand sie mühelos und folgte ihnen nur, wenn sie ihm aussichtsreich erschienen. Er war der erste, der in seinen Orchesterkonzerten es wagte, den Impressionismus nach Deutschland zu bringen. Debussy, Delius, Sibelius wurden hier zum erstenmal in Berlin gehört. Die Antwort war Hohn und Spott — aber 10 Jahre später war Debussy die große Mode. Busoni war der erste, der fast fanatisch für Schönberg eintrat: in seinem Hause erlebte der „Pierrot lunaire“ eine der ersten Aufführungen, ein Klavierstück Schönbergs trat in der Fassung Busonis die Reise durch die Welt an. Auch das stieß auf tiefe Verständnislosigkeit — aber heute ist Schönberg sein Nachfolger in dem höchsten musikalischen Lehramt, das Deutsch-

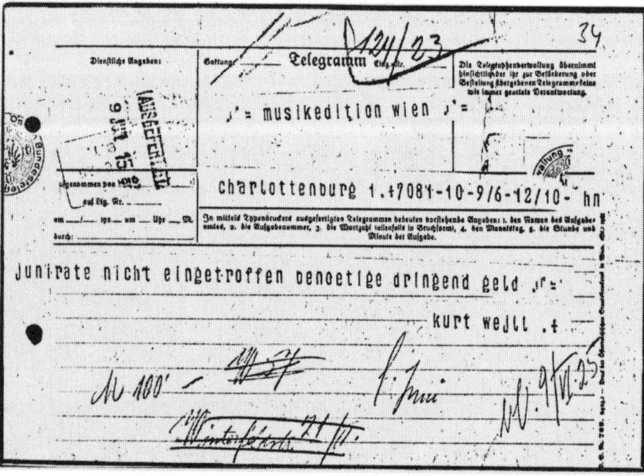

Telegramm

musikedition wien

charlottenburg 1.+7081-10-9/6-12/10- hn

junirate nicht eingetroffen benoetige dringend geld

kurt weill

Briefumschlag von Weill, ein halbes Jahr nach der Hochzeit mit Lotte Lenya, Juli 1926

Ab 1925 wurde Weill für vier Jahre ständiger Mitarbeiter der Programmzeitschrift *Der deutsche Rundfunk.* Hier ein Titelblatt von 1929

Komponisten und Schriftstellern teilte, denken wir nur an die theoretischen und praktischen Beiträge etwa Hindemiths, Brechts oder Benjamins für den Rundfunk. Was Weill besonders bewegte, war die Frage, welche neuen Bereiche des Komponierens die nunmehr mögliche massenweise Verbreitung von Musik im Rundfunk eröffnete. Vorerst schrieb er nur darüber, ab 1928 sollten eigene kompositorische Arbeiten folgen.

Im September 1924 vollendete Weill die Komposition von zwei Orchesterlied-Zyklen mit je drei Liedern *Das Stundenbuch. Orchesterlieder nach Texten von Rilke op. 13 und 14*. Das nur teilweise erhaltene Werk erlebte seine Uraufführung am 22. Januar 1925 in der Berliner Philharmonie (Solist: Manfred Lewandowsky, Bariton; Dirigent: Heinz Unger).

Ende 1924 war Georg Kaiser mit der Arbeit an seinem Libretto so weit fortgeschritten, daß Weill nunmehr im Frühjahr 1925 die Komposition von *Der Protagonist* als Operneinakter beginnen konnte. Zwischenzeitlich hatte er auch als Titel *Kulissen* erwogen, was aber Fritz Busch ablehnte. Im April 1925 war die Partitur abgeschlossen. Als Weill am 21. Mai 1925 nach Dresden fuhr, um an der postumen Uraufführung von Busonis Oper *Doktor Faust* teilzunehmen (Philipp Jarnach hatte die Partitur vollendet), konnte er Busch mitteilen, daß das bestellte Werk nun in gemeinsamer Arbeit von Kaiser und ihm fertiggestellt sei und auf die Uraufführung warte. Fritz Busch nahm es zur Premiere in Dresden an, die am 27. März 1926 stattfand und Weill den bisher größten künstlerischen Erfolg und stürmischen Applaus seines Lebens brachte – mit einem Werk des Musiktheaters.

Fritz Busch dirigierte die Uraufführung, Josef Gielen hatte inszeniert, die Titelrolle sang Kurt Taucher. Gekoppelt war der Einakter mit Alfredo Casellas *Der große Krug*. Der Premierenerfolg war unge-

Uraufführung *Der Protagonist* am 27. März 1926 in Dresden. Am Bühneneingang der Semperoper (v. l.) Kurt Weill, der Dirigent Fritz Busch, Intendant Alfred Reucker und der Regisseur Josef Gielen

wöhnlich: Das Dresdener Publikum applaudierte zwanzig Minuten, es gab über vierzig Vorhänge und auch Kurt Weill und Georg Kaiser mußten sich wieder und wieder verbeugen. »Wir waren damals noch so arm, daß Kurt sich für diesen Abend seines ersten ganz großen Erfolges einen Smoking leihen mußte«[85], erinnerte sich Lotte Lenya später. Die Presse reagierte übereinstimmend äußerst positiv, begrüßte Weills Entwicklung, »die zu einem neuen Typ der Oper führt«,[86] das Stück wurde bis 1930 an mehr als fünfzehn deutschen Opernhäusern gespielt, es war Weills gelungener Start als Opernkomponist.

Der Protagonist spielt im elisabethanischen England, es ist die Tragikomödie eines Schauspielers, der nicht mehr zwischen Realität und Phantasie unterscheiden kann. In einem Dorfgasthof laufen die Vorbereitungen für den abendlichen Auftritt einer Schauspielertruppe am herzoglichen Hofe. Die Schwester des Protagonisten, von ihm in über das Maß brüderlicher Liebe verehrt, trifft sich mit ihrem Geliebten, von dem der Bruder nichts erfahren hat. Da kommt die Nachricht, daß der Herzog ausländische Gäste hat, deshalb sollen die Schauspieler eine Pantomime aufführen, bei der keine Sprachprobleme auftreten können. Sofort beginnt man mit der Probe einer deftigen Geschichte um eine betrogene Ehefrau und einen ziemlich lockeren Mönch. Nach der Probe nutzt die Schwester die fröhliche Stimmung, um ihrem Bruder von dem Geliebten zu erzählen, und der Protagonist fordert sie auf, den jungen Mann doch herbeizubringen, damit er ihn kennenlerne. Erneut tritt der herzogliche Haushofmeister auf und verlangt eine andere Pantomime, da unter den Gästen ein Bischof sei und die lockere Mönchsgeschichte daher nicht möglich wäre. Der Protagonist ersetzt die Figur des Mönchs durch die eines verkommenen Edelmannes, das Ganze steuert nun auf ein tragisches Ende zu, als der Protagonist mit offenem Messer in der Rolle des Ehemanns den verkommenen Adligen verfolgt. In dieser Szene erscheint seine Schwester mit ihrem Geliebten. Seiner Sinne nicht mehr mächtig, Spiel und Realität verwechselnd, stürzt sich der Protagonist auf das Mädchen und erdolcht es. Plötzlich kommt er zu sich und mit den Sätzen: »Geht, und sagt dem Herzog, eurem Herrn, er soll mich bis zum Abend der Verfolgung entziehen. Er würde mich um meine beste Rolle

Uraufführung *Der Protagonist*. Die beiden Hauptdarsteller Kurt Taucher und Elisabeth Stünzner

bringen, die zwischen echtem und gespieltem Wahnsinn nicht mehr unterscheiden läßt« stürzt er von der Bühne.

Musikalisch ist *Der Protagonist* der Höhepunkt von Weills Frühwerk, eine Verbindung von linearer Polyphonie, atonalem Material und durchdringender Chromatik. Höhepunkt des Werkes sind die beiden tänzerischen Pantomimen (ursprünglich sollte das Werk ja ein Ballett werden!), die von einem kleinen Orchester aus acht Bläsern auf der Bühne quasi kommentiert (in der ersten, heiteren Pantomime) und dann aus dem Orchestergraben heraus musikalisch begleitet werden (in der zweiten, tragischen Pantomime). Die beiden Orchester korrespondieren auf höchst intelligente Weise miteinander, es deutet sich bereits der später für Weill so charakteristische Toccata-Stil an.

Obwohl manches an dem Einakter, den Weill Lotte Lenya widmete, an Busonis *Arlecchino* erinnert, war sich die Kritik einig in der Feststellung, die Oskar Bie formulierte: »Das ist der Schritt des Schülers über den Meister Busoni hinaus.«[87]

Unter der Überschrift »Veroperter Kaiser« schrieb Rudolf Kastner: »Kurt Weill, eine der am meisten beachteten Begabungen unter den in Berlin wirkenden Neutönern, hat sich jetzt mit einem Schlage – emporgetragen von der durch künstlerische Gewissenhaftigkeit und Elastizität aller Beteiligten ausgezeichneten Aufführung unter Fritz Busch – mit seinem neuen Operneinakter als eine musikdramatische Schöpferpotenz ersten Ranges erwiesen. Kurt Weill ist an diesem Abend in die erste Reihe unserer großen Hoffnungen gerückt.«[88]

Auch Weills Status bei seinem Verleger änderte sich mit dem Dresdener Premierenerfolg. Heinsheimer berichtet dazu: »Emil Hertzka, der allmächtige Verlagschef, war die letzten Tage vor der Premiere nach Dresden gekommen. Wir aßen immer zusammen Mittag im Bellevue-Hotel. Dort gab es

Anzeige der Universal-Edition Wien vom Mai 1926

UNIVERSAL-EDITION A G., WIEN/NEW YORK

Ein großer Uraufführungserfolg an der Dresdener Staatsoper

KURT WEILL

DER PROTAGONIST

Ein Akt Oper von Georg Kaiser

Einige Pressestimmen:

DRESDNER NEUESTE NACHRICHTEN: Dieser „Akt Oper" gibt den Glauben an ein zukünftiges musikalisches Theater wieder ... großer dramatischer Schwung, reinstes, anschaulichstes Theater. Diese Musik ist echte Theatermusik.

BERLINER BÖRSENCOURIER (Oskar Bie): Es ist Klasse der antiromantischen, trotz aller Charakteristik der Typen im Grunde absoluten und nur sich selbst verantwortlichen Musik, die heut über die Welt streicht. Ihre Sprache ist von moderner Freiheit, ohne Grimasse und Bosheit. Sie reift sich im Laufe des Stückes immer mehr aus. Der Aufbau ist grandios ...

LEIPZIGER NEUESTE NACHRICHTEN (Adolf Aber): Ein seltsam aufgeregtes, aber durchaus packendes Ganzes, dessen spannendem Reiz sich kaum ein Hörer entziehen kann.

THÜRINGER ALLGEMEINE ZEITUNG: Spannung vom ersten bis zum letzten Ton. Weill ist zweifellos eines der stärksten und eigenartigsten Talente der Gegenwart ... Diese Musik hat das Tempo eben, das die Bühne verlangt. Der Erfolg des Werkes übertraf alle Erwartungen.

DEUTSCHE TAGESZEITUNG, BERLIN: Ein Akt Oper, stürzend von Spannung zu Entspannung, nie ermattend im dramatischen Auftrieb und den Hörer fast atemlos machend beim Miterleben eines Mimenschicksals ... Der Beifall nahm ungeheure Dimensionen an.

RHEINISCHE MUSIK- UND THEATER-ZEITUNG: ... Neuland für ein zukünftiges, musikalisches Theater ... Die musikalische Stimmung ist von unheimlicher Gewalt, das dramatische Leben die Stärke der Oper.

BERLINER MORGENPOST (Rudolf Kastner): Das Weillsche Melos findet verblüffende Treffsicherheit der Situation des Ausdrucks, der schicksalhaften Bindung und Verkettung. Kleine und kleinste Formen der Imitation, des Kanons, des Fugato sind mit höchster Kunst in den fließenden, quirlenden Ablauf des Musikstroms gefügt. Parodistische Ironie flitzt auf, derbe Rüpelhumore quieken, die Instrumente werden bis in allerletzte Möglichkeiten zur Charakteristik befohlen und bleiben trotzdem immer logischer Teil der Form auch.

U.E. Nr. 8387 Klavierauszug mit Text . Mk. 15·–
U.E. Nr. 8388 Textbuch . . . . Mk. –·50

Kurt Weill. Aufnahme von 1926

Familientreffen in Kleinsteinberg bei Leipzig auf dem Gartengrundstück der Eltern. Obere Reihe v. l.: N. N., Vater Albert Weill, Nathan Weill, Kurt Weill. Unten v. l.: Helena Weill (Gattin von Nathan), ihr Kind Hannelore, Mutter Emma Weill, Lotte Lenya, Eva Sohn (Tochter von Weills Schwester Ruth, verh. Sohn)

unter anderem ein sogenanntes Stammessen für zwei, drei Mark. Jeden Tag hatte Hertzka drei Stammessen bestellt. Am Mittag nach der Premiere aber rief er den Kellner, verlangte die Speisekarte und reichte sie lächelnd Kurt Weill: ›Was möchten Sie speisen, Herr Weill?‹ Da wußte ich, daß Weill nun zu den Komponisten gehörte, auf die er rechnete.«[89]

Während der Sommermonate des Jahres 1925, jener Zeit, die zwischen der Fertigstellung und der Premiere des *Protagonisten* verging, hatte Weill in Berlin eine weitere Begegnung mit einem Dichter, die schließlich zur Zusammenarbeit bei zwei Werken führen sollte.

Im Romanischen Café, einem Treffpunkt der Künstler und Literaten, stellte Kaiser dem Komponisten eines Tages den damals vierunddreißigjährigen Yvan Goll vor. 1891 in Frankreich geboren, im zweisprachigen Elsaß-Lothringen aufgewachsen, hatte er sich 1919 in Paris dem Kreis der Surrealisten angeschlossen. Dort lebte er mit seiner Frau Claire Goll, kam aber oft auch für längere Zeit nach Berlin. Mitte der zwanziger Jahre wurde Golls Lyrik, in der sich soziale Anklage mit Groteskvisionen der Wirklichkeit mischt, für einige Zeit zum Synonym für »Neue Sachlichkeit« in der Literatur. Ab etwa 1923 als Stilrichtung in der bildenden Kunst etabliert, wurde die »Neue Sachlichkeit« zu einem Schlagwort der Jahre nach Beendigung der Inflation im November 1923. Technikfaszination prägte die Zeit, Einflüsse aus den USA wie Jazz und Revue begeisterten die Menschen, ein neues »modernes Lebensgefühl«, einhergehend mit kürzeren Kleidern und Bubikopf, breitete sich aus. Alle Künste versuchten diese Entwicklung zu reflektieren, auf dem Musiktheater wurde der Begriff »Zeitoper« geboren. Nahezu alle Phänomene der »Neuen Sachlichkeit« eroberten als Gegenstand die Opernbühne und feierten zum Teil sensationelle Erfolge: der Jazz (*Jonny spielt auf* von Ernst Krenek), das Radio (*Malpopita* von Walter Goehr), der Film (*Achtung, Aufnahme!* von Wilhelm Grosz), das Kraftwerk (*Maschinist Hopkins* von Max Brand), der Ozeanriese (*Transatlantic* von George Antheil), das Boxen (*Schwergewicht oder die Ehre der Nation* von Ernst Krenek) und die moderne Form der Ehe (*Neues vom Tage* von Paul Hindemith).

Nach der Begegnung mit Goll schrieb Kurt Weill zunächst die Kantate *Der neue Orpheus* für Sopran, Violine und Orchester. In dem reichlich fünfzehnminütigen Werk, gewidmet der Sängerin Lotte Leonard, steigt Orpheus in die »Ackerstraße des Lebens« herab, um in einer Prostituierten unweit des Schlesischen Bahnhofs Eurydike zu erkennen. Golls Verse, bereits 1918 entstanden, waren schnoddrig-parodistisch, etwa:

»Orpheus, wer kennt ihn nicht? Ein Meter achtundsiebzig groß, achtundsechzig Kilo / Augen braun, Stirn schmal, steifer Hut, katholisch sentimental, von der Demokratie und von Beruf ein Musikant / …

Am Mittwoch zwischen halb eins und halb zwei, als schüchterner Klavierpädagoge / befreit er ein Mädchen vom Geize der Mutter. / Abends im Weltvarieté, zwischen Yankeegirl und Schlangenmensch, ist sein Couplet von der Menschenliebe die dritte Nummer. / In allen Abonnementskonzerten mit Gustav Mahler grausam über die Herzen fährt er.«

Golls collageartige Dichtung wird von Weill in einer Mischung von Konzert, Kantate, Oper und Kabarettsong vertont. Die Solovioline ist deutlich vom kleinen Orchester abgesetzt, in dem es übrigens keine weiteren Violinen gibt. Eine klar tonale Struktur deutet an, daß Weill hier beginnt, erste Referenzen an populäres musikalisches Material zu machen. Das große Poem, in dem Orpheus' Aktivitäten geschildert werden und das aus sieben Abschnitten besteht, komponiert Weill in Form von Variationen. Noch allerdings liefert die Musik keine vom Text unabhängigen Kommentare und noch ist nichts vom Songstil in den Sopranpassagen zu spüren.

Unmittelbar nach Abschluß der Partitur im September 1925 folgte die Komposition des Operneinakters *Royal Palace* nach einem Libretto von Goll – nunmehr Weills Beitrag zur »Zeitoper«; ein supermodernes Luxushotel und eine »moderne« Ehegeschichte der Gegenstand. An die Eltern schreibt er: »Ich mache jetzt die Jahre durch, wo der Künstler

Kurt Weill beim Komponieren. Aufnahme von 1926

ständig auf dem Pulverfaß ist, wo unverbrauchte Energien sich explosiv entladen müssen, wo eine gesteigerte Überempfindlichkeit einen ständigen Zustand der Spannung, der Erregung erzeugt. Jetzt hat es mich wieder gepackt. Ich bin eingegraben in diese neue Oper. Ich muß einen Ausdruck meistern, der mir noch neu ist. Und ich stelle zu meiner Freude fest – was ich schon bei dem *Neuen Orpheus* entdeckt hatte –, daß ich allmählich zu ›mir‹ vordringe, daß meine Musik viel sicherer, viel freier, lockerer und einfacher wird.«[90]

Im Januar 1926 war die Partitur von *Royal Palace* abgeschlossen. Sie enthält erstmals populäre Tanzformen, Elemente des Jazz, aber auch Revuemomente und theatralische Effekte – es ist das »Umbruchwerk« in Weills Schaffen. Das harmonische und kontrapunktische Vokabular wird vereinfacht, der Komponist ist auf dem Wege zu einer musikalischen »Neuen Sachlichkeit«. Leider war das Libretto von Goll so schwach, daß *Royal Palace* kein großer Erfolg werden konnte.

Eine elegante junge Frau namens Dejanira erscheint, umgeben von drei Männern (dem Ehemann, dem Geliebten von gestern, dem Verliebten von morgen), in dem Luxushotel »Royal Palace« an einem italienischen See. Die Männer wetteifern darum, Dejanira zu amüsieren. Als erster arrangiert der Ehemann ein üppiges und exotisches Abendessen, bei dem das gesamte Hotelpersonal nach Jazzrhythmen tanzt, danach schickt er Dejanira per Flugzeug auf eine Traum-Kurzreise durch alle europäischen Hauptstädte. Der Geliebte von gestern arrangiert für sie das phantastische Ballett »Himmel unserer Nächte«, in dem Mond und Sterne die Hauptpersonen sind. Der Verliebte von morgen schließlich schenkt Dejanira »Fantasie«, ein futuristisches Spiel von Maschinen, Rädern und Konstruktionen, die sich in den skurrilsten Farben und Formen bewegen. Doch Dejanira verlacht alle drei: »Arme Werber! Traurige Liebhaber! Schlecht versteht ihr Eure Heilige... Stücke fremder Welt nahmt ihr wie Kinder vom Baukasten und mich hineingestellt wie eine Holzkönigin... Keiner hat mich erkannt. Frei bin ich wieder von euch drei!« und stürzt sich in den See. Darauf gibt es ein gigantisches Tangofinale, in dem die drei Liebhaber am Ufer des Sees stehen und die letzten zehn Minuten (das sind zwanzig Prozent der gesamten Aufführungsdauer!) nichts außer syllabischen Formen des Namens Dejanira singen (Janirade, Rajedina, Nirajade). Weill probiert in seinem Orchester nicht nur Saxophone und Autohupen aus, in den vier großen Visionsszenen der Oper (Jazzessen – Europatrip – Sternenballett – Maschinenspiel) klingt Jazzbandorchestration ebenso aus dem Orchestergraben wie Revuesound, und zum ersten Male taucht der Tangorhythmus auf, den Weill in vielen Varianten immer wieder benutzen sollte. *Royal Palace* markiert die Zäsur im Werk Weills, hier erprobte er all jene Mittel zum ersten Mal, die er bald meisterhaft beherrschen sollte.

War noch die Initiative zur Premiere von *Der Protagonist* eine Sache des Dresdener Theaters gewesen, so führte Weill jetzt die Verhandlungen für *Royal Palace* selbst. Auch in den Folgejahren widmete er diesem wichtigen Faktor – nämlich nicht nur zu komponieren, sondern auch aufgeführt zu werden – viel Energie, knüpfte beständig Kontakte zu Intendanten, Regisseuren und Dirigenten und hatte dabei meistens Erfolg, sehr zur Freude seines Wiener Verlages. Für *Royal Palace* hatte er kein geringeres Ziel als die Uraufführung an der Berliner Staatsoper. Im Mai 1926 berichtet er der Universal-Edition: »Soeben habe ich eine lange Unterredung mit den Herren Kleiber und Hörth gehabt. Beiden hat *Royal Palace*, das ich vorspielte, außerordentlich gefallen, und sie sind fest entschlossen, es aufzuführen.«[91]

Die Uraufführung fand – gemeinsam mit *Der neue Orpheus* – an Weills 27. Geburtstag, dem 2. März 1927 in der Berliner Staatsoper statt. Gekoppelt waren die beiden Weill-Stücke mit *Meister Pedros Puppenspiel* von Manuel de Falla. Erich Kleiber, der 1925 die Uraufführung von Alban Bergs *Wozzeck* durchgesetzt hatte, dirigierte. Regie führte Franz Ludwig Hörth, der bereits 1922 Weills *Zaubernacht* inszeniert hatte und inzwischen Direktor der Staatsoper geworden war. Für *Royal Palace* verwendete er erstmals Filmeinblendungen.

Das neue Medium betrat somit auch die Opernbühne. Hörth berichtet: »Ich habe in Weills einaktiger tragischer Revue *Royal Palace* zum ersten Mal den Film in das Opernbild eingefügt, um der Handlung neuen Spannungsreiz zu geben… Was lag näher, als die große Reise durch die schönsten Städte der Erde filmisch wiederzugeben? Ich nahm meine Hauptdarsteller… mit hinaus zum Flughafen der Deutschen Lufthansa, wo die Künstler im Kostüm ihrer Bühnenrolle das Flugzeug bestiegen und davonflogen. Diese und noch einige Außenaufnahmen vor dem Palast-Hotel am Potsdamer Platz wurden gefilmt, durch gut geschnittene internationale Städteaufnahmen ergänzt und das Ganze dann als filmisches Intermezzo in die Opernhandlung eingefügt.«[92]

Doch allem szenischen Aufwand zum Trotz wurde die Aufführung kein Erfolg, sie lief lediglich siebenmal. *Royal Palace* erfuhr bis 1933 nur noch eine weitere Inszenierung (1929 in Essen), während *Der neue Orpheus* einige Male in Konzerten erklang. Weills Ausflug in die pure »Zeitoper« war nicht gelungen. Das Problem des ganzen Genres benannte 1927 Alban Berg, als er schrieb: »Die Verwendung zeitgemäßer Mittel wie Kino, Revueartiges, Jazzmusik gewährleistet ja nur, daß ein solches Werk zeitgemäß ist. Aber ein wirklicher Fortschritt kann das wohl nicht genannt werden. Damit man von der Kunstform Oper wieder einmal sagen kann, sie habe sich weiterentwickelt, bedarf es wohl anderer Mittel als der bloßen Heranziehung der letzten Errungenschaften und alles dessen, was gerade beliebt ist.«[93] Nur wenig später, im März 1928, hat sich Kurt Weill gleichfalls kritisch zu jenen frühen Versuchen reiner »Zeitoper« (*Royal Palace* eingeschlossen) geäußert, sie jedoch gleichzeitig als wichtiges Durchgangsstadium für die darauffolgenden Entwicklungen angesehen: »Dieses Wort ›Zeitoper‹… war ebenso rasch geprägt wie falsch angewandt… Das Zeitstück, wie wir es in

Uraufführung *Royal Palace* an der Staatsoper Berlin, 2. März 1927. Szenenfoto

den letzten Jahren kennengelernt haben, rückte die äußeren Lebenserscheinungen unserer Zeit in den Mittelpunkt. Man nahm das ›Tempo des 20. Jahrhunderts‹, fügte den vielgerühmten ›Rhythmus unserer Zeit‹ hinzu und hielt sich im übrigen an die Darstellung von Gefühlen vergangener Generationen... Jetzt erst, nachdem das bisherige Zeittheater das Material freigelegt hat, haben wir die Selbstverständlichkeit erlangt, um das Weltbild, das wir – vielleicht jeder auf seine Weise – sehen, nicht mehr in einer Photographie, sondern in einem Spiegelbild zu gestalten.«[94] Kurt Weill selbst sollte dazu gewichtige Beiträge leisten.

Doch kehren wir in das Jahr 1926 zurück, an dessen Beginn Weill die Komposition von *Royal Palace* abgeschlossen hatte. Zwei Zimmer in der Pension Hassforth waren das Domizil des jungen Ehepaares Weill – Lenya, in einem stand Weills Flügel, an dem er komponierte. An den Wänden hingen die üblichen scheußlichen Bilder, so daß die Weills ihre Pension »Grieneisen« nannten, nach einem bekannten Berliner Bestattungsunternehmen. Lotte Lenya berichtete über Weills Arbeitsmethode: »Kurt saß immer um neun Uhr am Schreibtisch, vollkommen versunken und wie ein glückliches Kind wirkend. Diese tägliche Routine änderte sich nie, außer wenn er zu Proben mußte. Damals hatte ich am Theater nicht viel zu tun. Ich saß am Tisch, Weill kam zum Frühstück herunter; dann kehrte er zu seiner Musik zurück. Zum Mittagessen kam er wieder, und danach ging er erneut zu seiner Musik. Nach ein paar Tagen sagte ich zu ihm: ›Das ist ein schreckliches Leben für mich. Ich sehe dich nur zu den Mahlzeiten.‹ Er sah mich durch seine dicken Brillengläser an und sagte: ›Aber Lenya, du weißt doch, daß du gleich nach meiner Musik kommst.‹... Für Weill gab es in Wahrheit nichts anderes als seine Musik. Andere Komponisten hatten Hobbies, Schönberg und Gershwin zum Beispiel haben gemalt. Ich glaube, daß für Weill die Musik gleichzeitig Hobby war.«[95]

An dieser Stelle kann ein Dokument Weills angefügt werden, das aus seiner Feder sehr warmherzig über das Verhältnis zu Lotte Lenya Auskunft gibt: »Sie ist eine miserable Hausfrau, aber eine sehr gute Schauspielerin. Sie kann keine Noten lesen, aber wenn sie singt, dann hören die Leute zu wie bei Caruso. (Übrigens kann mir jeder Komponist leid tun, dessen Frau Noten lesen kann.) Sie kümmert sich nicht um meine Arbeit (das ist einer ihrer größten Vorzüge). Aber sie wäre sehr böse, wenn ich mich nicht für ihre Arbeit interessieren würde. Sie hat stets einige Freunde, was sie damit begründet, daß sie sich mit Frauen sehr schlecht verträgt. (Vielleicht verträgt sie sich aber auch mit Frauen darum so schlecht, weil sie stets einige Freunde hat.) Sie hat mich geheiratet, weil sie gern das Gruseln lernen wollte, und sie behauptet, dieser Wunsch sei ihr in ausreichendem Maße in Erfüllung gegangen. Meine Frau heißt Lotte Lenya.«[96]

Kurt Weills Arbeitszimmer in der Pension Hassforth. Aufnahme von 1953, als Lotte Lenya das Zimmer und auch den Flügel, an dem Weill komponierte, unverändert vorfand

Im Juni und Juli 1926 unternahmen beide eine verspätete Hochzeitsreise – im Januar war dafür kein Geld vorhanden gewesen. Über Zürich und Norditalien gelangte man schließlich an die französische Riviera, wo Weill und Lenya sich in Cannes einige Wochen erholten.

Zurückgekehrt nach Berlin, erhielt Weill im Juli, sicherlich begünstigt durch seine Mitarbeit an der Rundfunkzeitschrift, den Auftrag, für eine Sendespielproduktion von Grabbes Stück *Herzog Theodor von Gothland* die Begleitmusik zu schreiben. Dies war Weills erste Arbeit für das Medium Rundfunk, er komponierte eine Musik für großes Orchester und Chor. Bedeutungsvoll, wie aus einer zeitgenössischen Kritik hervorgeht, ist vor allem das Verhältnis der Musik zum Text. Reichlich ein Jahr später wird der Komponist solchen Gebrauch als »episch« bezeichnen, hier in der Sendespielmusik von 1926 sind die Ansätze da: »Kurt Weills Musik geht völlig neue Wege... In diesem Werk expressiver Kraft versucht die Musik nicht, zu begleiten. Drama und Musik treffen sich in der einzig möglichen Weise, das Ergebnis ist eine Synthese von bleibender Bedeutung für beide, den Text und die Musik.«[97]

Am 1. September 1926 strahlte die Funkstunde Berlin das Stück aus, der Dirigent von Weills Musik war Bruno Seidler-Winkler, unter den mitwirkenden Schauspielern waren Werner Krauss und Theodor Loos.

Ende 1926 lernte Weill den jungen Musikkritiker Felix Joachimson kennen, Textautor vieler Kabarettchansons jener Jahre, der ihm eine Zusammenarbeit vorschlug. Sehr bald entwickelte sich eine intensive Arbeitsbeziehung, und Joachimson war häufiger Gast bei Weill und Lenya in der Pension Hassforth. Später hat er authentisch die Arbeitsmethode des Komponisten beschrieben: »Kurt Weill komponierte an seinem Schreibtisch. Er ›schrieb‹ tatsächlich seine Musik. Nur manchmal stand er auf und überprüfte einen schwierigen Akkord am Klavier. Doch seine musikalischen Ideen wurden nicht am Instrument ersonnen oder entwickelt. Der innere Ton bedurfte keiner instrumentalen Bestätigung. Er wurde in den geschriebenen Noten reflektiert. Ideen für die Orchestration kamen ihm im selben Augenblick. Er pflegte sie kurz zu skizzieren. Doch die wirkliche Arbeit des Orchestrierens begann erst, nachdem der erste Teil einer Neuschöpfung beendet war. Er hat das stets selbst besorgt. Niemals hätte er das einem anderen überlassen. Er liebte diese Arbeit. Und er betrachtete

Kurt Weill bei der Arbeit. Aufnahme von Lotte Jacobi, 1926

das Orchestrieren als fünfzig Prozent des Komponierens. Ungeachtet seiner klassischen Ausbildung spielte Kurt Weill nicht besonders gut Klavier. Er pflegte oft darüber Witze zu machen, doch tatsächlich merkte er nicht, daß sein Klavierspiel nicht so ganz ungenügend war, wie er selbst es dachte. Er konnte sehr überzeugend eine neue Melodie oder eine ganze Partitur demonstrieren. Den Orchesterpart pflegte er mit äußerster Präzision zu spielen, dazu sang er die Vokalstimmen mit einer sanften, gelegentlich etwas rauhen Stimme. Es war oft mehr ein Hauchen als ein Singen, doch die Intentionen seiner Musik kamen klar dabei zum Ausdruck.«[97a]

Der Stückplan, den Weill und Joachimson entwickelten, sollte wenig Erfolg haben. Es war ein Libretto mit dem Titel *Na und?*, eine Geschichte aus dem Berlin der Zeit, die Weill zur »komischen Oper« ausformte. Am 4. April 1927 schreibt er seinem Verleger: »Es ist der erste Versuch, in einer Oper das Wesen unserer Zeit von innen her zu beleuchten, nicht von den selbstverständlichen äußeren Requisiten. Das Thema dieser Oper: Das Aneinandervorbeireden und -handeln der heutigen Menschen. Daher ist der Titel *Na und?* der summarische Ausdruck des Inhalts. Es ist der Typ einer heiteren Oper, wie er seit dem *Rosenkavalier* nicht weitergeführt wurde, und wie ihn die Theater suchen. Nicht grotesk oder parodistisch, sondern heiter und musikantisch. Die musikalische Form: Siebzehn abgeschlossene Nummern, dazwischen Rezitative oder gesprochene Dialoge mit Klavier oder kammermusikalischen Besetzungen.«[98]

Unter den wenigen im Nachlaß überlieferten Entwürfen findet sich ein dreistrophiger *Niggersong*, ein Foxtrott mit typisch Weillschen Melodiebögen, die schon kurz darauf seinen Songstil prägen werden. Joachimsons Text widerspiegelt die Atmosphäre jener Jazzfaszination, die damals über ganz Berlin hereingebrochen war:

Du Lady Lily You, my husband
Du Lady Lily You, die Jazzband
Von dem Nigger Ging-Gong
Spielt ein Nigger Sing-Song
Für Dich.[99]

Nachdem Direktor Hertzka das Werk gelesen hatte, schrieb er Weill, er könne nicht verhehlen, »daß der erste Eindruck kein günstiger ist«.[100] Ein Vorspiel durch den Komponisten sei erforderlich. Weill fuhr sofort nach Wien, wo er um den 10. April 1927 *Na und?* im Verlag vorstellte.

Der Leiter der Bühnenabteilung, Hans W. Heinsheimer, war ebenfalls zugegen und erzählt: »Weill spielte uns die gesamte Oper vor, sang leise mit etwas verschleierter Stimme, angenehm ausdrucksvoll, und spielte die Musik in seiner trockenen, unsentimentalen Art. Hertzka und ich verfolgten das Werk im Libretto. Nichts daran gefiel uns, weder das Libretto von einem wenig bekannten Mann, der noch nie ein Libretto geschrieben hatte (und als wir weiterlasen, wünschten wir, er hätte es auch nie getan), noch der Titel der Oper, der uns wie ein Inbegriff des Berliner Asphaltzynismus schien. Die Musik schien durch das Buch und die Verse unfrei zu sein und ohne Schwung. Während Weill weiterspielte, war es beinahe körperlich zu spüren, wie sich eine Aura der Verzweiflung im Zimmer verbreitete.«[101] Hertzka sagte Weill, daß das Werk auf Grund des schwachen Buches nicht gelungen sei und eine Veröffentlichung nicht in Frage komme. Wieder in Berlin, brachte Weill das Stück zum designierten Dramaturgen der Berliner Kroll-Oper, Hans Curjel, um ein zweites kompetentes Urteil einzuholen. Auch Curjel kam zu keiner anderen Meinung: »Ich sagte ihm, daß ich das Werk textlich wie musikalisch für nicht gelungen hielt. Aber ich räumte ein, mich vielleicht getäuscht zu haben und wir vereinbarten, das Stück für vier Wochen in meinem Schreibtisch einzuschließen. Auch Weill hatte so einen Abstand zu seiner eigenen Arbeit, als er nach einem Monat die Noten abholte. Und das geschah: Nach ein paar Tagen rief Weill mich an. Er habe jetzt den gleichen Eindruck und habe entschieden, diese Oper nie zur Aufführung zu geben.«[102]

Für große Enttäuschung blieb Weill wenig Zeit, da er in diesen Wochen des März und April 1927 intensiv mit einem anderen Projekt beschäftigt war. Nach der ersten Erfolgsserie des *Protagonisten* (auf Dresden waren Inszenierungen in Erfurt und Nürnberg erfolgt) fragten zahlreiche Theater bei Weill an, ob er nicht einen zweiten Einakter habe, den man damit koppeln könne.

Außerdem gehörte Kurt Weill gemeinsam mit Paul Hindemith, Darius Milhaud und Ernst Toch zu den Komponisten, die von der Leitung des Festivals »Deutsche Kammermusik Baden-Baden« den Auftrag für eine Kurzoper erhalten hatten, die im Juli zur Aufführung gelangen sollte. Für das Libretto wollte er wieder Georg Kaiser gewinnen. Nachdem der Kontakt zu ihm eigentlich nie abgerissen war – *Royal Palace* hatte Weill dem Dichter gewidmet –, trafen sich beide im März 1927 wieder. Kaiser war einverstanden, diesmal nicht eines seiner älteren Stücke zu bearbeiten, sondern ein Original-Libretto zu schreiben. In enger Zusammenarbeit entstand während der nächsten Monate *Der Zar läßt sich photographieren*, eine Opera buffa. Im Verlauf der Entstehung trug das Stück zunächst den Titel *Photographie und Liebe*, sodann *Der Zar läßt sich…*, ehe Weill und Kaiser den endgültigen Titel festlegten. Die Fabel des Einakters ist ebenso originell wie theatergerecht:

Ein imaginärer Zar kommt in das Atelier der Pariser Modefotografin Angèle, um sich privat fotografieren zu lassen. Hinter ihm aber sind Verschwörer her, die Angèle durch eine ihrer Komplizinnen ersetzen und an der Kamera eine Pistole installieren, welche losgeht, sobald der Auslöser betätigt wird. Die falsche Angèle findet ebenso Gefallen an dem jungen Zaren wie er an ihr, ein Rollentausch soll vollzogen werden, erst möchte der Potentat die hübsche junge Frau fotografieren. Im Verlauf des Geplänkels erfährt der Zar durch einen Leibwächter, daß er Ziel einer Verschwörung und die Polizei bereits unterwegs in das Fotoatelier sei. Die falsche Angèle spielt die Rolle der Liebenden weiter, sie legt eine Schallplatte mit Tangomusik auf, der Zar erwartet sie auf dem Diwan, doch ehe weiteres geschieht, erscheint die Polizei, verhaftet die Verschwörer und die richtige Angèle ist wieder da. Etwas verwundert über die äußere Veränderung der Fotografin, läßt sich seine Hoheit nun endlich fotografieren.

Weills Anteil an dieser Geschichte liegt auf der Hand. Nicht lange vor Beginn der Arbeit hatte er eine Rundfunkübertragung von Lortzings *Zar und Zimmermann* ausführlich besprochen, jener Geschichte um den Versuch Zar Peters I., einmal aus dem Staatsdienst ins Privatleben zu entfliehen. Kaiser/Weills Zar unternimmt nun ein gleiches in Paris. Auch dürften die Einflüsse der zwanziger Jahre eher über Weill als über Kaiser in das Libretto gelangt sein. Die Fotografie wurde damals zu einer populären Kunstform, sowohl Weill als auch Lenya waren mit den beiden Berliner Starfotografinnen Lotte Jacobi und Elli Marcus bekannt und ließen sich mehrfach von ihnen porträtieren. Das Grammophon und seine zentrale Funktion im Stück sind Ausdruck der Faszination, die die Schallplatte mit ihren dank der Erfindung des elektrischen Mikrofons gerade auf den Markt kommenden klangverbesserten Aufnahmen damals ausübte. Schließlich verweist der unverkennbare Zug zur Kolportage auf ein von Kaiser bevorzugtes Sujet jener Jahre, wobei der ernste Hintergrund durchscheint – waren doch politische Attentate und Morde in der Weimarer Republik ständig auf der Tagesordnung.

Sehr bald schon stand für Weill fest, daß der *Zar* nicht für eine Aufführung in Baden-Baden in Frage kam. Am 23. März 1927 teilt er dem Verlag mit: »Wir haben ein Szenarium ausgearbeitet und es hat sich eindeutig ergeben, daß der Stoff den Baden-Badener Rahmen sprengt. Es wird ein Stück von 3/4-stündiger Dauer, das ohne richtiges Orchester und ohne Bühnenapparat nicht zu machen ist. Offen gestanden: mir wäre das Stück auch für den Snobismus eines Musikfestes zu schade gewesen.«[103] Während er nun für Baden-Baden an einem neuen Projekt arbeitet – es ist das Songspiel *Mahagonny*, das schließlich entstehen wird –, geht die Arbeit an *Der Zar läßt sich photographieren* parallel dazu weiter. Am 20. April teilt Weill dem Verlag mit, er habe soeben die letzte Seite des Kaiserschen Librettos erhalten, und am 4. August heißt es: »Die Komposition des neuen Kaiser-Einakters ist beendigt und ich bin eifrig mit der Herstellung der Partitur beschäftigt.«[104]

Die Bezeichnung »Opera buffa« weist auf eine Traditionslinie, mit der Weill sich immer wieder beschäftigt hat: Mozart als Meister dieser Gattung, Lortzings komische Opern und Offenbachs Opéra bouffe. In der Partitur kündigen sich Elemente an, die kurz darauf charakteristisch für das Weillsche Musiktheater werden – Übernahme populärer Tanzformen (der Foxtrott beim ersten Auftritt des Zaren, der Tango in der Grammophonszene); Jazzinstrumentarium im Orchester (hier vorerst »nur« per Schallplatte beim *Tango Angèle*); Kommentarfunktion des Chores, der vom Orchestergraben aus die Handlung auf der Bühne häufig unterbricht.

Die Struktur der Musik wird von rhythmischen und melodischen Ostinatofiguren geprägt, es ist Weills letzte Theaterpartitur, die den gesamten Text des Librettos in Musik setzt, später wird er mehr und mehr das »Nummernprinzip« benutzen, das ihm erlaubt, mit kleinen, geschlossenen musikalischen Formen zu arbeiten.

Auf der Generalprobe zur Uraufführung *Der Zar läßt sich photographieren*, 17. Februar 1928 im Neuen Theater Leipzig. Zusammen mit den Hauptdarstellern links (im weißen Kittel) Regisseur Walther Brügmann, oben Mitte der Dirigent Gustav Brecher, ganz rechts Kurt Weill

Eine detaillierte Untersuchung der stilistischen Entwicklung Weills in den zwanziger Jahren steht bis heute aus. Ohne Zweifel aber sind die Innovationen in seiner Musiksprache stets aufs engste mit der dramaturgischen Struktur des jeweiligen Werkes verbunden. Weill verfährt dualistisch: im *Protagonist* stehen, bedingt durch die Verknüpfung

Uraufführung *Der Zar läßt sich photographieren,*
18. Februar 1928 Leipzig, Szenenfoto

von Oper und Pantomime, expressionistische und neoklassizistische Stilelemente nebeneinander; in *Royal Palace* und im *Zar* heben sich die atonalen von den tonalen Passagen deutlich ab, letztere dienen dramaturgisch vorrangig der Einführung von Elementen der Popularmusik, die zwar als vorgefertigte Musiksprache übernommen, jedoch durchaus »verfremdet« wird. Ein Vergleich schließlich der späteren Werke *Mahagonny*-Songspiel und *Mahagonny*-Oper zeigt deutlich, wie gegen Ende der zwanziger Jahre die »verfremdeten«, »falschen« Töne allmählich verschwinden und einem

Anzeige im Programmheft der Leipziger Uraufführung

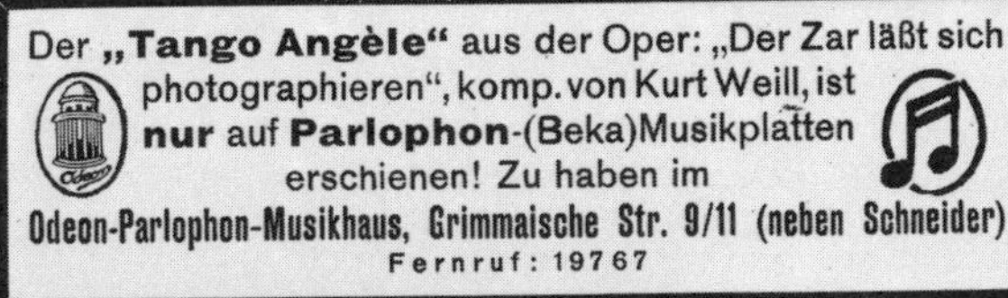

Der „Tango Angèle“ aus der Oper: „Der Zar läßt sich
photographieren“, komp. von Kurt Weill, ist
nur auf Parlophon-(Beka)Musikplatten
erschienen! Zu haben im
Odeon-Parlophon-Musikhaus, Grimmaische Str. 9/11 (neben Schneider)
Fernruf: 19767

Die erste Schallplatte mit Musik von Kurt Weill, Februar 1928

klassizistischem Gestaltungswillen Platz machen. Der *Zar* mit seiner Tango-Adaption steht sozusagen am Anfang dieser Entwicklung.

Zu seiner Partitur schreibt Weill: »Ähnlich wie ich mir beim *Protagonist* durch Erfindung eines musikalischen Rahmens, durch Gegenüberstellung der acht Bläser im Orchester, durch vokale Erweiterung der Pantomimen neue musikalische Möglichkeiten geschaffen hatte, so bearbeitete ich auch den neuen Text. Durch Hinzufügung eines Männerchores im Orchester, dessen Texte ich mir selbst zusammenstellte, versuchte ich eine Verbindung zwischen Bühne und Zuschauer zu schaffen.

Der Zar läßt sich photographieren, Aufführung der Städtischen Oper Berlin-Charlottenburg, Mai 1928. Szenenfoto mit Joseph Burgwinkel (Zar) und Maria Janowska (Angèle)

An vielen Stellen erweiterte ich den Dialog, um mir Raum für kleine Ensemblesätze, Arien, Buffoduette usw. zu schaffen. Schließlich glaubte ich eine Steigerung nach innen, wie sie mir für die Fluchtszene vorschwebte, nur durch eine völlige Änderung der Klangfarbe zu erreichen. So kam ich zum Einbau der Grammophonszene, in der ich einem mechanischen Instrument und einer tänzerischen Musik handlungsfördernde Bedeutung gab. Für diesen *Tango Angèle* (wie ich ihn nannte) konnte ich mir nun Saxophon- und Jazzklang aufsparen. Dieses abgeschlossene Tanzstück habe ich dann nach sorgfältigen Grammophonstudien eigens für die Grammophonplatte instrumentiert und bei Lindström AG aufgenommen.«[105]

Die Aufnahme fand am 11. Januar 1928 mit dem Saxophon-Orchester Dobbri statt. Zur Premiere von *Der Zar läßt sich photographieren* lag mit *Tango Angèle* die erste Schallplatte mit Musik von

Erste gemeinsame Aufführung der beiden Einakter *Protagonist* und *Zar* am Landestheater Altenburg, April 1928. Programmzettel

Landestheater Altenburg

Mittwoch, den 4. April 1928

30. Vorstellung im Mittwochs-Anrecht

Zum ersten Mal:

Der Protagonist

Ein Akt Oper von Georg Kaiser. Musik von Kurt Weill
Inszenierung: Rudolf Otto Hartmann
Musikalische Leitung: Maurice de Abravanel
Bühnenbild und Kostüme: Vera Braun

Personen:

Protagonist . . . . Heinz Edeler
Schwester . . . . Elly Nowak
Der junge Herr . . . . Rolf Scharf
Der Hausmeister des Herzogs . . . . Josef Heckhausen
Der Wirt . . . . Kurt Jüttner
1. Schauspieler . . . . Max Kerner
2. Schauspieler . . . . Erich Bürger
3. Schauspieler . . . . Käte Benad

Die acht Musikanten des Herzogs: Richard Bischof, Hans Dörste, Paul Herbert, Paul Limbach, Kurt Löpitz, Paul Möbus, Otto Ulrich, Arthur Wunderlich

Zeit der Handlung: Das England Shakespeares

Bühneninspektion: Theo Leidsbach

— Pause —

Hierauf:

Zum ersten Mal:

Der Zar läßt sich photographieren

Opera buffa in einem Akt von Georg Kaiser
Musik von Kurt Weill
Inszenierung: Rudolf Otto Hartmann
Musikalische Leitung: Maurice de Abravanel
Bühnenbild und Kostüme: Vera Braun

Personen:

Ein Zar von . . . . Rolf Scharf
Angèle . . . . Bergljot Brandsberg-Dahl
Der Gehilfe . . . . Josef Heckhausen
Der Boy . . . . Maria Stumpf
Die falsche Angèle . . . . Kirstine Bredsten
Der falsche Gehilfe . . . . Alexander Helfmann
Der falsche Boy . . . . Gertrud Wilde
Der Anführer . . . . Walter Hageböcker
Der Begleiter des Zaren . . . . Kurt Jüttner
Erster Kriminalbeamter . . . . Albertus Kinkel
Zweiter Kriminalbeamter . . . . Heinz Wagner

Verschwörer, Offiziere, Polizisten

Bühneninspektion: Theo Leidsbach

Einlaß 19 Uhr Anfang 19½ Uhr Ende ungefähr 22¼ Uhr

Kurt Weill vor. Sie wurde Bestandteil des Aufführungsmaterials, das die Universal-Edition den Theatern zur Verfügung stellte.

Die Uraufführung des Einakters fand am 18. Februar 1928 im Neuen Theater Leipzig statt. Leider hatte die Leitung der Oper einer Kopplung mit *Der Protagonist* nicht zugestimmt, sondern als zweites Werk die Kurzoper *A Basso Porto* von Nicola Spinelli hinzugefügt.

Regisseur war Walther Brügmann, am Dirigentenpult stand Gustav Brecher. Der Premierenerfolg war einhellig – »wenn nicht alles trügt, ist den deutschen Bühnen ein treffliches Ergänzungswerk zum *Protagonist* gegeben«,[106] bemerkte die Kritik. Und: »Ist diese Oper auch als Übergang zu werten und stellt sie noch nicht das Ziel der neuen Oper dar, so ebnet sie doch den Weg zur neuen Opernform ganz bedeutend. Das, was Weill, gestützt auf Kaiser, hier geschaffen hat, läßt als textlich-musikalische Einheit das heutige Opernrepertoire weit hinter sich.«[107]

Wieder war es Weill, der die Verhandlungen für die erste gemeinsame Aufführung von *Protagonist* und *Zar* selbst führte. Sein ehemaliger Schüler und Freund Maurice Abravanel war seit 1927 am Reußischen Theater in Gera als Musikalischer Leiter tätig. 1928 wurde das Theater mit der Altenburger Bühne vereinigt. Weill kannte den Geraer Erbprinzen Reuß, der als Dramaturg zu den Förderern zeitgenössischer Werke gehörte, aus Berlin. Bereits im Dezember 1927 hatte er mit ihm über eine Aufführung seiner beiden Einakter verhandelt, die schließlich reichlich sieben Wochen nach der Leipziger Uraufführung des *Zaren* als Doppelpremiere am 4. April 1928 in Altenburg stattfand. Weill selbst war anwesend, wenige Tage später bedankte er sich in einem Brief für das Engagement Abravanels und des gesamten Altenburger Ensembles.

Im Oktober 1928 inszenierte Walther Brügmann *Protagonist* und *Zar* an der Städtischen Oper Berlin (Dirigent: Robert Denzler). Oskar Bie schrieb: »Das alles siebt erst die Zeit. Aber jetzt steht schon fest, daß Kurt Weill eine besondere Begabung heut darstellt, unabhängig, ernst bestrebt, aus der noch unüberlegten Epoche des *Royal Palace* zu härterer Zucht entwickelt.«[108]

Bis 1933 wurde der *Zar* – oft auch gekoppelt mit Strawinskys *Oedipus Rex* – an über sechzig deutschen und europäischen Opernhäusern aufgeführt und war damit nach der *Dreigroschenoper* Weills größter Theatererfolg. Nach der Schallplatte erschien der *Tango Angèle* auch als Einzelausgabe für Gesang und Klavier in der Universal-Edition, dem Komponisten war sein erster »Schlager« gelungen, eine Musik, die über das Opernpublikum hinaus weite Kreise ansprach und rasch populär wurde.

So war Kurt Weill Mitte 1927, als er die Partitur des *Zaren* abschloß, an einem Wendepunkt seines Schaffens angekommen. Die Umbruchsituation, in der sich der Komponist befand, wurde von Theodor W. Adorno sehr genau beschrieben. Der damals vierundzwanzigjährige Adorno hatte seine Studien der Komposition bei Alban Berg und der Philosophie an der Universität Wien gerade beendet und begann seine Redakteurstätigkeit beim Wiener »Anbruch«, der damals engagiertesten Zeitschrift für zeitgenössische Musik. Von Adorno sollten in den nächsten Jahren einige der scharfsinnigsten kritischen und essayistischen Arbeiten über Weill erscheinen.

Im Juni 1928 trafen sich die beiden erstmals in Frankfurt am Main gelegentlich der dortigen Premiere von *Protagonist* und *Zar*, bis 1933 folgten dann viele weitere Begegnungen. Adorno schrieb: »Im *Zaren*, der als technischer Fortschritt gegenüber dem *Protagonisten* sehr evident wird, meldet

Anzeige der Universal-Edition Wien gelegentlich der 35. Inszenierung des *Zar*, März 1931

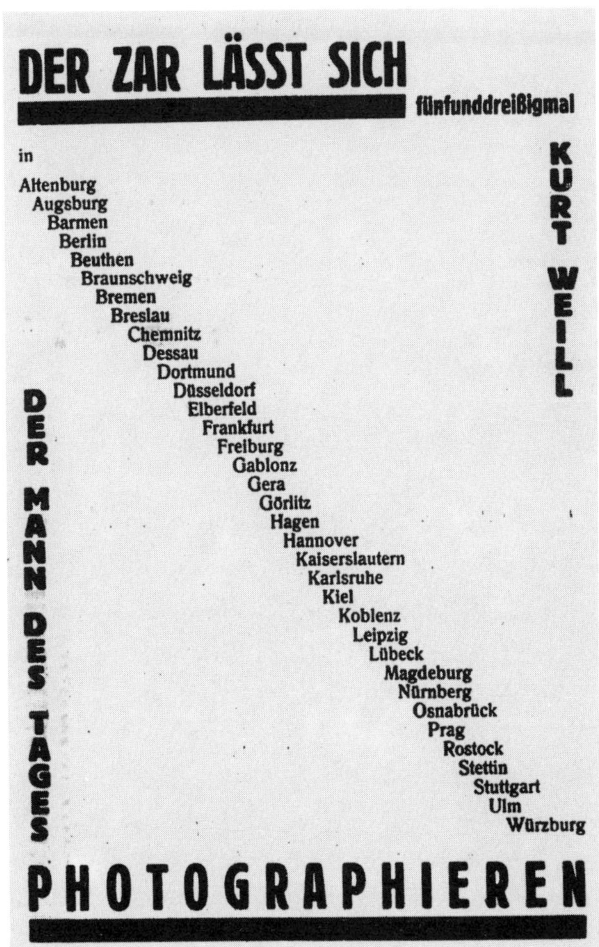

sich gelegentlich die Gefahr, es möchte die Musik im Szenischen untergehen und allein als Gebrauchsmusik wieder von dort auftauchen ... Aber wer so viel an sich selbst zu lernen vermag wie Weill, wird desto gewisser all dem entgehen, je energischer er sich im Verfolg seiner guten Erkenntnis vom herkömmlichen Theater distanziert.«[109]

An diesem Punkt war Weill jetzt angekommen. Seine Bestrebungen, die Formen herkömmlichen Musiktheaters zu sprengen, eine neue Art der Oper zu schaffen, waren musikalisch vorbereitet. Nun bedurfte es der Zusammenarbeit mit einem Dichter, der gleiches Wollen und Können in die literarischen Vorlagen einzubringen imstande war. Diese Begegnung fand statt, als Weill gerade an der Partitur des *Zaren* arbeitete, im April 1927, der neue Mitarbeiter hieß Bertolt Brecht.

BERLIN II: ARBEIT MIT BRECHT

1927–1930

Als Weill und Brecht in Berlin zusammentrafen, steuerte die Weimarer Republik gerade dem Höhepunkt ihrer wenigen »goldenen« Jahre zwischen 1925 und 1929 entgegen. Sie waren gekennzeichnet durch eine stürmische Entwicklung von Technik und Industrie, das Eindringen einer neuen funktionalen Ästhetik in die Bereiche von Architektur und Design, eine mit großer Perfektion produzierende flimmernde Unterhaltungsindustrie und im Bereich der »ernsten« Künste durch vielfältige Versuche, der Krise herkömmlicher Genres und Institutionen mit neuen Formen zu begegnen. Zur gleichen Zeit vollzogen sich erste politische Polarisierungen, die ab 1929 – einhergehend mit den Auswirkungen der Weltwirtschaftskrise auf Deutschland – in ganzer Schärfe ausbrechen sollten. Berlin war längst zur unumstrittenen Metropole von Kunst und Politik in Deutschland geworden, das Team Brecht/Weill sollte sehr bald zu ihren führenden Köpfen gehören.

Kurt Weill und Bertolt Brecht waren sich mit hoher Wahrscheinlichkeit bereits im März 1927 im Rahmen ihrer Rundfunkarbeit begegnet. Weill war häufig zu Absprachen im Studio der Funkstunde Berlin, wo am 18. März 1927 eine Hörspielfassung von *Mann ist Mann* produziert wurde, in der Brecht selbst mitwirkte. Weill hat die Sendung beinahe euphorisch rezensiert: »Ein Dichter, ein wirklicher Dichter, hat mit kühnem Griff und mit wundervoller Einfühlungskraft einen wesentlichen Teil aller Sendespielfragen seiner Lösung entgegengeführt.«[110]

Zu dieser Zeit, nachdem er den gemeinsam mit Georg Kaiser entstehenden *Zar*-Einakter als ungeeignet befunden hatte, beschäftigte ihn die Frage nach einem Libretto für den Kurzopern-Auftrag des Festivals Baden-Baden. Die intensive Korrespondenz mit der Universal-Edition ermöglicht eine ziemlich genaue Rekonstruktion des tatsächlichen Beginns der Zusammenarbeit mit Brecht. Am 23. März schreibt Weill: »Für Baden-Baden werde ich nicht eine kleine Oper machen, da ich jetzt genug Einakter habe. Ich habe den Plan, aus einer klassischen Tragödie (*Antigone, Lear* oder dergl.) ein Stück herauszusuchen und daraus eine kurze Gesangsszene von höchstens 15 Minuten Dauer zu machen.« Einen Monat später, nach der gerade erlebten Enttäuschung über die Ablehnung der Oper *Na und?* beschließt Weill, von der Beteiligung in Baden-Baden gänzlich Abstand zu nehmen, obwohl er bereits von der Festivalleitung gedrängt wird. Am 25. April heißt es: »Burkard hat unterdessen mehrfach geschrieben und telegraphiert, aber ich werde bei meinem Nein bleiben.« Nur sieben Tage später, am 2. Mai, dann die überraschende Wendung: »In Eile die Mitteilung, daß ich meine Absichten bezüglich Baden-Baden geändert habe. Ich habe plötzlich einen sehr schönen Einfall gehabt, an dessen Ausführung ich jetzt arbeite. Titel: *Mahagonny* – ein Songspiel nach Texten von Brecht. Ich denke, das kleine Stück bis Mitte Mai zu vollenden.«

Da zu dieser Zeit gerade Brechts Gedichtband *Die Hauspostille* im Propyläen-Verlag erschienen war, der als »vierte Lektion« fünf *Mahagonnygesänge* enthielt, dürfte feststehen, daß Weills Einfall

Bertolt Brecht. Aufnahme von 1927

aus der Lektüre des Buches resultierte. Lotte Lenya berichtet, daß Weill daraufhin sofort Kontakt zu Brecht suchte und daß Freunde ihn auf dessen Stammlokal verwiesen: »Wir trafen ihn zuerst in einem sehr berühmten Theaterrestaurant in Berlin namens Schlichter.«[111] Es muß folglich Ende April 1928 gewesen sein, als sich die beiden in der Lutherstraße, wo der Bruder des Malers Rudolf Schlichter, Max Schlichter, sein Lokal betrieb, zum ersten Mal zwecks gemeinsamer Produktion gegenübersaßen. Offenbar sprang der Funken gemeinsamen Wollens, das Gefühl des Miteinander-Könnens sehr rasch über, denn unmittelbar nach dieser ersten Begegnung begann eine äußerst intensive Zusammenarbeit zwischen Weill und Brecht, die nahezu vier Jahre anhalten sollte.

Zwei nach geistiger Herkunft und bisherigem künstlerischen Weg grundverschiedene Persönlichkeiten, beinahe gleichaltrig, waren sich begegnet, die eigentlich zu diesem Zeitpunkt nur eins vereinte: die Absicht, Formen des institutionalisierten bürgerlichen Theater- und Opernbetriebs aufzusprengen, nach neuen Wegen zu suchen, die der veränderten gesellschaftlichen Realität ihrer Zeit entsprachen. Wie Weill war auch der 1898 in Augsburg geborene Brecht an einer Stelle seines Schaffens angelangt, die eine Phase des Umbruchs markierte. Mit seinen ersten Stücken *Baal* und *Trommeln in der Nacht* als urwüchsige Begabung auf dem deutschen Theater angetreten, 1922 mit dem Kleist-Preis geehrt, hatte er in der Zusammenarbeit mit Lion Feuchtwanger und danach in seinem 1926 uraufgeführten Stück *Mann ist Mann* weiter nach einer Formensprache gesucht, die seiner Auffassung von Theater entsprach. Vor allem aber ging es ihm darum, neue Stoffe auf die Bühne zu bringen. Dabei geriet er, wie der Brecht-Biograph Werner Mittenzwei schreibt, in eine Sackgasse unvollendeter Projekte und Entwürfe. »In noch größere Schwierigkeiten geriet er, als er Stoffe aufgriff, mit denen er nicht nur zeigen wollte, wie der Mensch vom Geschäft lebt, sondern wie das ganze System von Kauf und Verkauf funktioniert.«[112] Hier setzte, im Oktober 1926, Brechts theoretische Aneignung des Marxismus ein, die sich während der gesamten

Zeit der Zusammenarbeit mit Weill parallel vollzog und deren Konsequenz, nämlich Niederschlag in der künstlerischen Produktion, 1930 zu einem wichtigen Grund für die Trennung der beiden werden sollte.

Zum Zeitpunkt der Begegnung war davon freilich noch nichts zu spüren. Jetzt, 1927, ging es Brecht vorrangig darum, das hergebrachte Theater zu erneuern, das er vehement attackierte und als »heruntergewirtschaftete, ihrer Magie beraubte alte Schindmährenmanege mit ihren weiblichen Tenören und männlichen Primadonnen, mit ihren durchwaschenen Dessous und ausgeorgelten Röhren«[113] denunzierte. Insbesondere war es auch die Oper, die Brecht für dringend erneuerungsbedürftig hielt. Seine Absichten trafen sich deckungsgleich mit denen Weills.

Anders als in der späteren lebenslangen Arbeitsfreundschaft mit Hanns Eisler, die auf einer tiefen Übereinstimmung in nahezu allen weltanschaulichen und ästhetischen Fragen beruhte, war die Beziehung zwischen Weill und Brecht – »zwei so unähnlichen und doch so komplementären Köpfen«[114], wie David Drew es sehr schön ausgedrückt hat – nahezu ausschließlich auf die gemeinsame Produktion beschränkt. Als die Grundlagen dafür nicht mehr vorhanden waren, die ursprünglich deckungsgleichen Positionen mehr und mehr auseinanderdrifteten, mußte die Beziehung folgerichtig zerbrechen.

Musikalische Mittel hatten von Anbeginn in Brechts Stücken und in der Lyrik eine große Rolle gespielt. Zu den prägenden Eindrücken seiner Jugendjahre gehörten die Bänkellieder und Moritaten der Jahrmarktssänger ebenso wie Frank Wedekinds rebellische *Lieder zur Laute* und die hintergründigen Balladen des bayrischen Volkskomikers Karl Valentin. Brecht selbst spielte Gitarre und erfand Melodien zu vielen seiner Gedichte. Schon in seinem ersten Stück *Baal* bildeten Lieder und Gesänge eine konstituierende musikalische Ebene in Korrespondenz zum Text, dies hatte sich bei *Mann ist Mann* fortgesetzt. Allerdings war die bisherige dramatische Produktion ohne Zusammenarbeit mit einem professionellen Musiker verlaufen, in

Kurt Weill. Aufnahme von 1927

den wenigen Aufführungen, die Brechts Stücke bis 1926 erlebt hatten, waren entweder seine Melodien verwendet worden oder die Theater hatten ohne seine Mitarbeit Bühnenmusiken hergestellt. Erst als feststand, daß der geplante Lyrikband *Die Hauspostille* einen Notenanhang erhalten sollte, hatte Brecht im November 1925 einen Fachmann hinzugezogen, den jungen Berliner Kabarettkomponisten Franz S. Bruinier. Dieser half bei der Redaktion des Notenanhangs und vertonte auch einige Gedichte Brechts. Doch blieb die Beziehung eher eine Episode, nach der Begegnung mit Weill ist »Franz S. Bruinier aus Brechts Blickfeld geraten«.[115] Er starb, gerade dreiundzwanzigjährig, 1928 in Berlin.

Das *Mahagonny*-Projekt, dem sich Weill und Brecht als erstem zuwandten, bot Gelegenheit, sich mit zwei bevorzugten Themenkreisen dieser Jahre auseinanderzusetzen: dem »Moloch« jener im Gefolge rapider Industrialisierung und Urbanisierung rasch wachsenden »großen Städte« (Brechts um 1926 entstandener Gedichtzyklus *Lesebuch für Städtebewohner* ist um das Thema zentriert) und der in ihnen herrschenden bürgerlichen Lebensgesetze; zum zweiten jener Faszination »Amerika«, die damals in unterschiedlichster Form in nahezu alle Bereiche der Kunst Einzug hielt.

Die Herkunft des imaginären Städtenamens »Mahagonny« bei Brecht ist nicht eindeutig belegt. Schon 1921 schrieb er sogenannte *Mahagonnygesänge*, zu diesem Zeitpunkt war gerade eine Schallplatte mit dem amerikanischen Shimmy *Komm nach Mahagonne* in instrumentaler Fassung auf den deutschen Markt gelangt. Es liegt nahe, hier den Ursprung des Namens zu suchen. Gunter G. Sehm vermutet, daß der exzellente Bibelkenner Brecht den Namen von Magog abgeleitet hat, neben Babylon die zweite biblische Stadt der Sündhaftigkeit.[116] Arnolt Bronnen erzählt in seinen Erinnerungen, der Name sei Brecht beim gemeinsamen Besuch einer Kundgebung der NSDAP im Münchener Zirkus Krone 1923 angesichts der SA-Braunhemden eingefallen, worauf er gesagt habe: »Wenn Mahagonny kommt, geh' ich.«[117] Dies dürfte jedoch eher in der Rückschau auf die später folgenden Krawalle um die *Mahagonny*-Oper geschrieben worden sein.

In Brechts Tagebuch findet sich im Juli 1924 unter der Aufzählung künftiger Projekte an siebenter Stelle die Eintragung: »Mahagonny-Oper .... Mar«.[118] Mit »Mar« ist Marianne Zoff gemeint, Brechts erste Ehefrau, die als Opernsängerin am Stadttheater Augsburg engagiert war. Das Projekt wurde jedoch nicht in Angriff genommen.

Jetzt allerdings, als Weill mit dem Plan einer Vertonung der *Mahagonnygesänge* zu Brecht kam, stand von Anbeginn neben dem Auftragswerk für Baden-Baden die Ausformung des Stoffes zu einer Oper im Zentrum der Gespräche und der beginnenden Arbeit.

Zunächst aber entstand in nur zweiwöchiger Arbeit das Songspiel *Mahagonny*. Weill stellte die Reihenfolge der fünf Gedichte aus der *Hauspostille* um, komponierte sie als Songs, schuf orchestrale Zwischenspiele sowie jeweils ein Vor- und Nachspiel und bat Brecht um einen neuen Text für das Finale. Das etwa dreißigminütige Stück hat folgenden Ablauf:

Teil I Prolog
1. Auf nach Mahagonny – Die vier Goldgräber Charlie, Billy, Bobby und Jimmy auf dem Wege in die Traumstadt Mahagonny. 2. Alabama-Song – Die beiden Prostituierten Jessie und Bessie, »die Haifische«, sind ebenfalls auf dem Wege nach Mahagonny.

Teil II Das Leben in Mahagonny
3. Wer in Mahagonny blieb – Die vier Männer besingen das Prinzip von Mahagonny. 4. Benares-Song – Die vier Männer und die beiden Mädchen beschließen, von Mahagonny weg nach Benares zu gehen. Sie erfahren, daß Benares von einem Erdbeben zerstört ist und müssen in

Probenfoto von der Uraufführung *Mahagonny*. Links am Boxring Kurt Weill und Paul Hindemith, rechts am Ring Bertolt Brecht. In der Mitte Lotte Lenya und Irene Eden (Jessie und Bessie)

Mahagonny bleiben. 5. An einem Vormittag mitten im Whisky – Das Spiel von Gott in Mahagonny.

Teil III Finale

6. Aber dieses ganze Mahagonny – Alle sechs beschließen das Stück mit der Feststellung: »Aber dieses ganze Mahagonny / ist nur, weil alles so schlecht ist / weil keine Ruhe herrscht / und keine Eintracht / und weil es nichts gibt / woran man sich halten kann.« Jessie tritt an die Rampe:

»Mahagonny – das gibt es nicht
Mahagonny – das ist kein Ort
Mahagonny – das ist nur ein erfundenes Wort.«[119]

Im Songspiel steht »Mahagonny« noch als ein eher allgemeiner Gegenentwurf zu den »großen Städten«, die eindeutig negative Ausformung zur kapitalistischen »Netzestadt« erfolgte erst in der Oper.

Weills Musik wird von drei durchgreifenden Neuerungen bestimmt, die hier, am Beginn der Zusammenarbeit mit Brecht, in seine Partitur eingeführt werden: eine neue Zusammensetzung des Orchesters aus zehn Musikern (zwei Violinen, zwei Klarinetten, zwei Trompeten, Altsaxophon, Posaune, Klavier und Schlagzeug); ein neuartiger Gesangsstil, der sich aus Elementen der populären Musik ableitet (Jazz, Schlager) und hier zum ersten Male als Weillscher Songstil die Bühne betritt, sowie die in sich geschlossenen, eigenständigen musikalischen Nummern. Die Orchesterzwischenspiele, die die Songs zusammenfügen, sind noch im harmonischen Duktus von *Zar* und *Royal Palace* komponiert.

Bereits am 14. Mai 1927 meldet Weill seinem Verlag: »Das Stück ist fast fertig komponiert und die Partitur in Arbeit.«

Lotte Lenya hat später berichtet, wie Brechts Reaktion war, als sie ihm zum ersten Mal den *Alabama-Song* vorstellte: »Ich sang den Song und Brecht hörte mit jener intensiven Spannung und Geduld zu, die er – was ich noch lernen sollte – Frauen und Schauspielern stets entgegenbrachte. ›Nicht ganz so ägyptisch‹ sagte er, indem er meine Handflächen nach oben drehte und meine Arme direkt nach dem Mond von Alabama greifen ließ. ›Also, nun lassen Sie uns wirklich daran arbeiten!‹«[119a]

Wie tief Weill und Brecht über das Songspiel hinaus schon nach kurzer Zeit in ihrem Opernprojekt steckten, zeigt eine parallel dazu verlaufende, in ihren Intentionen und Grundzügen der *Mahagonny*-Oper nahe verwandte Arbeit: die ersten Überlegungen für ein geplantes *Ruhrepos*.

1927 hatte der Operndirektor der Städtischen Bühnen Essen, Rudolf Schulz-Dornburg, erstmals ein Festspiel für das Ruhrgebiet angeregt, mit dem das Theater breiteren Kreisen vor allem der arbeitenden Bevölkerung nahegebracht werden sollte. Er trug Weill die Komposition einer »Industrieoper« an, dieser war »von dem Plan einer neuartigen, musikdramatischen Arbeit für das Ruhrgebiet«[120] sofort angetan und schlug seinerseits Brecht als Textautor vor – ein weiteres Indiz dafür, wie eng die beiden bereits nach wenigen Wochen zusammenarbeiteten. Von Brecht wiederum kam der Vorschlag, den ihm bekannten Filmexperimentator Carl Koch in die Arbeit einzubeziehen. Die Stadt Essen bestätigte das Produktionsteam, gab ein ausführliches Eposé in Auftrag und lud Weill, Brecht und Koch zu Lokalstudien ein. Im Frühsommer 1927 reisten die drei nach Essen. Infolge kommunalpolitischer Querelen wurde das Projekt jedoch schließlich zurückgezogen. Erhalten geblieben ist lediglich das Exposé von Brecht, Weill und Koch, »einer der frühesten Textentwürfe zum epischen Musiktheater überhaupt«,[121] das die weitgreifenden Intentionen der Autoren erkennen läßt. Darin schrieb Brecht: »Das *Ruhrepos* soll ein zeitgeschichtliches Dokument sein etwa von der Bedeutung des im 17. Jahrhundert entstandenen Orbis Pictus, der das Weltbild dieses Jahrhunderts in einfachen Bildern wiedergibt. Zu großen Tafeln, auf denen Bergwerke, Menschentypen, Maschinen usw. gezeigt werden, werden Gesänge gedichtet und komponiert, die sie erläutern. Lichtbild- und Filmprojektionen stellen die tatsächlichen Dokumente dar, die von der Dichtung und der Musik behandelt werden.«[122] Kurt Weill bemerkte zu den musikalischen Intentionen des Projekts: »Die Musik des *Ruhrepos* schließt alle Ausdrucksmittel der absoluten und der dramatischen Musik zu einer neuen Einheit zusammen. Sie entwirft keine Stimmungsbilder oder naturalistischen Geräuschunterlagen, sondern sie präzisiert die Spannungen der Dichtung und der Szene in ihrem Ausdruck, ihrer Dynamik und ihrem Tempo.«[123]

Uraufführung des Songspiels *Mahagonny*, 17. Juli 1927 Baden-Baden. Programmzettel

DEUTSCHE KAMMERMUSIK

BADEN-BADEN 1927

15.–17. Juli 1927

Veranstaltet von der Stadt Baden-Baden

Künstlerische Leitung:

Heinrich Burkard Josef Haas Paul Hindemith

Mahagonny

Ein Songspiel nach Texten von Bert Brecht
von Kurt Weill

Personen:

Jessie . . . . Lotte Lenja
Bessie . . . . Irène Eden
Charlie . . . . Erik Wirl
Billy . . . . Georg Ripperger
Bobby . . . . Karl Giebel
Jimmy . . . . Gerhard Pechner

Dirigent: Ernst Mehlich
Regie: Bert Brecht
Bühnenbilder: Caspar Neher

Kostüme entworfen von Caspar Neher, ausgeführt von Emilie Walut-Franz Droll

Musik. Einstudierung: Otto Besag

Orchesterbesetzung: 2 Violinen, 2 Klar., 2 Tromp. Saxophon, Posaune, Klavier, Schlagzeug.

Kurt Weill, geb. 2.3.1900 in Dessau, badischer Abstammung. 1918 Hochschule in Berlin. 1919–1920 Theaterkapellmeister. 1921 Schüler Busonis. Weill lebt in Berlin. Werke u. a. Streichquartett op. 8. Quodlibet op. 9. Frauentanz Op. 10. „Recordare" (a capella-Chorwerk) op. 11. Violinkonzert op. 12. „Der neue Orpheus" op 15. Opern: „Der Protagonist," „Royal Palace."

In seinen neueren Werken bewegt sich Weill in der Richtung jener Künstler aller Kunstgebiete, die die Liquidation der gesellschaftlichen Künste voraussagen. Das kleine epische Stück „Mahagonny" zieht lediglich die Konsequenz aus dem unaufhaltsamen Verfall der bestehenden Gesellschaftsschichten Er wendet sich bereits an ein Publikum, das im Theater naiv seinen Spass verlangt.

Albrecht Dümling ist zuzustimmen, wenn er schreibt: »Alles deutet darauf hin, daß das *Ruhrepos*, hätte die Stadt Essen es finanziert, ein Meisterwerk geworden wäre. Eine vergleichbare künstlerische Monographie einer Landschaft wurde nie wieder geschaffen. Deutliche Spuren führen hin zur *Mahagonny*-Oper.«[124]

Einen Monat nach ihrer Rückkehr aus Essen reisten Weill und Brecht zur Uraufführung des Songspiels *Mahagonny* nach Baden-Baden. Hier stieß der seit seiner Jugend mit Brecht befreundete Bühnenbildner Caspar Neher, bald auch von Weill nur noch »Cas« genannt, zum Team hinzu. In den Folgejahren bis 1933 erlangte er großen Anteil an Weills Arbeit, sowohl als Ausstatter wichtiger Aufführungen wie auch als Librettist. Der 1897 geborene Caspar Neher zählte damals bereits zu den gefragtesten deutschen Bühnenbildnern. Insbesondere mit seinen in verfließender Aquarelltechnik gestalteten Projektionen leistete er einen Beitrag zur Weiterentwicklung der Szenographie.

Die Uraufführung von *Mahagonny* fand im Rahmen des Festivals »Deutsche Kammermusik Baden-Baden« am 17. Juli 1927 im großen Saal des Kurhauses während eines Abends mit Kurzopern statt. Am Beginn stand das »Musikmärchen« *Die Prinzessin auf der Erbse* von Ernst Toch, gefolgt von der nur achtminütigen »Opéra minute« *Die Entführung der Europa* von Darius Milhaud, von Brecht/Weills »Songspiel« und schließlich dem »Sketch« *Hin und zurück* von Paul Hindemith.

Alle vier Komponisten hatten bewußt auf die Genrebezeichnung Oper verzichtet. Nach Milhauds »Opéra minute« wurde auf der Bühne ein Boxring aufgebaut, in dem sich *Mahagonny* zum ersten Mal präsentierte. Der große Rundhorizont für Nehers Projektionen wurde aufgespannt, das von Ernst Mehlich dirigierte kleine Orchester saß auf der Bühne, seitlich vom Boxring. Die Rollen der vier Männer sowie der Bessie wurden von Opernsängern gestaltet, die Jessie war mit Lotte Lenya besetzt, die an diesem Abend mit dem *Alabama-Song* ihre große Karriere als Interpretin Brecht/Weillscher Songs begann. Brecht führte Regie, assistiert vom designierten Dramaturgen der Berliner Kroll-Oper Hans Curjel.

Bereits während der fünfunddreißigminütigen Aufführung vollzog sich die totale Spaltung des bürgerlichen Festival-Publikums, das eigentlich nach Baden-Baden gekommen war, um hier avancierte Musik zu hören, und das nun konfrontiert wurde mit einer attackierenden Goldgräber- und Hurengeschichte, die alle Werte der bürgerlichen Moral als Unwerte darstellte. Als schließlich im Finale die Darsteller Tafeln mit antikapitalistischen Losungen hochhoben, war der Eklat komplett: Teile des Publikums machten ihrer Entrüstung lautstark Luft, die Sänger ihrerseits pfiffen mit Trillerpfeifen zurück, die ihnen Brecht kurz vor Beginn – in Voraussicht der zu erwartenden Reaktionen – zugesteckt hatte. Auf Lotte Lenyas Schild, das sie, unbeeindruckt vom Tumult, hochhielt, stand lapidar: »Für Weill!«. Über diesen vermerkte das Programmheft: »In seinen neueren Werken bewegt sich Weill in der Richtung jener Künstler aller Kunstgebiete, die die Liquidation der gesellschaftlichen Künste voraussagen. Das kleine epische Stück *Mahagonny* zieht lediglich die Konsequenz aus dem unaufhaltsamen Verfall der bestehenden Gesellschaftsschichten.«[125]

Die Reaktion der Presse war zwiespältig, nur wenige Kritiker erkannten, daß hier die Tür aufgestoßen worden war zu einer ganz neuen Gattung Musiktheater. Heinrich Strobel schrieb: »Die Sensation des Opernabends war *Mahagonny.* Als Revue fängt es an. Auch in der Musik, die Jazz, Kabarettchansons und lyrische Elemente überaus originell verschmilzt. Veredelte Gebrauchsmusik. Soziale

Auf dem Kammermusikfestival Baden-Baden 1927. Unten (v. l.) Lotte Lenya, der Leipziger Opernregisseur Walther Brügmann und der Essener Dramaturg Hannes Küpper. Mitte (v. l.) Bertolt Brecht und Festivaldirektor Heinrich Burkard, oben (v. l.) Kurt Weill, Frau Brügmann sowie die *Mahagonny*-Darsteller Irene Eden, Georg Ripperger, Gerhard Pechner und (stehend) Karl Giebel

und politische Tendenz dringt allmählich in dieses zunächst rein musikalische Spiel. Es formen sich Handlungsvorgänge. In engster Verbindung damit wächst die Musik unmerklich aus dem Tanzhaften ins Dramatische. Der letzte Song, Auflehnung gegen die überkommene Weltordnung in revuehafter Aufmachung, reckt sich in steiler dramatischer Kurve auf. Das geht an Intensität des Ausdrucks über den *Protagonist* hinaus. Das reißt mit. Verrät wieder Weills eminente Theaterbegabung, seine Fähigkeit der dramatischen Konzentration.«[126]

Die Universal-Edition veröffentlichte im Sommer 1927 das Textbuch des Songspiels (enthaltend lediglich die Songtexte, nicht aber das Szenarium), der geplante Druck des Klavierauszuges kam nicht zustande. Erst 1963 erschien das Werk in David Drews Rekonstruktion (Partitur und Klavierauszug). Da auch Weill im weiteren Verlauf der Ausformung des Stoffes zur Oper kein sonderliches Interesse an Aufführungen des Songspiels zeigte (das er 1930 »nichts anderes als eine Stil-Studie zu dem Opernwerk«[127] nannte), kam es zu seinen Lebzeiten nur noch zu einer weiteren Inszenierung, im November 1932 in Hamburg im Rahmen eines Abends mit zeitgenössischen Opern. Einige konzertante Aufführungen veranstaltete Hans Curjel im Dezember 1932 in Paris und im Dezember 1933 in Rom. Beide Male wirkte wieder Lotte Lenya mit. Der *Alabama-Song* erschien im Februar 1928 als Einzelausgabe für Gesang und Klavier in der Universal-Edition und im April auf Schallplatte bei Electrola in einer instrumentalen Fassung mit dem Orchester Marek Weber, das Label der Platte vermerkte: »*Mahasong* – Kurt Weill«.

Die Julitage in Baden-Baden brachten für Weill und Brecht eine ganze Reihe von Begegnungen und Kontakten, die für künftige Aufführungen wichtig werden sollten. Hier lernten sie den Leipziger Opernregisseur Walther Brügmann kennen

Titelblatt des Textbuchs, Universal-Edition Wien 1927

MAHAGONNY

SONGSPIEL NACH TEXTEN VON BERT BRECHT

MUSIK VON

KURT WEILL

GESANGSTEXTE

ENTNOMMEN AUS BRECHTS „HAUSPOSTILLE"

(PROPYLÄEN-VERLAG BERLIN 1927,
COPYRIGHT 1927 BY PROPYLAEN-VERLAG G. M. B. H., BERLIN)
MIT BEWILLIGUNG DES VERLAGES

Nr. 8917

AUFFÜHRUNGSRECHT VORBEHALTEN. DROITS D'EXÉCUTION RÉSERVÉS

UNIVERSAL-EDITION A. G.

WIEN COPYRIGHT 1927 BY UNIVERSAL-EDITION LEIPZIG

und führten Gespräche mit den Rundfunk-Intendanten Ernst Hardt (Werag Köln) und Hans Flesch (Funkstunde Berlin). Auch der Dirigent Otto Klem-

Schallplatte vom April 1928, das Songspiel hier mit der Bezeichnung »Mahasong«

perer, kurz darauf Leiter der Berliner Kroll-Oper nach ihrer Abtrennung von der Staatsoper, zeigte sich von *Mahagonny* beeindruckt: »Selbst Klemperer konnte nicht davon lassen, immer wieder zu singen ›Oh moon of Alabama‹.«[128] Schließlich lernte Kurt Weill noch Darius Milhaud kennen, der seine »Opéra minute« selbst dirigiert hatte. Später sollte in Frankreich eine herzliche Freundschaft zwischen beiden entstehen.

Während Lotte Lenya nach dem 17. Juli auf Einladung von Direktor Hertzka noch einige Tage in Baden-Baden blieb, kehrten Weill und Brecht sofort nach Berlin zurück, um an der Oper weiterzuarbeiten. Im Verlauf des Monats August kam es darüber zu einem aufschlußreichen Briefwechsel. Emil Hertzka machte, offenbar noch unter dem Eindruck der Reaktionen eines großen Teils des Baden-Badener Publikums, kein Hehl aus seinen Bedenken gegenüber Weills neuem Opernplan: »Ich glaube nicht, daß wir in der Lage wären, eine Oper im Stile der Mahagonny-Gesänge mit zu starken Episoden ... bei den großen Opernbühnen unterzubringen. Ich möchte Sie aus diesem Grunde auf das dringendste bitten, Brecht gegenüber den Standpunkt einzunehmen, daß ein Opernbuch eben etwas anderes ist als ein Prosastück ... und daß Ihnen sehr schlecht damit gedient wäre, wenn Sie nun ein abendfüllendes Werk herausbrächten, welches zwar musikalisch in höchster Weise wirkungsvoll und zugkräftig, aber infolge seines Textes einfach für eine große Anzahl von Städten unaufführbar wäre. Diese Ausführungen sollen natürlich in keiner Weise gegen Herrn Brecht gerichtet sein, sondern nur Ihnen als Opernkomponisten die größte Vorsicht nahelegen.«[129]

Darauf antwortet Weill mit einer Art »Grundsatzerklärung«: »Was mich zu Brecht hinzieht, ist zunächst das starke Zueinandergehen meiner Musik mit seiner Dichtung, das in Baden-Baden alle maßgebenden Beurteiler überrascht hat. Dann aber glaube ich bestimmt, daß aus der intensiven Zusammenarbeit zweier gleichermaßen produktiver Leute etwas grundlegend Neues entstehen kann. Es steht doch außer Zweifel, daß gegenwärtig eine völlig neue Art von Bühnenkunstwerk entsteht, das sich an ein anderes und ungleich größeres Publikum wendet, und dessen Wirkung in ganz ungeahnter Weise in die Breite gehen wird. Diese Bewegung, deren stärkster Faktor auf dem Gebiet des Schauspiels Brecht ist, hat bisher nirgends (außer in *Mahagonny*) auf die Oper übergegriffen, obwohl die Musik eines ihrer wesentlichsten Elemente ist. In langen Unterredungen mit Brecht habe ich die Überzeugung gewonnen, daß seine Ansichten von einem Operntext mit den meinen weitgehend übereinstimmen. Das Stück, das wir schaffen werden, wird nicht Aktualitäten ausnützen, die nach einem Jahr veraltet sind, sondern es will unsere Zeit in einer endgültigen Form gestalten. Daher wird seine Auswirkung sich weit über seine Entstehungszeit hinaus erstrecken. Es gilt eben das neue Genre zu schaffen, das die völlig veränderten Lebensäußerungen unserer Zeit in einer entsprechenden Form behandelt. Daß von dieser Kunst trotz ihrer Neuartigkeit eine durchschlagende Wirkung ausgeht, haben Sie in Baden-Baden beobachten können. Ich bin gern bereit, Ihnen die Wirkungsmöglichkeiten anhand unserer Entwürfe näher zu erläutern.«[130]

Bis zum Ende des Jahres 1927 hatten Brecht und Weill eine erste Fassung des Operntextes ausgearbeitet, zu welchem Zeitpunkt sie den Titel *Aufstieg und Fall der Stadt Mahagonny* fanden, ist nicht exakt nachweisbar. Im November berichtet Weill dem Verlag: »Ich arbeite täglich mit Brecht am Textbuch, das vollständig nach meinen Angaben geformt wird. Diese Art der Zusammenarbeit, durch die ein Textbuch tatsächlich nach rein musikalischen Gesichtspunkten gestaltet wird, erschließt ganz neue Möglichkeiten. Die Komposition ist bereits begonnen.«[131] Wenige Tage später heißt es: »Vom Mahagonny-Textbuch haben wir jetzt den 2. Akt fertiggestellt und hoffen Anfang Dezember das Ganze im Rohbau beendet zu haben.«[132] Am 8. Dezember schickt Weill dem Verlag das Exposé, eingedenk Hertzkas Bedenken betont er, es sei gelungen, dem Stück »doch sehr starke Grundlagen für die äußeren Erfolgsmöglichkeiten zu geben, die ich hauptsächlich in der äußerst spannenden Handlung, in den ›Schlagern‹ sowie in den Revue-Szenen (Mahagonny-Idyll, Boxkampf, Reise auf dem Billard, Gerichts-Szene) sehe«. Dennoch, so betont er mit Nachdruck, begründe das Werk »einen vollkommen neuen, sehr ausbaufähigen Opernstil«.[133] Hertzka meldet erneut Bedenken insbesondere wegen der noch immer nicht ausreichend »faßbaren Opernhandlung« an, dennoch antwortet er: »Ich akzeptiere das Werk selbstverständlich auch in dieser Form mit freudigem Interesse.«[134] Noch einmal, zu Weihnachten 1927, schreibt ihm Weill darauf einen grundsätzlichen Brief:

Kurt Weill und Lotte Lenya auf einer Gesellschaft im Frühjahr 1928. Ausgeschnittenes Foto aus einem persönlichen Album von Lotte Lenya

»Ich hatte nicht erwartet, daß Ihnen *Mahagonny* auch in dieser Form noch zu ›handlungsarm‹ erscheinen würde. Wenn Sie bedenken, daß es mir in Baden-Baden gelungen ist, den Hörer *ohne eine Spur von Handlung* 25 Minuten lang in erregtester Spannung zu erhalten, so müßte Ihnen für die Oper eine derartig logisch und geradlinig durchgeführte Handlung und eine solche Fülle spannender Einzelvorgänge doch als ausreichend erscheinen. Wenn ich 3 Monate lang Tag für Tag mit Brecht zusammen an der Gestaltung dieses Librettos gearbeitet habe, so bestand mein eigener diesmal sehr starker Anteil an dieser Arbeit fast ausschließlich darin, eine möglichst konsequente, geradlinige leicht verständliche Handlung zu erreichen ... Allerdings hat in dem Opernstil, den ich hier begründe, die Musik eine weit wesentlichere Rolle als in der reinen Handlungsoper, da ich an die Stelle der früheren Bravourarie eine neue Art von Schlager setze.«[135]

Darauf gibt es in der Korrespondenz keine weiteren Bedenken mehr seitens des Verlages, Weill setzte auch Anfang 1928 die Arbeit an der Oper fort. »*Mahagonny* macht dauernd große Fortschritte. Ich hoffe bestimmt, im Mai die Komposition zu vollenden«,[136] schreibt er im März nach Wien. Doch dazu sollte es nicht kommen, da sich wieder eine folgenschwere Unterbrechung ankündigte.

Bereits während der zurückliegenden Monate waren parallel zur Arbeit an der Oper eine ganze Reihe von Kompositionen entstanden. Kurz nach der Songspiel-Premiere hatte Weill im September 1927 ein anderes Brecht-Gedicht aus der *Hauspostille* vertont, die große Ballade *Vom Tod im Wald*. Er komponierte den Text für Baßstimme und zehn Bläser, in dieser ungewöhnlichen Besetzung erlebte die Ballade am 23. November 1927 ihre Uraufführung in einem Konzert der Berliner Philharmoniker (mit Heinrich Hermanns, Baß, und unter Leitung von Eugen Lang). Die dunklen Farben des Bläsersatzes korrespondierten mit der Lyrik Brechts, Lotte Lenya bezeichnete *Vom Tod im Wald* einmal als ihr Weillsches Lieblingsstück und meinte, »in musikalischer Hinsicht hat es eine wunderbare, geheimnisvolle Qualität«.[137]

Auch als Komponist von Bühnenmusik war Weill jetzt mehr und mehr gefragt. Im Oktober 1927 schrieb er eine Musik für Victor Barnowskys Inszenierung von Strindbergs *Gustav III.*, die am 29. Oktober 1927 im Theater an der Königgrätzer Straße Premiere hatte. Walter Goehr dirigierte das aus zwölf Musikern bestehende Orchester. 1975 hat David Drew aus dem überlieferten Material die Suite *Bastille-Musik* zusammengestellt. Im April 1928 schrieb Weill wiederum eine reine Orchestermusik für die Aufführung von Bronnens Stück *Die Katalaunische Schlacht* am Staatlichen Schauspielhaus Berlin unter Jessners Regie, die Premiere fand am 25. April 1928 statt. Zur gleichen Zeit stieß Kurt Weill auch als Mitarbeiter zum politischen Theater Erwin Piscators. Für Leo Lanias Stück *Konjunktur* – eine Darstellung der Kämpfe der großen Ölkonzerne um die Bohrrechte für Petroleum – schrieb er eine Musik, in der als Höhepunkt ein »Petroleum-Song« eingebaut war, mit dem Titel *Die Muschel von Margate* (eine deutliche Anspielung auf das bekannte Markenzeichen des Konzerns Royal Dutch Shell). Der Text stammte von Felix Gasbarra; der ebenso wie der Stückautor Lania zum Dramaturgenkollektiv Piscators gehörte. Regie führte Erwin Piscator, die musikalische Leitung hatte Edmund Meisel, Premiere war am 10. April 1928. Tilla Durieux sang den Song *Die Muschel von Margate.* Auch aus dem Material dieser Bühnenmusik hat Drew 1975 eine Suite zusammengestellt, mit dem Titel *Öl-Musik.* Piscators Theaterarbeit war Kollektivarbeit, bei ihm trafen sich neben den festen Mitarbeitern ständig auch Künstler, die gerade an einer Inszenierung mitarbeiteten. Während Weills Arbeit an *Konjunktur* traf er bei Piscator Brecht (der gemeinsam mit Lania die Dramatisierung des *Schwejk* vorbereitete), Hanns Eisler (der die Musik für Mehrings *Der Kaufmann von Berlin* schreiben sollte), George Grosz (der verschiedene Ausstattungen bei Piscator übernommen hatte) und andere progressive Theaterleute.

Auch die folgende Arbeit, die Weill von Ende

Autograph der ersten Seite des »Petroleum-Songs« *Muschel von Margate*, 1928. Weill schrieb ihn für die Piscator-Inszenierung des Stückes *Konjunktur* von Leo Lania. Der Text stammt von dem Dramaturgen der Piscatorbühne Felix Gasbarra

April bis Mitte September 1928 beschäftigte, war solch eine neuartige kollektive Produktion.

Elisabeth Hauptmann, Brechts belesene Mitarbeiterin, hatte von dem Riesenerfolg gehört, den seit 1920 eine Wiederaufführung der alten englischen *Beggar's Opera* von John Gay mit der Musik von John Christopher Pepusch im Londoner Lyric Theatre hatte. Für Brecht fertigte sie eine Rohübersetzung des Gayschen Textes an, es war eines unter vielen damaligen Projekten des Dichters.

Etwa zur gleichen Zeit suchte ein junger Berliner Schauspieler namens Ernst Josef Aufricht, der durch eine Erbschaft wohlhabend geworden war und beschlossen hatte, sein Glück als Theaterdirektor zu machen, für das soeben gemietete Theater am Schiffbauerdamm ein Stück für die Eröffnungsvorstellung der »Direktion Aufricht« am 31. August 1928. Nach vielen vergeblichen Versuchen bei Verlagen und Dramatikern ging er eines Tages, wohl Anfang April 1928, ins Café Schlichter, wie er in seinen Memoiren berichtet: »An den Wänden hingen die Bilder des Malers Rudolf Schlichter ... zum Verkauf. Im zweiten Zimmer saß einer. Es war Brecht. Ich kannte ihn nicht persönlich, kannte aber seine literarischen Experimente auf der Bühne und schätzte seine Gedichte ... Wir setzten uns zu ihm an den Tisch und stellten unsere Grétchenfrage. Er fing an, uns eine Fabel zu erzählen, an der er gerade arbeitete. Er merkte wohl, daß wir nicht interessiert waren, denn wir verlangten die Rechnung. ›Dann habe ich noch ein Nebenwerk. Davon können Sie morgen sechs oder sieben Bilder lesen. Es ist eine Bearbeitung von John Gays *Beggar's Opera.* Ich habe ihr den Titel *Gesindel* gegeben.‹ ... Diese Geschichte roch nach Theater. Wir verabredeten, am nächsten Morgen das Manuskript aus der Spichernstraße abzuholen.«[138]

Nach einer Konsultation mit Erich Engel, dem Regisseur von Aufrichts Startaufführung, akzeptierten beide das Projekt und schlossen einen Vertrag, obwohl sie nur Bruchstücke gelesen hatten, da Brecht bisher kaum daran gearbeitet hatte. Von Weill, dessen Mitarbeit Brechts Bedingung war, lag zum Zeitpunkt des Vertragsabschlusses überhaupt noch nichts vor. Es mußte also jetzt in Windeseile produziert werden, damit die Proben und die Premiere Ende August gewährleistet werden konnten. Brecht interessierte die alte Geschichte, dieses Bettler-, Huren- und Diebesmilieu erschien ihm äußerst geeignet, seine Kritik an bürgerlichen Verhaltensweisen zu formulieren.

Mit der 1728 entstandenen *Beggar's Opera* hatten Gay und Pepusch in deutlicher Zielrichtung ge-

Ernst Josef Aufricht. Aufnahme von 1930

Kurt Weill und Lotte Lenya in Le Lavandou an der französischen Riviera während der Arbeit an der *Dreigroschenoper*. Aufnahme vom Mai 1928

gen die erstarrte italienische höfische Oper der Zeit und auch gegen Händels Oper das neue Genre einer »Ballad Opera« begründet, die, einhergehend mit profanem Inhalt, nun auch Gassenlieder, Balladen und Bänkelgesänge auf der Opernbühne etablierte. Hinzu kam die beißende Satire auf die in England herrschende Mißwirtschaft der Partei der Whigs unter Führung des ersten Ministers Robert Walpole und einer im Luxus und Sittenverfall lebenden Oberschicht, der Gay den Spiegel vors Gesicht hielt. Der Riesenerfolg des Stückes produzierte Dutzende von Nachahmungen, die »Ballad Opera« wurde zum erfolgreichsten Stücktypus des 18. Jahrhunderts in England.

Brecht verlegte die Handlung in das viktorianische Zeitalter des 19. Jahrhunderts, aus der »verkleideten Kritik an offenen Mißständen« bei Gay wird nun bei ihm »offene Kritik an verkleideten Mißständen«, wie es Werner Hecht formuliert hat. »Sie richtet sich nicht mehr gegen die Spitzen der Gesellschaft, sondern trifft sozusagen die ›normalbürgerliche‹ Existenz.«[139] Dem dient die Umfunktionierung der Hauptfiguren und ihrer Beziehungen zueinander: aus dem kleinen Hehler wird nun der Bettlerkönig Peachum, der sein Geschäft mit dem Elend macht; aus Gefängnisdirektor Lockit wird Brown, der Polizeichef von London. Während bei Gay der Gangster und der Hehler Geschäftspartner sind und von Lockit verfolgt werden, ist Macheath nun bei Brecht Kompagnon des Polizeichefs. Neu gegenüber der Vorlage ist die gesamte Hochzeitsszene im Pferdestall von Soho, auch das Hurenhaus von Turnbridge gibt es bei Gay nicht, dort empfängt Macheath die Damen im Hotel.

Im Verlauf des April stellte Brecht (dabei Gedichte von François Villon und Rudyard Kipling verwendend) eine erste Textfassung unter dem Titel *Die Luden-Oper* her, sie unterscheidet sich wesentlich vom späteren Stück, ist in vielen Szenen noch sehr nah an der Vorlage und zeigt, daß bis auf erste Gespräche noch keine Zusammenarbeit mit Weill erfolgt war – verschiedene Songs sind vorerst nur mit dem vorgesehenen Titel und ohne Text notiert, andere enthaltene Songtexte fehlen später in der *Dreigroschenoper.* Dennoch erschien die *Luden-Oper,* die nicht mehr als eine Vorstufe zum späteren Stück darstellt, im Mai 1928 als Bühnenmanuskript im Verlag Felix Bloch Erben. Da Aufricht nunmehr zu größerer Eile drängte – Anfang August sollten bereits die Proben beginnen – verließen Weill und Brecht mit ihren Frauen Mitte Mai Berlin und fuhren zwecks ungestörter Arbeit für einige Wochen nach Südfrankreich. Hier in Le Lavandou an der Riviera entstanden in intensiver Zusammenarbeit große Teile der *Dreigroschenoper.* Lotte Lenya hat die Atmosphäre geschildert: »Die beiden arbeiteten Tag und Nacht wie die Verrückten, schrieben, änderten, strichen, schrieben aufs neue, und unterbrachen ihre Arbeit nur, um ein paar Minuten ans Meer hinunter zu gehen.«[140]

Mitte Juni war Weill wieder in Berlin und arbeitete mit Hochdruck an der Fertigstellung der Komposition wie der Herstellung eines Klavierauszugs für die Probenarbeit. Am 22. Juli schreibt er dem Verlag: »Sie bekommen in diesen Tagen … den Klavierauszug meiner *Beggar's Opera* (deutscher Titel: *Des Bettlers Oper*) zugeschickt. Ich möchte Sie bitten, diesen Klavierauszug vorläufig noch nicht zu vervielfältigen, da die Nummerneinteilung noch nicht feststeht und auch noch zwei Nummern fehlen … Die Proben beginnen am 10. August.«

Die vorgesehene Besetzung versprach eine ausgezeichnete Aufführung, doch dann passierte eine Katastrophe nach der anderen. Als erstes mußte Carola Neher, die die Polly spielen sollte, umbesetzt werden, da ihr Mann, der Dichter Klabund, in Davos im Sterben lag. Dann wurde ein neuer Herr Peachum benötigt, Erich Ponto kam aus Dresden nach Berlin. Vor der ersten musikalischen Probe spielte Weill am Klavier das Stück vor, Aufricht hat diese Szene geschildert: »Der kleine sanfte, bebrillte Mann mit einer leisen metallenen Stimme, die genau das ausdrückte, was er sagen wollte, fing an zu spielen und zu singen. Ich glaube, wir alle waren zuerst befremdet, dann schlich sich Vambery (einer der Dramaturgen Aufrichts – J. S.) an mein Ohr und flüsterte: ›Die Musik ist eine genauso große Chance für den Erfolg wie das Stück.‹ Je länger Weill spielte, desto mehr nahm meine Voreingenommenheit ab. Trotz der Fremdheit hatte diese Musik etwas Naives, zugleich Raffiniertes und Aufregendes.«[141]

Während der Proben gab es eine Vielzahl von Krächen, einmal monierte Rosa Valetti bestimmte Texte, dann war einem anderen Schauspieler seine Rolle nicht groß genug, so daß Brecht fortlaufend Änderungen vornahm. Eines Tages beharrte der Hauptdarsteller Harald Paulsen, der bisher vornehmlich in Operetten gespielt hatte und ein Idol

Bertolt Brecht und Kurt Weill auf dem Hof des Theaters am Schiffbauerdamm Berlin während der Proben zur *Dreigroschenoper.* Aufnahmen vom August 1928

der weiblichen Theaterbesucher Berlins war, auf einer schauderhaften blauen Schleife, die er zu seinem Maßanzug tragen wollte. Brecht rettete die Situation: »Lassen wir ihn so süßlich und charmant, Weill und ich werden ihn mit einer Moritat einführen, die seine Schandtaten besingt, um so unheimlicher wirkt er mit seiner hellblauen Schleife.«[142]

So entstand praktisch über Nacht die *Moritat von Mackie Messer.* Viele Freunde und Bekannte gingen während der Proben im Theater ein und aus, darunter Karl Kraus und Lion Feuchtwanger. Von ihm soll der Vorschlag stammen, anstelle von *Des Bettlers Oper* doch lieber den wirkungsvolleren Titel *Die Dreigroschenoper* zu verwenden – womit Brecht und Weill sofort einverstanden waren.

Am 25. August begannen die Orchesterproben, mit Theo Mackeben als musikalischem Leiter und der aus sieben Musikern bestehenden Lewis Ruth Band (wie der Orchesterchef Ludwig Rüth seine Truppe im modischen Stil der Zeit genannt hatte) waren exzellente Musiker gewonnen worden.

Kurz vor der Premiere häuften sich die Nervositäten und Auseinandersetzungen, Caspar Neher beharrte auf verschiedenen Ausstattungsdetails, Weill verteidigte Musikpassagen, die Engel streichen wollte, Brecht redete Engel in Regiedetails hinein – kurz, die Atmosphäre war zum Zerreißen gespannt, keiner glaubte mehr an einen Erfolg dieses seltsamen Stückes, Aufricht sah sich schon insgeheim nach einem neuen Werk um, da er der *Dreigroschenoper* eine längere Laufzeit nicht zutraute.

Am Nachmittag des Premierentages, als die Pro-

Kurt Weill und Lotte Lenya. Aufnahme von 1929

grammhefte im Theater eintrafen, verlor auch der ansonsten stets große Ruhe ausstrahlende Weill zum ersten Mal die Nerven. Auf dem Besetzungszettel fehlte Lotte Lenya, die die Jenny spielte. Daraufhin wurde noch ganz schnell ein entsprechender Einlagezettel gedruckt.

Endlich kam der Abend des 31. August 1928, der in die Theatergeschichte unseres Jahrhunderts eingehen sollte. Bis zum *Kanonensong* war das Publikum ziemlich reserviert, dann aber erfolgte der Durchbruch, der Zuschauerraum geriet in Hitze, bis zum Schluß der Aufführung steigerten sich Zustimmung und Applaus, am Ende war der triumphale Erfolg, an den keiner geglaubt hatte, Wirklichkeit. Was war geschehen? Hören wir den Komponisten:

»Was wir machen wollten, war die Urform der Oper. Bei jedem musikalischen Bühnenwerk taucht von neuem die Frage auf: Wie ist Musik, wie ist vor allem Gesang im Theater überhaupt möglich? Diese Frage wurde hier einmal auf die primitivste Weise gelöst. Ich hatte eine realistische Handlung, mußte also die Musik dagegensetzen, da ich ihr jede Möglichkeit einer realistischen Wirkung abspreche. So wurde also die Handlung entweder unterbrochen, um Musik zu machen, oder sie wurde bewußt zu einem Punkt geführt, wo einfach gesungen werden mußte. Dieses Zurückgehen auf eine primitive Opernform brachte eine weitgehende Vereinfachung der musikalischen Sprache mit sich... Aber was zunächst eine Beschränkung erschien, erwies sich im Laufe der Arbeit als eine ungeheure Bereicherung.«[143]

Weills Musik findet hautnahe Entsprechungen zur »Dreigroschen«-Kunstsprache Brechts, die sich aus kraftvollem Luther-Deutsch ebenso zusammensetzt wie aus abgenutzten umgangssprachlichen Klischees und Verbrecherjargon.

Ebenso verfährt die Partitur: sie benutzt barocke

Uraufführung *Die Dreigroschenoper* am 31. August 1928 im Theater am Schiffbauerdamm. Programmzettel mit der eingelegten Ergänzung für Lotte Lenya, deren Rolle beim Druck vergessen worden war

Theater am Schiffbauerdamm
Direktion: Ernst Josef Aufricht

Die Dreigroschenoper
(The Beggars Opera)
Ein Stück mit Musik in einem Vorspiel und 8 Bildern nach dem Englischen des John Gay.
(Eingelegte Balladen von François Villon und Rudyard Kipling)

Übersetzung: Elisabeth Hauptmann
Bearbeitung: Brecht
Musik: Kurt Weill
Regie: Erich Engel
Bühnenbild: Caspar Neher
Musikalische Leitung: Theo Makeben
Kapelle: Lewis Ruth Band.

Personen:
Jonathan Peachum, Chef einer Bettlerplatte Erich Ponto
Frau Peachum . . . . Rosa Valetti
Polly, ihre Tochter . . . . Roma Bahn
Macheath, Chef einer Platte von Straßenbanditen . . . . Harald Paulsen
Brown, Polizeichef von Lond- . Kurt Gerron
Lucy, seine To- . Kate Kühl
T- . Ernst Rotmund
. Karl Hannemann
Manfred Fürst
Josef Bunzel
Werner Maschmeyer
Albert Venohr

Die Rolle der Jenny
spielt
Lotte Lenja

Elemente, die sie gleichzeitig in den parodistischen Finales für die Attacke auf die Institution Oper verwendet; schäbige Floskeln der Unterhaltungsmusik, Balladen und Moritatenformen – dies alles verschmolzen mit den großartigen melodischen Erfindungen Weills. Charakteristisch ist das häufige, einem Ausrutschen ähnliche Fortschreiten in Halbtonschritten.

»Die Harmonien, die fatalen verminderten Septimakkorde, die chromatischen Alterationen von diatonisch getragenen Melodieschritten, das Espressivo, das nichts ausdrückt, sie klingen uns falsch – also muß Weill die Akkorde selber, die er da herholt, falsch machen, zu den Dreiklängen einen Ton hinzusetzen, muß die Melodieschritte verbiegen... oder muß, in den kunstvollsten Stellen der Partitur, die modulatorischen Schwergewichte so verschieben, daß die harmonischen Proportionen umkippen«[144] – beschreibt Theodor W. Adorno treffend Charakteristika von Weills Musik.

Bereits die Ouvertüre, eine den Stil des barokken Vorbildes zitierende große Fuge, mit ihren bewußt falschen, ja schäbigen Akkorden, die andererseits erschauern lassen, kündigt an, daß hier etwas Neues die Bühne betritt. Das Orchester spielt übrigens nicht im Graben, sondern im Hintergrund der Bühne, vor jeder Musiknummer erfolgt ein Lichtwechsel, »Songbeleuchtung« deutet die Trennung der Elemente Stück und Song an. Auf die Ouvertüre folgt die *Moritat von Mackie Messer.* Die sechzehn Takte einer Strophe reichen Weill, um mit einfachen harmonischen Mitteln, der Sixte ajoutée, wenigen Nebendreiklängen, Vorhalten und den bewußt falschen Quartbässen des dritten und vierten Taktes den doppelten Boden der Figur, die mit diesem Lied vorgestellt wird, musikalisch darzustellen. Mit ihrer charakteristischen fallenden Septime kurz vor Schluß zeigt die Moritat in scheinbarer

Zahlreiche Theater übernahmen das Modell der Uraufführung der *Dreigroschenoper.* Hier ein Szenenfoto der Inszenierung in Oldenburg 1929 mit Maria Martinsen (Jenny)

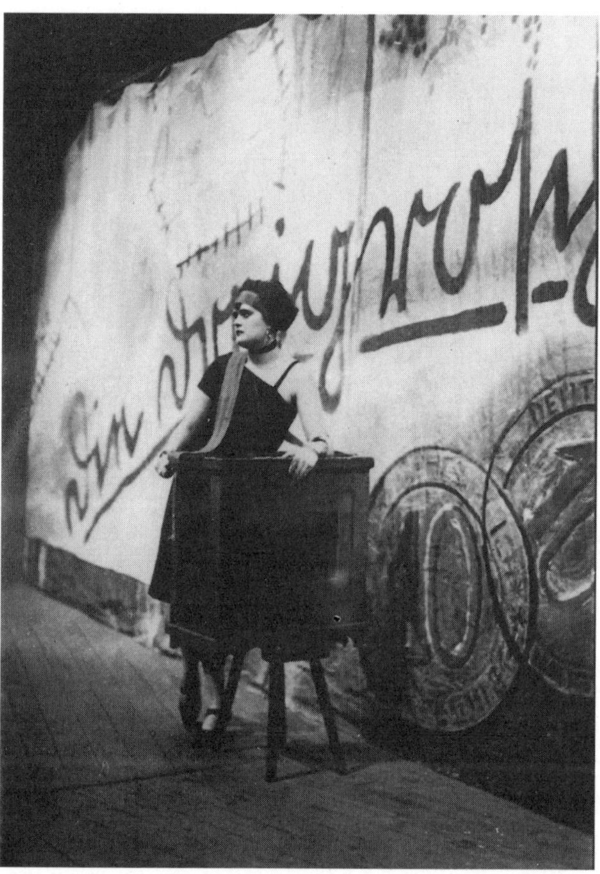

Einfachheit kunstvolles Raffinement. Der erste Akt beginnt mit Szene eins in Peachums Bettlergarderoben. Jonathan Jeremiah Peachum singt seinen *Morgenchoral* – ursprünglich, bevor die *Moritat* eingefügt wurde, war dies die erste Gesangsnummer des Stückes. Original von Pepusch übernommen, zeigt sie zu Beginn an, daß hier die Bearbeitung einer alten Musik vorgenommen wurde. Im Verlaufe der Szene stellt das Ehepaar Peachum fest, daß ihre Tochter Polly die Nacht mit Macheath verbracht hat, sie singen den *Anstatt-Daß-Song*, in dem die Musik die Gefühle der Eltern bloßstellt und ihre anscheinend große Fürsorge als klein zeigt.

Szene zwei bringt die Hochzeit zwischen dem Gangsterchef Macheath und Polly, der Tochter des Bettlerkönigs, in einem leeren Pferdestall in Soho. Zunächst singen die Mitglieder der Bettler-Platte ihrem Chef das *Hochzeitslied für ärmere Leute*, danach folgen rasch hintereinander zwei der bedeutendsten musikalischen Nummern des Stückes. Zunächst singt die Braut Polly zur Unterhaltung der Gesellschaft ihr Lied von der *Seeräuber-Jenny.* Dieses Brecht-Weillsche »Gebet einer Jungfrau« drückt die Hoffnungen, Wünsche und Phantasien eines kleinen »Abwaschmädchens aus einer Vier-Penny-Kneipe« aus, es ist in Wirklichkeit viel mehr: Apotheose und zugleich Demontage kleinbürgerlicher Traumwelt. Ernst Bloch hat über dieses Lied geschrieben: »Auch das freche Moll spricht an, das zwischen Chanson und Trauermarsch verbindet, die Gewürze des Harmoniewechsels, die hübsch einschneidende Intervallsekunde bei der Frage: ›Töten?‹, die unsäglichen Arpeggien bei ›Schiff‹ und ›Segel‹, der Orgeldreiklang des ›Mir‹, mit dem das Schiff entschwindet ... Blümchen wachsen aus dem faulsten Operettenzauber, aus Kitzelchansons um 1900, aus der Herrlichkeit amerikanischer Jazzfabrikate, mit der Hand nachgemacht, vorgemacht. Ein neuer Volksmond bricht durch die Schmachtfetzen am Dienstmädchen- und Ansichtskartenhimmel. In diesem Schmalz hielt sich eine unsägliche Theologie; wie lehrreich, sie in Aspik zu setzen.«[145] Kurz danach erscheint der Polizeichef Brown auf der Hochzeitsfeier seines alten Freundes Macheath, in Erinnerung an die alten Zeiten singen sie den *Kanonensong.* Weills stampfende, grellbissige Musik, die in ihrer Bedrohlichkeit die Aggressivität der beiden Figuren spürbar werden läßt, wandelt die Szene urplötzlich zum Menetekel. Am Schluß des Bildes verabschieden sich Macheath und Polly, zu den kitschig-romantischen Versen »Siehst Du den Mond über Soho?« liefert Weill eine fast narkotische Entsprechung. Bläser und ein Bandoneon, eine Terz über der Gesangsstimme, machen die Talmistimmung der Szene, die Verlogenheit von Macheaths Abschiedsworten fast überdeutlich.

Theo Mackeben. Aufnahme von 1930

Die nächste Szene spielt wieder in Peachums

Uraufführung *Die Dreigroschenoper.* Die Lewis Ruth Band in der von Caspar Neher entworfenen Orgelattrappe

Bettlergarderoben, Polly berichtet von ihrer Heirat, dazu singt sie den *Barbara-Song.* Charakteristisch für Weills Songstil ist hier die sehr unterschiedliche Gestaltung von Strophe und Refrain. Einer hastend-eiligen, in der Melodie auf einem Abstand nur weniger Töne aufgebauten Stimmführung des Verses folgt fast schwelgerisch-lasziv der berühmte Refrain »Ja, da muß man sich doch einfach hinlegen«, mit kleinen Melodiebögen, einem raffinierten Verhalten zwischen dem ersten »Ja« und dem weiteren Text und wieder einem dahinschmelzenden Saxophon. Der Akt endet mit dem *Ersten Dreigroschenfinale,* in dem die Familie Peachum (ausgerechnet sie!) die »Roheit der menschlichen Verhältnisse« beklagt.

Der zweite Akt beginnt in jenem Pferdestall, in dem sich das junge Paar eingerichtet hat. Da Peachum geschworen hat, Macheath der Polizei auszuliefern, übergibt der Chef die Leitung der Gangsterbande seiner Frau Polly und verabschiedet sich, um vor der Polizei in das Moor von Highgate zu fliehen. In einem Zwischenspiel tritt Frau Peachum mit der Hure Jenny auf, da sie vermutet, Macheath würde im Hurenhaus auftauchen. Sie verspricht Jenny Geld, wenn diese Macheath anzeigt. Darauf singen beide die *Ballade von der sexuellen Hörigkeit* (die übrigens bei der Berliner Premiere gestrichen worden war), deren gemütlicher Dreivierteltakt und Akkordeonbegleitung eine krasse Antithese zum Text formulieren.

Die nächste Szene spielt im Hurenhaus zu Turnbridge, wo Macheath trotz aller Polizeibedrohung erscheint, weil »sein Donnerstag« ist. Jenny verrät ihn, er wird verhaftet, vorher aber singen die beiden die *Zuhälterballade*, die ebenfalls zu den besten musikalischen Nummern im Stück zählt. Diese großartige Tangoballade nimmt Weills Liebling unter den populären Tänzen wieder auf, bittersüß spiegelt die Musik die erotischen Beziehungen, um sie aber gleichzeitig mit kleinen harmonischen Verfremdungen auch im geschäftlichen Kalkül vorzuführen.

Die nächste Szene zeigt Macheath in einem Käfig im Polizeigefängnis Old Bailey. Mit Handschellen gefesselt, singt er die *Ballade vom angenehmen Leben* mit der provokanten Schlußzeile »Nur wer im Wohlstand lebt, lebt angenehm«. Danach erscheint die Tochter des Polizeichefs Brown, Lucy. Sie ist angeblich schwanger von Macheath, jetzt trifft sie mit Polly vor dem Gefangenenkäfig zusammen und beide singen das *Eifersuchtsduett*, eine köstliche Parodie Weills auf herkömmliche Opernklischees, bis hin zu den Schlußtakten, in denen sich beide Stimmen in immer höhere Belcantobereiche hinaufschaukeln, um dann unvermittelt in das rührselige, in Terzen komponierte »Mackie und ich, wir lebten wie die Tauben« einzufallen. Weill hatte in dieser Szene noch weitere Opernparodie im Sinn, er hatte eine »Arie der Lucy« disponiert, die aber stimmlich für Schauspieler zu anspruchsvoll war (selbst die Diseuse Kate Kühl, die die Lucy in der Premiere spielte, bewältigte die Musik nicht), so daß Weill sie aus dem Stück entfernte.

Macheath ist mit Hilfe seines alten Freundes Brown aus dem Gefängnis entflohen, Peachum droht Tiger-Brown, wenn Macheath nicht bald gehängt wird, könne der Krönungszug des nächsten Sonntags ernstlich gefährdet werden, nämlich durch aufmarschierende Bettler. Vor dem Vorhang singen inzwischen Macheath und die Hure Jenny das *Zweite Dreigroschenfinale.*

Der dritte Akt beginnt wiederum in Peachums Bettlergarderobe. Die Vorbereitungen für die Bettlerdemonstration am Krönungstag laufen auf Hochtouren. Da erscheint Brown, um die Leute bei Peachum zu verhaften. Dieser bedeutet ihm, daß Hunderte noch draußen warten, eine Verhaftung von wenigen also nichts nützt. Zur Untermauerung singt er das *Lied von der Unzulänglichkeit menschlichen Strebens.* Brechts berühmte Verszeilen »Der Mensch lebt durch den Kopf ...« werden von Weill fast wie in der einleitenden *Moritat* mit einer monoton wiederkehrenden Melodie versehen, auch sie könnte vom Leierkasten stammen.

Jetzt wird Brown gezwungen, Macheath zu verhaften. Vor dem Vorhang singt die Hure Jenny, die ihn erneut verraten hat, den *Salomo-Song* (der zur Premiere aus Zeitgründen gestrichen war). Wie die *Moritat* von einem Leierkasten begleitet, beschreibt der Song den Niedergang großer Geister, von Cäsar bis Macheath. Daß Weill eine recht schäbige Walzermelodie benutzt, um den musikalischen Kommentar zu formulieren, ist seine Art der Huldigung an die »Großen dieser Erde«.

Das letzte Bild in Old Bailey zeigt Macheath in der Todeszelle. Die Vorbereitungen für seine Hin-

Anzeige in der Berliner Presse vom 1. September 1928, einen Tag nach der Uraufführung

richtung werden getroffen, er singt die *Ballade, in der Macheath jedermann Abbitte leistet*, von Weill mit großen musikalischen Mitteln komponiert, stellenweise mit Anklängen an Choralintonationen.

Während der Zug schon zum Galgen schreitet, erreicht die Travestierung der Gattung Oper nun ihren Höhepunkt: Eine Tafel wird auf die Bühne herabgelassen (»Das Auftauchen des reitenden Boten«), es beginnt das *Dritte Dreigroschenfinale*, in dem Macheath anläßlich der Krönung durch die Königin begnadigt wird, ihm ein Schloß sowie eine lebenslange Rente geschenkt werden und er in den Adelsstand erhoben wird. Musikalisch knüpft Weill hier an Finali der Händel-Oper an. Im Wechsel von Chor und Rezitativ vollzieht sich die übernatürlich-wunderbare Lösung, darauf vereinen sich alle Darsteller zum Schlußgesang, der musikalisch ein großer Schlußchoral ist und den Gestus der Ouvertüre wieder aufnimmt. Gleichzeitig ist damit der musikalische Bogen des Stückes geschlossen.

Das Echo der Berliner Presse auf die Premiere war nicht sofort einhellig positiv. Die konservativen Blätter sprachen von »literarischer Leichenschändung« (Neue Preußische Kreuzzeitung, 1. September 1928) und »politischer Schauerballade« (Deutsche Zeitung, 2. September 1928). Auch einige der bürgerlich-liberalen Kritiker machten Einwände geltend, wie etwa Harry Kahn in der »Weltbühne« und Felix Hollaender in der »B. Z. am Mittag«. Der Kritiker des KPD-Zentralorgans stellte fest: »Von moderner sozialer oder politischer Satire keine Spur« (Die Rote Fahne, 4. September 1929). Die maßgeblichen Schauspiel- und Musikkritiker hoben indes das Neuartige an dem Stück hervor und diskutierten darüber hinaus die Revolutionierung der Operettenindustrie, welche mit der *Dreigroschenoper* eingeleitet worden sei. Hans Heinz Stuckenschmidt schrieb: »Oper und Operette sind in diesem Singspiel zu mystischer Hochzeit verschmolzen; beide haben, in letzter Zeit dem Ruin bedenklich nah, frische Blutzufuhr erhalten, die neues Wachstum ermöglicht. Daß die *Dreigroschenoper* eine werdende Kunstform von unschätzbarer Wichtigkeit und Fruchtbarkeit zum erstenmal auf die Bühne gestellt hat, ist eine Tatsache, die die Historiker der Musik und der Dramatik getrost buchen können.«[146]

Zum ersten Mal trat die Presse der NSDAP gegen ein Werk von Brecht und Weill an. Gelegentlich der Münchner Premiere der *Dreigroschenoper* hieß es im »Völkischen Beobachter«: »Der in irgendeinem Winkel jeder Großstadt besonders konzentrierte Drecksumpf kann für die Kinoromantik der Klettermaxekultur gerade noch gut genug sein und ist im übrigen aber wirklich nur eine Angelegenheit des polizeilichen Straßenreinigungsverfahrens.«[147]

Porträtkarikaturen von Erwin Goltz zur Premierenrezension der *Dreigroschenoper* im 12-Uhr-Blatt vom 1. September 1928

Ungeachtet solch kritischer Kontroversen und unverhüllter Ablehnungen wie Attacken sollte *Die Dreigroschenoper* innerhalb weniger Wochen nach der Uraufführung ihren Siegeszug antreten.

Für Weill war die Arbeit mit der Premiere noch nicht abgeschlossen. Da die endgültige Fassung des Stückes praktisch erst zur Generalprobe fertig war, kein gedrucktes Material vorlag, sondern die Musiker von den bis zur letzten Minute geänderten handschriftlichen Notenblättern spielten, kam er erst jetzt dazu, die Druckvorlagen für das Orchestermaterial und den Klavierauszug genau einzurichten. Dies nahm fast zwei Wochen in Anspruch, da er sich verschiedene Strophentexte erst von den Schauspielern besorgen mußte. Auch waren ganze Teile neu zu schreiben, weil sie im Theater noch gebraucht wurden. »Außerdem mußte ich manches, was ich bei den hiesigen Musikern nur anzusagen brauchte, für die gedruckte Ausgabe erst fixieren.«[148]

Anfang Oktober 1928 erschienen in der Universal-Edition der Klavierauszug (ohne die *Ballade von der sexuellen Hörigkeit*) und gemeinsam mit dem Verlag Felix Bloch Erben das gedruckte Bühnenmanuskript der *Dreigroschenoper.* Gleichzeitig veröffentlichte der Gustav Kiepenheuer Verlag in hoher Auflage ein Heft mit den wichtigsten Songtexten *Die Songs der Dreigroschenoper.* In Übereinstimmung mit Weill entschied die Universal-Edition, anstelle einer Partitur eine Klavier-Direktionsstimme herzustellen, mit der die Musik vom Instrument her dirigiert werden konnte. Gleichzeitig erschienen die Orchesterstimmen für sieben Musiker, die insgesamt 23 Instrumente zu spielen hatten. Da bis zum heutigen Tage immer wieder die *Dreigroschenoper*-Musik reduziert oder »bearbeitet« erklingt, folgt an dieser Stelle die Original-Besetzung Weills:

Altsaxophon in Es (Flöte, Klarinette I in B)
Tenorsaxophon in B (Sopransaxophon in B/Fagott, Klarinette II in B)
Trompete I in C/Trompete II in B
Posaune/Kontrabaß
Pauke/Schlagwerk
Banjo/Gitarre/Bandoneon/Violoncello
Klavier/Harmonium

Und auch der folgende Auszug aus einem Brief an den Verlag – kurz nachdem die Erfolgswelle der *Dreigroschenoper* eingesetzt hatte – besitzt bis heute unveränderte Gültigkeit: »Übrigens höre ich aus Frankfurt, daß man dort schon anfangen will, allerhand Reduzierungen im Orchester vorzunehmen. Ich halte das für sehr gefährlich und bitte Sie, streng zu verbieten, daß irgendwelche Änderungen in der Musik oder in der Instrumentation vorgenommen werden, ohne meine Zustimmung einzuholen.«[149]

Der Erfolg der *Dreigroschenoper* auf dem Theater und ihrer Songs, die den Atem der Zeit genau treffen, weit darüber hinaus sucht seinesgleichen

Die populäre Ullstein-Serie »Musik für alle« widmete der *Dreigroschenoper* im Frühjahr 1929 ein Heft. Auf dem Umschlag ein Foto von der Uraufführung mit (v. l.) Erich Ponto (Herr Peachum), Roma Bahn (Polly), Harald Paulsen (Macheath) und Kurt Gerron (Tiger-Brown)

Ab Oktober 1928, als sich der Serienerfolg anbahnte, erschienen die ersten Schallplatten mit Songs aus der *Dreigroschenoper*. Hier eine Anzeige vom Januar 1929

Der Triumph eines neuen Stils

Die Dreigroschenoper

KURT WEILL / BERT BRECHT

BERLIN (bisher 150 Aufführungen)
WIEN
BUDAPEST
PRAG
MOSKAU
BRESLAU
LEIPZIG
DRESDEN
HAMBURG
MÜNCHEN
NÜRNBERG
STUTTGART
OLDENBURG
WÜRZBURG
FRANKFURT
ERFURT
BREMEN
GREIFSWALD
LÜBECK
AUGSBURG
AUSSIG
HALLE
MAGDEBURG
ZÜRICH

Pressestimmen nach der Aufführung im Breslauer Lobetheater

Breslauer Neueste Nachrichten:
„Kurt Weill hat zu den Brechtschen Chansons eine prachtvolle Musik geschrieben, die zwischen scharfem Jazzrhythmus und dunkel drängendem, farbig malendem Balladenton zündende Variationen findet."

Breslauer Zeitung:
„Einen ausgezeichneten Helfer hat Brecht in Kurt Weill gefunden, dessen Musik in glänzender Weise dem Charakter des Werkes gereicht wird. Sowohl in den Bänkelsängen, den zahlreichen „Songs", in denen Brechts Eigenart sich wirksam entfaltet, wie in den Ensemblenummern, den Finales und in den instrumentalen Sätzen ist sie von charakteristischem Ausdruck, von apartem Reiz, reich an geistvollen Einfällen und parodistischem Witz."

Schlesische Zeitung:
„Kurt Weill hat für die Aufgabe, alten Bänkelsang zu erneuern und die epische Szene melodramatisch einzukleiden, das Organ. Es findet dafür sinnlich greifbare Form, hübsche Verschmelzung volkstümlichen Balladentons mit neuer Rhythmik; er überspitzt auch die Opernparodie nicht, sondern macht sie wirksam und amüsant mit recht geistreichen, nirgends groben Mitteln."

Musikausgaben

U. E. Nr. 8851 Klavierauszug mit Text der Gesänge (mit farbigem Titelbild) . . . Mk. 10·

Einzelausgaben für Gesang und Klavier

U. E. Nr. 8847	Kanonensong . . .	Mk. 1·50
U. E. Nr. 9594	Barbarasong . . .	Mk. 1·50
U. E. Nr. 9595	Ballade vom angenehmen Leben . . .	Mk. 1·50
U. E. Nr. 9596	Liebeslied . . .	Mk. 1·50
U. E. Nr. 9652	Seeräuber-Jenny . . .	Mk. 1·50
U. E. Nr. 8848	Tango-Ballade (zweihändig) . . .	Mk. 1·50

Einzelausgaben für Jazz

V. C. J. Nr. 102	Kanonensong, Jazzorchester . . .	Mk. 2·–
	– kleines Orchester	Mk. 3·–
V. C. J. Nr. 103	Tango Ballade, Jazzorchester	Mk. 2·
	– kleines Orchester . . .	Mk. 3

Durch jede Musikalienhandlung zu beziehen

UNIVERSAL-EDITION A. G., WIEN – LEIPZIG

Anzeige der Universal-Edition Wien, Februar 1929

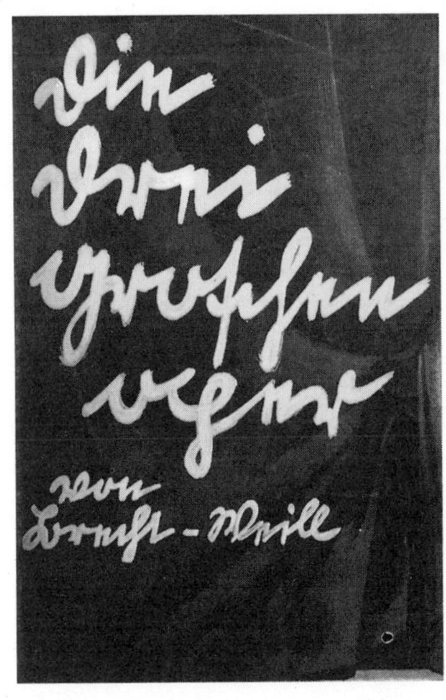

Umschlag des Klavierauszugs der Universal-Edition Wien. Er erschien Anfang Oktober 1928

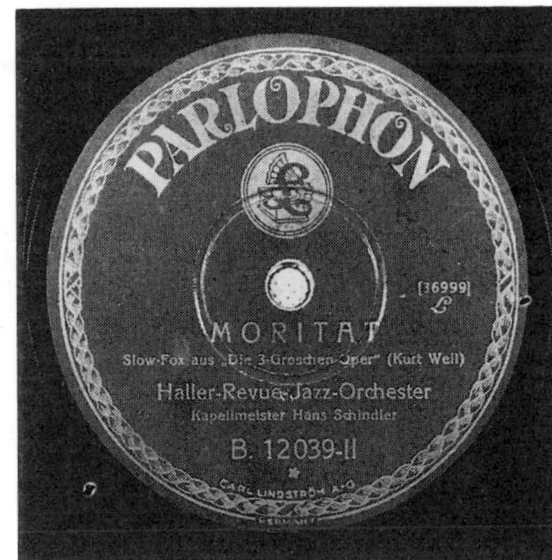

Eine der zahlreichen Tanzbearbeitungen auf Schallplatten. Die Aufnahme erschien 1930

Umschlag einer Einzelausgabe für Gesang und Klavier, 1929. Insgesamt sechs Songs wurden auf diese Weise verbreitet

im 20. Jahrhundert. Im Theater am Schiffbauerdamm lief das Stück während der gesamten Saison 1928/29 en suite vor ständig ausverkauftem Haus mit wechselnden Besetzungen infolge anderweitiger Verpflichtungen der Hauptdarsteller, die eine solche Laufzeit nicht vorausgesehen hatten. Bereits ein Jahr nach der Uraufführung hatten mehr als fünfzig Theater das Stück in über viertausend Aufführungen gespielt, bis 1932 war die *Dreigroschenoper* in achtzehn Sprachen übersetzt und feierte Triumphe in ganz Europa. Noch größer war die Wirkung der Songs. Berlin und Deutschland wurde von einem wahren Dreigroschenfieber gepackt, überall sang man Weills Melodien und tanzte nach ihnen. Bei der Universal-Edition liefen die Druckpressen auf Hochtouren, man veröffentlichte die wichtigsten Songs in Einzelausgaben für Gesang und Klavier, in Bearbeitungen für Salon- bzw. Jazzorchester (die Jerzy Fitelberg anfertigte) und in einer Ausgabe für Violine und Klavier (von Stefan Frenkel), die sich alsbald als zu schwierig herausstellte, so daß noch eine erleichterte Ausgabe folgte. Der Ullstein-Verlag brachte in seiner populären, in hoher Auflage erscheinenden Reihe »Musik für alle« ein Heft mit *Dreigroschenoper*-Songs für Gesang und Klavier heraus. Sosehr Weill darauf achtete, daß seine Musik bei Aufführungen auf dem Theater nicht beschädigt wurde, sowenig

Titelblatt der Frenkelschen Bearbeitung für Violine und Klavier, 1929. Sie erwies sich als zu schwierig für viele Unterhaltungsmusiker, so daß der Verlag noch im gleichen Jahr eine »erleichterte Ausgabe« folgen ließ

WEILL-FRENKEL

SIEBEN STÜCKE

nach der

DREIGROSCHENOPER

Violine und Klavier

V

UNIVERSAL-EDITION

Für diese authentische Einspielung (auf insgesamt vier Schallplatten) schrieb Brecht Anfang 1930 eigene Zwischentexte, die von Kurt Gerron gesprochen wurden

Suitenfassung der Musik für den Konzertsaal. Der Dirigent der Uraufführung, Otto Klemperer, leitete 1929 auch die erste Platteneinspielung

Schallplattendokumente von Aufführungen der *Dreigroschenoper* im Ausland. Bei Homocord Prag erschienen 1930 drei Platten mit Songs aus der Inszenierung des Prager Divadlo na Vinohradych. Im Juni 1933 lief das Stück in hebräischer Sprache am Ohel Theater in Tel Aviv; mit der Darstellerin der Polly, Lea Deganith, produzierte His Masters Voice London eine Platte

hatte er gegen derartige Verbreitung und populäre Bearbeitung seiner Melodien. Er stimmte mit der Meinung seines Verlages in diesem Punkt überein: »Der Hauptzweck solcher Ausgaben ist ja der, daß die Nummern soviel als möglich gespielt und gekauft werden.«[150]

Auch die Schallplatte trug maßgeblich zur massenweisen Verbreitung der *Dreigroschenoper*-Musik bei. Allein in Deutschland brachten zwischen 1928 und 1930 acht verschiedene Plattenfirmen mehr als 20 Schallplatten auf den Markt. Auch hier mischten sich authentische Einspielungen mit populären Bearbeitungen. Harald Paulsen sang auf Homocord vier Songs, Orchestrola veröffentlichte die *Seeräuber-Jenny* und den *Barbara-Song* mit Carola Neher sowie eine Platte, auf der Brecht selbst die *Moritat* und die *Ballade von der Unzulänglichkeit menschlichen Strebens* sang. Bei Electrola erschien eine Querschnittplatte »Die Songs der Dreigroschenoper« mit Carola Neher, Kurt Gerron und Arthur Schröder, begleitet von der »Dreigroschenband«, wie sich die Lewis Ruth Band bei einigen Plattenaufnahmen nannte. Für die umfangreichste und heute als authentischste geltende Plattenproduktion (vier Schallplatten »Aus der 3-Groschen-Oper« bei Telefunken) schrieb Brecht 1930 eigene Zwischentexte, die von Kurt Gerron gesprochen wurden. Weiter wirkten bei dieser Aufnahme Lotte Lenya, Erika Helmke, Willy Trenk-Trebitsch und Erich Ponto mit. Theo Mackeben dirigierte die Lewis Ruth Band. Aus der großen Zahl der Bearbeitungen seien drei Platten genannt: *Barbara-Song* und *Moritat* in Instrumentalfassungen mit dem Haller-Revue-Jazz-Orchester auf Parlophon, ein »Tanzpotpourri aus *Die Dreigroschenoper*« mit Marek Weber und seinem Orchester auf Electrola sowie *Kanonensong* und *Tangoballade* instrumental auf Grammophon, eingespielt durch Paul Godwin mit seinen Jazz-Symphonikern.

Uraufführung *Kleine Dreigroschenmusik für Blasorchester*, 7. Februar 1929 in der Berliner Krolloper. Programmzettel

Oper

Am Platz der Republik

Anfang 20 (8 Uhr) — Donnerstag, den 7. Februar 1929. — Anfang 20 (8 Uhr)

4. Sinfonie-Konzert.

Dirigent: Otto Klemperer.
Solist: Josef Wolfsthal.
Die Kapelle der Staatsoper.

Vortragsfolge:

Brandenburgisches Konzert Nr. 6 . . . Joh. Seb. Bach
a) Allegro. b) Adagio ma non troppo. c) Allegro.
Mitwirkende: Paul Hindemith, Josef Wolfsthal (Violen), Richard Klemm, Eva Heinitz (Gamben), Paul Treff (Violoncello), Willi Claßen (Baß), Otto Klemperer (Cembalo).

Violin-Konzert (Kammermusik Nr. 4, op. 36 Nr. 3) . . . . Paul Hindemith
a) Signal. b) Sehr lebhaft. c) Nachtstück. d) Lebhafte Viertel. e) So schnell wie möglich.

Kleine Dreigroschen-Musik . . . . Kurt Weill
(Zum 1. Male).
a) Ouvertüre. b) Die Moritat von Mackie Messer. c) Der Anstatt — daß — Song. d) Die Ballade vom angenehmen Leben. e) Tango. f) Der Kanonensong. g) Das Dreigroschenfinale.

Pulcinella-Suite . . . . Igor Strawinsky
a) Sinfonie (Ouverture). b) Serenata. c) Scherzino. d) Tarantella. e) Toccata. f) Gavotta con due Variazioni. g) Vivo. h) Minuetto. Finale.

Während solchermaßen die Popularität der Weillschen Musik in nie geahnter Breite anwuchs, sahen nur noch wenige kritische Begleiter das eigentliche Anliegen des Stückes. Adorno schrieb Ende 1929: »Der Erfolg der *Dreigroschenoper*, groß wie nur der einer Operette, verführt zum Glauben, mit einfachen Mitteln, in purer Verständlichkeit sei hier schlicht die Operette gehoben und für den Bedarf eines wissenden Publikums genießbar gemacht… Allein schon der zweite Blick, der auf das Werk geht, findet, daß es sich nicht so verhält… Es ist Gebrauchsmusik, die heute, da man im Sicheren ist, zwar als Ferment genossen, nicht aber gebraucht werden kann, das zu verdecken was ist. Wo sie aus Deutung in unmittelbare Sprache umschlägt, fordert sie offen: ›… denn es ist kalt: Bedenkt das Dunkel und die große Kälte‹.«[151]

Als sich gegen Ende 1928 die Vereinnahmung der *Dreigroschenoper*-Songs in den Bereich der Popularmusik bereits klar abzeichnete, stellte Weill eine Suitenfassung für den Konzertsaal mit dem Titel *Kleine Dreigroschenmusik für Blasorchester* her. Sie erlebte ihre Uraufführung am 7. Februar 1929 in der Krolloper in einem Konzert der Preußischen Staatskapelle unter Otto Klemperer. Das Werk, das Klemperer auch mit großem Erfolg 1929 in Leningrad und Moskau dirigierte, wurde rasch zu einem ausgesprochenen Konzerterfolg, bereits 1930 hatte es über sechzig Aufführungen erlebt.

Weill veränderte in der *Kleinen Dreigroschenmusik* die Orchestrierung, die Partitur ist jetzt für große Bläserbesetzung geschrieben, allerdings ist die Oboe wiederum wie in vielen anderen Werken Weills aus dem Orchester verbannt. Die Suite besteht aus sieben Sätzen, in denen insgesamt zehn musikalische Nummern aus der *Dreigroschenoper* instrumental zu hören sind. Die ganze Bissigkeit und satirische Schärfe von Weills *Dreigroschenoper* kommt in der Suite zum Vorschein. Adorno

Ab März 1929 lief die *Dreigroschenoper* in der Inszenierung von Karlheinz Martin im Wiener Raimund-Theater. Während Harald Paulsen auch hier Triumphe als Macheath feierte, übernahm Hermann Thimig die Rolle in Berlin. Plakat vom Juni 1929

bemerkte dazu: »Es beginnt mit der Händel-Ouvertüre aus Nachtcafé-Perspektive, mit Strawinskyschen verkürzten und zerdehnten Kadenzen, Posaune und Tuba fungieren, zu nah gleichsam im Klang, als schreckhaft rohe Überbässe ... Zu guter Letzt das leibhaftige Potpourri ... Das ist alles, kaum eine Melodie fehlt, sie ziehen gedrängt vorbei, so gedrängt, daß manchmal eine in die andere gerät und sie stößt; und in ihrem engen Zuge halten sie sich aneinander, die verstümmelten, geschädigten und abgenutzten und doch wieder aufrührerischen, die sich zum Demonstrationszug formieren.«[152]

Die *Kleine Dreigroschenmusik für Blasorchester* erlebte später noch einmal eine Bearbeitung. 1938 wurde die Suite in London neu orchestriert, nun auch mit Streichern, und unter dem Titel *Judgement of Paris* (Das Urteil des Paris) hatte die Musik als Balletteinakter Premiere.

Für Brecht und Weill führte die *Dreigroschenoper* nun auch, nachdem sie beide über viele Jahre in sehr bescheidenen materiellen Verhältnissen gelebt hatten, zu finanziellem Wohlstand. Brecht kaufte sich ein neues Auto, Weill und Lenya bezogen eine moderne Wohnung im Berliner Westend. Im März 1932 kauften beide ein Haus im Künstlervorort Kleinmachnow.

Vom 13. bis 16. Oktober 1928 veranstaltete die Stadt Berlin ein viertägiges Fest »Berlin im Licht«, das die ultramoderne Schaufensterbeleuchtung und Neonreklame der Innenstadt – der City, wie man jetzt sagte – ebenso in den Mittelpunkt rückte wie die angestrahlten Repräsentations- und Geschäftsbauten der Stadt. Für die verschiedenen festlichen Höhepunkte wurden auch Kompositionsaufträge vergeben, an Heinz Tiessen, Max Butting und Kurt Weill. Dieser komponierte auf einen gemeinsam mit Brecht geschriebenen Text den *Berlin im Licht-Song*, der während des Festes in zwei Versionen aufgeführt wurde. Am 15. Oktober erklang er unter Leitung von Hermann Scherchen während eines Platzkonzerts auf dem Wittenbergplatz in einer Instrumentalfassung für Blasorchester. Einen Tag später, beim großen Lichtball in der Krolloper, sang der Schauspieler Paul Graetz die Songfassung.

Die als »unfein« zur Uraufführung nicht gesungene »Ballade von der sexuellen Hörigkeit« wurde erstmals 1929 im *Kurt Weill-Song-Album* der Universal-Edition Wien veröffentlicht. Inhaltsverzeichnis dieser Ausgabe

INHALT

1. MUSCHEL VON MARGATE (PETROLEUMSONG)
   WORTE VON FELIX GASBARRA — Seite 3
2. DAS LIED VON DEN BRAUNEN INSELN
   AUS LION FEUCHTWANGERS „PETROLEUMINSELN" — Seite 6
3. MARTERL (AUS „BERLINER REQUIEM")
   WORTE VON BERT BRECHT — Seite 8
4. ZU POTSDAM UNTER DEN EICHEN (AUS „BERLINER REQUIEM")
   WORTE VON BERT BRECHT — Seite 11
5. BALLADE VON DER SEXUELLEN HÖRIGKEIT
   WORTE VON BERT BRECHT — Seite 15
6. VORSTELLUNG DES FLIEGERS LINDBERGH (AUS DEM „LINDBERGHFLUG")
   WORTE VON BERT BRECHT — Seite 18

Unmittelbar darauf entstand eine Bühnenmusik zu Lion Feuchtwangers Stück *Die Petroleuminseln*, das am 28. November 1928 im Staatlichen Schauspielhaus am Gendarmenmarkt Premiere hatte. Regie führte Jürgen Fehling, Lotte Lenya spielte neben Eugen Klöpfer und Maria Koppenhöfer die Rolle der Charmian Peruchacha. Wie schon in der Musik zu *Konjunktur*, so steht auch hier ein großer »Öl-Song« im Zentrum von Weills Komposition, *Das Lied von den braunen Inseln* mit einem Text von Feuchtwanger. Für Lotte Lenya war die Aufführung ein Vierteljahr nach der *Dreigroschenoper*-

Die Dreigroschenoper als finanzieller Erfolg: Lotte Lenya im ersten eigenen Wagen der Familie Weill. Aufnahme von 1930

Die wegen ihres hohen Schwierigkeitsgrades aus dem Stück entfernte *Arie der Lucy* veröffentlichte Weill im November 1932 in der Zeitschrift Die Musik

Premiere der zweite große Berliner Erfolg. Monty Jakobs schrieb: »Fehling hat es mit dieser, eben erst in der *Groschenoper* entdeckten Künstlerin gewagt, und er hat die Zweifler bekehrt. Denn ihre Charmian *war* eine Mulattin, reizvoll in fremder Art, hinreißend.«[153] In rascher Folge spielte die Lenya im darauffolgenden Jahr drei weitere große Rollen, die sie in Berlin populär machten – die Ismene in *Oedipus* von Sophokles (Staatliches Schauspielhaus am Gendarmenmarkt, 4. Januar 1929, Regie: Leopold Jessner), die Alma in *Pioniere in Ingolstadt* von Marieluise Fleißer (Theater am Schiffbauerdamm, 30. März 1929, Regie: Bertolt Brecht) und die Ilse in *Frühlings Erwachen* von Frank Wedekind (Volksbühne am Bülowplatz, 14. Oktober 1929, Regie: Karlheinz Martin).

Auf Kurt Weill aber wartete noch Ende 1928 wieder eine gewichtige Arbeit. Die Reichs-Rundfunkgesellschaft hatte an eine Reihe von Schriftstellern und Komponisten, darunter Hindemith, Schreker, Hauer und Weill, Aufträge für Funkkompositionen vergeben. Im November 1928 hieß es in einer Pressenotiz: »Der Frankfurter Sender hat Bert Brecht beauftragt, eine Kantate zu schreiben. Sie wird den Titel ›Gedenktafeln, Grabinschriften und Totenlieder‹ haben und unter anderem den Tod der französischen Flieger Nungesser und Coli behandeln, wie auch das Leben berühmter Sportler. Die Musik für vier Sänger und kleines Orchester wird von Kurt Weill geschrieben.«[154] Eine solche Kantate entstand zwar nicht, aber Themen der Werke *Berliner Requiem, Lindberghflug* und *Badener Lehrstück* (das von Hindemith vertont wurde) tauchen in dieser Notiz bereits auf.

Im November und Dezember 1928 komponierte Weill *Das Berliner Requiem*, eine Kantate für Tenor, Bariton, Männerchor und Blasorchester. Als Texte benutzte er bereits vorhandene Gedichte von Brecht, die er gemeinsam mit dem Dichter montierte. Zur Absicht des Werkes bemerkte Weill: »Der Rundfunk stellt den ernsten Musiker unserer Zeit zum ersten Male vor die Aufgabe, Werke zu schaffen, die ein möglichst großer Kreis von Hörern aufnehmen kann … Der Titel *Das Berliner Requiem* ist keineswegs ironisch gemeint, sondern wir wollten versuchen, das über den Tod auszusagen, was der großstädtische Mensch zu diesem Thema empfindet. Das Ganze ist eine Folge von To-

Aufsatz von Kurt Weill in der Zeitschrift Der deutsche Rundfunk, 17. Mai 1929. Die abgebildeten Scherenschnitte von Lotte Reiniger entstanden zur Aufführung der *Dreigroschenoper*

7. Jahrg., Heft 20 — Der Deutsche Rundfunk — 613

NOTIZ ZUM „BERLINER REQUIEM“

Von *Kurt Weill*

Die Kantate „Das Berliner Requiem“, die dem Frankfurter Sender gewidmet ist, gehört innerhalb meiner Produktion zu dem Umkreis einer Reihe von Arbeiten, die gewissermaßen als Studien zu der jetzt vollendeten Oper „Aufstieg und Fall der Stadt Mahagonny“ gedacht sind. Die Werke, die in diesem Umkreis entstanden sind, vertreten einen bestimmten Typ von Vokalkompositionen mit kleinem Orchester. Es handelt sich hier um eine Gattung, die im Konzertsaal in der Form einer Kantate aufgeführt werden kann, die aber ebensogut auch durch die gestische Fixierung des Inhalts und durch die erstrebte Anschaulichkeit der musikalischen Sprache auf dem Theater darzustellen ist. Es konnte nicht schwer sein, eine solche Form, die gleichermaßen konzertante und theatralische Möglichkeiten in sich schließt, für die Bedürfnisse des Rundfunks auszubauen. Denn hier sind ja die Grundlagen einer Rundfunkkunst gegeben: eine strenge musikalische Formgebung, deren Gesetzmäßigkeit dem geistigen Gehalt des Werkes angepaßt sein muß, und die musikalische Festlegung eines Grundgestus, der szenisch dargestellt werden kann, der aber auch ohne Zuhilfenahme der Bühne, rein als Musik zwingend genug gestaltet sein muß, um dem Hörer das Bild des Menschen, der zu ihm spricht, vor Augen zu führen. Es handelt sich hier also nicht um Lyrik, nicht um Beschreibung eines Zustandes, sondern um die Darstellung eines Vorgangs.

Ich habe drei kleinere Kompositionen dieser Gattung geschrieben: das Songspiel „Mahagonny“, das vor zwei Jahren in Baden-Baden aufgeführt wurde, und das eine Skizze zu der vorhin erwähnten Oper darstellt, die Kantate „Das Berliner Requiem“ und das musikalische Hörbild „Der Lindbergh-Flug“. Alle drei Stücke sind nach Texten von Bert Brecht geschrieben, die beiden letzteren sind ausdrücklich für den Gebrauch der Rundfunksender bestimmt. Bei dieser Aufgabe, Musik für den Rundfunk zu schreiben, war für mich selbstverständliche Voraussetzung die Kenntnis um die akustischen Bedingungen des Senderaums, um die orchestralen und instrumentalen Möglichkeiten des Mikrophons, um die Verteilung der Stimmlagen und um die harmonischen Grenzen, die einer Rundfunkkomposition gesetzt sind. Mehrjährige Beobachtungen beim Abhören der Rundfunkmusik und einige eigene Versuche haben mich davon überzeugt, daß es hier nicht so sehr auf eine besonders raffinierte Instrumentationstechnik ankommt, als vielmehr auf die Klarheit und Durchsichtigkeit der Satzweise. So bestand für mich die Aufgabe hauptsächlich darin, eine Kunstform auszuprobieren, die nach ihrem Inhalt und ihren Ausdrucksmitteln tatsächlich dem entsprechen müßte, was der Rundfunk heute braucht. Dabei steht im Vordergrund die Erwägung, daß das Publikum des Rundfunks sich aus allen Schichten der Bevölkerung zusammensetzt. Es ist demnach unmöglich, die Voraussetzungen des Konzertsaals auf eine Rundfunkmusik anzuwenden. Denn die Konzertmusik war jeweils zur Zeit ihrer Entstehung für einen bestimmten und begrenzten Kreis von Hörern der gebildeten und zahlungsfähigen Schichten bestimmt. Der Rundfunk stellt den ernsten Musiker unserer Zeit zum ersten Male vor die Aufgabe, Werke zu schaffen, die ein möglichst großer Kreis von Hörern aufnehmen kann. Inhalt und Form dieser Rundfunkkompositionen müssen also imstande sein, eine große Menge von Menschen aller Kreise zu interessieren, und auch die musikalischen Ausdrucksmittel dürfen dem primitiven Hörer keine Schwierigkeiten bereiten.

Der Inhalt des „Berliner Requiems“ entspricht unzweifelhaft den Gefühlen und Anschauungen breitester Bevölkerungsschichten. Es ist der Versuch gemacht worden, das auszudrükken, was der großstädtische Mensch unserer Zeit zu der Erscheinung des Todes zu sagen hat. Einige besonders strenge Zensoren des Rundfunks haben geglaubt, das bezweifeln zu müssen. Diese Einstellung zeugt von einer erschreckenden Unkenntnis der künstlerischen Bedürfnisse jener Schichten, die im Rahmen des Rundfunkpublikums den breitesten Raum einnehmen.

Ueber die sonderbaren Vorgänge hinter den Kulissen dieser Aufführung wird vielleicht später noch einiges zu sagen sein. Der Gesamteindruck der Aufführung muß ergeben, ob wir recht gehabt haben mit unserer Behauptung, daß es sich hier um ein ernstes unironisches Werk handelt, um eine Art von weltlichem Requiem, um eine Aeußerung über den Tod in Form von Gedenktafeln, Grabschriften und Totenliedern.

Die einzelnen Teile des Stückes sind folgende: Eine Ballade „Vom Tod im Walde“ für eine Baßstimme und zehn Bläser, ein Lied „Können einem toten Mann nicht helfen“, das dem Finale der Mahagonny-Oper entnommen ist, ein Gesang „Vom ertrunkenen Mädchen“ und ein „Marterl“ für den Grabstein dieses Mädchens, zwei Gesänge über den unbekannten Soldaten unter dem Triumphbogen, der erste für mehrere Stimmen und Orchester, der zweite für Bariton und Orgel, und zum Schluß ein Dankchoral für Männerchor und Orchester.

Kurt Weill

Bert Brecht

Szene aus der „Dreigroschenoper“ von Brecht-Weill / Kanonensong
Scherenschnitte von Lotte Reiniger

Lotte Lenya als Charmian Peruchacha in Feuchtwangers Stück *Die Petroleuminseln* (Staatliches Schauspielhaus am Gendarmenmarkt Berlin, Regie: Jürgen Fehling, Premiere am 28. November 1928). Für diese Inszenierung schrieb Weill das *Lied von den braunen Inseln*

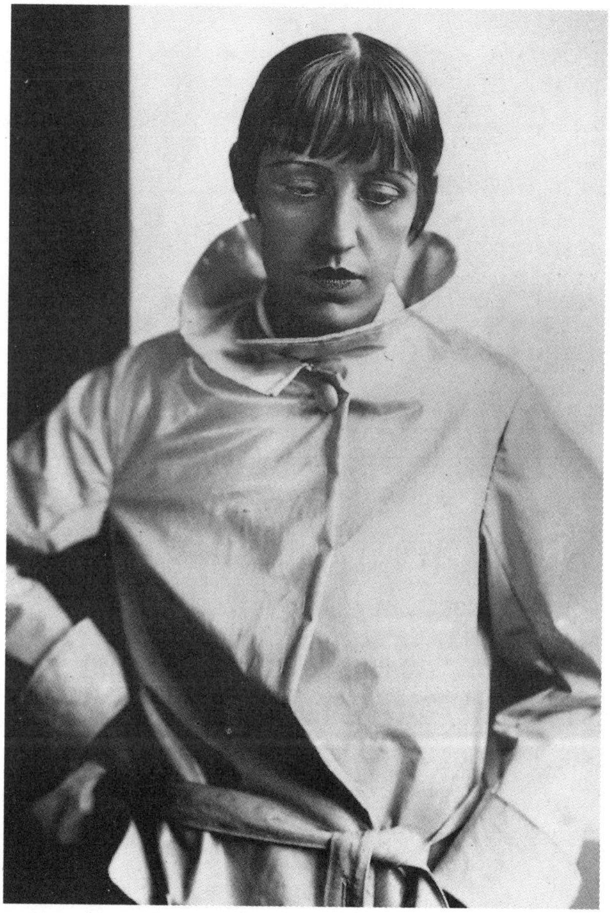

tenliedern, Gedenktafeln und Grabschriften, also etwas wie ein weltliches Requiem.«[155] Dem Verlag teilt er mit: »Ich ... glaube, daß es eines meiner besten und neuartigsten Stücke geworden ist.«[156]

Die Kantate beginnt mit Nr. 1 *Großer Dankchoral.* Als Nr. 2 folgt die *Ballade vom ertrunkenen Mädchen*, unmittelbar gefolgt von Nr. 3 *Marterl.* Weill tauschte diesen Brecht-Text 1929 gegen die Rosa Luxemburg gewidmete *Grabschrift 1919* aus. Nr. 4 und 5 sind zwei *Berichte über den unbekannten Soldaten* und Nr. 6 wiederholt den *Großen Dankchoral* von Nr. 1. Weill hat mit dem Werk lange experimentiert und mehrfach Umstellungen vor-

Anzeige der Universal-Edition Wien, Juli 1929

Kurt Weill

Der Mann des Tages

Der Zar läßt sich photographieren

in

Altenburg, Augsburg, Barmen, Berlin, Beuthen, Braunschweig, Bremen, Breslau, Chemnitz, Dessau, Dortmund, Düsseldorf, Elberfeld, Frankfurt, Freiburg, Gablonz, Gera, Görlitz, Hannover, Kaiserslautern, Karlsruhe, Kiel, Koblenz, Leipzig, Lübeck, Magdeburg, Nürnberg, Osnabrück, Prag, Rostock, Stettin, Stuttgart, Ulm, Würzburg

Der Protagonist

in

Altenburg, Berlin, Dresden, Erfurt, Frankfurt, Hannover, Leipzig, Nürnberg, Stuttgart

Die Dreigroschenoper

in

Altenburg, Augsburg, Aussig, Berlin, Bremen, Breslau, Budapest, Chemnitz, Dresden, Düsseldorf, Erfurt, Frankfurt, Greifswald, Halle, Hamburg, Hannover, Kassel, Königsberg, Kottbus, Leipzig, Lübeck, Magdeburg, Mannheim, Moskau, München, Nürnberg, Oldenburg, Prag, Stuttgart, Warschau, Wien, Würzburg, Zürich, Italien, Skandinavien, Paris

Mahagonny

Das neue Werk von Bert Brecht und Kurt Weill

Uraufführung Herbst 1929

genommen. Ursprünglich waren auch die Brecht-Vertonungen *Vom Tod im Wald, Potsdam* und *Können einem toten Mann nicht helfen* für das Requiem vorgesehen, die er dann aber entfernte.

Lotte Lenya. Porträtkarikatur von Benedikt Dolbin, 1929

Das Werk ist in seiner antimilitaristischen Aussage eindeutig, und zweifelsohne haben die Feiern zur zehnjährigen Beendigung des Weltkrieges wie der Novemberrevolution, die 1928 stattfanden, Weills Konzeption beeinflußt. Die unmittelbare Abfolge der beiden Texte *Vom ertrunkenen Mädchen* sowie der *Grabschrift* für die »rote Rosa« wies eindeutig auf Rosa Luxemburg, deren Leiche ja aus

Kurt Weill.
Aufnahme von 1929

dem Landwehrkanal geborgen worden war. Auch die beiden Berichte des unbekannten Soldaten sind Antikriegsstücke.

Nach monatelanger Verzögerung und politischen Bedenken seitens der Verantwortlichen im Rundfunk erlebte das *Berliner Requiem* schließlich am 22. Mai 1929 in Frankfurt am Main seine Premiere und Sendung. Der Dirigent war Ludwig Rottenberg, das Orchester des Südwestdeutschen Rundfunks spielte. Es blieb bei dieser einen Aufführung, über den Berliner Sender lief das brisante Werk nicht. Weill war sehr verärgert und beendete in diesen Tagen auch seine vierjährige Arbeit für die Zeitschrift »Der deutsche Rundfunk«. Im Zusammenhang mit der Arbeit am *Berliner Requiem* entstanden 1929 noch zwei A-cappella-Chöre nach Brecht, *Zu Potsdam unter den Eichen* (auch für Gesang und Klavier) und *Legende vom toten Soldaten*, beide wurden im November 1929 vom Berliner Schubert-Chor unter Leitung von Karl Rankl aufgeführt.

Auch die nächste Arbeit des Teams Brecht/Weill, zu dem diesmal Paul Hindemith stieß, war ein Rundfunkexperiment, zugleich ein Versuch in Richtung auf neuen Gebrauch von Musik wie auf neuartige Vermittlung von Kunst. Auftraggeber war wiederum das Baden-Badener Festival, das 1929 musikalische Arbeiten für die technischen Massenmedien Film und Radio ins Zentrum stellte. Brecht war mit zwei Werken beteiligt, die in die Phase seiner Lehrstücke gehören: *Lehrstück*, später: *Das Badener Lehrstück vom Einverständnis* (Musik: Paul Hindemith) und *Der Lindberghflug* mit einer Musik von Weill und Hindemith.

Beide Komponisten hatten sich geeinigt, welche Teile des Textes sie vertonen wollten.

Gegenstand des *Lindberghflug* ist die erste Atlantiküberquerung durch den amerikanischen Flieger Charles Lindbergh mit dem einmotorigen Flugzeug »Spirit of St. Louis« im Mai 1927, ein Ereignis, das damals als große technische Leistung viele Menschen bewegte. In Brechts Text, so bemerkt Jan Knopf, ist die Technik nicht Selbstzweck, »sie dient vielmehr der Selbsterkenntnis der Menschen, daß Naturbeherrschung zugleich Ausdruck ›kollektiver Leistung‹ ist«.[157] So treten denn im Stück Natur- und Technikphänomene (der Nebel,

Liedblattausgabe von Weills A-cappella-Chorfassung, Universal-Edition Wien 1930

LIND BERGH

EIN RADIO-HORSPIEL
FÜR DIE FESTWOCHE IN BADEN-BADEN
MIT EINER MUSIK
VON KURT WEILL

VON
BERT BRECHT

AUFFORDERUNG

hier ist der apparat
steig ein
drüben in europa erwartet man dich
der ruhm winkt dir.

DER LINDBERGH-FLUG
VORSTELLUNG DES FLIEGERS CHARLES LINDBERGH

LINDBERGH
mein name ist charles lindbergh
ich bin 25 jahre alt
mein großvater war schwede
ich bin amerikaner
meinen apparat habe ich selber ausgesucht
er fliegt 210 km in der stunde
sein name ist „geist von st. louis“
die ryanflugzeugwerke in san diego
haben ihn gebaut in 60 tagen. ich war dabei
60 tage und 60 tage habe ich
auf land- und seekarten
meinen flug eingezeichnet.

ich fliege allein
statt eines mannes nehme ich mehr benzin mit
ich fliege in einem apparat ohne radio
ich fliege mit dem besten kompaß
3 tage habe ich gewartet auf das beste wetter
aber die berichte der wetterwarten
sind nicht gut und werden schlechter:
nebel über den küsten und sturm über dem meer
aber jetzt warte ich nicht länger
jetzt steige ich auf
ich wage es.

AUFBRUCH DES FLIEGERS CHARLES LINDBERGH IN NEW YORK ZU SEINEM FLUG NACH EUROPA

LINDBERGH
ich habe bei mir:
2 elektrische lampen
1 rolle seil
1 rolle bindfaden
1 jagdmesser
4 rote fackeln in kautschukröhren versiegelt
1 wasserdichte schachtel mit zündhölzern
1 große nadel
1 große kanne wasser und eine feldflasche wasser
5 eiserne rationen konserven der amerikanischen armee jede ausreichend für
1 tag, im notfall aber länger
1 hacke
1 säge
1 gummiboot
jetzt fliege ich.
vor 2 jahrzehnten der mann blériot

Donnerstag, 25. Juli, 17 u. 19 Uhr: **Tonfilme**
Freitag, 26. Juli, 20 Uhr: **Musik für Liebhaber**
Samstag, 27. Juli, 10^{30} Uhr: **Vortragübertechn.Rundfunkprobleme**
17^{30} Uhr: **I. Aufführung von Rundfunkmusik**
„Der Lindberghflug“ von Brecht - Hindemith - Weill
„Funkkabarett“ von Feuchtwanger-Goehr
Sonntag, 28. Juli, 11 Uhr: **II. Aufführung von Rundfunkmusik**
„Kleine Messe“ von Pepping
„Kammerkantate“ von Toller - Groß
„Tempo der Zeit“ von Weber - Eisler
20 Uhr: **„Lehrstück“** mit Chor, Einzelstimmen, Sprecher, Orchester von Brecht - Hindemith

Die Rundfunk-Darbietungen werden in Baden-Baden durch Lautsprecher übertragen, jedoch nicht von den Sendern übernommen!

Prospekte durch: „Deutsche Kammermusik“, Baden - Baden, Städtische Kurdirektion

DEUTSCHE
KAMMERMUSIK
BADEN-BADEN
1929

25. BIS 28. JULI

Vorankündigung des Musikfestes. Anzeige vom Juni 1929

Erstdruck von Brechts Text zu *Der Lindberghflug* im Ullstein-Magazin Uhu, April 1929. Die Beteiligung Hindemiths an dem Werk ist hier noch nicht erwähnt

die Schiffe, der Motor) in der Artikulation durch den Chor gleichsam als »Kollektivwesen« auf.

Kurt Weill schrieb seine Teile für die Gemeinschaftskomposition im April und Mai 1929, bereits vor der Aufführung stand es für ihn fest, daß er unabhängig davon das ganze Werk auskomponieren würde: »Die Teile, die ich gemacht habe (mehr als die Hälfte des Ganzen) sind so gut gelungen, daß ich das ganze Stück durchkomponieren werde, also auch die Teile, die Hindemith jetzt macht. Wir könnten dann einen sehr schönen Band herausbringen: 3 Songspiele von Weill und Brecht – 1. *Mahagonny-Gesänge* (d.i. die Baden-Badener *Mahagonny*-Fassung). 2. *Das Berliner Requiem*. 3. *Der Lindberghflug*. Ich habe auch die Absicht, diese drei Stücke zusammen aufzuführen, in einer neuen Form zwischen Konzert und Theater.«[158] Leider ist dieses Verlags- und Aufführungsprojekt Weills nicht realisiert worden. Zumindest jene ihm vorschwebende »neue Form zwischen Konzert und Theater« aber wurde bei der Uraufführung des *Lindberghflug* in Baden-Baden erreicht.

An den Kölner Rundfunkintendanten Hardt, der für die Realisierung der Aufführung verantwortlich zeichnete, hatte Brecht geschrieben: »Ich habe über die Radiosendung des *Lindberghfluges* etwas nachgedacht, und zwar besonders über die geplante öffentliche Generalprobe. Diese könnte man zu einem Experiment verwenden. Es könnte wenigstens optisch gezeigt werden, wie eine Beteiligung des Hörers an der Radiokunst möglich wäre ... Ich schlage also folgenden kleinen Bühnenaufbau für die Demonstration vor: Vor einer großen Leinwand, auf die die beiliegenden Grundsätze über die Radioverwendung projiziert werden – diese Projektion bleibt während des ganzen Spiels stehen – sitzt auf der einen Seite der Bühne der Radioapparat (Sänger, Musiker, Sprecher usw.), auf der anderen Seite der Bühne ist durch einen Paravent ein Zimmer angedeutet, und auf einem Stuhl vor einem Tisch sitzt ein Mann in Hemdsärmeln mit der Partitur und summt, spricht und singt den Lindberghpart. Dies ist der Hörer. Da ziemlich viel Sachverständige anwesend sein werden, ist es wohl nötig, auf der einen Seite die Aufschrift ›Der Rundfunk‹, auf der anderen die Aufschrift ›Der Hörer‹ anzubringen.«[159]

Kurt Weill vor dem Kurhaus Baden-Baden, Juli 1929

Das erhaltene Foto der Uraufführung zeigt, daß Brechts Vorschlägen gefolgt wurde.

Sie fand am 27. Juli 1929 wiederum im Großen Saal des Kurhauses von Baden-Baden statt (Regie: Ernst Hardt, Dirigent: Hermann Scherchen).

Porträtkarikaturen von Benedikt Dolbin, Juli 1929

Selbst bei großen Teilen des »Fachpublikums« stieß Brechts Rundfunkexperiment auf Unverständnis, es blieb – wie auch viele Überlegungen Weills zur neuartigen Verwendung des Mediums – Utopie. Musikalisch war *Der Lindberghflug* »das wichtigste Ereignis des ganzen Baden-Badener Programms«[160] – darin waren sich die Kritiker einig, trotz der deutlich zu spürenden fehlenden Homogenität zwischen Weills und Hindemiths Komposition, kein Wunder bei der stilistischen Verschiedenheit der beiden. Heinrich Strobel benannte die Unterschiede zwischen »Weills songartiger, klar deklamierender Vertonung« und der »mehr malerischen, schweren Musik von Hindemith«.[161] Hermann Scherchen hat die Baden-Badener Fassung am 18. März 1930 in der Berliner Philharmonie nochmals für eine Rundfunkübertragung aufgeführt, davon existieren Schallplattendokumente.

Weder Weill noch Hindemith gaben ihre Baden-Badener Pasticcio-Fassung zum Druck, sie ist erst postum 1982 im Band I, 6 der Hindemith-Gesamtausgabe veröffentlicht worden.

Weill hat sein Vorhaben, das ganze Stück neu zu komponieren, im Herbst 1929 realisiert. *Der Lindberghflug* wurde von ihm nunmehr als fünfzehnteilige Kantate für Soli, Chor und Orchester gestaltet. Die Rolle des Fliegers übernimmt der Tenor, der Chor stellt (gelegentlich im Wechsel mit dem Solobariton und Solobaß) die auftretenden Kollektivwesen dar: Amerika, Europa, der Nebel, das Schiff. Von den fünfzehn Teilen der Kantate ist Teil zehn ein reiner A-cappella-Chor und Teil vierzehn »Ankunft des Fliegers« ein orchestral gestalteter Marsch, harmonisch und melodisch im besten Weill-Stil. Die übrigen dreizehn Teile sind für Chor (bzw. Soli) und Orchester. Häufig gibt es Dialoge zwischen dem Flieger und dem Chor. Die musikalische Faktur ist sehr geschlossen, einfache musikalische Sprache dient der didaktischen Absicht, wie sie Weill benannt hat: »Ich halte es für nötig, bei einer Vokalmusik auch außerhalb ihrer Verwertung im Konzertsaal den praktischen Zweck zu bezeichnen, für den sie geschrieben ist. Die Dichtung *Der Lindberghflug* von Brecht liegt hier in einer musikalischen Fassung vor, die in ihrem Endzweck für Aufführungen in Schulen gedacht ist.«[162]

Baden-Baden 1929. Von links Kurt Weill, der Intendant des Westdeutschen Rundfunks Köln Ernst Hardt, Paul Hindemith, der Intendant der Funkstunde Berlin Hans Flesch, Bertolt Brecht

Doch dafür war wohl die Partitur noch zu kompliziert, es gibt keine Belege dafür, daß das Werk von Laienensembles aufgeführt worden ist.

Die Uraufführung fand am 5. Dezember 1929 in der Berliner Krolloper statt, gemeinsam mit Strawinskys *Les Noces* und Hindemiths Cellokonzert *Kammermusik Nr. 3*. Otto Klemperer dirigierte die Preußische Staatskapelle, Erik Wirl sang den Lindbergh, die Choreinstudierung hatte Karl Rankl übernommen. Die konservative Presse lehnte das Werk strikt ab, so überschrieb etwa der Rezensent

Uraufführung der zweiten, von Weill allein vertonten Fassung *Der Lindberghflug*, 5. Dezember 1929 in der Berliner Krolloper. Anzeige aus der Berliner Presse

Staats- Oper
am Platz der Republik
8 Uhr Donnerstag, 5. Dezember 1929 8 Uhr
3. Sinfonie-Konzert
Leitung: Otto Klemperer
Solisten: Emanuel Feuermann, Heidersbach, Lipin, Wirl, Cavara, Krenn, Abendroth.
Die Kapelle und der Chor der Staatsoper
Strawinsky: „Les Noces" / Hindemith: Cello-Konzert, (zum 1. Male) / Weill: Lindbergh-Flug (Uraufführung).

Für die Umschlaggestaltung des Klavierauszugs (Universal-Edition Wien, Frühjahr 1930) wurden Fotos von Lindberghs Start sowie von seinem triumphalen Empfang in New York nach der Rückkehr montiert

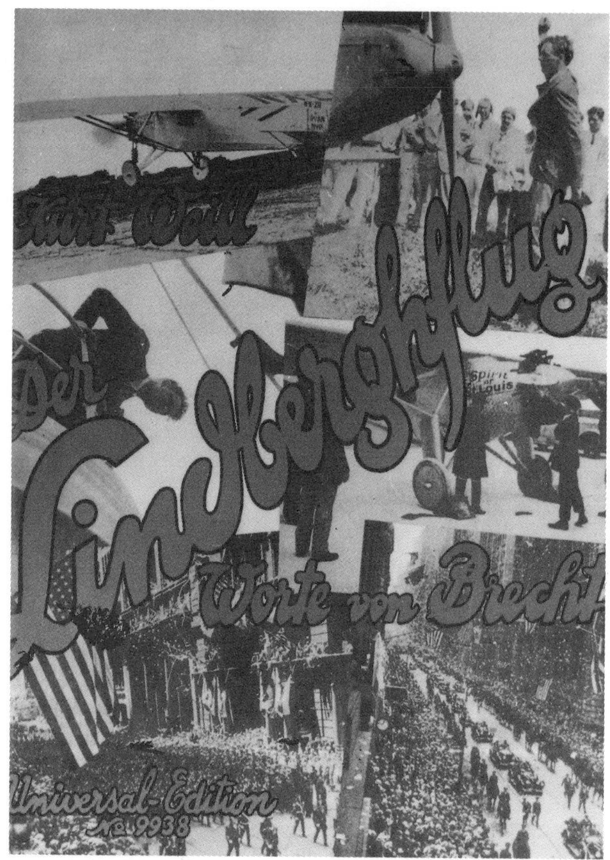

des »Berliner Lokal-Anzeigers« seinen Bericht: »Symphoniekonzert oder Kindergarten?« (6. Dezember 1929). Auch Alfred Einstein reagierte zurückhaltend: »Der starke Eindruck von Baden-Baden stellt sich nicht wieder ein: es ist alles ein bißchen nüchterner geworden, fast bis zur Ledernheit; es fehlen die Begeisterung, das Heldische, der Appell an die Phantasie.«[163]

Dem standen allerdings viele zustimmende Urteile gegenüber, wie etwa das von Erich Urban: »Ich hab was übrig für dieses Stück, weil darin Zeitereignisse künstlerisch gestaltet sind, weil die Mischung von Gesang und Sprache, die Verteilung auf die Stimmen, das Reden zwischen Mensch, Natur und Sache ungewöhnlich sind. Weill besorgte das mit seinen Mitteln, es sind ganz starke Dinge darin. Die Vorstellung des Fliegers Lindbergh, die Gespräche mit Nebel, Schneesturm und Motor, das Schlummerlied (ein entzückender Blues), die gespenstischen Fischer und die Apotheose. Überragend der Lindbergh: Erik Wirl. Oper – Operette – Oper.«[164]

1930 veröffentlichte die Universal-Edition den Klavierauszug und eine zweisprachige Partitur (George Antheil hatte Brechts Text ins Englische übertragen) von *Der Lindberghflug*. Am 4. April

Probenfoto *Happy End*, Theater am Schiffbauerdamm August 1929. Von links: Theo Lingen, Erich Engel, Peter Lorre, Helene Weigel, Kurt Gerron, Carola Neher und Oskar Homolka

1931 führte Leopold Stokowski mit dem Philadelphia Orchestra das Werk erstmals in den USA auf. Weill schickte ein Exemplar des Klavierauszugs an Charles Lindbergh in den USA mit der handschriftlichen Widmung »Charles Lindbergh gewidmet mit großer Bewunderung von Kurt Weill«.[165] Aufgrund des politischen Verhaltens von Lindbergh, der in den Jahren ab 1935 mit dem Nationalsozialismus sympathisierte und sich 1941 gegen den Kriegseintritt der USA aussprach, änderte Brecht später den Titel des Stückes in *Der Ozeanflug* und entfernte den Namen des Fliegers aus dem Text.

Doch kehren wir in den Mai 1929 zurück, als Weill gerade die Komposition der ersten Fassung für Baden-Baden abgeschlossen hatte. Die vergangenen Monate seit der Premiere der *Dreigroschenoper* hatten ihm zwar Erfolg und Anerkennung gebracht, waren aber zugleich auch außerordentlich hektisch und anstrengend gewesen. Erholung war dringend nötig. So reiste er Mitte Mai zu einem längeren Aufenthalt nach St. Cyr sur Mer an der französischen Riviera – freilich bereits wieder beschäftigt mit einem neuen Brecht-Projekt. Am 25. Mai berichtet Weill: »Ich bin nach einer herrlichen Autofahrt von 6 Tagen am Donnerstag hier eingetroffen. Brecht, der in seinem Wagen mitfuhr, ist in der Nähe von Fulda, wo wir verabredet waren, mit seinem Wagen verunglückt, und ich mußte ihn mit einem Kniescheibenbruch nach Berlin zurückschaffen lassen. Dadurch haben sich leider meine ganzen Pläne verschoben, da wir ja zusammen hierhergehen wollten, um zu arbeiten. Wir wollten die Songtexte für *Happy End* machen und uns mit neuen Plänen beschäftigen.«[166]

Ernst Josef Aufricht wollte den Serienerfolg der *Dreigroschenoper* in der Saison 1929/30 wiederholen. Dazu hatte er Brecht und Weill beauftragt, ein ähnliches Stück zu schreiben. Auch der Regisseur Erich Engel, Caspar Neher sowie die Lewis Ruth Band unter Theo Mackeben wurden wieder verpflichtet. Das Problem war nur, daß Brecht weder ein Stoff noch eine zur Bearbeitung geeignete Vorlage zur Verfügung stand. Elisabeth Hauptmann hatte gerade eine amerikanische Short Story gelesen, die jetzt unter dem Titel *Happy End* bearbeitet wurde, eine Gangster- und Heilsarmeegeschichte, die mehr recht als schlecht gelang, so daß als Verfasser fiktiv Dorothy Lane genannt wurde – ganz im Stil der »Amerika-Romantik« jener Jahre. Brecht und Weill steuerten lediglich die Songs bei.

Happy End spielt im Chicagoer Gangstermilieu. Gangsterchefin »Dame in Grau« und ihr Komplize Bill Cracker, Inhaber eines zweifelhaften Etablissements, wollen ein Bandenmitglied, genannt »Der Gouverneur« beseitigen. Da erscheint eine Heilsarmeeabteilung unter Leutnant »Hallelujah Lilian«. Lilian verliebt sich in Bill Cracker, während nebenan ein Schuß den Tod des »Gouverneurs« anzeigt. Lilian singt, ziemlich betrunken, ein Seemannslied, die übrigen Heilsarmeemädchen berichten dem Major von Lilians Entgleisung. Dieser weist Lilian aus dem Asyl der Heilsarmee, sie geht zurück zu Bill Cracker, der inzwischen bei der »Dame in Grau« in Ungnade gefallen ist. Er flieht vor der Gang und kommt just während der Weihnachtsfeier in das Heilsarmeelokal gestürzt, gefolgt von seinen Gangsterkumpanen. Auch die Polizei taucht auf, Bill wird des Mordes am »Gouverneur« bezichtigt, Lilian bezeugt, daß sie bei ihm war, während der Schuß fiel – doch dann kommt das Happy End: Der »Gouverneur« taucht auf, er hat nur einen Streifschuß abbekommen, die »Dame in Grau« entdeckt im Major der Heilsarmee ihren totgeglaubten Ehemann und Lilian erreicht, daß die ganze Gang geschlossen der Heilsarmee beitritt.

Im Gegensatz zur Schwäche des Stückes gehören seine Songs zu Brecht / Weills stärksten Schöpfungen. Sie entstanden zum großen Teil im Juli 1929 während eines gemeinsamen Aufenthalts in Brechts Haus in Unterschondorf am Ammersee. Weill hat die Partitur danach in Berlin fertiggestellt, sie lag zu Beginn der Orchesterproben um den 25. August fertig vor. Anzahl der Musiker und Instrumentation entsprechen weitgehend der *Dreigroschenoper*, da erneut die Lewis Ruth Band unter Mackeben zur Verfügung stand.

Die Musik zu *Happy End* besteht aus zwei verschiedenen Teilen. Zum einen sechs Heilsarmee-Gesängen, prachtvollen Parodien auf religiöseifernde Musik herkömmlicher Prägung, unisono für hohen Sopran geschrieben, so daß oft ein

Uraufführung *Happy End*, 2. September 1929 im Theater am Schiffbauerdamm. Programmzettel

Theater am Schiffbauerdamm

Direktion: Ernst Josef Aufricht

Happy End

Eine Magazingeschichte von Dorothy Lane
Deutsche Bearbeitung: Elisabeth Hauptmann
Songs: Brecht und Weill
Regie: Erich Engel und Brecht
Musikal. Leitung: Theo Mackeben
Kapelle: Lewis Ruth Band
Bühnenbilder: Caspar Neher
Techn. Leitung: Hans Sachs

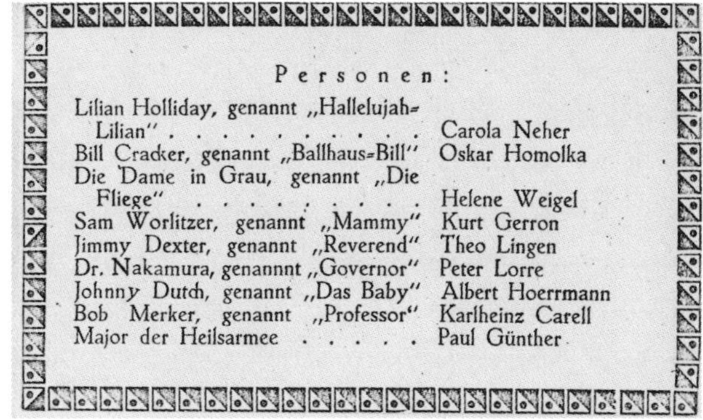

Personen:

Lilian Holliday, genannt „Hallelujah-Lilian"	Carola Neher
Bill Cracker, genannt „Ballhaus-Bill"	Oskar Homolka
Die Dame in Grau, genannt „Die Fliege"	Helene Weigel
Sam Worlitzer, genannt „Mammy"	Kurt Gerron
Jimmy Dexter, genannt „Reverend"	Theo Lingen
Dr. Nakamura, genannnt „Governor"	Peter Lorre
Johnny Dutch, genannt „Das Baby"	Albert Hoerrmann
Bob Merker, genannt „Professor"	Karlheinz Carell
Major der Heilsarmee	Paul Günther

»engelsreiner« Gesang erzeugt wird, der in sich die Parodie enthält. Daneben stehen sechs große Songs, die Weill auf dem Höhepunkt seines Stils zeigen und die das Stück bis heute überdauern. *Das Lied des Branntweinhändlers* und das *Lied von der harten Nuß* haben nicht so weite Verbreitung erfahren wie die übrigen vier Stücke, von denen der *Song von Mandelay* in geänderter Form auch in die *Mahagonny*-Oper übernommen wurde.

Vor allem der *Matrosen-Song*, der *Bilbao-Song* und der *Surabaya-Johnny* aber sind es, die weltberühmt wurden. Alle drei werden in Crackers schäbigem Etablissement, genannt »Bills Ballhaus«, gesungen und sind in ihrer Mischung aus Romantik, Deftigkeit, Erotik und Phantasie beste Weill/Brechtsche Songschöpfungen. Der *Surabaya-Johnny* war von Brecht schon 1925 geschrieben worden, für Feuchtwangers Stück *Kalkutta 4. Mai*. Weill macht daraus etwas Ähnliches wie den *Barbara-Song* aus der *Dreigroschenoper*. Den ziemlich rasch gesungenen Strophen, berichtend von einem Mädchen, das einem Schurken auf den Leim gegangen und mit ihm nach Hinterindien gezogen ist, folgt jeweils nach einer großen Fermate der hingebungsvolle Refrain: »Surabaya Johnny, warum bist du so roh, Surabaya Johnny, o mein Gott und ich liebe dich so«. Dieser Refrain beginnt übrigens mit den gleichen vier Tönen wie die *Moritat von Mackie Messer*, allerdings in einer anderen Tonart. Zufall oder Absicht Weills, diese besonders eingängige Phrase zu wiederholen?

Auch der *Matrosen-Song* enthält einen jener unvergleichlichen Weillschen Refrains: »Und das Meer ist blau so blau…«, voller Romantik, Fernweh und Rückblick auf eine anarchisch-freizügige Vergangenheit, die ebenso im *Bilbao-Song* projiziert wird, wenn die Band »die Musik von damals« nachmacht: »Alter Bilbao-Mond, wo noch die Liebe wohnt…«. Dies sind Gipfelleistungen jenes Songstils, die bis heute nicht wieder erreicht wurden und wahrscheinlich als typische Produkte ihrer Zeit, jener hektischen und den großen Auseinandersetzungen entgegentreibenden Jahre von 1928 und 1929, auch nicht wiederholbar sind.

Die Premiere von *Happy End* fand am 2. September 1929 im Theater am Schiffbauerdamm statt. In der glanzvoll besetzten Aufführung (auf dem Pro-

Autograph der ersten Seite des *Song von Mandelay* in der Fassung für *Happy End*, 1929

K.U.V. Beethoven Papier Nr.37.(24Linien)

10

grammzettel las man Peter Lorre, Oskar Homolka, Kurt Gerron, Theo Lingen und Helene Weigel) spielte Carola Neher die Hauptrolle der Lilian.

Der Abend verlief bis zur Pause normal, ein neuer Erfolg schien sich anzukündigen. Im zweiten Teil aber, in dem der Fabel mehr und mehr die Luft ausgeht und das Publikum zunehmend unruhiger wurde, kam es zum Fiasko, als plötzlich Helene Weigel aus ihrer Rolle (Dame in Grau) heraus an die Rampe trat und das Publikum mit einer politischen Erklärung attackierte. Mit dem einsetzenden Skandal war der endgültige Mißerfolg des Stückes besiegelt, nach nur sieben Aufführungen mußte Aufricht *Happy End* absetzen. Während nahezu die gesamte Presse mit dem schwachen Stück und der durchscheinenden Absicht einer Wiederholung des *Dreigroschenoper*-Erfolges ins Gericht ging (Willy Haas: »Es roch überhaupt die ganze Zeit etwas sehr nach Konjunktur.«[167]), war man sich einig, daß die Songs nunmehr den Gipfel ihres Stils erreicht hatten. Alfred Kerr, der eingefleischte Brecht-Gegner, sonst mit Urteilen zur Musik eher zurückhaltend, bemerkte zu Weill: »Herzensspitzbub! mit Programm. Soll man erst noch versichern, daß er es einem ›angetan‹ hat?«[168]

Ebenso rasch, wie das Stück durchfiel, wurden seine Songs populär. Die Universal-Edition veröffentlichte Einzelausgaben von *Bilbao-Song, Matrosen-Song* und *Surabaya-Johnny*. Für die Schallplatte sang Lotte Lenya *Bilbao-Song* und *Surabaya-Johnny* auf Orchestrola, die Lewis Ruth Band spielte vier Songs in instrumentaler Fassung auf Electrola, und Theo Mackeben (unter seinem öfters gebrauchten Schallplatten-Pseudonym Red Roberts) nahm mit dem Ultraphon-Jazzorchester gleichfalls in Instrumentalversionen den *Surabaya-Johnny* und den *Bilbao-Song* auf.

Kurt Weill selbst spürte genau, daß er hier an einem Punkt angekommen war, der einen gewis-

Rundfunkarbeit: Kurt Weill dirigiert die Lewis Ruth Band, Lotte Lenya singt seine Songs. Abendprogramm der Berliner Funkstunde, 21. September 1929

Berlin
(Berlin O – Stettin – Magdeburg)

8 nm. (20)

Programm der aktuellen Abteilung

Wovon man spricht

(Redner und Thema werden durch Rundfunk bekanntgegeben)

8.30 nm. (20.30)

Großstadt-Musik

Offenbach – Weill

Dirigenten:
Dr. Ernst Römer und Kurt Weill

Solisten:
Lotte Lenia (Diseuse), **Else Knepel** (Sopran), **Iso Golland** (Bariton)
Lewis Ruth Band

Ende 1929 spielte die Lewis Ruth Band vier Songs aus *Happy End* in instrumentalen Fassungen für die Schallplatte ein

sen Abschluß markierte: »Daß meine Musik... industrialisiert worden ist, spricht ja nach unserem Standpunkt nicht gegen, sondern für sie, und wir würden in unsere alten Fehler zurückfallen, wenn wir einer Musik ihren künstlerischen Wert und ihre Bedeutung absprechen würden, nur weil sie den Weg zur Masse gefunden hat. Sie haben recht: für *mich* ist dieser Songstil auf die Dauer nicht kopierbar, und ich habe... nicht die Absicht, ihn zu kopieren. Aber wir können nicht verkennen, daß dieser Stil Schule gemacht hat, und daß heute mehr als die Hälfte der jungen Komponisten der verschiedensten Richtungen davon leben. Daher übersieht die Allgemeinheit sehr leicht, daß ich selbst, der erst vor einem Jahr diesen Stil geprägt hat, unterdessen in aller Ruhe meinen Weg weitergegangen bin.«[169]

Neben den nach der *Dreigroschenoper* entstandenen Kantaten *Das Berliner Requiem* und *Der Lindberghflug* ist es wohl vor allem die gerade fertiggestellte Oper, die Weill im letzten Satz des zitierten Briefes anspricht.

Aufstieg und Fall der Stadt Mahagonny ist das Zentrum und der Gipfel innerhalb der Zusammenarbeit mit Brecht. Nicht nur die lange Zeit der Arbeit am Werk – vom Mai 1927 bis zum September 1929 – weist ihm die Stellung als opus magnum zu, sondern vor allem die Tatsache, daß im Verlauf dieses Prozesses wesentliche Teile einer Theorie des epischen Theaters und der epischen Oper diskutiert und geformt wurden – Entwürfe, die die weitere Entwicklung von Schauspiel- und Operntheater im 20. Jahrhundert entscheidend beeinflußten. Der Anteil Weills an der Ausbildung der Brechtschen Theatertheorie ist in der Literatur bisher zu Unrecht unterbelichtet geblieben.

Ausgangspunkt für Brechts Überlegungen zu einer Theorie des epischen Theaters (er gebrauchte diesen Terminus erstmals 1926) waren seine zu dieser Zeit verstärkt einsetzenden soziologischen Studien. Ausgehend von Versuchen, den Mechanismus der bürgerlichen Welt seiner Epoche zu durchschauen, den Dingen »auf den Grund zu gehen«, stellte er Überlegungen zur Funktion des Theaters in dieser Welt an. Erste Erkenntnis war für ihn, daß die bisherige Form des Dramas für die Darstellung der Prozesse und der Lebensläufe dieser Gesellschaft nicht mehr geeignet war: »Wenn man sieht, daß unsere heutige Welt nicht mehr ins Drama paßt, dann paßt das Drama eben auch nicht mehr in die Welt.«[170] Eine neue Form des Theaters sollte der veränderten Welt gerecht werden: »Wie muß also unsere große Form sein? Episch. Sie muß berichten. Sie muß auch nicht glauben, daß man sich einfühlen kann in unsere Welt, sie muß es auch nicht wollen. Die Stoffe sind ungeheuerlich, unsere Dramatik muß das berücksichtigen.«[171]

Mit seinen eigenen Projekten in Sackgassen steckend, brauchte er doch dringend praktische Versuche, auf die sich die Ausarbeitung einer Theorie stützen konnte. Die Oper hatte ihn schon seit den Augsburger Jahren mit Marianne Zoff als konventionellste Institution bürgerlicher Kunstausübung zu Überlegungen hinsichtlich ihrer radikalen Erneuerung gereizt. Die Zusammenarbeit mit Kurt Weill gab ihm nun Gelegenheit, solche Überlegungen nicht nur anzustellen, sondern auch praktisch zu erproben. Im Ausgangspunkt waren sich beide einig. Auch Weill sah deutlich, daß die Welt mit den Mitteln des herkömmlichen Musiktheaters nicht mehr darstellbar war. Auch er schrieb – in völliger Analogie zu Brecht –: »Wenn also der Rahmen der Oper eine derartige Annäherung an das Zeittheater nicht verträgt, muß eben dieser Rahmen gesprengt werden.«[172]

Ihre Attacke auf die Institution Oper hatten beide zunächst damit begonnen, daß sie neue Formen musikalischen Theaters entwickelten, die außerhalb der Oper stattfanden: Stück mit Musik, Songspiel, Rundfunkkantate, Radiolehrstück – die Schuloper sollte folgen. Ganz im Sinne ihrer Ästhetik stellten Brecht und Weill parallel zur Entwicklung der neuartigen Werke stets auch Überlegungen in Hinblick auf ein neues Publikum an, das sie damit erreichen wollten. Bis hierher gab es fast völlige Kongruenz der Auffassungen. Die Unterschiedlichkeit der Positionen von Weill und Brecht brach auf, als sie beide nach der Fertigstellung und Uraufführung von *Aufstieg und Fall der Stadt Mahagonny* ihre theoretischen Erfahrungen reflektierten und getrennt veröffentlichten.

Nachdem Brecht sein berühmtes Unterschiedsschema für die Vorgänge des alten, »dramatischen« und des neuen, »epischen« Theaters aufgestellt hat, kommt er zu der für ihn wichtigsten These hinsichtlich einer epischen Oper: »Der Einbruch der Methoden des epischen Theaters in die Oper führt hauptsächlich zu einer radikalen Trennung der Elemente. Der große Primatkampf zwischen Wort, Musik und Darstellung (wobei immer die Frage gestellt wird, wer wessen Anlaß sein soll – die Musik der Anlaß des Bühnenvorgangs oder der Bühnenvorgang der Anlaß der Musik und so weiter) kann einfach beigelegt werden durch die radikale Trennung der Elemente.«[173]

Dieses Prinzip hatten Brecht und Weill zwar in der *Dreigroschenoper* voll angewendet (dort kündigte jeweils ein Lichtwechsel die Songs an, die Bühne lieferte die Zäsur, nach der die Musik »zu ihrem Recht kam«), jedoch war dies eben ein ganz anderer Typus als die Oper. Für diese mochte Weill die Frage eines »Primatkampfes« erst gar nicht gelten lassen. In seinen Anmerkungen zu *Aufstieg und Fall der Stadt Mahagonny* heißt es: »Der Inhalt dieser Oper ist die Geschichte einer Stadt, ihrer Entstehung, ihrer ersten Krisen, dann der entscheidende Wendepunkt in ihrer Entwicklung, ihre glanzvolle Zeit und ihr Niedergang. Es sind ›Sittenbilder aus unserer Zeit‹, auf eine vergrößerte Ebene projiziert. Diesem Inhalt entsprechend konnte hier auch die reinste Form des epischen Theaters gewählt werden, die auch die reinste Form des musikalischen Theaters ist. Es ist eine Folge von einundzwanzig abgeschlossenen musikalischen Formen. Jede dieser Formen ist eine geschlossene Szene, und jede wird durch eine Überschrift in erzählender Form eingeleitet.«[174] Kurt Weill schreibt weiter: »Die epische Theaterform ist eine stufenartige Aneinanderreihung von Zuständen… Der Stoff der Oper *Aufstieg und Fall der Stadt Mahagonny* ermöglichte eine Gestaltung nach rein musikalischen Gesetzen. Denn die Form der Chronik, die hier gewählt werden konnte, ist nichts als eine ›Aneinanderreihung von Zuständen‹.« Und er schließt: »Bei der Inszenierung der Oper muß stets berücksichtigt werden, daß hier abgeschlossene musikalische Formen vorliegen. Es besteht also eine wesentliche Aufgabe darin, den rein musikalischen Ablauf zu sichern.«[175]

Weill beansprucht bei seiner Erneuerung der Oper wenn nicht ein Primat der Musik, so doch die musikalischen Gestaltungsprinzipien als übergreifendes Element. Die Trennung der Elemente in Brechts Sinne mochte er für die epische Oper so radikal nicht angewendet wissen. Dies führte wiederum dazu, daß Brecht verstimmt war, weil er sich nicht als gewöhnlicher Opernlibrettist verstanden wissen mochte – es ist der sich ankündigende Bruch, der in den Texten von 1930 durchscheint.

Nach über zweijähriger Arbeit schloß Weill im September 1929 die erste Fassung der Oper ab, im November veröffentlichte die Universal-Edition Klavierauszug und Textbuch.

Alle Mittel der traditionellen Oper benutzend – von der Ouvertüre über die Belcantoarie bis hin zu großen Ensembles und Chorszenen – ist *Aufstieg und Fall der Stadt Mahagonny* dennoch der große Gegenentwurf zu ihr. Der bürgerlichen Welt wird mit der »Netzestadt« und den in ihr unverhüllt waltenden Gesetzen des Kapitalismus ein unerbittlicher Zerrspiegel vorgehalten. In der Geschichte des Jim Mahoney, vergleichbar der Passion Christi, endend mit seinem und der Stadt Untergang, fügen sich die »Sittenbilder der Zeit« – so Weill – zu einer visionären, parabolischen Darstellung der Epoche.

Die Fabel hat Weill so erzählt: »Zwei Männer und eine Frau, auf der Flucht vor den Konstablern, bleiben in einer öden Gegend stecken. Sie beschließen, eine Stadt zu gründen, in der den Männern, die von der Goldküste her vorüberkommen, ihre Bedürfnisse erfüllt werden sollen. In dieser ›Paradiesstadt‹, die hier entsteht, führt man ein beschauliches, idyllisches Leben. Das kann aber die Männer von der Goldküste auf die Dauer nicht befriedigen. Es herrscht Unzufriedenheit. Die Preise sinken. In der Nacht des Taifuns, der gegen die Stadt heranzieht, erfindet Jim Mahoney das neue Gesetz der Stadt. Dieses Gesetz lautet: ›Du darfst alles.‹ Der Taifun biegt ab. Man lebt weiter nach den neuen Gesetzen. Die Stadt blüht auf. Die Bedürfnisse steigen – und mit ihnen die Preise. Denn: man darf zwar alles – aber nur, wenn man es bezahlen kann. Jim Mahoney selbst wird, als ihm das Geld ausgeht, zum Tode verurteilt. Seine Hinrichtung wird zum Anlaß einer riesigen Demonstration gegen die Teuerung, die das Ende der Stadt ankündigt.«[176]

In der Eingangsszene beschließt die steckbrieflich gesuchte Witwe Begbick mit ihren beiden Begleitern die Stadtgründung. Dabei wird dem Zuschauer erzählend – oder episch – die Geschichte vorgestellt, die er im weiteren Verlauf des Abends sehen wird. Musikalisch als ausgreifendes Arioso der Begbick und ihrer Kumpane gestaltet, wird bereits hier gültiges Vokabular der Oper ummontiert, denn die Szene hat wenig mit dem traditionellen Arioso zu tun. Unvermittelt schließt sich, nachdem die Begbick den Platz bestimmt hat, an dem das künftige Zentrum der Netzestadt stehen soll, nämlich ihre »Hier-darfst-du-Schenke«, der Largo-Satz an, mit dem das Songspiel geschlossen hatte, jenes melodisch eindringlich gestaltete: »Aber dieses ganze Mahagonny«. In der nächsten Szene erscheinen vor dem Vorhang Jenny und die sechs Mädchen und singen den *Alabama-Song.* Nach Szene drei, in der Fatty und Moses für Mahagonny werben, betreten die vier Holzfäller die Szene. Mit dem Quartett »Auf nach Mahagonny«, an mancher Stelle mit parodistischen Anklängen an Webers *Freischütz*, erreichen sie die Stadt und werden von der Begbick empfangen. Unmittelbar danach begegnen sich Jenny und Jim, mit Jennys Song »Ach, bedenken Sie, Herr Jakob Schmidt« (erst 1931 eingefügt und auch als *Havanna-Song* bekannt geworden), gelang Weill erneut ein Meisterstück.

Aber das Leben in Mahagonny ist langweilig. In Szene neun gibt es dazu eine herrliche musikalische Travestie. Wenn der Vorhang sich öffnet, erklingt vom Klavier eine virtuos-schwülstige Bearbeitung des »Gebets einer Jungfrau«, danach sagt einer der Männer leise: »Das ist die ewige Kunst!« Es folgt im 3/4-Takt, in einem bewußt verzerrten Walzerrhythmus, Jims sehnsuchtsvolle Erinnerung an die tiefen Wälder Alaskas. Kitsch des bürgerlichen Salons (Jungfrau-Gebet) und Kitsch der bürgerlichen Oper (Sehnsuchtsarie) werden gekontert und gleichzeitig zertrümmert. Danach folgt die große Taifunszene, dramaturgischer Trick, um die Wende des Handlungsablaufes zu erreichen. Hier verwendet Weill Mittel der traditionellen Oper, eine Orchesterfuge im eiligen Rhythmus symbolisiert die Flucht, der große Schrecken wird in einem dreiteiligen Chor dargestellt. Danach folgt das fromme Entsetzen der Männer, die Fuge geht in einen Choral über. In den Choral der Männer hinein stellt Weill Jennys Refrain des *Alabama-Songs*, die Musik kontert die Schicksalsergebenheit der Männer. Daran schließt sich das melodisch gelungene, harmonisch und rhythmisch dem Song nahestehende Lied »Denn wie man sich bettet, so liegt man« an. Der menschenverachtenden Brutalität des Textes ist die lockere Melodik entgegengesetzt, die Musik treibt die Beklemmung auf die Spitze, bis am Schluß des Liedes das Licht verlöscht. Der zweite Akt zeigt Mahagonny auf seinem Höhepunkt. Der die Szenen dieses Aktes ostinat verbindende Chor »Erstens, vergeßt nicht, kommt das Fressen« zählt zu den stärksten musikalischen Erfindungen der Partitur. Jetzt werden triviale Dinge vorgeführt: Das Fressen (zu einer ungeheuren Zithermelodie frißt sich Jakob Schmidt zu Tode), Lieben (mit dem *Song von Mandelay*), Kämpfen (eine flotte Marschmusik, melodisch manchmal absichtlich verbogen, begleitet den tödlichen Boxkampf), Saufen (dabei wird von den betrunkenen Männern und Jenny eine große Seefahrtsszene gespielt, zu der Weill das triviale Lied »Des Seemans Los« kunstvoll benutzt). Zwischen »Lieben« und »Kämpfen« gestellt ist eine der schönsten Nummern des Werkes, Jim und Jenny singen das Duett »Sieh jene Kraniche ...« nach Brechts bekanntem Gedicht. Für Minuten brechen da zwei einfache Menschen aus der »Mahagonny«-Welt aus, es kann kein gutes Ende mit diesen beiden nehmen. In der folgenden Gerichtsverhandlung – damit beginnt der dritte Akt – wird Jim zum Tode verurteilt, weil er drei Flaschen Whisky nicht bezahlt hat. Die Musik beschreibt während der Gerichtsszene mit rhythmischen Begleitfiguren die haarsträubende Rechtsfindung. Nach jedem Anklagepunkt setzt Weill eine zweitaktige, verbundene Akkordauflösung. Es folgt, nochmals eingeschoben vor dem Vorhang, der *Benares-Song* und danach die große Finalszene der Oper, in der Weill Musiken aus vorangegangenen Szenen zu einer suggestiven Montage zusammenfügt. Teile des »Spiels vom lieben Gott in Mahagonny« (»An einem grauen Vormittag«), des Eingangsgesanges (»Aber dieses ganze Mahagonny«), der »Hurrikan«-Chöre, des »Denn wie man sich bettet« werden zu einer dissonanten Collage verflochten, die musikalisch ausdrückt, was Nehers Projektionen optisch zeigen: das Chaos. Der grandiose, im Largo beginnende Schlußgesang »Können uns und euch und niemand helfen« wird nochmals musikalisch verlangsamt, über Più largo zum abschließenden Molto largo; mit zwei Fortissimotakten, die dieses Memento nochmals bekräftigen, schließt das Werk.

Daß Kurt Weill seine Oper in Berlin zur Uraufführung bringen wollte, stand außer Frage. Bereits im April 1929 spielte er Otto Klemperer Teile des Werkes vor, im Mai schickte die Universal-Edition einen Vertragsentwurf an die Berliner Krolloper. Alles schien bereits klar, doch dann kamen Klemperer offenbar doch Bedenken, und er bat Weill Anfang Juli um ein nochmaliges Vorspiel im Beisein seines Regisseurs Ernst Legal. Vom Resultat berichtet Weill dem Verlag: »Die Mahagonny-Angelegenheit hat nun eine sehr überraschende Wendung genommen. Nachdem ich Klemperer den 3. Akt vorgespielt hatte, ging ich fort. Legal, der außerordentlich beeindruckt war, verlangte kategorisch die sofortige Annahme des Werkes. Klemperer erklärte sich grundsätzlich einverstanden. 2 Stunden später telefoniert Klemperer in meiner Wohnung an, er wolle sofort zu mir kommen. Er kommt in einem völlig desolaten Zustand und erklärt mir mit Tränen in den Augen, er habe jetzt 2 Stunden mit sich gerungen, aber es ginge nicht, er erkenne die Wichtigkeit des Ganzen, er sehe die musikalischen

Schönheiten, aber das Ganze sei ihm fremd und unverständlich.«[177]

Daraufhin setzte sich die Universal-Edition mit verschiedenen Opernhäusern in Verbindung und erreichte schließlich eine Zusage des Leipziger Opernchefs Gustav Brecher, die Weill sofort mitgeteilt wurde: »Wir sind sehr froh, nach so vielen und schwierigen und mühseligen Verhandlungen für *Mahagonny* den Start gefunden zu haben.«[178] Der Vertrag mit Leipzig enthielt beiderseitige Kompromisse: »Mit Rücksicht auf den besonderen Charakter des Werkes werden die Autoren berechtigt sein, bei der Inszenierung beratend mitzuwirken.« Und schwerwiegender: »Die Grundvoraussetzung dieses Vertragsabschlusses ist die bindende Zusicherung beider Autoren, daß sie die besprochenen Milderungen den Bedenken der Leipziger Intendanz entsprechend durchführen.«[179]

So begann die Geschichte der Oper noch vor ihrer Uraufführung mit erzwungenen Änderungen – dies sollte sich während fast aller folgenden Inszenierungen bis 1931 fortsetzen, so daß das im November 1929 gedruckte Aufführungsmaterial eine Fassung darstellt, die eigentlich nie auf die Bühne kam. Die »Bedenken der Leipziger Intendanz« – und nicht nur ihre – richteten sich vor allem gegen das »Spiel von Gott in Mahagonny«, gegen die Szene »Lieben« und gegen die Losungstafeln im Finale. Ersteres mußte ganz entfallen, in den beiden anderen strittigen Punkten nahmen die Autoren Milderungen vor. Selbst der Name »Dreieinigkeitsmoses« mußte in Leipzig geändert werden, in der Uraufführung hieß die Figur »Virginia-Moses«.

Was die Namen der Hauptfiguren betrifft, scheinen Brecht und Weill übrigens bereits in der Schlußphase der Arbeit Bedenken gekommen zu sein, denn schon das Aufführungsmaterial vom November 1929 enthält die Notiz: »Da die menschlichen Vergnügungen, die für Geld zu haben sind, einander immer und überall aufs Haar gleichen, da die Vergnügungsstadt Mahagonny also im weitesten Sinne international ist, können die Namen der Helden in jeweils landesübliche umgeändert wer-

Generalmusikdirektor Gustav Brecher, der drei Bühnenwerke Weills in Leipzig uraufführte. Aufnahme von 1930

den. Es empfiehlt sich daher, etwa für deutsche Aufführungen, folgende Namen zu wählen:

statt Fatty … Willy
statt Jim Mahoney … Johann Ackermann (auch Hans)
statt Jack O'Brien … Jakob Schmidt
statt Bill … Sparbüchsenheinrich (auch Heinz)
statt Joe … Josef Lettner, genannt Alaskawolfjoe.

Jede Annäherung an Wildwest- und Cowboy-Romantik und jede Betonung eines typisch amerikanischen Milieus ist zu vermeiden.«[180]

Diese Alternativvorschläge führten dazu, daß in sämtlichen deutschen Aufführungen vor 1933 Figurennamen ständig wechselten. Nicht ohne Hintersinn hat Brecht 1930 für die Textausgabe innerhalb seiner *Versuche* (die als Leseausgabe eingerichtet war und, wie auch der *Versuche*-Druck der *Dreigroschenoper*, zahlreiche Änderungen gegenüber der Aufführungsfassung enthielt) die Namen von drei Holzfällern geändert. Als die Leitung des Festivals Neue Musik Berlin (Paul Hindemith, Heinrich Burkard, Joseph Haas) sein gemeinsam mit Eisler geschriebenes Stück *Die Maßnahme* ablehnte, nannte er darauf die Figuren *Paul* Ackermann, *Heinrich* Merg und *Joseph* Lettner.

Die Uraufführung der Oper fand am 9. März 1930 im Neuen Theater Leipzig statt. Während der Endprobenwoche waren Brecht, Weill und Neher anwesend, um die szenische, musikalische und technische Einrichtung (Regie: Walther Brügmann, Dirigent: Gustav Brecher, Bühnenbild und Projektionen: Caspar Neher) zu unterstützen.

Die Premiere geriet zu einem der nachhaltigsten Theaterskandale der Weimarer Republik, ausgelöst nun nicht mehr nur von seiten mißmutiger Freunde der traditionellen Oper, sondern durch organisierte Störtrupps »von Hakenkreuzlern und schwarzweißroten Skandalbrüdern, die von kapitalkräftigen Hintermännern als Claque gekauft waren«.[181] Sie hatten schon am Nachmittag der

Programmzettel der Uraufführung

NEUES THEATER

Sonntag, den 9. März 1930
Außer Anrecht

Uraufführung

Aufstieg und Fall der Stadt Mahagonny

Oper in drei Akten — Musik von Kurt Weill — Text von Bert Brecht
Bühnenbilder und Projektionen: Caspar Neher
Musikalische Leitung: Gustav Brecher — Spielleitung: Walther Brügmann

Leokadja Begbick	Marga Dannenberg
Willy, der „Prokurist"	Hanns Fleischer
Virginia-Moses	Walther Zimmer
Jenny	Mali Trummer
Johann Ackermann	Paul Beinert
Jacob Schmidt	Hanns Hauschild
Heinrich (genannt Sparbüchsenheinrich)	Theodor Horand
Josef Lettner (genannt Alaskawolfjoe)	Ernst Osterkamp
Tobby Higgins	Alfred Holländer
Ein Liebespaar	Ilse Koegel / Hans Lißmann

Acht Mädchen von Mahagonny, Männer von Mahagonny
Chöre: Konrad Neuger
Kostüme nach Entwürfen von Caspar Neher angefertigt in den Werkstätten für Theaterkunst Hermann J. Kaufmann, Berlin
Lautsprecher: Radiohaus Fritz Meyer & Co., Leipzig
Technische Einrichtung: Oswald Ihrke

Größere Pause nach dem 1. Akt **Änderungen vorbehalten**
Rückgabe von Eintrittskarten wegen Umbesetzungen ausgeschlossen
Einlaß 19 Uhr **Anfang 19½ Uhr** **Ende nach 22 Uhr**

Premiere vor dem Opernhaus demonstriert; als abends Weill mit seinen Eltern sowie Lotte Lenya eintrafen, bemerkten sie auch im Publikum Gruppen in Uniform. Lenya erinnert sich: »Nach der

Kurt Weill mit seiner Mutter am 9. März 1930 auf dem Leipziger Georgiring, unterwegs zur Uraufführung von *Aufstieg und Fall der Stadt Mahagonny* im Neuen Theater

Pause merkte ich, daß etwas Merkwürdiges und Häßliches im Publikum mitschwang. Gegen Ende der Aufführung hatte der Tumult auf die Bühne übergegriffen«, Gustav Brecher konnte nur mit äußerster Mühe die Aufführung zu Ende bringen, »in Panik geratene Zuschauer versuchten sich zum Ausgang durchzukämpfen, und erst nach dem Eintreffen starker Polizeikräfte leerte sich schließlich das Theater.«[182]

Die Reaktionen der rechten Presse zeigten deutlich, daß es hier um mehr ging als die zeitgenössische Oper: »Generalmusikdirektor Brecher hat es für richtig befunden, in der Oper ein Stück zur Aufführung zu bringen, das unverhohlen übelste kommunistische Propaganda ist.«[183] Oder noch direkter: »Halloh, meine sauberen Herren Brecht und Weill, Ihre Tage dürften wohl ebenfalls so gezählt sein wie die Ihrer Abschaumstadt Mahagonny!«[184]

Doch es sollte nicht nur bei inszeniertem Krawall und verbalen Attacken bleiben. Am 11. März 1930 verlangte der Vertreter der Deutschnationalen Volkspartei (die NSDAP hatte noch keine Sitze im Stadtparlament) in einer Sondersitzung des Theaterausschusses die unverzügliche Absetzung des Stückes. Der Ausschuß lehnte den Antrag ab, daraufhin forderte die DNVP eine Entscheidung des Leipziger Stadtrats. In seiner Sitzung vom 14. März lehnte auch der Stadtrat erneut ab – daraufhin konnte am 16. März nunmehr die zweite Aufführung der Oper stattfinden.

Die Berichte über den Uraufführungskrawall und das politische Tauziehen im Leipziger Stadtrat nahmen breiten Raum in der gesamten deutschen Presse ein. Die Theater in Essen, Oldenburg und Dortmund lösten daraufhin bei der Universal-Edition bereits geschlossene Aufführungsverträge.

Fast drohte unter der politischen Diskussion um das Werk seine ästhetische Qualität aus dem Blickfeld zu geraten. Es waren vor allem Deutschlands

Projektionstafel von Caspar Neher für die Uraufführung

Uraufführung *Aufstieg und Fall der Stadt Mahagonny.* Szenenfoto des Finales

Erste Schallplatte mit zwei Songs aus der Oper, sie lag zur Uraufführung vor und wurde im Programmheft annonciert

Aus der Leipziger Abendpost vom 10. März 1930

Scharfer Protest des Publikums

Generalmusikdirektor Brecher treibt kommunistische Propaganda im Neuen Theater

Am Sonntagabend erlebte Leipzig einen Theater-Skandal, wie ihn unsere Stadt schlimmer seit langem nicht gesehen hat. Generalmusikdirektor Brecher hat es für richtig befunden, in der Oper ein Stück zur Aufführung zu bringen, das unverhohlen übelste kommunistische Propaganda ist. Das Leipziger Publikum ließ mit großer Geduld und Nachsicht schon manches gewagte Experiment des Opernleiters über sich ergehen, jetzt aber hat Brecher die Grenze überschritten, und mit elementarer Gewalt hat sich beim Leipziger Publikum der gesunde Sinn zur Wehr gesetzt gegen den zersetzenden Geist, der die Leipziger Oper als Kunstinstitut zu vernichten droht. — Unser Referent berichtet:

Umschlaggestaltung von Caspar Neher zur Ausgabe der Universal-Edition Wien »Sechs Stücke aus Aufstieg und Fall der Stadt Mahagonny« für Gesang und Klavier, 1930

führende Musikkritiker, die sie hervorhoben. Alfred Einstein verglich die Oper mit Wagners opus magnum: »*Mahagonny* soll ein Symbol, ein Abbild des Lebens sein, aber aus dem Symbol wird immer mehr, wird zum Schlusse ganz die Demonstration wider den Kapitalismus. *Der Ring des Nibelungen* ist auch wider den Kapitalismus gerichtet, aber er ist keine Demonstration. Im *Ring des Nibelungen* überwindet der Kapitalismus die Liebe, die es vielleicht doch in der Welt gibt, man darf es trotz allem vermuten. In *Mahagonny* gibt es keine Liebe, es gibt nur Geld, den Trieb in allen Gestalten, die letzte Trostlosigkeit, die letzte Entseeltheit. Aber die Liebe ist vielleicht gerade dadurch gefordert; und die Leipziger, die pfiffen und sich absentierten, haben sicherlich Bert Brechts und Kurt Weills

Aggressivität richtig gespürt, aber nicht ihren Ernst. Darin hatten sie unrecht.«[185] Hans Heinz Stuckenschmidt schrieb: »Das Werk steht entwicklungsgeschichtlich an der Spitze der musikdramatischen Produktion der Gegenwart. Es trägt, all seinen Bierulk, all seine gymnasiastische Romantik zugegeben, aufs wirksamste zur Legitimierung des neuen Theaters bei und ist schon aus diesem Grunde leidenschaftlich zu bejahen. Es macht die Möglichkeiten der Oper für Gegenwart und Zukunft wieder plausibel und sprengt gleichzeitig ihre Grenze.«[186]

Nur drei Tage nach der Uraufführung fanden am 12. März 1930 Premieren der Oper in Kassel (Regie: Jakob Geis, Dirigent: Maurice Abravanel, Bühne: Caspar Neher) und Braunschweig (Regie: Heinrich Voigt, Dirigent: Klaus Nettstraeter, Bühne: Caspar Neher) statt; während die Kasseler Aufführung normal verlief, war auch in Braunschweig der Krawall bereits vorprogrammiert. Ein nationalsozialistischer Studententrupp der Technischen Hochschule störte bereits während der Vorstellung, um am Schluß endgültig einen Tumult zu entfesseln. Die Oper mußte nach der zweiten Aufführung vom Spielplan abgesetzt werden.

Reichlich einen Monat nach diesen Aufführungen erhielt die Diskussion über *Mahagonny* neuen Zündstoff, als Heinrich Strobel am 12. April 1930 im Abendprogramm der Funkstunde Berlin eine einstündige Sendung *Für und wider Mahagonny* veranstaltete. Nach seinem einführenden Vortrag spielte das Berliner Funk-Orchester unter Leitung von Theo Mackeben sieben Nummern aus der Oper in instrumentalen Fassungen.

Am 16. Oktober kam die *Mahagonny*-Oper im Rahmen der Festwoche zum 50jährigen Bestehen des Opernhauses zur Aufführung in Frankfurt am Main (Regie: Herbert Graf, Dirigent: H. W. Steinberg, Bühne: Ludwig Sievert). Die Premiere verlief

Drei Tage nach der Leipziger Uraufführung fanden Premieren in Kassel und Braunschweig statt. Programmzettel

Staatliches Theater

Kassel, Mittwoch den 12. März 1930

Vierte Vorstellung — Reihe D — zum Besten der Pensionsanstalt

Erstaufführung:

Aufstieg und Fall der Stadt Mahagonny

Oper in drei Akten. — Musik von Kurt Weill. — Text von Brecht.

Musikalische Leitung: Maurice de Abravanel. — In Szene gesetzt von Jacob Geis.

Chöre: Dr. Walter Pauli.

Personen:

Mädchen und die Männer von Mahagonny.

Inspizient: Horst Rabelt.

Pause nach dem ersten und zweiten Akt.

Abänderungen in der Rollenbesetzung bleiben für den Notfall vorbehalten.

Opernpreise II

Kassenstunden:

Kassenöffnung 18½ Uhr Einlaß 19 Uhr. Anfang 19½ Uhr. Ende gegen 22½ Uhr.

IM LANDESTHEATER BRAUNSCHWEIG

INTENDANT DR. THUR HIMMIGHOFFEN

Mittwoch, den 12. März 1930

(2. Vorstellung, 6. Reihe)

20 – 22.45 Uhr

Norddeutsche Erstaufführung

Aufstieg und Fall der Stadt Mahagonny

Oper in 3 Akten von Kurt Weill ● Text von Bert Brecht

Musikalische Leitung: Klaus Nettstraeter

Szenische Leitung: Heinrich Voigt

Projektionsbilder: Caspar Neher-Berlin

Figurinen: Vally Reinecke

PERSONEN

Leokadja Begbick	Else Lüdke
Fatty, der „Prokurist"	Luitpold Gauther
Virginiamoses	Karl Kamann
Jenny	Trude Weber
Jim Mahoney	Valentin Haller
Jack Schmidt	Richard Wernecke
Bill, genannt Sparbüchsenbill	Alfred Paulus
Joe, genannt Alaskawolfjoe	Heinz Eckner
Tobby Higgins	Friedrich Galvagni
6 Mädchen von Mahagonny	Liesel Hertel, Hanna Käblke, Martha Koch, Trude Kortegast, Meta Kruke, Lore Richardt
Die Männer von Mahagonny	

Grössere Pause nach dem 1. Akt

Bühneneinrichtung: Wilhelm Röllinghoff

Beleuchtung: Wilhelm Heinze

Telegramm von Kurt Weill an den Verlag in Wien nach der Premiere der Oper in Frankfurt am Main, 17. Oktober 1930

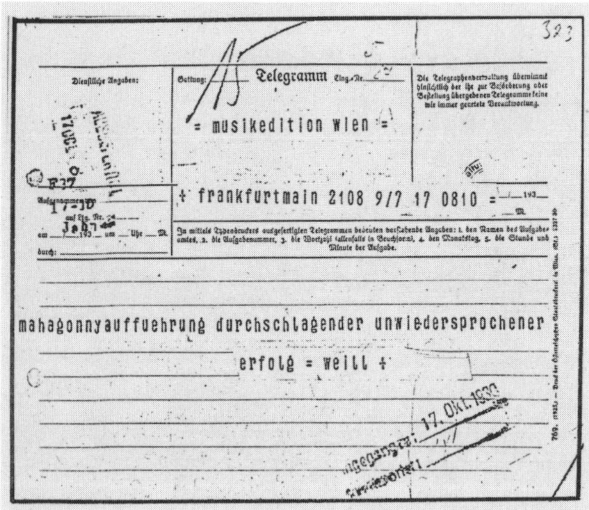

Dienstliche Angaben:

Gattung: Telegramm Eing.-Nr.

Die Telegraphenverwaltung übernimmt hinsichtlich der ihr zur Beförderung oder Bestellung übergebenen Telegramme keine wie immer geartete Verantwortung.

= musikedition wien =

+ frankfurtmain 2108 9/7 17 0810 =

In mittels Typendruckers ausgefertigten Telegrammen bedeuten vorstehende Angaben: 1. den Namen des Aufgabeamtes, 2. die Aufgabenummer, 3. die Wortzahl (allenfalls in Bruchform), 4. den Monatstag, 5. die Stunde und Minute der Aufgabe.

mahagonnyauffuehrung durchschlagender unwiedersprochener erfolg = weill +

17. Okt. 1930

ohne Störung, erst in der zweiten Vorstellung am 19. Oktober traten auch hier organisierte Radaukommandos in Aktion, so daß die Vorstellung mit Mühe bei erleuchtetem Saal zu Ende gebracht werden konnte, ehe der endgültige Tumult ausbrach. Dennoch beließ die Intendanz *Mahagonny* auf dem Spielplan, die Oper lief noch weitere achtmal.

Noch immer aber entschloß sich keines der drei Berliner Opernhäuser zu einer Aufführung. Wieder war es Weill selbst, der die Initiative ergriff. Da die Opernchefs sich ihm verweigerten, beschloß er, das Werk – auch bei Notwendigkeit musikalischer Reduzierungen – nunmehr mit dem Apparat der Schauspielbühne zu realisieren. Am 3. Mai 1930 spielte er die Oper im Deutschen Theater vor: »Ich war gestern fast 3 Stunden bei Reinhardt und habe ihm und seinem Mitarbeiterstab *Mahagonny* vorgespielt. Alle, besonders Reinhardt selbst, waren außerordentlich beeindruckt und ich bin ein großes Stück weitergekommen. Reinhardt ist brennend interessiert… es scheint ziemlich festzustehen, daß es im Herbst herauskommt. Mit Marlene Dietrich wird schon verhandelt.«[187] Doch auch diese Hoffnung zerschlug sich: »Ich habe übrigens aus einer gut unterrichteten Quelle eine vertrauliche Mitteilung erhalten, Reinhardt habe aus rheinischen Großindustriellenkreisen (Thyssen), deren Vertrauter Herr Dr. Eger ist, Geld bekommen unter der Bedingung, daß er *Mahagonny*… nicht aufführen darf.«[188]

Es war schließlich erneut Ernst Josef Aufricht, der Ende 1931 eine Berliner Produktion ermöglichte. Er mietete das Theater am Kurfürstendamm, verpflichtete mit Alexander von Zemlinsky einen engagierten Dirigenten zeitgenössischer Musik, besorgte Geld für Orchester und Chor und gewann mit Lotte Lenya, Harald Paulsen und Trude Hesterberg für die Hauptrollen populäre Schauspieler. Weill reduzierte die Orchestrierung sowie den musikalischen Anspruch der Partitur (z. B. bei verschiedenen Ensembles), er strich das Kranich-Duett und schrieb dafür zwei neue Nummern (»Ach bedenken Sie, Herr Jakob Schmidt« und »Laßt euch nicht verführen«). Am 14. Dezember 1931 berichtet er: »Ich bin von 9 Uhr morgens bis 1 Uhr nachts auf der Probe. Zemlinsky ist ganz große Klasse!!!«[189]

Der erfahrene Theaterunternehmer Aufricht startete die Premiere mit einem großen Werbefeldzug. Er lancierte fortwährend sensationelle Meldungen in die Presse (darunter eine, die besagte, Max Schmeling werde in der Boxszene auftreten – was allerdings pure Reklame war) und ließ eigens für die Besucher des Theaters eine der ersten,

Kurt Weill, Lotte Lenya, Bertolt Brecht. Aufnahme von 1931

Besetzungszettel der Berliner Erstaufführung

KURFÜRSTENDAMMTHEATER

Gastspiel der Ernst Josef Aufricht-Produktion

Montag, den 21. Dezember 1931
zum ersten Male:

Aufstieg und Fall der Stadt
Mahagonny

Oper von **Brecht** und **Weill**
Musikalische Leitung: Alexander von Zemlinsky
Inszenierung: Caspar Neher
Technische Leitung: Hans Sachs

PERSONEN

Sprecher	Albert Hoerrmann
Leokadja Begbick	Trude Hesterberg
Willy, der „Prokurist"	Maria Wetra
Dreieinigkeitsmoses	Franz Ferrow
Jenny Hill	Lotte Lenja
Johann Ackermann	Harald Paulsen
Jacob Schmidt	Albert Peters
Heinrich Gabler, genannt Sparbüchsenheinrich	Silvio Carli
Josef Lettner, genannt Alaskawolfjo	Heinrich Gretler
Tobby Higgins	Albert Peters

damals gerade aus den USA nach Deutschland gekommenen Bild-Schallplatten herstellen, mit instrumentalen Tanzbearbeitungen des *Alabama-Song* und *Denn wie man sich bettet*, gespielt von Emil Róosz und seinem Künstlerorchester.

Beide Songs hatte Lotte Lenya bereits anläßlich der Uraufführung im Frühjahr 1930 für Homocord eingespielt, 1932 ließ sie eine neue Aufnahme bei Telefunken folgen. Schließlich produzierte Electrola im Frühjahr 1932 einen Querschnitt aus der Oper mit dem Ensemble der Berliner Aufführung, Dirigent: Hans Sommer.

Solchermaßen neugierig gemacht, wurde die Premiere am 21. Dezember 1931 ein großer Erfolg, und auch danach kam das Publikum in hellen Scharen, so daß die Oper bis in das Frühjahr 1932 hinein über vierzigmal en suite gespielt wurde – ein Serienrekord für zeitgenössisches Musiktheater. Bis auf erneut heftige verbale Attacken der rechten Presse blieben die erwarteten Krawalle diesmal aus. Offenbar hatte die gesellschaftliche Realität in Deutschland während des dritten Winters der Weltwirtschaftskrise die Visionen der Autoren anno 1929 längst eingeholt.

Gelegentlich *Aufstieg und Fall der Stadt Mahagonny* kam es auch zur Begegnung und kurzzeitigen Zusammenarbeit mit Karl Kraus, dessen Offen-

Während der Proben für die *Mahagonny*-Oper, Dezember 1931 im Theater am Kurfürstendamm. Von links: Weill, der Dirigent Alexander von Zemlinsky und Brecht

Lotte Lenya (Jenny) und Heinrich Gretler (Alaskawolfjoe) in der Berliner Aufführung von *Aufstieg und Fall der Stadt Mahagonny*, Dezember 1931

Porträtkarikaturen von Linne aus der Rezension im 12-Uhr-Blatt, 23. Dezember 1931

Zur Werbung für die Berliner Aufführung ließ Ernst Josef Aufricht eine der ersten deutschen Bildplatten herstellen. Die Gestaltung stammt von der Bühnenbildnerin Nina Tokumbet, die mit Caspar Neher befreundet war. Auf der Platte finden sich zwei Songs aus der Oper in Tanzbearbeitungen, gespielt von Emil Roósz und seinem Künstlerorchester

Diese authentische Querschnitt-Einspielung entstand mit dem Ensemble der Berliner Aufführung im Frühjahr 1932

Lotte Lenya als Jenny. Foto von Elli Marcus mit Widmung für Kurt Weill, 29. Mai 1932

bach-Bearbeitungen (im März 1931 hatte *Perichole* in der Krolloper Premiere) auf Weill starken Eindruck machten. Kraus wiederum war von *Mahagonny* so angetan, daß er sich entschloß, Ausschnitte daraus in seine berühmten Lese- und Vortragsabende *Theater der Dichtung* aufzunehmen, die auch mit musikalischen Demonstrationen verbunden waren. Kraus' Offenbach-Vorträge hatte Weill mehrfach in Berlin besucht. Nun bat ihn Karl Kraus, doch zum *Mahagonny*-Abend die Klavierbegleitung selbst zu übernehmen, was Weill (der sonst in Berlin so gut wie nie als Interpret oder Dirigent seiner eigenen Musik auftrat) als Auszeichnung empfand und gerne zusagte.

Der Abend lief am 11. Januar 1932 in Berlin, im ersten Teil sprach Kraus Texte von Raimund, Wedekind und Altenberg, nach der Pause standen Ausschnitte aus Weills Oper auf dem Programm. Am 6. Februar wiederholte Kraus den Abend in Wien, diesmal mit einem anderen Pianisten. Weill schrieb kurz darauf: »Die Vorlesung von Karl Kraus war ganz interessant, entsprach aber – unter uns gesagt – so wenig meiner eigenen Auffassung ..., daß ich selbst nicht viel damit anfangen konnte.«[190]

Mit der letzten Vorstellung im Theater am Kurfürstendamm endete die Aufführungsgeschichte der Oper in Deutschland für ein Vierteljahrhundert. In drei europäischen Hauptstädten war *Aufstieg und Fall der Stadt Mahagonny* bis 1933 ebenfalls inszeniert worden: 1930 in Prag, 1932 in Wien und 1933 in Kopenhagen.

Doch kehren wir noch einmal zurück in die Zeit der Uraufführung, Frühjahr 1930. Zum dritten Mal nach 1927 und 1929 erhielt Kurt Weill einen Kompositionsauftrag für das bedeutendste jährliche deutsche Musikfestival, das 1930 von Baden-Baden nach Berlin umgezogen war und nun Festival Neue Musik hieß. In diesem Jahr sollten Werke für die Schulmusikbewegung im Mittelpunkt stehen. Dies interessierte Weill brennend, wollte er doch bereits mit dem *Lindberghflug* ein »Absatzgebiet« erobern, auf dem er große Chancen sah: »Zu den älteren Absatzgebieten (Konzert, Theater, Rundfunk) sind jetzt hauptsächlich zwei neue hinzugekommen: die Arbeiterchorbewegung und die Schulen. Eine lohnende Aufgabe für uns besteht darin, für diese neuen Gebiete nun auch Werke größeren Umfangs zu schaffen, die aber doch in den äußeren Mitteln sich so weit einschränken, daß die Aufführungsmöglichkeit ... nicht behindert ist.«[191]

Karl Kraus bei einem seiner Vortragsabende »Theater der Dichtung« im Berliner Mozartsaal. Am 11. Dezember 1932 stellte er dabei die *Mahagonny*-Oper vor, am Klavier begleitet von Weill

Die Arbeiterchorbewegung – sehen wir von den wenigen Ausnahmen ab – war Weills »Absatzgebiet« nicht, für die Schulen aber wollte er unbedingt etwas »Anständiges« komponieren. So nahm er den Auftrag gerne an. Zwischen Januar und Mai 1930 entstand, wiederum gemeinsam mit Bertolt Brecht, die Schuloper *Der Jasager*, das letzte Werk, das die beiden in Deutschland zusammen produzierten.

Erneut lieferte Elisabeth Hauptmann die Vorlage. Sie hatte 1929 vier klassische japanische Nô-Dramen aus der englischen Übersetzung Arthur Waleys ins Deutsche übertragen. Darunter befand sich das Stück *Taniko* (Der Talwurf) des Dichters Zenchiku aus dem 15. Jahrhundert. Es schildert die rituelle Wallfahrt einer buddhistischen Sekte, der sich ein Knabe anschließt, um für seine Mutter zu beten. Unterwegs wird er jedoch selbst krank und verliert die für die Wallfahrt notwendige Reinheit. Entsprechend dem Ritus wird er ins Tal gestürzt.

Brecht und Weill waren von der Knappheit der Vorgänge beeindruckt und säkularisierten den religiösen Stoff. Nach der Bearbeitung erzählte Weill die Fabel so: »Der Knabe möchte mit dem Lehrer auf eine Wanderschaft gehen, um aus der Stadt Medizin für seine kranke Mutter zu holen. Die Reise ist gefahrvoll, deshalb will die Mutter den Jungen nicht gehen lassen. Auch der Lehrer rät ab. Der Knabe geht aber, um der Mutter zu helfen. Unterwegs, als man an die gefährlichste Stelle gekommen ist, macht er schlapp und gefährdet dadurch die ganze Reisegesellschaft. Man stellt ihn vor die Entscheidung: soll man umkehren oder soll man dem alten Brauch folgen, der befiehlt, Kranke in das Tal hinabzuwerfen? Der Knabe entscheidet sich für den Wurf ins Tal. ›Er hat ja gesagt‹ singt der Chor.« Und er fährt fort: »Wir haben uns überlegt, daß der Schüler aus einem Lehrstück auch etwas lernen soll. Deshalb haben wir den Satz über das Einverständnis hineingebracht, nämlich: ›Wichtig zu lernen ist Einverständnis.‹ Das sollen die Schüler lernen. Sie sollen wissen, daß eine Gemeinschaft, der man sich angeschlossen hat, von einem verlangt, daß man tatsächlich die Konsequenzen zieht... Durch diese Tendenz des ›Einverständnisses‹ wirkt das Lehrstück in einem höheren Sinne politisch, selbstverständlich nicht parteipolitisch.«[192]

Weills Musik gehört zu seinen geschlossensten Partituren überhaupt. Er hat sie Gustav Brecher gewidmet, dem Leipziger Dirigenten. Für das Orchester schreibt er vor: 1. und 2. Violine, Violoncello, Baß (alle Streicher möglichst stark besetzt), zwei Klaviere und Harmonium. Ad libitum können eine Flöte, eine Klarinette, ein Altsaxophon, Zupfinstrumente und Schlagzeug hinzutreten. Weiter heißt es in seinen Anweisungen: »Alle Vokalpartien müssen von Schülern gesungen werden. Ich denke, der Knabe sollte von einem zehn- bis zwölfjährigen Jungen gesungen werden, der Lehrer von einem Sechzehn- bis Achtzehnjährigen, die Mutter von einem vierzehn- bis sechzehnjährigen Mädchen. Genauso sollen die drei Studenten, die an der Reise teilnehmen, von Schülern gesungen werden. Und schließlich sollte der gesamte Schulchor mitwirken.«[193]

Das Werk beginnt und endet mit dem »Einverständnis-Chor«, der in äußerst einfach singbarer Melodik, in Kanonform, Händelsche Größe erreicht. Die klare Rhythmik kündigt bereits die überschaubare Diktion des ganzen Werkes an. Dann beginnt mit Nr. 2 die eigentliche Handlung. Der Lehrer besucht den Knaben zu Hause und erfährt dabei, daß dessen Mutter schwer krank ist. Von stetig fließenden Viertelnoten begleitet, erfindet Weill eine thematische Figur, die er insgesamt fünfzehnmal in dieser Szene einsetzt, quasi zur Gliederung der Exposition des Stückes, da die Ausgangssituation im Wechselgesang von Lehrer und Knaben erzählt wird.

Dann verabschiedet die Mutter den Sohn. Ihr ergreifendes: »Seit dem Tag, an dem uns dein Vater verließ« wird groß ausgestellt, die rhythmisch ostinate Begleitung der ganzen Szene verleiht ihr großen Nachdruck. Der erste Akt endet, kommentiert vom Chor, mit der Entscheidung der Mutter: »Wenn es sein muß, geh mit dem Herrn Lehrer.«

Der zweite Akt wird wieder vom Chor eröffnet, der die Mitteilung an die Zuhörer adressiert, daß der Knabe krank und erschöpft nicht weiter kann. Auch hier arbeitet Weill wieder mit einer kurzen, aber um so eindrucksvolleren thematischen Figur, die von den Violinen und Bläsern eingangs gespielt und am Schluß des Chores insgesamt dreimal wiederholt wird. Sie signalisiert höchste Spannung, bereitet musikalisch die Entscheidungssituation vor. In dieser Szene, Nr. 10, beginnt Weill mit einer vom Klavier intonierten zweitaktigen Phrase, die in ihrem dumpfen Klang wohl Tod andeuten soll. In einem großen Rezitativ, nur von Wiederholungen der Eingangsfigur unterbrochen, erläutert der Lehrer dem Knaben den alten Brauch bis hin zu der Antwortformel »Ihr sollt nicht umkehren«, die man von ihm verlangt. Während die Szene bis hierhin äußerst verhalten ist, alle Worte des Lehrers im rezitativischen Piano sehr vorsichtig artikuliert werden, wechselt Weill urplötzlich ins Fortissimo, wenn der entscheidende Dialog beginnt. Mächtige Akkorde leiten die Frage ein: »Verlangst du, daß man umkehrt deinetwegen?« Das Orchester verstummt, die Antwort des Knaben erfolgt ohne jede musikalische Begleitung, aber auch noch im Fortissimo: »Ihr sollt nicht umkehren.« Danach geht die Musik in einen Marschrhythmus über, von stampfenden Vierteln begleitet (hier fast – wie kaum an einer anderen Stelle in Weills Werk – an Eislersche Kampfliedintonation erinnernd) singen die drei Studenten das bestätigende »Er hat ja gesagt, er hat dem Brauch gemäß geantwortet«. Danach wird der Knabe in das Tal hinabgeworfen (»Da nahmen die Freunde den Krug und beklagten die traurigen Wege der Welt und ihr bitteres Gesetz und warfen ihn hinab«). Machtvoll beschließt der einleitende »Einverständnis«-Chor nun als Schlußchor das Werk.

Der *Jasager* ist ein typisches Werk der Lehrstückperiode und einer Zeit, als didaktische Verwendungszwecke in den Künsten vielfältig ausprobiert wurden. Man mag über den Rigorismus der Fabel diskutieren, über die Geschlossenheit der Weillschen Musik besteht mittlerweile kaum noch ein Meinungsunterschied. Als der Komponist 1935, im USA-Exil angekommen, von einem Reporter gefragt wurde, welches sein wichtigstes europäisches Werk sei, antwortete er ohne zu zögern: »Der Jasager«.[194] Im Gefolge der Brechtschen Theorie war Weill hier an einem Punkt angelangt, der seine weiteste Einsicht in gesellschaftliche Zusammenhänge markierte.

Zur Uraufführung vorgesehen war *Der Jasager* auf dem Festival Neue Musik Berlin 1930, zusammen mit Hindemiths *Wir bauen eine Stadt*, Tochs *Das Wasser* und Eisler/Brechts *Die Maßnahme.* Als das Festivalkomitee aufgrund der politischen Brisanz der *Maßnahme* (die den Rigorismus der Entscheidungssituation aus dem *Jasager* hineinstellt in eine konkrete Klassenkampfsituation in China) die Aufführung ablehnte, zog auch Weill aus Solidarität zu Brecht den *Jasager* vom Festival zurück. Es wurde eine »Gegenaufführung« organisiert, die Autoren ließen ihre Verbindungen zum Rundfunk spielen, und am 23. Juni 1930 erfolgte die Uraufführung des *Jasager* im Zentralinstitut für Unterricht und Erziehung Berlin. Neher und Brecht hatten gemeinsam die Regie übernommen, Jugendchor, Jugendinstrumentengruppe und Studenten (in den

Uraufführung *Der Jasager*, 23. Juni 1930. Anzeige aus der Berliner Presse

Montag, den 23. Juni 1930, 20 Uhr, im großen Saal des Zentralinstituts für Erziehung u. Unterricht

Schuloper: „Der Jasager“

von BRECHT-WEILL

URAUFFÜHRUNG

Liedsätze aus dem Volksliederbuch für die Jugend von KRENEK, JARNACH, KAMINSKI u. a.

Uraufführung *Der Jasager*. Szenenfoto mit Otto Hopf (Der Lehrer)

Solopartien) der Staatlichen Akademie für Kirchen- und Schulmusik Berlin (Einstudierung: Heinrich Martens) interpretierten die Schuloper, es dirigierte der Student Kurt Drabek.

Brechts Rigorismus wurde von der Presse sofort heftig diskutiert. Es gab Attacken von links und – schlimmer – Akklamationen von rechts. So schrieb Frank Warschauer, Radiotheoretiker und mit beiden Autoren gut bekannt: »Nein dem Jasager! – Hier wird eine als sakrosankt bekannte Art von ethischem Pathos verkündet, die alle bösen Ingredienzien eines auf sinnlose Autorität gegründeten reaktionären Denkens fein verteilt, aber höchst wirksam enthält. Dieser Jasager erinnert frappierend an den Kadavergehorsam der Jasager während des Krieges.«[195] Gleichzeitig stellte ein extrem konservatives katholisches Blatt fest: »Schlichter, unzweideutiger haben wir die christliche Grundwahrheit seit Jahrhunderten nicht mehr singen hören als in diesem von den ersten Takten an fesselnden, ja erschütternden Stück. Einverständnis, Consensus und Opfer auch des Lebens für die leidende Mitwelt ..., wir kennen keinen, der uns das so zu predigen gewußt hätte wie dieser Atheist.«[196]

Brecht war sehr betroffen, er ließ eine Testaufführung stattfinden, danach schrieb er das Stück um, das er nun *Der Jasager und der Neinsager* nannte. Weill beteiligte sich an der Änderung nicht.

Am 7. Dezember 1930 lief *Der Jasager* in einer stark beachteten Matinee mit den Beteiligten der Uraufführung (Leitung: Heinrich Martens) in der Berliner Krolloper.

Unbeeinträchtigt von allen heftigen Kontroversen um den Inhalt wurde die Oper ihres musikalischen Standards wegen zu *dem* Ereignis in der deutschen Schulmusikbewegung vor 1933. Eberhard Preußner, Assistent am Zentralinstitut und vielfältig für die zeitgenössische Musik engagiert, schätzte ein: »Was bedeutet *Der Jasager* für die Musikpädagogik in der Schule? Die Antwort kann kurz lauten: die Eroberung der Schule durch Gegenwartsmusik ... Auf dem Gebiet der Gebrauchsmusik wurde bisher noch kein Werk geschaffen, das sich so zum Gebrauch eignete und dennoch so künstlerisch wäre.«[197]

Unmittelbar nach der Premiere setzte eine beeindruckende Serie ein: bereits im Oktober 1930 annoncierte die Universal-Edition 22 Aufführungen, im März 1931 waren es bereits über 100 und im Oktober 1932 meldete der Verlag, das Werk werde von über 200 Schulen aufgeführt. An einer Wiener Aufführung war auch Hans W. Heinsheimer von der Universal-Edition beteiligt, wie aus einer Pressenotiz hervorgeht: »Ein Lehrer hat Arbeiterkindern in der Wiener Vorstadt den Weillschen *Jasager* einstudiert. Es gab zunächst mehrere konzertante Aufführungen, die den Wunsch nach szenischer Darstellung erweckten. In dem Verleger Heinsheimer, Leiter der Bühnenabteilung der Universal-Edition, der zum ersten Mal in seinem Leben Regie führte, fand sich ein Spielleiter, der mit primitiven Mitteln starke Wirkungen erzielte.«[198] Ein schönes Beispiel dafür, daß *Der Jasager* nicht etwa nur an Gymnasien oder musikalischen Spezialschulen aufgeführt wurde, sondern tatsächlich breiteste Wirkung erzielte.

Unmittelbar nach Abschluß der Arbeit am *Jasager* gab es ein weiteres Ereignis, das sehr bald für zusätzliche Popularität des Teams Brecht/Weill sorgen sollte.

Nach dem Riesenerfolg der *Dreigroschenoper* hatte die »Nero-Film A. G.« am 21. Mai 1930 einen Vertrag mit Brecht und Weill über die Verfilmung des Stückes geschlossen. Daraufhin hatte Brecht ein Exposé mit dem Titel *Die Beule – Ein Dreigroschenfilm* geschrieben, das die gesellschaftliche Aussage des Stückes gegenüber der Bühnenfassung wesentlich verschärfte. Die Gesellschaft lehnte diesen Text ab, Brecht weigerte sich, Änderungen vorzunehmen, Weill solidarisierte sich mit ihm, und es kam vom 19. Oktober bis 4. November

USA-Erstaufführung *Der Jasager*, 25. April 1933 im Grand Street Playhouse New York durch die Music School of the Henry Street Settlement (Regie: Sanford Meisner, Dirigent: Lehman Engel). Szenenfoto

„Ein Ereignis im deutschen Schulleben"

WEILL-BRECHT

DER JASAGER

Eine Schuloper in zwei Akten, Text aus dem Japanischen, beabeitet von Brecht

Mehrere 100 Aufführungen in einem halben Jahr

Aufführungsbedingungen:

Klavierauszüge à Mk. 4·50 und Chorstimmen à Mk. —·50 käuflich

Orchestermaterial und Aufführungsrecht für Schulen zu billigen Bedingungen

Auskünfte, Ansichtsmaterial und Prospekte von der

UNIVERSAL-EDITION A. G., WIEN, I. KARLSPLATZ 6

Anzeige der Universal-Edition Wien, Dezember 1930

Von Feuchtwanger, Brecht, Eisler, Weisenborn und Brentano initiierte Spendenliste für die Marxistische Arbeiterschule Berlin (MASCH). Auch Weill beteiligte sich mit einer Zeichnung von 50 Reichsmark

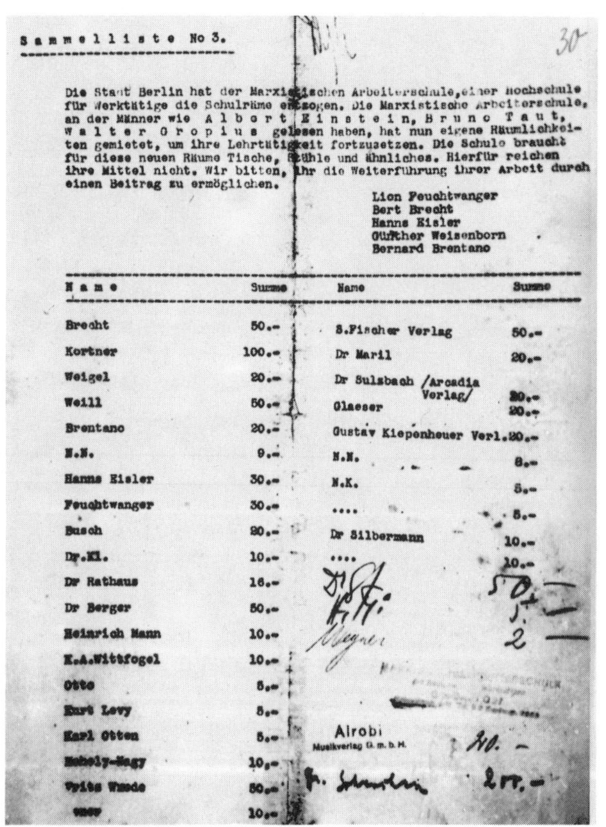

Sammelliste No 3.

Die Stadt Berlin hat der Marxistischen Arbeiterschule, einer Hochschule für Werktätige die Schulräme entzogen. Die Marxistische Arbeiterschule, an der Männer wie Albert Einstein, Bruno Taut, Walter Gropius gelesen haben, hat nun eigene Räumlichkeiten gemietet, um ihre Lehrtätigkeit fortzusetzen. Die Schule braucht für diese neuen Räume Tische, Stühle und ähnliches. Hierfür reichen ihre Mittel nicht. Wir bitten, ihr die Weiterführung ihrer Arbeit durch einen Beitrag zu ermöglichen.

Lion Feuchtwanger
Bert Brecht
Hanns Eisler
Günther Weisenborn
Bernard Brentano

Name	Summe	Name	Summe
Brecht	50.-	S.Fischer Verlag	50.-
Kortner	100.-	Dr Maril	20.-
Weigel	20.-	Dr Sulzbach /Arcadia Verlag/	20.-
Weill	50.-	Glaeser	20.-
Brentano	20.-	Gustav Kiepenheuer Verl.	20.-
N.N.	9.-	N.N.	8.-
Hanns Eisler	30.-	N.K.	5.-
Feuchtwanger	30.-	....	5.-
Busch	20.-	Dr Silbermann	10.-
Dr.Kl.	10.-	....	10.-
Dr Rathaus	16.-	[illegible]	50.-
Dr Berger	50.-	[illegible]	5
Heinrich Mann	10.-	[illegible]	2
K.A.Wittfogel	10.-		
Otto	5.-		
Kurt Levy	5.-		
Karl Otten	5.-	Alrobi Musikverlag G.m.b.H.	40.–
Moholy-Nagy	10.-		
[illegible]	50.-	[illegible]	200.–
[illegible]	10.-		

Besetzungsliste des Films von G. W. Pabst, 1931

1930 zu dem berühmten »Dreigroschenprozeß«, über den Brecht später eine soziologische Studie schrieb. Brecht verlor seinen Prozeß, es kam aber zu einem Vergleich zwischen ihm und der zur Tobis gehörenden Nero-Film A. G. Weill hatte seinen Prozeß gewonnen, auch er verglich sich Anfang Februar 1931. Eine Erklärung wurde verbreitet: »Die Angelegenheit *Dreigroschenoper* ist befriedigend beendet. Die Parteien haben sich verglichen. Kurt Weill hat seinen Widerspruch gegen die Aufführung des Films fallenlassen. Die Prozesse sind damit erledigt.«[199]

Diese Vergleiche lösten in der Presse ein lebhaftes Echo aus, es gab zahlreiche Stimmen, die

Lotte Lenya in dem Film *Die Dreigroschenoper*

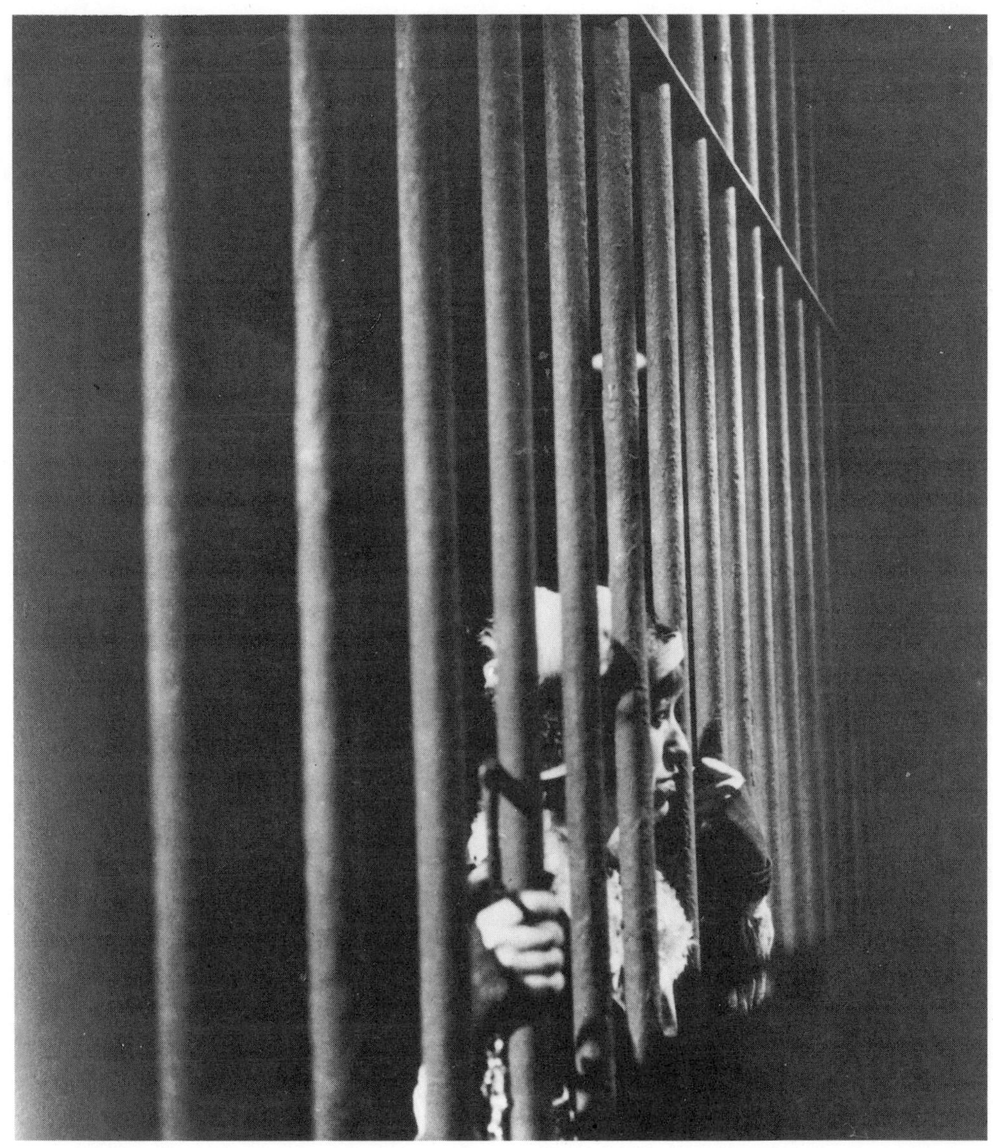

Brecht und Weill vorwarfen, ihre berechtigten ideellen Vorbehalte gegen die Nero-Produktion aufgrund eines vorteilhaften finanziellen Vergleichs fallengelassen zu haben. Weill nahm zu solchen Vorwürfen deutlich Stellung: »Gestatten Sie mir zu verschiedenen Kommentaren über meinen Vergleich mit der Tobis ein paar Bemerkungen. Ich habe mich nicht wegen einer Abfindungssumme verglichen. Ich hatte prozessiert, um aus der Filmherstellung kunstschädliche und persönlichkeitsschädliche Methoden fernzuhalten, und ich habe mich verglichen, weil die Tobis sich verpflichtete, mich künftig für die Produktionsleitung heranzuziehen. Um diese beiden Zugeständnisse hatten bis jetzt alle Filmautoren, ich eingeschlossen, vergeblich gekämpft... Wer mich kennt, weiß, daß ich den Vergleich nicht aus materiellen Gründen abschloß, sondern weil ich das prinzipielle Prozeßziel erreicht habe.«[200]

Der schließlich nach einem Drehbuch von Leo Lania, Ladislav Vajda und Bela Balázs von Regisseur G.W. Pabst gedrehte Film (mit Carola Neher als Polly, Rudolf Forster als Macheath, Fritz Rasp und Valeska Gert als Ehepaar Peachum, Lotte Lenya als Jenny, Reinhold Schünzel als Tiger-Brown und Ernst Busch als Moritatensänger) erlebte seine Premiere am 19. Februar 1931 im Berliner »Atrium«. Wichtiger noch als für Deutschland – wo die *Dreigroschenoper* ohnehin durchgesetzt war und die Popularität jetzt nur einen zusätzlichen Schub erhielt – war der Film für Frankreich. Wie damals noch üblich (da das Synchronisationsverfahren noch nicht erfunden war), hatte man in den Berliner Ateliers gleichzeitig eine französische Version gedreht (mit anderer Besetzung der Hauptrollen: Albert Préjean als Macheath, Odette Florelle als Polly, Jacques Henley als Tiger-Brown, Margo Lion als Jenny), die am 5. April 1931 in Paris Premiere hatte. *L'opéra de quat'sous* ließ nun auch in Frankreich ein Dreigroschenfieber ausbrechen, der Film verzeichnete einen Rekordbesuch und Schallplattenaufnahmen verstärkten die Popularität der Weillschen Songs. Bereits in Berlin, während der Dreharbeiten, hatte Ultraphon zwei Platten mit der Lewis Ruth Band, Albert Préjean, Margo Lion und Jacques Henley für den Vertrieb in Frankreich aufgenommen. Im Sommer 1931 produzierten dann französische Plattenfirmen insgesamt vier weitere

Zum Start des Films legte die Universal-Edition Wien in einem »Tonfilmheft« erneut vier Songs für Gesang und Klavier vor. Der Umschlag warb mit einer Montage von Szenenfotos

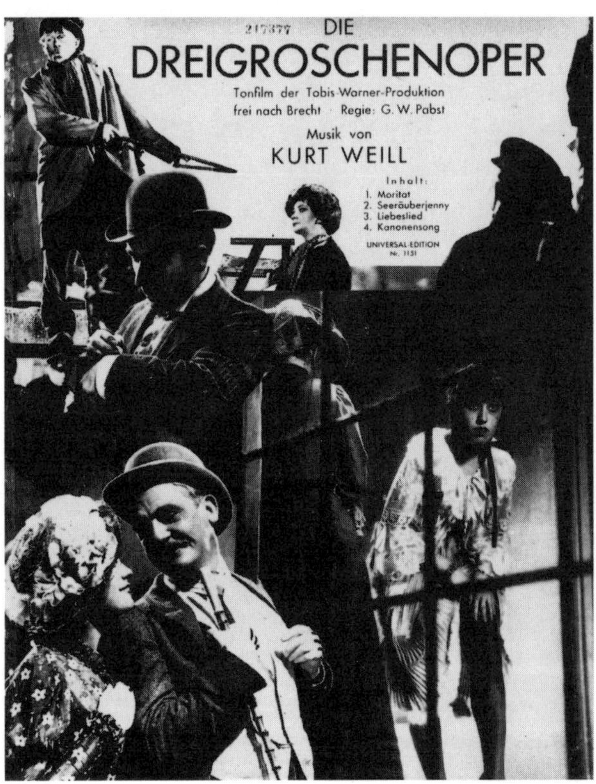

Die französische Version des Films machte die *Dreigroschenoper* ab Herbst 1931 auch in Frankreich populär. Hier eine Schallplatte mit Songinterpretationen von Florelle, der Darstellerin der Polly im Film

Schallplatten mit *Dreigroschenoper*-Songs, interpretiert von Florelle, Lys Gauty und Marianne Oswald.

Im Dezember 1931 schreibt Weill: »Freunde von mir kommen eben aus Paris zurück und bestätigen mir erneut den spontanen Erfolg meiner Musik in Paris. Alle Welt verlangt Noten und Schallplatten von mir, und das Mackie-Messer-Lied wird auf der Straße gesungen.«[201] Nur anderthalb Jahre danach wird ihm diese Popularität helfen, als Emigrant in Frankreich Fuß zu fassen.

Bei aller Diskussion um Brechts Intentionen, um den Prozeß und die Begleitumstände war doch der Film so schlecht nicht, wie er häufig in der Literatur beschrieben wird. Rudolf Arnheim, führender Berliner Filmtheoretiker und -kritiker, plädierte bereits 1931 in diesem Sinne: »Die juristischen Schriftsätze im Fall *Dreigroschenoper* haben in der Öffentlichkeit eine Aufmerksamkeit gefunden, wie sie literarischen Erzeugnissen sonst selten widerfährt. Über all diesen nützlichen Reden ist G. W. Pabsts Film selbst schlecht weggekommen. Die charmante Süße von Kurt Weills Musik; die geschmeidig gleitende Kamera, die den Schauplatz der Handlung in lautlose Drehung versetzt; das benebelnde Perspektivspiel gespenstisch vergitterter Innenräume; der ironische Kitsch des Vollmondes und klagender Liebeslieder; die malerische Frechheit der Bettlerbörse; die zierliche Anmut, mit der hier ›verrohend und entsittlichend‹ gewirkt wird – man lasse sich das nicht entgehen!«[202]

So steht am Ende des Kapitels über Weills große Berliner Jahre, die ihm gleichermaßen künstlerische Anerkennung wie breite Popularität gebracht hatten, zu Recht eine Beschreibung des Erfolgs der *Dreigroschenoper*-Verfilmung, denn es war jenes Stück, das ebenso Weills Durchbruch in der Kunstmetropole der Weimarer Republik bedeutete wie es selbst zum unverwechselbaren, einmaligen Bild der Stadt in der zweiten Hälfte der zwanziger Jahre gehört.

Wir haben bereits dargestellt, wie sich im Verlauf der theoretischen Reflexion über *Aufstieg und Fall der Stadt Mahagonny* die Positionen Weills und Brechts mehr und mehr voneinander weg bewegten. Im Verlauf der Proben zur Berliner Aufführung im Theater am Kurfürstendamm kam es im Dezember 1931 nun auch zu ernsthaften persönlichen Kontroversen um die Inszenierung, die mit einem handfesten Krach endeten und das vorläufige Ende der Beziehung Weill – Brecht markierten. Beide trennten sich – Brecht, um mit Hanns Eisler *Die Mutter* zu produzieren; Weill, um mit Caspar Neher *Die Bürgschaft* zu vollenden.

Am Schluß aber bleibt zu resümieren, daß die vierjährige Zusammenarbeit von Dichter und Komponist Höhepunkte des deutschen, ja europäischen Theaters hervorbrachte, die bis heute als solche ihre unbestrittene Stellung behalten haben.

BERLIN III: VERTEIDIGUNG DER OPER

1931–1932

Im Winter 1930/31 verschärfte sich die politische und wirtschaftliche Krise der Weimarer Republik. Das Kabinett Brüning regierte mehr und mehr mit Hilfe von Notverordnungen. Im Januar 1931, kurz nach dem ersten »Hungerweihnachten«, gab es in Deutschland 5 Millionen Arbeitslose, ihre Zahl stieg bis Oktober 1932 auf 7,5 Millionen. Der Druck reaktionärer Kräfte von NSDAP und DNVP auf die Demokratie verstärkte sich, mit der im Oktober 1931 gebildeten »Harzburger Front« schufen sie sich ein Bündnis mit dem »Stahlhelm« und der Schwerindustrie. Der Masseneinfluß der Nationalsozialisten nahm zu, bei den Reichspräsidentenwahlen vom April 1932 erhielt Hitler bereits über 13 Millionen Stimmen. Der Untergang der Republik schien nur noch eine Frage der Zeit zu sein.

Für das deutsche Theater begann eine schwierige Zeit. Mit dem deutlichen Rückgang der Besucherzahlen infolge der immer schwieriger werdenden wirtschaftlichen Lage weiter Kreise der Bevölkerung setzten immer mehr Theaterleitungen auf »gängiges« Repertoire der Bereiche Klassik und Unterhaltung. Da auch die staatlichen und städtischen Subventionen immer weiter gekürzt wurden, war der aufwendige Apparat der Opernbühnen besonders betroffen, stand doppelt unter Druck – einmal dem der finanziellen Etatzwänge, zum anderen dem der Angriffe seitens einer immer stärker werdenden Kulturreaktion, die stets ein besonderes Auge auf die Oper hatte. So mußte z. B. ein so progressiver Mann wie der Leipziger Opernchef Gustav Brecher bekennen: »Vermutlich werden die Dinge sich so gestalten, daß ich in nächster Spielzeit aus zwingenden geschäftlichen Gründen vor allem erfolgssichere Operetten, daneben einige musikalische Meisterwerke, möglichst deutschen Ursprungs, Pfitzner, Strauss, bringen muß.«[203] Im Juli 1931 beschloß der Preußische Landtag ungeachtet einer machtvollen Protestkampagne im ganzen Lande die Schließung der Berliner Krolloper, deren Arbeit seit 1927 zum Synonym für Repertoireerneuerung und Engagement auf dem Feld der zeitgenössischen Oper geworden war. Gab es an den drei Berliner Opernhäusern in der Spielzeit 1927/28 noch insgesamt sechzig Inszenierungen, so waren es 1931/32 nur noch sechzehn. Angesichts solcher Produktionsbedingungen hatten sich die meisten Komponisten vom Genre der Oper zurückgezogen.

Nicht so Kurt Weill. Er war überzeugt, daß die Oper auch in diesen Zeiten weiterentwickelt werden konnte, wofür er nicht nur vehement stritt, sondern vor allem praktisch arbeitete.

Schon 1930, nach den politischen Krawallen um die *Mahagonny*-Uraufführung in Leipzig, hatte er geschrieben, er sei fest davon überzeugt, »daß der von mir eingeschlagene Weg richtig ist, daß es für mich überhaupt nicht in Frage kommen kann, diesen Weg aufzugeben, weil seine Anfänge zufällig in eine Strähne schwerster Kulturreaktion kommen und daher, wie alle großen Neuerungen, auf schweren Widerstand stoßen«.[204]

Sein Credo für eine Oper der »großen Form«, die gerade jetzt, entgegen der halbherzigen Meinung vieler Theaterleitungen, auf ein gesteigertes Interesse der Zuschauer stoßen müsse, hat

Weill 1931/32 mit mehreren Wortmeldungen in der Berliner Presse formuliert, deren Titel bereits Programm waren. Im August 1931 schreibt er in *Zur großen Form!*: »Es ist nicht einzusehen, warum in einer so bewegten Zeit wie heute, in der das Interesse des Einzelnen für die Fragen der Gesamtheit zu einem Höchstmaß gesteigert ist, das Publikum jene Theaterabende meiden sollte, die zu den großen Fragen des Tages Stellung nehmen. Natürlich spielt dabei die Form dieser Stellungnahme eine entscheidende Rolle. Heute sind wir auf dem Wege zu einer Theaterform, welche die großen, tragenden Ideen der Zeit auf einfache, typische Vorgänge projiziert. Die Erkenntnis, daß die große Form des Theaters heute mehr als je nötig ist, gibt uns die Berechtigung, auch an die Zukunft der Oper zu glauben.«[205]

Wie jene Oper der »großen Form« aussehen sollte, entwickelt Weill im Sommer 1932 in *Wirklich Opernkrise?*: »Unsere Zeit verbirgt in sich eine Fülle von großen Ideen, von menschlichen oder allgemeingültigen Stoffen, und wenn man sich dazu entschließt, die Oper aus dem Bereich des naturalistischen Theaters herauszulösen und gerade in ihr jene gesteigerte Form des Theaters zu erblicken, die am besten geeignet ist, die großen Ideen der Zeit in eine überzeitliche, menschliche Form umzusetzen, so ergibt sich ganz von selbst ein neuer Glaube an die Zukunft der Oper.«[206]

Als Weill diese Zeilen schrieb, war seine Oper *Die Bürgschaft* bereits in Berlin uraufgeführt worden.

Er hatte nach *Aufstieg und Fall der Stadt Mahagonny* lange Zeit einen neuen Opernstoff gesucht und dabei mehrere Projekte erwogen. Offenbar noch unter dem Eindruck von Piscators *Schwejk*-Dramatisierung des Jahres 1928 erwog er im Dezember 1929 eine Oper nach Hašeks Roman. Anfang August 1930 beschäftigte er sich mit Jack London, und es »verdichtet sich der Plan einer Oper nach Franz Kafka«.[207] Doch bereits Ende August heißt es dann: »Ich arbeite seit zwei Wochen mit Caspar Neher an einem Operntext.«[208]

Weill und Neher kannten sich seit der Songspiel-Uraufführung vom Juli 1927 in Baden-Baden. Seitdem hatte die gemeinsame Theaterarbeit sie immer wieder zusammengeführt. In dem Maße, wie sich Weills Beziehung zu Brecht ab Frühjahr 1930 immer mehr abkühlte, wuchs der Kontakt zu Neher, aus dem sich sehr bald eine herzliche Freundschaft entwickelte, zumal sich Weill auch stark zu Nehers Gattin Erika hingezogen fühlte. Im Verlauf vieler Gespräche über das Konzept einer »zeitlosen« Oper der »großen Form« wies Neher Mitte August 1930 den Komponisten auf die 1774 entstandene Herdersche Parabel *Der afrikanische Rechtsspruch* hin, die er Weill als geeigneten Opernstoff empfahl:

Der große Alexander von Mazedonien kommt eines Tages in eine entfernte afrikanische Provinz und wohnt einem Gerichtsverfahren bei. Zwei Männer streiten vor dem König. Der eine hat einen Sack Getreide, in dem Gold versteckt war, verkauft. Der Käufer bemerkt das Gold und will es zurückgeben. Der Verkäufer aber besteht darauf, daß alles, was in dem Sack war, nun dem Käufer gehört. Der König erfährt, daß die beiden Kontrahenten einen Sohn und eine Tochter haben. Sein Urteil lautet, die beiden Kinder zu vermählen, so daß dann das Gold ihnen gehört. Alexander ist auf das äußerste erstaunt und verkündet, bei ihm hätte man beiden Parteien den Kopf abgeschlagen und das Gold wäre an den Staat gefallen. Worauf der afrikanische König Alexander fragt, ob es in seinem Land regne und ob dort die Sonne scheine. Auf Alexanders erstauntes »Ja« schließt der Afrikaner: »So muß es der unschuldigen Tiere wegen sein, die in eurem Lande leben; denn über solche Menschen

Caspar Neher bei der Arbeit. Aufnahme von 1931

sollte keine Sonne scheinen, kein Himmel regnen!«[209]

Kurt Weill war von diesem Projekt angetan, es schien ihm alle Möglichkeiten für ein Opernlibretto zu enthalten, wie es ihm vorschwebte. Auch als Caspar Neher vorschlug, das Libretto selbst zu schreiben, stimmte Weill zu. Wie diese Entscheidung auch motiviert gewesen sein mag, sie stellte ein großes Risiko dar, handelte es sich doch um Nehers ersten schriftstellerischen Versuch. Jedoch konnte dieser seine umfangreiche Theatererfahrung in den Bau einer operngerechten Fabel einbringen. Daß Weill in einer so entscheidenden Phase seiner Entwicklung, da er einen ganz neuen Typ von Oper schaffen wollte, nunmehr nach den erfahrenen Theaterautoren Kaiser und Brecht dem »Anfänger« Neher das Libretto anvertraute, spricht für die damalige enge Affinität der beiden zueinander. Neher sollte später in den Jahren ab 1935 als Librettist gemeinsam mit Rudolf Wagner-Régeny drei weitere erfolgreiche Opern schreiben.

Im Mai und Juni 1931 unternahm Weill eine Autoreise durch Frankreich und Spanien. In Zazaux nahe San Sebastián stieß Neher hinzu, der bis dahin eine erste Fassung des Textes abgeschlossen hatte, die er nun mit Weill gemeinsam überarbeitete. Danach, bis zum Oktober 1931, komponierte Weill die Oper. *Die Bürgschaft* wurde seine umfangreichste Partitur. Sie ist der Versuch, die epische Oper nunmehr in große, zeitlose Form zu gießen. Zwei kommentierende Chöre – einer neben der Bühne, einer auf der Bühne – begleiten das Geschehen, häufig treten die Figuren aus der Handlung heraus mit direkten Adressen an das Publikum, eine eingebaute große Chor-Kantate bricht die Handlung zusätzlich auf. Neben großartigen orchestralen Partien (etwa einem »barbarischen Marsch« bei Ausbruch des Krieges) sind die Gesangsnummern äußerst differenziert in der musikalischen Faktur. Öfters wird auch Weills altes Stilprinzip aufgenommen, Elemente populärer Musik in die Oper zu integrieren: ein in allen Akten auftretendes Gaunertrio (in wechselnder Figurage) erhält z. B. als »Erkennungsmelodie« einen etwas schäbigen Walzer. Dies ist aber auch schon alles an heiteren Klängen im Stück, wie Ernst Bloch bemerkte: »Der vergnügte Ulk ist aus. Weill will über die schwere Zeit nicht hinwegtäuschen.«[210]

Die Handlung der *Bürgschaft* spielt in einem imaginären Land Urb, Hauptfiguren sind der Viehhändler Johann Matthes, seine Frau Anna und seine Toohter Luise sowie der Getreidehändler David Orth und sein Sohn Jakob. Den Spruch fällt der Richter von Urb.

Im Prolog erscheinen bei dem Viehhändler, der sein ganzes Geld verspielt hat, die Gläubiger. Er eilt zu seinem Freund, dem Getreidehändler, um Hilfe. Ohne zu zögern leistet Orth Bürgschaft für seinen Freund. Der kommentierende Chor singt: »Es ändert sich nicht der Mensch, es sind die Verhältnisse, die seine Haltung verändern.«

Der erste Akt spielt sechs Jahre danach. Herders Parabel sieht nun so aus: Matthes kauft bei Orth zwei Sack Getreide und stellt fest, daß in dem einen eine Menge Geld verborgen ist. Orth wußte dies bereits bei der Übergabe, er wußte auch, daß Matthes bis zum Eintreffen einiger Schiffe Geld braucht und es ihm dann schon zurückzahlen werde. Matthes schweigt zunächst, dann, von Erpressern gedrängt, eilt er zu Orth und will das Geld zurückgeben. Dieser lehnt das ab und beide beschließen, den Fall vor einen Richter zu bringen. Am Schluß des Aktes singen die beiden Hauptfiguren: »Wir sind dieselben, die wir früher waren«, und wieder konstatiert der Chor: »Die Verhältnisse sind es, die seine Haltung verändern. Der Mensch ändert sich nicht.«

Uraufführung *Die Bürgschaft*, 10. März 1932, Städtische Oper Berlin-Charlottenburg. Programmzettel

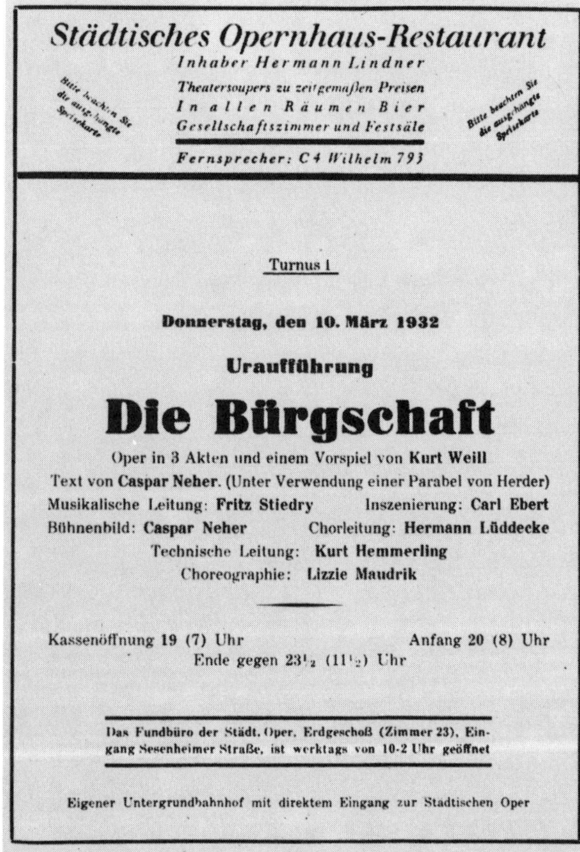

Städtisches Opernhaus-Restaurant
Inhaber Hermann Lindner
Theatersoupers zu zeitgemäßen Preisen
In allen Räumen Bier
Gesellschaftszimmer und Festsäle
Fernsprecher: C 4 Wilhelm 793

Bitte beachten Sie die ausgehängte Speisekarte

Bitte beachten Sie die ausgehängte Speisekarte

Turnus I

Donnerstag, den 10. März 1932

Uraufführung

Die Bürgschaft

Oper in 3 Akten und einem Vorspiel von **Kurt Weill**
Text von **Caspar Neher**. (Unter Verwendung einer Parabel von Herder)
Musikalische Leitung: **Fritz Stiedry** Inszenierung: **Carl Ebert**
Bühnenbild: **Caspar Neher** Chorleitung: **Hermann Lüddecke**
Technische Leitung: **Kurt Hemmerling**
Choreographie: **Lizzie Maudrik**

Kassenöffnung 19 (7) Uhr Anfang 20 (8) Uhr
Ende gegen 23½ (11½) Uhr

Das Fundbüro der Städt. Oper, Erdgeschoß (Zimmer 23), Eingang Sesenheimer Straße, ist werktags von 10-2 Uhr geöffnet

Eigener Untergrundbahnhof mit direktem Eingang zur Städtischen Oper

Akt zwei bringt zunächst den Richterspruch. Der Richter von Urb entscheidet, die beiden Kinder zu verheiraten und ihnen das Gold zu überlassen. Doch da erscheint Ellis, der Kommissar der Großen Mächte, die in Kürze Urb gewaltsam einnehmen werden. Das Urteil wird von ihm revidiert, Matthes und Orth werden festgenommen, das Geld beschlagnahmt. Die Frau des Viehhändlers entdeckt, daß ihre Tochter Luise verschwunden ist.

Zu Beginn des dritten Aktes sind weitere sechs Jahre vergangen. Im Lande Urb herrschen Not und Elend. Matthes und Orth haben ihre Gefängnisstrafen hinter sich, beide sind wieder zu gewissem Wohlstand gelangt. Der Chor erinnert an die Ereignisse der letzten Jahre: ein Krieg ist in Urb ausgebrochen, nach seiner Beendigung haben Not und Elend um sich gegriffen, Roheit und Gewalt zugenommen. Anna Matthes stirbt, die Menge entdeckt, daß Matthes Verrat begangen hat, er flüchtet sich in das Haus von Orth, um bei seinem alten Freund Hilfe zu suchen. Doch die Welt ist verändert: Orth verweigert die Hilfeleistung. Beide kämpfen, Orth ringt Matthes nieder und liefert ihn der Volksmenge aus. Matthes wird getötet. Der Chor beschließt die Oper mit der Feststellung »Alles vollzieht sich nach einem Gesetz, dem Gesetz des Geldes, dem Gesetz der Macht.«

Das war trotz seiner »überzeitlichen« und allgemein »menschlichen« Aspekte deutlich, gezielt. Sätze, die der Kommissar der Großen Mächte in der Oper spricht, sollten nur kurze Zeit später in Deutschland schaurige Realität werden. »Das System, das ich vertrete, braucht neuen Boden für die Befestigung seiner Existenz« – wer zog da nicht die Parallelen zur Parole vom »Volk ohne Raum«? »Wenn die Leistungen, die das Land für uns zu bringen hat, nicht unseren Erwartungen entsprechen, wären wir gezwungen, mit anderen Mitteln die Leistungen zu erzwingen, die wir erwarten« – verhandelten nicht in diesem Ton nur wenige Jahre später die Abgesandten Hitlers mit den Regierungen Europas? »Im sechsten Jahr nach der Ankunft des Kommissars brach der Krieg aus. Tag und Nacht marschiert die Armee, durch Äcker und Felder, mit Tanks und Kanonen. So marschieren sie

Autograph einer Szene zu *Die Bürgschaft*, die Weill während der Probenarbeit hinzufügte

hinein in die Grube, die sie verschlingt«– war das nicht die visionäre Vorahnung des Hitlerkriegs?

Die Nationalsozialisten nahmen die Attacke ernst. Im »Völkischen Beobachter« vom 9. März 1932 war zu lesen: »Die Städtische Oper Charlottenburg beabsichtigt, in der ersten Hälfte des März dem Deutschtum einen Schlag ins Gesicht zu versetzen, und zwar mit der Uraufführung einer neuen Kurt Weill-Oper *Die Bürgschaft*... Dieser Jude hat doch erleben müssen, wie die zuletzt genannte Oper (*Mahagonny* – J. S.) in Leipzig zu einem Krach führte... Infolgedessen ist es unbegreiflich, daß ein Autor, der durch und durch undeutsche Werke liefert, an einem mit dem Gelde deutscher Steuerzahler unterstützten Theater wieder zu Worte kommt! Möge sich Israel an diesem neuen Opus Weills erbauen.«

Diese Schmähung erschien am Tage vor der Uraufführung. Der Intendant der Städtischen Oper, Carl Ebert, ließ sich jedoch davon nicht beeindrukken – was die Nazis nicht vergaßen. Wenige Tage nach dem 30. Januar 1933 wurde Ebert seines Postens »enthoben«, nicht zuletzt wegen seines Engagements für *Die Bürgschaft*.

Während der letzten zwei Probenwochen waren Weill und Neher ständig anwesend. Intendant Carl Ebert hatte die Regie übernommen, Dirigent war Fritz Stiedry. Ebert hat später die Atmosphäre der Zusammenarbeit, insbesondere die starke Persönlichkeit Nehers, geschildert: »Bei den Besprechungen in der Vorarbeit – die schönsten mit Fritz Stiedry *(Macbeth, Bürgschaft)*... – war es erregend, Caspar zu beobachten, wie ›es‹ in ihm arbeitete, sein Gesicht sich in innerer Anspannung oft bis zur Grimasse verzogen zeigte, wie er auf das Stichwort wartete, das die schöpferische Gestaltung in ihm auslöste.«[211]

Die Uraufführung am 10. März 1932 in der Städtischen Oper Berlin geriet zu einem großen Erfolg für Weill und das Werk. Ohne daß sie gewisse Schwächen des Neherschen Textes übersahen, auch die Überlänge des Werkes benannten, waren sich doch die führenden Kritiker einig darin, daß Weill hier einen neuen Weg beschritten hatte. Alfred Einstein schrieb: »Diese Oper trägt das Gesicht der Zeit, ohne wie *Mahagonny* der Zeit die Faust unter die Nase zu halten. Diese Oper ist kein Spiel oder Traum mehr, gehört nicht mehr ins ›Reich des Schönen‹, sondern wendet sich kurzerhand an alle... Weill greift zurück auf den Stilbegriff seines reifsten Werkes: auf den seines *Jasagers*; auf jene sonderbare und überzeugende Synthese von modernstem Schlagerrhythmus und altklassischem barocken Arioso... Seltsam, daß wir am glücklichsten werden, wenn Weill die Formelstarre durchbricht. Wenn wir auf eine Goldader musikalischer Erfindungen stoßen... Wenn es eine ernsthafte ›Oper der Zeit‹ gibt, so ist es die *Bürgschaft* von Kurt Weill und Caspar Neher.«[212] Hans Heinz Stuckenschmidt ging unter der Überschrift *Weill am Scheidewege* auf dessen Trennung vom Brechtschen Theater ein: »Zöge man von Weills Musik alles ab, was ihr melodisch und klanglich Profil gibt, es bliebe noch ihr magischer Handlungsimpuls. Sie ist typische Interjektionsmusik, die, im Rezitativ wurzelnd, überall den Vorgang weitertreibt, wo das Wort zur Ohnmacht verdammt ist. Brechts episches Theater verwendet

Uraufführung *Die Bürgschaft*. Szenenfoto

Im März 1932 bezogen Kurt Weill und Lotte Lenya dieses Haus im Berliner Künstlervorort Kleinmachnow, Wißmannstraße 7 (heute Käthe-Kollwitz-Straße)

solche musikalische Interjektion mit größter künstlerischer Clairvoyance. Das didaktische Theater brauchte sie zur Versinnbildlichung seiner Abstraktionen, Weill, von Brecht getrennt, sucht sich selbständig zu machen. Sein Ehrgeiz treibt zur reinen Oper; der stärkste Repräsentant der Funktionsmusik benutzt das Theater als Funktion einer musikalischen Form.«[213]

Ungleich stärker aber als noch 1930 bei *Mahagonny* waren inzwischen die politischen Gegner der progressiven und avantgardistischen Kunstentwicklung der Weimarer Republik geworden. Sie verfügten in vielen Länderregierungen und Stadtparlamenten bereits über entscheidenden Einfluß. *Die Bürgschaft* paßte nicht in ihr Konzept. Neben schmähenden Berichten in der Nazipresse begann der »Kampfbund für deutsche Kultur«, eine von Alfred Rosenberg geleitete Organisation der NSDAP, nunmehr jene Theater unter Druck zu setzen, die bereits Optionen bzw. Aufführungsverträge für Weills neue Oper abgeschlossen hatten. Daraufhin setzten Hamburg, Coburg, Königsberg, Duisburg, Stettin und Leipzig *Die Bürgschaft* von ihren Plänen ab – Ausdruck der politischen Situation in Deutschland um die Mitte des Jahres 1932. Aus zwei Intendantenbriefen übermittelte die Universal-Edition Weill die folgenden Auszüge: »Coburg: Zur *Bürgschaft* werde ich mich infolge der besonderen Konstellation Coburgs kaum entschließen können. Wie Sie wissen, hat die gesamte rechtsstehende Presse gegen das Werk außerordentlich scharf Front gemacht... Hamburg: *Bürgschaft* kann ich leider vorerst nicht machen. Es ist mir dies direkt nicht erlaubt worden. Da wir, wie Sie wissen, jetzt mit gewissen Strömungen zu rechnen haben, muß man sich einfach fügen.«[214]

Ganze zwei Intendanten fügten sich nicht. Wenige Wochen nach der Uraufführung wurde die Oper in Düsseldorf (Regie: W. Iltz, Dirigent: Jascha Horenstein) und Wiesbaden (Regie: Paul Bekker, Dirigent: Karl Rankl) aufgeführt. Paul Bekker kam in einem kurz darauf erscheinenden Buch noch einmal auf *Die Bürgschaft* zu sprechen, als er in einem *Brief an Kurt Weill* der Frage nachging, inwieweit Weills Konzept einer »zeitlosen Oper« zusammenging mit den politischen Anspielungen in Nehers Text. Bekker bekennt sich zu einer »politischen Oper«, die er freilich wie Mozarts *Don Giovanni* sieht, »groß und bleibend gerade dadurch, daß sie die Aktualität völlig in sich aufgesogen und nichts als die Kostüme von ihr übriggelassen hat«. An Weill gewandt, schließt der Brief: »So denke ich mir, daß Sie uns, mit oder ohne Chor, noch einmal eine Volksoper schaffen werden. In diese könnten dann einfließen alle jene Unterströme politischen Denkens und Fühlens, zurückgekehrt auf ihre Ursprünge, und hier müßte sich jene Gelöstheit der Daseinsfreude tummeln, die alle Tragik der Verhältnisse überwindet und in der stets erneuten Bejahung ihr Lebensziel findet.«[215]

Weill muß das Buch von Bekker gelesen haben, denn kurz darauf taucht in der Diskussion neuer Projekte auch bei ihm erstmals der Begriff »Volksoper« auf. Die sich häufenden Schwierigkeiten mit den Theatern – die Aufführungsgeschichte der *Bürgschaft* hatte es klar gezeigt – zwangen Weill nunmehr zu neuen Überlegungen. Die Monate Mai bis Juli 1932 wurden zu einer Phase des Suchens und Nachdenkens, ehe er danach wieder an eine konkrete Arbeit ging. Im Mai schreibt er dem Verlag: »Ich möchte, so wie ich mit dem *Jasager* die Gattung der Schuloper begründet habe, jetzt wieder einen neuen bestimmten Typus herausbilden, den ich mit dem Wort ›Laienoper‹ bezeichnen möchte, d. h. also Opern, die von Laien aufgeführt werden können, aber diesmal nicht von Kindern, sondern von Erwachsenen. Ich glaube, ... daß ich mit solchen Stücken, die nicht unbedingt auf

Opernhäuser angewiesen sind, am besten demonstrieren kann, wie ich mir zu helfen gedenke, wenn die Theater zu feige und zu dumm sind, mich aufzuführen.«[216] Von diesen Überlegungen im Hinblick auf leicht faßliche Stücke, wie auch von den im folgenden genannten »Volksopern«-Projekten führen direkte Verbindungen zu Weills späterem Schaffen in den USA, insbesondere der Phase von *Down in the Valley.*

Kurz darauf benennt Weill als Projekte *Romeo und Julia*, »eine Volksoper, spielt in einer Markthalle, Liebesgeschichte einfacher junger Menschen«; *Onkel Toms Hütte*, »einfache Volksoper nach dem berühmten Roman« sowie »ein Stück mit Musik nach einer wahren Begebenheit von der Friedenskonferenz in Genua 1910«. Außerdem erwägt er eine Oper nach Georg Kaisers Stück *Die jüdische Witwe* und eine Schuloper *Naboths Weinberg.* Auch ein »musikalisches Volksstück mit einer deutlichen politischen Tendenz« wäre jetzt fällig, »ein Stück für Arbeiterkreise«.[217] All dies blieb jedoch unausgeführt.

Auf der Suche nach Aufführungsmöglichkeiten außerhalb der Opernhäuser knüpfte Kurt Weill Ende Juni 1932 Kontakte zum Berliner Revuekönig Erik Charell, Direktor des Großen Schauspielhauses (dem ehemaligen Zirkus Schumann) und Schöpfer des neuen Genres der Revueoperette, die in seinem Hause mit dem *Weißen Rössl* aus der Taufe gehoben worden war. Charell zeigte sich von Weills Projekten nicht begeistert, schlug aber seinerseits vor, nach dem alten deutschen Stummfilm von 1920 *Das Kabinett des Dr. Caligari* ein musikalisches Stück zu schreiben. Am 28. Juni 1932 sahen sich Charell, Weill und Neher gemeinsam den Film an, zwei Tage später wurde Georg Kaiser zur Mitarbeit eingeladen – er sagte sofort zu –, es folgten drei Tage intensiver Arbeit zu dritt, am 7. Juli stellten Weill, Kaiser und Neher nunmehr Charell ein erstes Exposé vor, das abgelehnt wurde. War dies auch nur eine weitere erfolglose Episode, so brachte sie doch ein wichtiges Ergebnis: durch den Zufall des Charell-Vorschlages, einen expressionistischen Stummfilm zu bearbeiten, war der Expressionismus-»Experte« Kaiser hinzugezogen worden; der lange unterbrochene Arbeitskontakt Weill-Kaiser (persönlich hatten sie sich nie aus den Augen verloren) war wieder hergestellt. Weill: »Die Zusammenarbeit Kaiser-Neher-Weill hat sich übrigens so gut angelassen, daß ich bestimmt glaube, sie wird über die Charell-Sache hinaus noch wertvolle Früchte tragen. Ich würde gern in dieser Kombination Volksstücke schreiben, die gattungsmäßig zwischen Oper und Schauspiel stehen müßten.«[218]

Georg Kaiser machte Weill Ende Juli 1932 ein entsprechendes Angebot. In Grünheide begann die Arbeit an Weills letztem Werk, das er in Deutschland vollenden sollte: *Der Silbersee.*

Am 29. Juli schreibt Weill: »Kaiser will mit mir ein musikalisches Volksstück schreiben. Er hat dafür eine sehr schöne, echt Kaisersche Idee, an der wir jetzt seit einigen Tagen arbeiten. Es soll keinesfalls eine Oper werden, sondern ein Zwischengattungs-Stück. Es bleibt mir überlassen, ob ich daraus ein ›Stück mit Musik‹, also mit ganz einfachen Liedern mache, die von reinen Schauspielern gesungen werden können, oder ob ich doch mit etwas größeren musikalischen Ansprüchen herangehe und eine Musik im Umfang und im Schwierigkeitsgrad etwa einer Offenbach-Musiquette schreibe.«

Schon wenige Zeit später ist in intensiver gemeinsamer Arbeit eine erste Fassung des Textes abgeschlossen, den Kaiser gleichzeitig für die Buchausgabe im Kiepenheuer Verlag vorbereitet

Die Fabel des »Wintermärchens«, wie *Der Silbersee* im Untertitel heißt, zeigt deutliche Bezüge zur Situation in Deutschland Mitte 1932:

Am Rande der Stadt, in einer Laubhütte, leben fünf arbeitslose junge Männer. Vom Hunger getrieben, überfallen sie ein Lebensmittelgeschäft in der Stadt. Der Raub wird entdeckt, auf der Flucht wird Severin, der Anführer der fünf, von dem Polizisten Olim angeschossen. Olim bereut nach kurzer Zeit diese Tat; als er in einer Lotterie den Hauptgewinn erhält, kauft er ein Schloß, holt Severin aus dem Polizeikrankenhaus und nimmt ihn bei sich auf, damit er gesund werde und Olim wiedergutmache, was er ihm angetan. Als Bedienstete im Schloß arbeiten zwei verarmte Adlige, Frau von Luber und Baron Lauer. Zur Zerstreuung Severins wird das Mädchen Fennimore, eine Nichte der Luber, auf das Schloß geholt. Sie erzählt Severin die Legende vom nahe gelegenen Silbersee, der auch im Sommer zufrieren kann, um Hilfsbedürftige zu retten. Eine großangelegte Verschwörung der beiden Haushälter bringt Olim um den Schloßbesitz. Jetzt triumphieren beide, während die nunmehr mittellosen Severin und Olim zum Silbersee laufen, um sich zu ertränken. Dort angekommen, finden sie den See zugefroren, obwohl der Winter längst vorbei ist und die Sonne scheint. Von Fennimores Stimme gleichsam geleitet, betreten Severin und Olim den See und entschwinden in die Ferne: »Wer weiter muß, den trägt der Silbersee.«

Weill schrieb zu dem Stück sechzehn abgeschlossene musikalische Nummern. Sowohl vom musikalischen Anspruch (die Partien der Fennimore und des Severin erfordern ausgebildete Stimmen, ein Chor wird verwendet) als auch von der Orchestrierung (die Partitur schreibt 24 Musiker vor) hat Weill das »Zwischengattungs-Stück« realisiert, wie es ihm ursprünglich vorschwebte.

Im *Silbersee* ist Weills charakteristischer europäischer Theaterstil sehr beeindruckend ausgeprägt. Die Musik beginnt mit einer Ouvertüre, deren doppeltönige Klangfülle, Quintenläufe und kontrapunktische Komplexität sofort aufhorchen lassen. In der ersten Szene begraben die Arbeitslosen symbolisch eine Figur, die den Hunger darstellt. Weill komponiert dazu »Alla marcia funebre«, einen ergreifenden Trauermarsch, auf die Textzeilen »Wir tragen den Toten zu Grabe«. Danach singt Severin »Der Bäcker bäckt ums Morgenrot das allerbeste Weizenbrot«, ein aggressiver, in die Nähe Eislerscher Kampflieder rückender Song, der den Anspruch der Jungen auf ein menschenwürdiges Dasein artikuliert. Es folgt, in der Szene des Lebensmittelgeschäfts, ein langsamer Walzer der Verkäuferinnen »Wir sind zwei Mädchen, die an jedermann verkaufen«. Dieses Lied – zu dem die Mädchen Lebensmittel vernichten, damit der Preis hoch bleibt – ist in einem dürftigen Walzerrhythmus gesetzt, das Lachen bleibt dem Hörer in der Kehle stecken, so »schindet« Weill an manchen Stellen die Harmonien. Dann folgen der Überfall und Olims Schuß. Der Chor kommentiert in strengem, manchmal fast ein wenig agitatorischem Stil die Handlungen. Nachdem Olim das Lotteriegeld erhalten hat, gibt ihm ein Agent Ratschläge, wie er dieses Geld anlegen kann. Weill ist hier eine seiner schönsten, weil bissigsten Tango-Adaptionen gelungen. Wieder, wie in der *Bürgschaft*, steht das Geld im Mittelpunkt der Handlung und treibt die Figuren. Wenn die Geigen im verzerrten, schäbigen Tangotakt Texte begleiten wie »Das kalkuliert die Krone des Gewinns: Zins und Zinseszins!«, wird bürgerliches Heiligtum zertrümmert. Danach kommen beide, Olim und Severin, am Ende des ersten Aktes auf dem Schloß an. Das erste, was sie dort hören, ist *Fennimores Lied* »Ich bin eine arme Verwandte«.

Bei einem Abendessen aufgefordert, Severin zu unterhalten, führt Fennimore zunächst auf der Tischplatte mittels zweier Bananen einen komischen Tanz vor – angeregt durch Chaplins berühmten Gabel/Brötchen-Tanz aus dem Film *Goldrausch* –, vom Orchester in scharf synkopiertem Foxtrott-rhythmus begleitet. Unmittelbar darauf singt sie die *Ballade von Cäsars Tod.* Weill komponiert dazu einen apokalyptischen Marsch, der auch musikalisch die Brisanz dieser Nummer ausdrückt. Hier war deutlich auf die Analogie Cäsar-Hitler gezielt: »Er verfolgte seine frechen Ziele und sah schon als Herrn der Römer sich.« Der Schluß des Liedes, von mächtigen Oktavfolgen des Orchesters untermauert, »Cäsar wollte mit dem Schwert regieren und ein Messer hat ihn selbst gefällt«, enthielt erneut ausreichende politische Brisanz.

Es folgt ein Duett zwischen Severin und Fennimore, musikalisch sehr nahe an dem poetischen »Kranich«-Duett aus *Mahagonny.* Die begleitenden Arabesken der Holzbläser malen ein Bild jener poetischen, überhöhten Metapher »Silbersee«, das von großer Eindringlichkeit ist. Wie für die beiden Liebenden auf der Bühne, so soll auch für den Zuhörer die Reinheit des »Silbersees« eine Alternative sein.

Der dritte Akt beginnt wieder mit einem Orchestervorspiel, in dem Motive der Ouvertüre aufgenommen und fortgeführt werden. Severin, der nicht weiß, daß Olim den Schuß abgegeben hat, ist immer noch auf der Suche nach dem Täter. Er singt eine große Rachearie »Es wird nicht vergessen, es wird nicht vergeben«, die stimmlich äußerst anspruchsvoll ist. Es folgt die Verschwörung und der Triumph der beiden Intriganten. Sie singen im Duett das *Lied vom Schlaraffenland*, ein bitterbösaggressives Stück, vom Orchester vielfältig gebrochen. Severin und Olim, die sich inzwischen gefunden und versöhnt haben, werden weggejagt und beschließen, gemeinsam zu sterben.

Das große Finale am Silbersee wird mit einer langen quasi pantomimischen Szene eingeleitet, in der Severin und Olim das Wunder des gefrorenen Sees erleben. Der Chor führt sie und kommentiert gleichzeitig ihre Gedanken und Handlungen. Dann wechselt urplötzlich der Rhythmus, ein leichtes Orchester-Allegretto leitet über zu Fennimores visionärem Gesang, der die beiden über den See führt. Noch einmal nimmt Weill den Rhythmus von *Fennimores Lied* auf, einer Barcarole nicht unähnlich, ehe Fennimores Stimme und der Chor in die Schlußsequenz einmünden: »Wer weiter muß, den trägt der Silbersee.« Neun einfache Orchestertakte, nunmehr pianissimo, beschließen das Werk und entlassen den Zuhörer in seine eigenen Gedanken und Reflexionen.

Ende Oktober 1932 schloß Weill die Komposition ab. Erneut war er es, der die Initiative für die Uraufführung ergriff. Am 13. November fuhr er nach Dresden, um Intendant Reucker das Werk vorzustellen. »Es hat ihm außerordentlich gefallen und wir haben bereits die Besetzung besprochen (Ponto als Olim, Reiner als Severin, Regie Gielen, Bühnenbild Neher, Dirigent Busch). Das wäre eine Aufführung, wie wir sie in Berlin wohl nie kriegen.«[219] Acht Tage danach kam die Ablehnung: »Reucker hat die Aufführung des Stückes abgelehnt, da es für sein ›Hoftheater-Abonnements-Publikum‹ (wie er sich ausdrückte) zu kraß und scharf sei.«[220] Sofort verhandelt Weill weiter, mit dem Deutschen Theater in Berlin (Es »bietet eine wirklich repräsentative Uraufführung mit großer Besetzung – Jannings oder George – und mit weitestgehender Berücksichtigung aller unserer Wünsche an.«) und mit Leipzig (Schauspieldirektor »Sierck ist begeistert. Brecher hat mich angerufen, daß er selbst dirigieren will.«[221]).

Da das Deutsche Theater offenbar gleichfalls Bedenken hatte und nichts mehr von sich hören ließ, zerschlug sich wieder einmal eine Berliner Uraufführung für Weill. Daraufhin schloß die Universal-Edition mit Leipzig ab und bezog Magdeburg und

Erfurt in eine Ring-Uraufführung ein. Am 2. Januar 1933 teilte der Verlag seinem Komponisten die Entscheidung mit.

Das Jahr 1932 war zu Ende gegangen, verbunden auch mit einer wichtigen Zäsur in seinem persönlichen Leben. Anfang März hatte das Ehepaar Weill/Lenya ein eigenes Haus im Künstlervorort Kleinmachnow bezogen, eine reichliche halbe Autostunde von Berlin entfernt. Aufgrund ihrer wachsenden beruflichen Verpflichtungen – Weills häufige Reisen zu Aufführungen und Verhandlungen außerhalb Berlins, Lenyas zunehmende Beschäftigung auf dem Theater, im Kabarett, im Film- und Plattenstudio – hatten die beiden in den Jahren seit der *Dreigroschenoper*-Premiere immer wenig Zeit füreinander gehabt. Im Herbst 1931 hatte die Lenya drei Monate mit einem Aufnahmeteam Erwin Piscators in der Sowjetunion verbracht, der Anna Seghers' Erzählung *Der Aufstand der Fischer* verfilmte. Damals kam der Streifen, den Piscator schließlich 1934, ohne die Lenya, realisierte, nicht zustande. Auch Weill hatte mehrere längere Erholungsreisen nach Frankreich, in die Schweiz und nach Spanien alleine unternommen. Kurz: man hatte sich etwas auseinandergelebt.

Als Lotte Lenya das Angebot annahm, im April 1932 bei einer Wiener Produktion von *Aufstieg und Fall der Stadt Mahagonny* mitzuwirken (die Premiere fand am 26. April im Raimund – Theater statt, die Aufführung lief insgesamt elfmal), begegnete sie im dortigen Ensemble während der Proben dem Sänger Otto Pasetti. Beide fanden Gefallen aneinander und beschlossen, für einige Zeit zusammen zu leben und zu reisen. Lenya schlug Weill im Sommer 1932 die Scheidung vor, wohl auch um seine Zuneigung zu Erika Neher wissend. Weill willigte ein, ein Berliner Anwalt wurde mit der Vorbereitung der notwendigen Formalitäten beauftragt. Trotz dieser Entscheidung blieben beide in freundschaftlichem Kontakt und informierten einander in einer ausgedehnten Korrespondenz von den gegenseitigen Vorhaben und Ereignissen. Als die Scheidung schließlich am 18. September 1933 rechtskräftig ausgesprochen wurde, war Weill bereits seit vier Monaten nicht mehr in Deutschland.

DAS JAHR 1933 – DIE NAZIS UND WEILL

Wie so viele der deutschen Künstler und Geistesschaffenden war sich auch Kurt Weill des drohenden Ernstes der politischen Entwicklung in Deutschland nicht im vollen Umfang bewußt. Obwohl er seit der *Dreigroschenoper*, verstärkt noch seit der *Mahagonny*-Oper ständig Zielscheibe heftiger Angriffe in der Presse von NSDAP und DNVP war, sah er für die Nationalsozialisten keine Chance, an die Macht zu kommen. Dabei vollzogen sich die Ereignisse nun Schlag auf Schlag: am 17. November 1932 war das Kabinett von Papen zurückgetreten, am 19. November hatte Reichspräsident von Hindenburg Hitler empfangen, um ihm den Kanzlerposten einer parlamentarischen Mehrheitsregierung anzutragen – was dieser, seiner Stärke bereits ziemlich sicher, ablehnte. Statt dessen forderte er die totale Staatsgewalt für die NSDAP. Noch zögerte Hindenburg.

Zwei Tage, nachdem Weill in Kleinmachnow die Partitur zum *Silbersee* abgeschlossen hatte (sie trägt das Datum 1. Dezember), trat das von Hindenburg berufene Übergangskabinett mit dem bisherigen Reichswehrminister Schleicher als Kanzler an. Offen gestand Schleicher seine Absicht, »der deutschen Politik eine Atempause von zwölf Wochen zu verschaffen, in der ... zwischen den Inhabern der Gewalt und Hitler verhandelt werden kann«.[222] In den bitterkalten Wintermonaten der Jahreswende 1932/33 entschied sich das Schicksal der Weimarer Republik endgültig.

Weill und Neher waren im Januar 1933 intensiv mit einem Filmprojekt beschäftigt. Die Berliner »Europa-Film« bereitete eine Verfilmung von Falla-

Kurt Weill. Aufnahme von 1933

Lotte Lenya vor dem Berliner Reichstagsgebäude. Aufnahme von 1932

das erfolgreichem Roman *Kleiner Mann – was nun?* vor, der Anfang 1932 im Rowohlt Verlag erschienen war. Berthold Viertel sollte Regie führen, Fallada selbst das Drehbuch schreiben. Ausstattung und Musik sollten Neher und Weill übernehmen, die dazu lange Gespräche führten. »In dieser Form hoffe ich, wenigstens einiges von einer neuen Form des musikalischen Films, wie sie mir vorschwebt, zu verwirklichen... Dem Stoff entsprechend, werde ich eine möglichst populäre Musik schreiben und ein Lied mit dem Refrain ›Kleiner Mann, was nun?‹ in den Mittelpunkt stellen.«[223]

Dazu sollte es nicht mehr kommen, die politischen Ereignisse verhinderten sowohl Weills als auch Viertels weitere Mitarbeit an dem Film, der schließlich im Sommer 1933 gedreht wurde (Regie: Fritz Wendhausen, Musik: Harald Böhmelt, Ausstattung: Caspar Neher).

Ob Kurt Weill am Abend des 30. Januar 1933 die Radioübertragung vom Fackelzug Unter den Linden gehört hat, mit dem die SA den Machtantritt Hitlers feierte, wissen wir nicht. Seine Reaktion gleicht erneut der vieler deutscher Intellektueller: Betroffenheit mischt sich mit der Überzeugung, daß Hitler und seine Gefolgsleute keine Chance hätten, für längere Zeit zu regieren; daß alles nur ein »Hitlerspuk« sei, wie Brecht es formulierte. Sechs Tage nach der Machtergreifung schreibt Weill: »Ich halte das, was hier vorgeht, für so krankhaft, daß ich mir nicht denken kann, wie das länger als ein paar Monate dauern soll.« Gleichzeitig aber räumt er ein: »Aber darin kann man sich ja sehr irren.«[224] Hans W. Heinsheimer antwortet Weill postwendend aus Wien: »Ihre Meinung, der neue Kurs in Deutschland könnte nur ein Alptraum von einigen Monaten sein, vermag ich nicht zu teilen. Ich bin von tiefstem Pessimismus erfüllt, weil ich glaube, daß die Unterschätzung des Gegners sich nun erst rächen, daß es sich zeigen wird, daß jene alles besser, sicherer und rücksichtsloser halten werden, als es sich die Republikaner 15 Jahre getraut haben. Wie wird sich die Lage nun im konkreten Fall *Silbersee* auswirken?«[225]

Schutzumschlag von Caspar Neher zur Buchausgabe *Der Silbersee*, die als letzte Publikation des Gustav Kiepenheuer Verlages vor dem Machtantritt Hitlers im Januar 1933 erschien

Die Uraufführungsproben in Leipzig, Magdeburg und Erfurt hatten gerade begonnen, als Hitler an die Macht kam. Natürlich bedurfte es einiger Wochen, ja Monate, ehe die »Neuorganisation des deutschen Kulturbetriebs« im Sinne der NSDAP im ganzen Land vollzogen werden konnte. Während sich die Machthaber fast unmittelbar nach dem 30. Januar sofort der »Säuberung« des Rundfunks als wichtigstem Massenmedium widmeten, lief, zumindest in den ersten Wochen, der Theaterbetrieb der Provinz noch relativ ungestört ab. Der Fall *Silbersee* zeigt die Entwicklung.

Selbstverständlich wurde seitens der Nazis massiv interveniert, da aber das Theater auf dem Stück bestand, konnte die Premiere stattfinden. Der Leipziger Regisseur Detlef Sierck erinnert sich: »Einer der Nazi-Stadträte, ein Mann namens Hauptmann... forderte mich auf, das Stück abzusetzen. Sonst, sagte er, würde etwas geschehen. So traf ich mich mit Kaiser, Weill und Neher, weil sie persönlich betroffen waren, aber wir entschieden, weiterzumachen, weil wir das Stück künstlerisch und politisch sehr wichtig fanden. Dann rief mich am Morgen der Premiere Dr. Goerdeler an (Leipzigs Oberbürgermeister; er wurde 1944 in Verbindung mit dem Attentat vom 20. Juli hingerichtet – J. S.) und gab mir den Rat, mich für einige Wochen krank zu melden und die Premiere zu verschieben, damit man dann das Stück im Sande verlaufen lassen könne. Ich ... lehnte ab. Daraufhin sagte er, daß er über Informationen verfüge, nach denen die SA und die Nazipartei die Premiere stören würden und riet mir nochmals dringend, das Ganze aufzugeben. Ich lehnte erneut ab und sagte, nur zwei Leute hätten die Macht, diese Premiere abzusagen. Ich als Verantwortlicher des Theaters oder aber er als Oberbürgermeister von Leipzig. Daraufhin sagte er mir, wenn die Dinge sich zuspitzen würden, sei er nicht in der Lage, mich zu decken.«[226]

Die Uraufführung am 18. Februar 1933 wurde zu einem denkwürdigen Ereignis. Gemeinsam mit vielen Bekannten – Theaterleuten, Journalisten – waren Kaiser und Weill aus Berlin nach Leipzig gefahren. Hans Rothe schreibt: »Trotz massiver Störversuche, besonders nach der *Ballade von Cäsars Tod*, wurde die Aufführung (Regie: Detlef Sierck, Dirigent: Gustav Brecher) ein bewegender Erfolg für Weill und Kaiser. Die Schauspieler bewältigten Weills anspruchsvolle Partien recht gut. Brecher und das Leipziger Sinfonieorchester musizierten die Partitur meisterlich.«[227]

Ebenso demonstrativ war der Erfolg in Magdeburg (wo Ernst Busch als Gast aus Berlin den Severin spielte) und in Erfurt.

Unmittelbar nach der Uraufführung produzierte Gloria in Berlin eine Schallplatte mit dem *Lied vom Schlaraffenland* und *Der Bäcker bäckt ums Morgenrot*, gesungen von Ernst Busch und dirigiert von Maurice Abravanel. Diese Platte konnte noch für kurze Zeit auf den Markt gebracht werden, eine zweite, die Electrola gleichfalls bereits Ende Februar mit Lotte Lenya und Gustav Brecher aufgenommen hatte, wurde nicht mehr gepreßt. In der Universal-Edition erschien noch im Februar 1933 der Klavierauszug sowie eine Einzelausgabe *Sechs Stücke aus der Musik zum Schauspiel »Der Silbersee«*.

Nur noch wenige tatsächliche Rezensionen zum Stück konnten in der bereits zum Teil »gleichgeschalteten« Berliner Presse erscheinen. So mußte Hans Heinz Stuckenschmidt z. B. seinen Bericht bereits in »Modern Music« (New York) veröffentlichen. Rolf Nürnberg schrieb nach einer eingehenden Würdigung von Stück und Aufführung, unter der Überschrift *Großer Kaiser-Weill-Erfolg in Leipzig*: »Um heute noch einer Theateraufführung beizuwohnen, mit der man sich auseinandersetzen kann und die die Theaterkultur nicht verdorren

Ernst Busch (Severin) in der Magdeburger Aufführung

Ring-Uraufführung *Der Silbersee,* 18. Februar 1933 in Leipzig, Magdeburg und Erfurt. Programmzettel der Leipziger Premiere

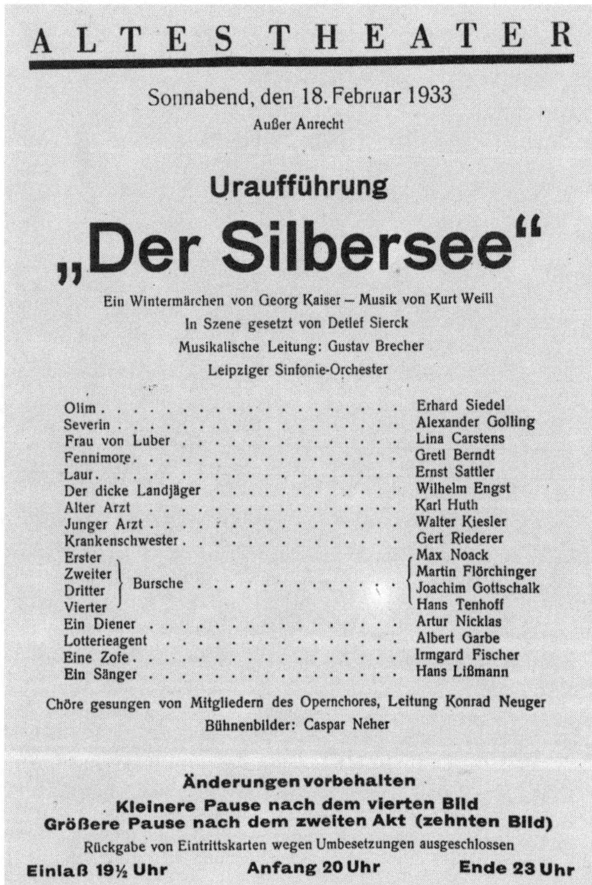

ALTES THEATER

Sonnabend, den 18. Februar 1933

Außer Anrecht

Uraufführung

„Der Silbersee"

Ein Wintermärchen von Georg Kaiser – Musik von Kurt Weill

In Szene gesetzt von Detlef Sierck

Musikalische Leitung: Gustav Brecher

Leipziger Sinfonie-Orchester

Olim	Erhard Siedel
Severin	Alexander Golling
Frau von Luber	Lina Carstens
Fennimore	Gretl Berndt
Laur	Ernst Sattler
Der dicke Landjäger	Wilhelm Engst
Alter Arzt	Karl Huth
Junger Arzt	Walter Kiesler
Krankenschwester	Gert Riederer
Erster Bursche	Max Noack
Zweiter Bursche	Martin Flörchinger
Dritter Bursche	Joachim Gottschalk
Vierter Bursche	Hans Tenhoff
Ein Diener	Artur Nicklas
Lotterieagent	Albert Garbe
Eine Zofe	Irmgard Fischer
Ein Sänger	Hans Lißmann

Chöre gesungen von Mitgliedern des Opernchores, Leitung Konrad Neuger

Bühnenbilder: Caspar Neher

Änderungen vorbehalten

Kleinere Pause nach dem vierten Bild

Größere Pause nach dem zweiten Akt (zehnten Bild)

Rückgabe von Eintrittskarten wegen Umbesetzungen ausgeschlossen

Einlaß 19½ Uhr Anfang 20 Uhr Ende 23 Uhr

Die letzte Notenausgabe Weillscher Musik in der Universal-Edition Wien war im Februar 1933 »Sechs Stücke aus Der Silbersee« für Gesang und Klavier. Umschlag der Ausgabe mit einer Zeichnung von Max Oppenheimer (Mopp)

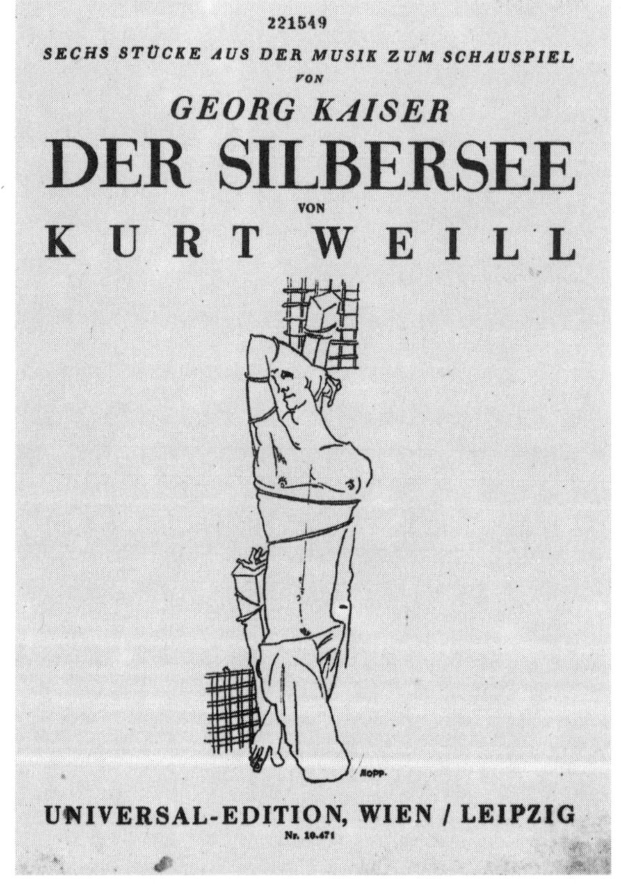

221549

SECHS STÜCKE AUS DER MUSIK ZUM SCHAUSPIEL VON

GEORG KAISER

DER SILBERSEE

VON

KURT WEILL

UNIVERSAL-EDITION, WIEN / LEIPZIG

Nr. 10.471

läßt; um noch Theateratmosphäre und Theaterarbeit zu spüren, muß man das Weichbild Berlins verlassen und nach Leipzig fahren.«[228]

Um so heftiger waren die Attacken der Nazipresse. Die »Leipziger Tageszeitung« schrieb: »Kaiser gehört, obwohl selbst nicht Jude, in die Kreise der Berliner Literaturhebräer. Seine neueste, plumpe Szenenklitterei heißt *Der Silbersee* und hat eine ›Musik‹ von Weill. Von diesem Herrn stammen bekanntlich die Dirnengesänge der Dreigroschen-und Mahagonnywelt. Einem Menschen, der sich mit solchen hundsgemeinen Dingen abgibt, der sich dem Brechtschen und Kaiserschen Schmutz anpaßt, ihm also wesensgleich, artgleich ist, sollte man nicht als ernsthaften Komponisten behandeln.«[229]

Der »Völkische Beobachter« ging zu offener Drohung gegen die an der Uraufführung Beteiligten über: »Detlef Sierck hat dem jüdischen Literatentum ... einen Dienst erwiesen, der ihm teuer zu stehen kommen kann ... Einem Komponisten wie Weill muß man mit Mißtrauen begegnen, noch dazu, wenn er es sich als Jude erlaubt, für seine unvölkischen Zwecke sich einer deutschen Opernbühne zu bedienen ... Das Beschämendste ist, daß sich der Generalmusikdirektor der Stadt Leipzig, Gustav Brecher, zu derartigem hergab! Ein Mann mit einigem Feingefühl hätte – ausgerechnet fünf Tage nach dem 50. Todestage Richard Wagners, mitten in den Gedenkfeiern der ihm leider noch immer anvertrauten Oper! – auf solche Darbietungen verzichtet! ... Herr Brecher hat sich neulich im Gewandhaus, zur Gedächtnisfeier ... unseren Führer, den Führer des deutschen Volkes, recht genau betrachtet. Ich hatte Gelegenheit, das zu beobachten. Nun, er wird ihn und die ... von ihm ausgehende Kraft noch genau kennenlernen!«[230] Die Drohung sollte sich sieben Jahre später auf tragische Weise erfüllen, als Brecher 1940 auf der Flucht vor der einmarschierenden Hitlerarmee im belgischen Ostende Selbstmord beging.

Die inszenierte Kampagne zur Absetzung des *Silbersees* wurde in Magdeburg gestartet, einem Zentrum des deutschen Militarismus, Sitz der Führung des »Stahlhelms« und seines Chefs Franz Seldte. Am 21. Februar, drei Tage nach der Uraufführung, veröffentlichte man die folgende »Gemeinschaftserklärung«: »Mit Entrüstung und schärfstem Protest wendet sich die deutsche Öffentlichkeit Magdeburgs gegen die im Magdeburger Stadttheater eingerissene Entwürdigung der Kunst zu einseitiger, undeutscher Propaganda bolschewistischer Theorien. Durch die Aufführung des Stückes von Georg Kaiser und Kurt Weill ist der nationalen Bevölkerung ein Schlag ins Gesicht versetzt worden. Mit schamloser Aufdringlichkeit predigt dieses Stück den Gedanken des Klassenhasses und birgt in sich ungezählte offene und versteckte Aufforderungen zur Gewalttätigkeit.

Das Magdeburger Stadttheater, das in schwerer Zeit durch die Steuergroschen der gesamten Bevölkerung gehalten, den kulturellen und nationalen Aufstieg des deutschen Volkes unterstützen soll, ist durch die Hand des Intendanten Götze zu einem Instrument gänzlich unkünstlerischer Bolschewisierungsversuche geworden.

Das durch die unterzeichneten Verbände und Organisationen vertretene Publikum fordert daher im

Die letzte Weill-Schallplatte erschien in Deutschland im Februar 1933. Auch Lotte Lenya hatte unter Leitung von Gustav Brecher zwei Songs aus *Der Silbersee* für Electrola aufgenommen, diese Platte wurde nicht mehr gepreßt

Namen zahlloser, auch nicht durch sie erfaßter Volksgenossen die sofortige Absetzung des Stükkes.

NSDAP, Kreisleitung Magdeburg/Frauenschaft der NSDAP, Kreis Magdeburg/Kampfbund für deutsche Kultur, Landesleitung Sachsen-Anhalt/ Stahlhelm, Bund der Frontsoldaten, Gründergau Magdeburg/Deutschnationale Volkspartei, Kreisverein Magdeburg/Kampfbund des gewerblichen Mittelstands/Bund Königin Luise.«[231]

Die Theater konnten sich dem Druck nicht länger widersetzen. Am 27. Februar brannte in Berlin der Reichstag, Anfang März wurde *Der Silbersee* von allen drei Theatern abgesetzt. Mit der letzten Vorstellung in Leipzig, am 4. März 1933, verstummte Weills Musik in Deutschland für die kommenden zwölf Jahre der braunen Nacht.

Als die Nachrichten von der Verhaftungswelle, die noch in der Nacht des Reichstagsbrandes eingesetzt hatte und von der auch zahlreiche Geistesschaffende – vor allem Schriftsteller und Publizisten – betroffen waren, Weill am darauffolgenden Tag erreichten, zweifelte er nicht mehr daran, daß nun auch er persönlich gefährdet war. Er verließ das Haus in Kleinmachnow, das in der Obhut der Haushälterin blieb, und zog zunächst in ein Hotel im Westend, kurz darauf, Anfang März, zu Caspar und Erika Neher.[232] Um den 15. März traf Weill in Berlin den französischen Filmregisseur Jean Renoir, um – bereits mit Blick auf Frankreich – mit ihm über mögliche Projekte zu reden. Erneut erreichten ihn dringende Warnungen, Berlin und Deutschland zu verlassen. Am 21. März, dem »Tag von Potsdam«, da vor der Garnisonskirche Hindenburg Hitler mit großem Pomp offiziell die Macht übergab, die dieser schon fast zwei Monate ausübte, zögerte Weill nicht länger. Er packte einige persönliche Sachen zusammen, bestieg mit einem kleinen Handkoffer das Auto der Nehers, zu dritt fuhr man via Luxemburg nach Frankreich. Am 23. März 1933 traf Weill in Paris ein. Während das Ehepaar Neher nach Berlin zurückkehrte, mietete Weill ein Zimmer im Hotel Splendide. Deutschland lang hinter ihm, das Leben als Emigrant begann.

Für das Verständnis der weiteren Entwicklung des Komponisten ist es unerläßlich, an dieser Stelle einen kurzen Überblick zu der Behandlung zu geben, die Person und Musik Weills durch das Naziregime ab 1933 erfuhren.

Kurt Weill wurde zu einer bevorzugten, wenn nicht gar zu *der* Gallionsfigur im Feldzug der braunen Machthaber gegen den »jüdischen Kulturbolschewismus«, gegen die »entartete Kunst der Systemzeit«, wie die progressiven Konzepte und Kunstleistungen der Weimarer Republik jetzt bezeichnet wurden.

Das unbeschreiblich niedrige Niveau der Attakken und Schmähungen, das schmutzige Vokabular der Angriffe haben den sensiblen Weill (der natürlich im Exil davon Kenntnis bekam) ebenso tief getroffen wie das Verbot seiner Musik, die Vernichtung seiner Noten und Schallplatten und die Beschmutzung seines jüdischen Glaubens. Der Entschluß, radikal mit Deutschland zu brechen und auch in seiner Musik künftig von allen deutschen und europäischen Traditionen abzurücken – wie er es ab etwa 1938 in den USA realisierte – hat hier den entscheidenden Ausgangspunkt. Dies ist stets mitzudenken, wenn über die »zwei Weills« reflektiert wird.

Bereits Ende 1931 hatte es im »theoretischen Organ« der NSDAP »Nationalsozialistische Monatshefte« (Herausgeber: Adolf Hitler, Schriftleiter: Alfred Rosenberg) einen grundsätzlichen Artikel zum Schaffen von Weill und Brecht gegeben. Unter der Überschrift *Neudeutsche Opern»kultur«* schrieb dort Walter Trienes u.a.: »Über den Typ Weill-Brecht an sich sind wohl eingehendere Betrachtungen und Untersuchungen unnötig, da bereits viel zu viel Aufhebens von diesen ›Kulturbringern‹ gemacht wird. Aber endlich einmal bedarf es einer kritischen Beleuchtung dessen, was wir von diesen Leuten hinsichtlich ihrer ›Erziehungsversuche‹ zu erwarten haben… Das hervorstechendste Merkmal der Weillschen Musik ist der Jazzrhythmus. Wenn Weill hier bewußt Negerrhythmen in die deutsche Kunstmusik hineinträgt, so führt er nur praktisch aus, was der Jude Bernhard Sekles als Direktor des Hochschen Konservatoriums in Frankfurt a.M. bei der Einführung einer Klasse für Jazzmusik aussprach, daß uns eine Transfusion mit Negerblut nicht schaden könne. Also das Volk, das einen Bach, Mozart, Beethoven, Wagner hervorgebracht hat, bedarf einer Auffrischung durch Negerblut… Zusammenfassend kann man nur immer und immer wieder sagen, daß Brechtsche Texte und Weillsche Musik niemals als deutsche Kunst anzusehen sind.«[233]

1933 folgten bereits kurz nach der Errichtung der Nazidiktatur eine ganze Reihe »Bekenntnisse zur neuen deutschen Musik«, in denen erneut alles, wofür Weill in den Jahren seit 1925 eingetreten war, in den Schmutz gezogen wurde. Leute, die ihrer minderen Qualität wegen bis 1933 keinerlei Stimme besaßen, schwangen sich nun zu »sachkundigen« Schreibern auf. Drei Beispiele aus dem Jahr 1933: Helmut Kötzsch: »Freilich sahen die Weill, Brecht, Krenek, Wagner-Régeny nur die negativen Vorzeichen des Menschen, arbeiteten nur destruktiv, mit Lust an der Relativität alles Bestehenden, an der Auflösung, Zerstörung, und ohne den Glauben an das elementare Menschentum, ohne Bindung an Volkstum, ohne echtes Ethos, ohne Zukunft, letztlich ohne Sinn überhaupt.«[234] Friedrich Walter: »Was ist alles an uns vorübergerauscht! Hier Zeitoper – dort Schuloper. Jugend- und Schulmusik, Gebrauchsmusik, Laien- und Gemeinschaftsmusik. Nur der völligen Kritiklosigkeit (gegenüber den eigenen Leistungen), der Überheblichkeit und Instinktlosigkeit ist es zuzuschreiben, daß in unserer Musik eine Entwicklung Platz greifen konnte, die nur als *Sünde wider den Geist* zu begreifen ist. Denn wie anders lassen sich die Abstrusitäten jener verflossenen Jahre erklären? Ein Komponistentyp tauchte auf, der, aus aller Herren Länder stammend, bei uns das gewünschte Eldorado fand, um seine Produkte abzusetzen. Gescheite Köpfchen, die nur merkwürdigerweise zwischen so elementaren Dingen wie Choral und Foxtrott nicht zu unterscheiden vermochten, heute einen Heilsarmeesong, morgen eine Choralfantasie schrieben (Weill).«[235]

Karl Grunsky: »Als natürliche Grundform des menschlichen Daseins scheint der Jude in seiner Lüsternheit die Welt der Freudenmädchen und Zuhälter zu betrachten. *Dreigroschenoper* und *Mahagonny* wimmeln von Gemeinheiten… Man sollte nun glauben, eine solche Roheit des Empfindens werde überall abgelehnt. Dem ist aber nicht so: W.E. Schäfer anerkannte das ›begabte Stück‹. Auch am Kurfürstendamm in Berlin verlautete kein Widerspruch. Warum der Jude Max Reinhardt die angesagte Berliner Aufführung von *Mahagonny* fallenließ, ist nicht aufgeklärt worden… Um den Betrug zu vervollständigen, schreiben moderne Alleskönner eigens für unsere Schulen auch noch Lehr- und Schulstücke, Weill seinen *Jasager*, der bei uns wie eine Frohbotschaft empfangen wurde. Mit diesen tonsetzerischen Größen arbeitet eine Jugendsingerei zusammen, die ohne völkischen Spürsinn ihren Weg sucht! Jazz, *Jonny*, *Dreigroschenoper* sind ihre Lebensstoffe. Seit nun Adolf Hitler Reichskanzler ist, gehören solche Streiche der Vergangenheit an. Die Zeitenwende hat begonnen. Langsam befreit sich die deutsche Musik aus der tödlichen Umarmung.«[236]

Brief seines Berliner Bankhauses an den Emigranten Weill in Paris vom März 1934: »Ihr Guthaben bei mir… (ist) ein Sperrguthaben geworden«

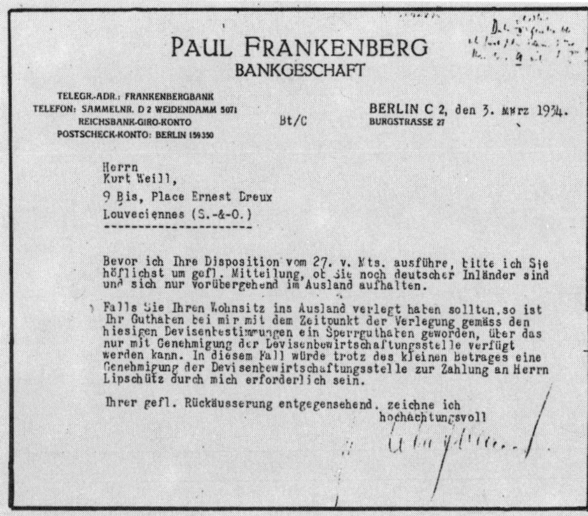

PAUL FRANKENBERG
BANKGESCHAFT

TELEGR.-ADR.: FRANKENBERGBANK
TELEFON: SAMMELNR. D 2 WEIDENDAMM 5071
REICHSBANK-GIRO-KONTO
POSTSCHECK-KONTO: BERLIN 159350

Bt/C

BERLIN C 2, den 3. März 1934.
BURGSTRASSE 27

Herrn
Kurt Weill,
9 Bis, Place Ernest Dreux
Louveciennes (S.-&-O.)

Bevor ich Ihre Disposition vom 27. v. Mts. ausführe, bitte ich Sie höflichst um gefl. Mitteilung, ob Sie noch deutscher Inländer sind und sich nur vorübergehend im Ausland aufhalten.

Falls Sie Ihren Wohnsitz ins Ausland verlegt haben sollten, so ist Ihr Guthaben bei mir mit dem Zeitpunkt der Verlegung gemäss den hiesigen Devisenbestimmungen ein Sperrguthaben geworden, über das nur mit Genehmigung der Devisenbewirtschaftungsstelle verfügt werden kann. In diesem Fall würde trotz des kleinen Betrages eine Genehmigung der Devisenbewirtschaftungsstelle zur Zahlung an Herrn Lipschütz durch mich erforderlich sein.

Ihrer gefl. Rückäusserung entgegensehend, zeichne ich
hochachtungsvoll

1935 brachte das sogenannte »Institut zum Studium der Judenfrage« sein »Standardwerk« heraus, unter dem Titel *Die Juden in Deutschland*. Dieses Buch zählte neben Hitlers *Mein Kampf* zu den »Hausbüchern« der Nazis, es erlebte Jahr für Jahr hohe Auflagen. Im Kapitel »Die Juden als ›Verwalter‹ der deutschen Kultur« stand Kurt Weill bei Betrachtung der Musik an bevorzugter Stelle: »Die vorstehende Reihe (von Mendelssohn über Offenbach bis Korngold – J. S.) wäre aber unvollständig, würde sie nicht auch den Namen desjenigen jüdischen Komponisten enthalten, in dem die von Offenbachs Cancan-Operette herkommende Linie ihren vorläufigen Höhepunkt erreicht hat: Kurt Weill… Noch sind die im Grunde unsäglich banalen Melodien, die er zu Bert Brechts von überallher zusammengestohlenem Textbuch der *Dreigroschenoper* beigesteuert hat, in frischer Erinnerung. In Gemeinschaft mit diesem üblen Literaturbolschewismus ist außer dem anarchistischen Lehrstück *Der Jasager* auch Weills sogenannte Oper *Mahagonny* entstanden… Man hält es heute kaum für möglich, daß ein derartiger Blödsinn, diese Ausgeburt des kaltschnäuzigen Nihilismus, auf deutschen Bühnen unter Mitwirkung deutscher Musiker, Sänger und Schauspieler einstmals wirklich zur Aufführung gelangen konnte.«[236a]

Zu der berüchtigten Ausstellung »Entartete Musik« im Rahmen der sogenannten »Reichsmusiktage« Düsseldorf 1938, wo Weill mehrere »Schautafeln« gewidmet waren und die alten *Dreigroschenoper*-Platten als Musterbeispiele für »Entartung« abgespielt wurden, erschien auch eine begleitende Broschüre, geschrieben vom Organisator der Ausstellung, dem Intendanten des Deutschen Nationaltheaters Weimar, Staatsrat Hans Severus Ziegler. Bereits der Umschlag dieser Broschüre verkündete das zynische Programm der Nazis: ein mit dem Judenstern versehener Affe bläst Saxophon. Perfide geht es auch im Text des Staatsrats zu: »Was in der Ausstellung zusammengetragen ist, stellt das Abbild eines wahren Hexensabbath und des frivolsten, geistig-künstlerischen Kulturbolschewismus dar und ist ein Abbild des Triumphes von Untermenschentum, arrogant jüdischer Frechheit und völliger geistiger Vertrottelung.«[237]

Im Jahre 1938/39 plante der Verlag des bedeutendsten deutschen Musiklexikons, des »Riemann«, eine neue Ausgabe, da die zuletzt 1929 von Alfred Einstein bearbeitete 11. Auflage natürlich nicht unverändert nachgedruckt werden durfte. Ein vergleichsweise bescheidener Parteigänger der Nazis, Josef Müller-Blattau von der Universität Königsberg, wurde mit der Bearbeitung beauftragt. Im Februar 1939 erschienen im Verlag Schott

Eine der »Schautafeln« der Ausstellung

Umschlag der Begleitbroschüre zur Ausstellung »Entartete Musik«, Düsseldorf 1938. Judenstern, Affenkopf und Saxophon dienen den Nazis als Schmähsymbole für die progressive Musik der Weimarer Republik

die ersten beiden Lieferungen, insgesamt 128 Seiten der Buchstaben A bis D. Weiter allerdings gedieh diese 12., neu bearbeitete Auflage damals nicht, denn den Nazis waren die vorgenommenen Eingriffe immer noch viel zu gering: »Man hätte nun, nachdem im Reiche Adolf Hitlers die letztmögliche Trennung zwischen Nichtjüdisch und Jüdisch im Bereich des kulturellen, geistigen und wissenschaftlichen Lebens durchgeführt ist, auch im neuen Riemann eine entsprechende radikale Abwendung von der Editionspraxis eines Einstein erwarten können. Was aber geschah? Das ganze Ju-

Titelblatt eines »Lexikons« von 1941, in dem Kurt Weill der umfangreichste Schmähartikel gewidmet wurde

LEXIKON DER JUDEN IN DER MUSIK

Mit einem Titelverzeichnis jüdischer Werke

Zusammengestellt im Auftrag der Reichsleitung der NSDAP. auf Grund behördlicher, parteiamtlich geprüfter Unterlagen

bearbeitet von

Dr. Theo Stengel
Referent in der Reichsmusikkammer

in Verbindung mit

Dr. habil. Herbert Gerigk
Leiter des Amtes Musik beim Beauftragten des Führers für die Überwachung der gesamten geistigen und weltanschaulichen Schulung und Erziehung der NSDAP.

dentum, das sich in den letzten Jahrzehnten in unsere Kultur eingenistet hatte, ist mit ausführlichen Würdigungen bedacht... Durch die Tür, durch welche die Aber und Abraham ihr grinsendes Gesicht stecken, wird eines Tages wieder die ganze Mischpoche ihren Einzug halten – auf ›legalem Weg‹ versteht sich. Die Kestenberg, Kerr & Co. haben allen Anlaß, dem deutschen Professor an der Universität Königsberg, Müller-Blattau, dankbar zu sein.«[238]

1940 erschien eine weitere »Abrechnung« mit der Musik »der Verfallszeit«. Unter dem Titel *Musik in Gefahr* schrieb Walter Trienes u. a.: »Der ethische Tiefstand ist mit der *Dreigroschenoper* und der *Stadt Mahagonny* der Nihilisten Brecht und Weill erreicht... Die Gotteslästerung der Juden fand bildnerischen Niederschlag in den blasphemischen Bildern eines Grosz (Jude), sie kehrte wieder in Weills (Jude) *Mahagonny*; Tollers (Jude) *Feuer aus den Kesseln* und Wolfs (Jude) *Matrosen von Cattaro* fanden ihr musikalisches Gegenstück in Landés (Jude) kommunistischem Oratorium *Potemkin* und Weills (Jude) klassenkämpferischer *Bürgschaft*.«[239]

Im neuen »Riemann«, der beim Buchstaben D am weiteren Erscheinen gehindert wurde, konnte Weills Name nicht erscheinen. Dafür hielt er »gebührenden« Platz im offiziellen Nazi-*Lexikon der Juden in der Musik*, das erstmals 1941 im Verlag Hahnefeld, Berlin, erschien und mehrere Auflagen erlebte. Mit diesem Zitat wollen wir die Auswahl von Nazi-Stimmen über Kurt Weill beenden, eine Auswahl, die in Haß und Ignoranz signifikant ist für offizielle NS-Kulturpolitik 1933 bis 1945. Für dieses Lexikon war Weill »untrennbar mit der schlimmsten Zersetzung unserer Kunst verbunden. In seinen Bühnenwerken zeigt sich ganz unverblümt und hemmungslos die jüdisch-anarchistische Tendenz... Seine gemeinsam mit Bert Brecht geschriebene *Dreigroschenoper*... wurde von jüdischer und judenhöriger Seite als revolutionärer Umbruch der gesamten musikdramatischen Kunst gepriesen.«[240]

Solchermaßen beschmutzt von denen, die jetzt Deutschland beherrschten, erfuhr Kurt Weill gerechte Einschätzung und Würdigung von denen, die die eigentliche deutsche Kultur ab 1933 repräsentierten: von den Exilierten. In den Verlagen der Emigration erschienen einige wesentliche Bücher zur Musik der Weimarer Republik. In ihnen konnte man nachlesen, welch bedeutende Rolle Kurt Weill in den Jahren seit der Uraufführung des *Protagonisten* 1926 in Dresden gespielt hatte. Es ist gut zu wissen, daß auch diese Bücher Weill erreichten. 1934 erschien im Züricher Atlantis Verlag Paul Bekkers Buch *Wandlungen der Oper.* Im Kapitel »Die Nachkriegsoper« heißt es nach einer gründlichen Darstellung der Neuerungen der *Dreigroschenoper* und der *Mahagonny*-Oper: »Der nachdrücklichste, einstweilen letzte Versuch dieser Art (einer Oper mit Drang zur Belebung der Stimmen – J. S.) ist Weills *Bürgschaft.* Hier zeigt sich eine andere Art der Verbindung von Sprache und Gesang ... Sie beruht nicht auf Verschmelzung und gegenseitiger Steigerung, sondern auf einem Nebeneinanderlaufen von Sprache und Gesang auf verschieden gelagerten, dabei beziehungsmäßig eng verbundenen Ebenen. Wort und melodische Sprache erscheinen nicht mehr als organische, sondern als kombinierte Einheit.«[241]

Trotz aller offiziellen Ausrottungsversuche wurden in vielen deutschen Familien die alten Platten mit Weillscher Musik heimlich aufbewahrt und gehört. Der Londoner Kulturhistoriker John Willett gibt dafür ein schönes Exempel: »Im Sommer des Jahres der Münchner Krise besuchte mein Freund Tim Bennett die Weißenhofsiedlung in Stuttgart, jene aus dreißig Häusern bestehende Musteranlage hervorragender moderner Architekten von Behrens bis Le Corbusier ... In einem der drei am entschiedensten funktionellen Häuser – der kommunistische Architekt Mart Stam, ein Holländer, hatte sie gebaut – war Tim zum Tee und zum Anhören der verbotenen Schallplatten der *Dreigroschenoper* eingeladen worden. Und vor mir liegt das abgewetzte graue Buch, das ihm sein unbekannter Gastgeber damals schenkte: eine englische Übersetzung von *Der große Hunger* des norwegischen Schriftstellers Johann Bojer. Auf dem Vorsatzblatt steht: ›Zur Erinnerung an einen Nachmittag im Hause Mart Stams in Stuttgart mit Musik von Kurt Weill. 13. August 1938.«[242]

Als diese Widmung geschrieben wurde, lebte Weill bereits seit drei Jahren in den USA. Er war einer von vielen tausend (rechnet man auch die weniger oder gar nicht prominenten ein) Vertretern des deutschen Geisteslebens, die zum Verlassen ihrer Heimat gezwungen worden waren, die ein beispielloser »Auszug des Geistes« nun in viele Länder des Erdballs führte.

Als Kurt Weill am 23. März 1933 in Paris eintraf, war er dort kein Unbekannter. Nicht nur die Songs der *Opéra de quat' sous* hatten in Frankreich breite Popularität erlangt, seit dem 11. Dezember 1932 war der Name Weill auch ein Begriff für die Pariser Musikwelt und die Kritiker. An diesem Abend hatte in der »Salle Gaveau« ein Weill-Konzert stattgefunden, das vom Publikum und in der Presse geradezu enthusiastisch gefeiert wurde. Angeregt hatte es der Pariser Mäzen Vicomte de Noailles, der Weill im August 1932 nach Berlin geschrieben und ihn eingeladen hatte, »auf Grund des riesigen Erfolges der Dreigroschenopermusik in Paris im Laufe des Winters einen Abend mit eigenen Werken zu geben«.[243] Weill entschied sich für das Songspiel *Mahagonny* und die Schuloper *Der Jasager*, bewußt wählte er für sein Pariser Konzertdebüt also zwei seiner neuartigen Werke für das Musiktheater aus. Die Vorbereitung übertrug er seinen Freunden Hans Curjel und Maurice Abravanel. Beide Werke gelangten konzertant und in deutscher Sprache zur Aufführung. Curjel fügte dem Songspiel noch vier Nummern aus *Aufstieg und Fall der Stadt Mahagonny* hinzu (diese »Pariser Fassung« lag auch seinen weiteren Aufführungen zugrunde), und als Solisten wurden Lotte Lenya gemeinsam mit Otto Pasetti, dazu weitere Sänger, verpflichtet. Für den *Jasager* trat das Ensemble der Berliner Uraufführung (Jugendchor und Jugendinstrumentalgruppe der Staatlichen Akademie für Kirchen- und Schulmusik Berlin) die Reise nach Paris an. Dirigent beider Werke war Maurice Abravanel.

Der Abend fand innerhalb einer Konzertreihe

Ein sensationeller Erfolg von

KURT WEILL IN PARIS

MAHAGONNY

DER JASAGER

Kurt Weill wurde am 11. Dezember bei einer Aufführung seiner Opern „Mahagonny" und „Jasager" in Paris stürmisch gefeiert.

Emile Vuillermoz schreibt darüber:

„Voilà bien des années que Paris n'a pas eu l'occassion d'éprouver une émotion aussi intense et aussi noble. Il faute que ces spectacles soint offerts de nouveau à notre foule. La Sérénade doit aller jusqu'au bout de sa mission en faisant l'effort nécessaire pour tirer parti de sa victoire".

Les Nouvelles Littéraires (André George):

„. . . une oeuvre singulière, que l'on n'attendait plus, qui vous charme ou vous bouleverse, et qui, une fois entendue, ne s'oubliera jamais".

DIE BÜRGSCHAFT

Oper in 3 Akten. Text von Kurt Weill und Caspar Neher

Aufführungen in Basel — Düsseldorf — Wiesbaden — Hamburg — Königsberg — Duisburg — Stettin

Ein Erfolg von Stetigkeit und Dauer!

DER SILBERSEE

Schauspiel von Georg Kaiser. Musik von Kurt Weill

Uraufführung am 18. Februar 1933 in Leipzig — Magdeburg — Erfurt

(Gemeinsamer Vertrieb mit der Firma Felix Bloch Erben, Berlin)

UNIVERSAL-EDITION A. G., WIEN—LEIPZIG

Anzeige der Universal-Edition Wien, Januar 1933, mit Bezug auf den triumphalen Erfolg des ersten Pariser Weill-Abends vom 11. Dezember 1932 in der Salle Gaveau

der Kammermusikvereinigung »La Sérénade« statt, zu deren Mitgliedern führende Komponisten Frankreichs gehörten. Viel Prominenz war erschienen, im Auditorium befanden sich unter anderem Igor Strawinsky, Darius Milhaud, Arthur Honegger, André Gide, Jean Cocteau, Pablo Picasso und Fernand Léger.

André George, einer der führenden Pariser Kritiker, schrieb: »Wir haben zwei singuläre Werke gehört, die nicht nur durch ihren Einfallsreichtum und Ausdruck bestechen, sondern die man auch, einmal gehört, nicht so schnell wird vergessen können.«[244] Emile Vuillermoz faßte den Eindruck des Abends so zusammen: »Es ist viele Jahre her, daß man in Paris eine so starke, so edle Erschütterung verspürt hat.«[245]

Seit diesem Konzert waren erst reichlich drei Monate vergangen, als Weill jetzt in Paris eintraf. Bereits die ersten Tage brachten Begegnungen mit Jean Renoir und René Clair, Weill wollte in Frankreich seine bereits in Berlin besprochenen Filmpläne realisieren. Doch daraus wurde nichts, denn schon Anfang April nahm ihn ein neues Theaterprojekt voll in Anspruch.

In Paris hatte sich damals unter Leitung des Choreographen Georges Balanchine die Truppe »Les Ballets 1933« formiert, die nach Werken für einen mehrteiligen Ballettabend suchte. Der künstlerische Leiter Boris Kochno hatte auch bereits einen Financier gefunden, den wohlhabenden Engländer Edward James. Dieser, verheiratet mit der jetzt in Paris lebenden deutschen Tänzerin Tilly Losch, hatte nur zwei Bedingungen: eine Rolle für seine Frau mußte dabeisein und eines der Werke sollte von Kurt Weill komponiert werden, dessen Musik er seit dem Besuch des Dezember-Konzerts besonders schätzte. Am 9. April fand eine Besprechung zwischen James und Weill statt, in deren Verlauf James erläuterte, er habe nach den ab 27. Mai in Paris vorgesehenen Vorstellungen auch bereits ein Londoner Gastspiel vorbereitet. Weill nahm den Auftrag unter zwei Bedingungen an: da er kein »gewöhnliches« Ballett schreiben wollte, sondern bereits einen Plan hatte, für den er einen Textdichter benötigte, sollte James bei Jean Cocteau anfragen. Zweitens: da noch kein Werk Weills in England aufgeführt worden war, sollte während der Londoner Laufzeit des Balletts gleichzeitig der Pariser Abend mit *Mahagonny* und *Jasager* wiederholt werden. James stimmte zu und sprach am nächsten Tag mit Cocteau.[246] Dieser lehnte infolge der knappen Zeit ab. Sicher mit Hinblick auf die Werbewirkung, die das »Markenzeichen« Weill/Brecht mit der *Opéra de quat' sous* in Paris bedeutete, schlug James nun Brecht als Autor vor. Weill stimmte zu.

Auch Bertolt Brecht befand sich damals gerade auf seiner ersten Exilstation, er lebte mit seiner Familie als Gast der Schriftstellerin Lisa Tetzner in Carona (Schweiz). Als Weills Nachricht ihn erreichte, fuhr er sofort nach Paris und traf dort Ende der zweiten Aprilwoche ein. Zu dieser Zeit hatten James, Kochno, Balanchine und Weill sich bereits dafür entschieden, ein »ballet chanté« zu produzieren. Wieder war es der Financier, der dies angeregt hatte. Tilly Losch kannte Lotte Lenya aus Berlin, und James war von Lenyas Auftritt in *Mahagonny* fasziniert gewesen. Er hatte sie bereits in Wien verständigt und gemeinsam mit Otto Pasetti verpflichtet.

Zwischen dem 15. April und Anfang Mai (Weill vollendete am 4. Mai den Klavierauszug) entstand das Ballett mit Gesang *Die sieben Todsünden*, bereits Ende April war Brecht wieder nach Carona zurückgefahren.

Das Ballett ist im Grunde ein bitteres Werk. Folgende Fabel wird erzählt: Eine Familie aus Louisiana schickt ihre Tochter Anna in die großen Städte, damit sie dort eine Karriere als Tänzerin machen und genügend Geld verdienen soll, um daheim ein schönes Haus bauen zu können. Anna besteht aus zwei Personen – Anna I (die Sängerin, die »Vernünftige«, die ihre Schwester managt und dauernd davor warnt, ihrem natürlichen Empfinden nachzugeben) und Anna II (die Tänzerin, das zur Ware degradierte Mädchen). Ein Prolog und ein Epilog umschließen die sieben Stationen des Balletts, die Anna zu durchwandern hat, darstellend zugleich die »Todsünden«. Brecht erklärt diese Todsünden zu Tugenden, Sünden sind sie nur für den Kleinbürger, weil dieser sie sich unter den Bedingungen der kapitalistischen Gesellschaft nicht leisten kann, weil er kein natürliches, menschliches Leben führen kann.

Die Grundidee von der durch die Verhältnisse erzwungenen Spaltung eines Menschen in zwei grundverschiedene Persönlichkeiten hatte Brecht bereits um 1930 in dem Stückentwurf *Die Ware Liebe* (aus dem später *Der gute Mensch von Sezuan* hervorging) entwickelt. Auch ist Kim H. Kowalkes Annahme zuzustimmen, daß sowohl Brecht als auch Weill Dreisers Roman *Eine amerikanische Tragödie* bzw. dessen Verfilmung von 1931 durch Josef von Sternberg gekannt haben. Dort konfrontieren der Held Clyde und sein Alter ego Gilbert die Todsünden mit der Religion und der Familie und deren destruktiver Rolle.[247]

Weills Musik der *Sieben Todsünden* zeigt ihn nochmals auf der Höhe seines europäischen Theaterstils. Im Orchester ist ein Wandel vor sich gegangen. Während sein letztes Werk in Deutschland einen mehr kammermusikalischen Orchesterklang anstrebte, meist von Bläsern bestimmt, verwendet er in den *Todsünden* ein großes Orchester, das vor allem durch die virtuose Behandlung der Streicher seine Wirkungen erreicht. Zum ersten Mal bei Weill realisiert sich auch die Übernahme von Jazzelementen nicht mehr nur ausschließlich in der Bläsergruppe, sondern im direkten Zusammenspiel von Bläsern und Streichern. Die melodischen Erfindungen sind stark wie immer. Prolog und Epilog umschließen als großer Weill-Song die Handlung.

Köstlichster Einfall: Die Familie (Eltern und Großeltern Annas), die den Weg des Mädchens spießbürgerlich kommentierend begleitet, läßt der Komponist von einem Männerquartett singen, oft auch a cappella. Dabei erreicht der an deutsches Männergesangsvereins-Elend erinnernde Satz ein äußerstes Maß an Komik und Karikatur.

Bis auf diese Familienchöre vermeidet die Musik jedoch fast gänzlich frühere parodistische Effekte. Die Solosongs erreichen ihre stärksten Wirkungen dort, wo sie unmittelbar kontrastierend gegen das Quartett gesetzt werden.

Nr. 1 Faulheit Die Schwestern führen im Park der ersten Stadt, durch die sie kommen, kleine Erpressertricks an Ehepaaren aus, um zu Geld zu kommen. Vor Müdigkeit schläft Anna II ein. Anna I muß sie wecken und zur Arbeit anhalten. Weills Musik zu dieser Szene, in die sich später die Familie von ihrem kommentierenden Platz neben der Bühne aus einschaltet, ist stark tänzerisch, eine eilende Tarantella mit typischen chromatischen Übergängen.

Nr. 2 Stolz Anna hat in Memphis einen Job als Tänzerin in einem kleinem, schmutzigen Kabarett erhalten. Dort will man von den Tänzerinnen keine Kunst, sondern Vorzeigen ihrer Blöße sehen. Als Anna II dies verweigert, muß Anna I ihr den Stolz abgewöhnen und sie zum Tanz zwingen. Diese Szene wird durchgehend von Anna I begleitet (mit dem Walzer »Als wir aber ausgestattet waren«). Weills harmonische Behandlung und Orchestrierung schildern auch musikalisch, welche Arbeit Anna da übernommen hat.

Nr. 3 Zorn Anna ist Statistin im Filmatelier. Sie beobachtet, wie ein Star rücksichtslos ein Pferd quält und tritt empört dazwischen. Sofort wird sie entlassen. Anna I aber zwingt die Schwester, sich zu entschuldigen, damit sie die Arbeit wieder erhält. Von Anna I und der Familie gesungen, ist die gesamte Szene im Atelier von Weill als Shimmyfoxtrott komponiert, hier haben die Bläser im Orchester den Vorrang, die Szene ist sehr tänzerisch ausgeformt.

Nr. 4 Völlerei Anna ist jetzt ein Star geworden, ihr Vertrag zwingt sie zur Einhaltung eines bestimmten Gewichts. Anna I überwacht sie und zwingt sie, so wenig als nötig zu essen. Die gesamte Szene wird lediglich von der Familie kommentiert, zu mehr als Dreiviertel singen die vier Solisten a cappella, nur an zwei Stellen treten verhalten die Streicher pizzicato hinzu – Weill erreicht hier ein äußerstes Maß an musikalischer Karikatur, populären Männerquartettgesang regelrecht dadurch demontierend, daß er ihn kunstvoll rekonstruiert.

Nr. 5 Unzucht Anna II hat jetzt einen Freund, der sehr reich ist und sie mit Geschenken überhäuft (Edward) und einen Geliebten, der arm ist und ihr die Geschenke wieder abnimmt (Fernando). Anna I muß Anna II dazu bringen, auf den Geliebten zu verzichten und zu dem reichen Freund zurückzukehren. Anna I und die Familie begleiten singend die Szene.

Nr. 6 Habsucht Edward hat sich, von Anna II ruiniert, erschossen. Auch ein zweiter Freund hat sich aus gleichem Grund aus dem Fenster gestürzt. Als Anna II einen dritten Mann auf diese Weise ausnutzen will, zwingt Anna I sie, ihm das Geld zurückzugeben, um nicht in schlechten Ruf zu geraten. In dieser Szene gibt es eine große Tenorarie des Vaters (»Wer seine Habsucht zeigt, um den wird ein Bogen gemacht«). Mit einem weiten Tonumfang – bis zum hohen A – singt der Vater stellenweise fast liturgisch, wenn es ums Heiligste geht: das Geld.

Uraufführung *Die sieben Todsünden*, 17. Juni 1933 im Théâtre des Champs-Élysées Paris. Programmzettel

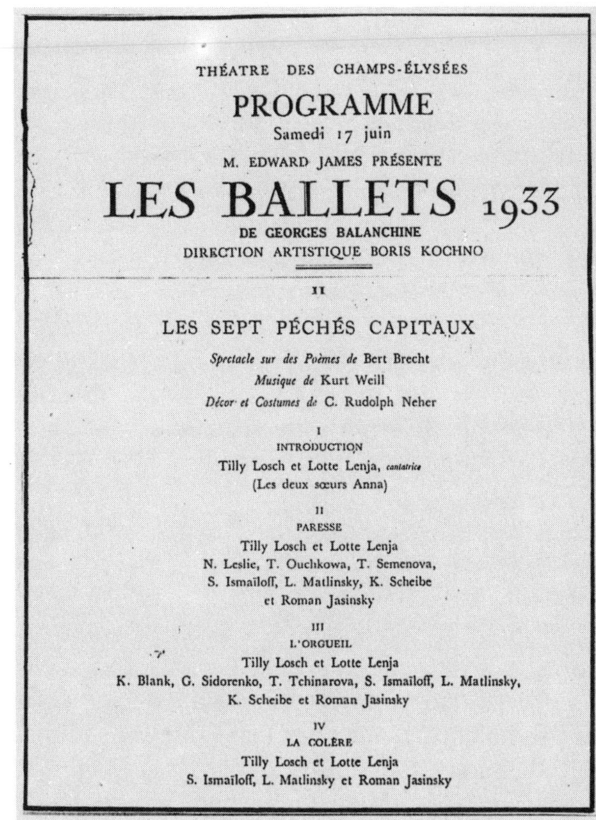

THÉATRE DES CHAMPS-ÉLYSÉES

PROGRAMME

Samedi 17 juin

M. EDWARD JAMES PRÉSENTE

LES BALLETS 1933

DE GEORGES BALANCHINE

DIRECTION ARTISTIQUE BORIS KOCHNO

II

LES SEPT PÉCHÉS CAPITAUX

Spectacle sur des Poèmes de Bert Brecht

Musique de Kurt Weill

Décor et Costumes de C. Rudolph Neher

I

INTRODUCTION

Tilly Losch et Lotte Lenja, *cantatrice*

(Les deux sœurs Anna)

II

PARESSE

Tilly Losch et Lotte Lenja

N. Leslie, T. Ouchkowa, T. Semenova,

S. Ismaïloff, L. Matlinsky, K. Scheibe

et Roman Jasinsky

III

L'ORGUEIL

Tilly Losch et Lotte Lenja

K. Blank, G. Sidorenko, T. Tchinarova, S. Ismaïloff, L. Matlinsky,

K. Scheibe et Roman Jasinsky

IV

LA COLÈRE

Tilly Losch et Lotte Lenja

S. Ismaïloff, L. Matlinsky et Roman Jasinsky

Nr. 7 Neid Anna II ist jetzt oft erschöpft. Sie sieht andere Mädchen, die sich all den natürlichen Dingen hingeben, die ihr versagt sind. In einem großen Ballett »Die Letzten werden die Ersten sein« wird sie aber zur triumphalen Heldin, während die anderen Mädchen verfallen und ihr eine Gasse bahnen. Dieser beherrschende letzte Teil der Szene ist von Weill als populärer Marsch komponiert, hinter den munteren Tönen aber vollzieht sich die schmerzliche Metamorphose.

Der Epilog beschließt das Ballett, Anna I und Anna II kehren zurück nach Louisiana. »Jetzt haben wirs geschafft, Anna« resümiert Anna I, und Anna II stimmt mit einem gesprochenen und gebrochenen »Ja, Anna« zu, an das sich noch sechs Orchestertakte anschließen.

Die Uraufführung fand am 7. Juni 1933 im Pariser Théâtre des Champs Élysées statt. Georges Balanchine hatte die Choreographie übernommen, Caspar Neher die Ausstattung, es dirigierte Maurice Abravanel. Die Tänzerin Tilly Losch sowie Lotte Lenya waren die Darsteller der beiden Annas, es tanzte die Truppe »Les Ballets 1933«.

Zusammen mit Brecht/Weills *Sieben Todsünden* (unter dem Titel *Les Sept Péchés Capitaux*) liefen fünf weitere Kurzballette: *Les Songes* (Musik: Darius Milhaud), *Errante* (nach Schubert-Musik in der Instrumentation von Charles Koechlin), *Fastes* (Musik: Henri Sauguet), *Mozartiana* (nach Mozart-Musik in der Orchestration von Peter Tschaikowski) und *Les Valses de Beethoven* (Orchestrierung von Nicolas Nabokoff).

Zur Premiere war Brecht wieder aus Carona angereist, so daß sich wie in alten Berliner Zeiten das Team Weill/Neher/Brecht/Lenya wiedersah. Die Aufnahme des Abends beim Publikum war sehr gemischt. Der Pariser Korrespondent des Magazins »The New Yorker« hat sie sehr schön beschrieben: »Die Produktion hat den neuen britischen Kunstmäzen Edward James rund eine Million Franc gekostet. Das Programm bestand aus sechs Balanchine-Balletten, von denen nur die Hälfte, oder anders gesagt 500.000 Franc, dem Publikum zu gefallen schienen. Die drei Favoriten waren *Fastes, Les Songes* und *Les Valses de Beethoven.* Die restlichen drei – wie Speisen auf einem table d'hôte, von denen man eine wählen kann, ohne daß erwartet wird, daß einem alle drei zusagen – waren *Mozartiana, Errante* und schließlich *Les Sept Péchés Capitaux*, ein Gebräu, nach dem offensichtlich niemand Appetit verspürte.«[248]

Lotte Lenya (rechts) und Tilly Losch als die Schwestern Anna I und Anna II

Da das Ballett entgegen der französischen Titelankündigung in deutsch gesungen wurde, verstand offenbar außer den zahlreich im Saal vertretenen Emigranten vom französischen und interna-

Gastspiel der Truppe »Les Ballets 1933« in London, 1.–15. Juli 1933. *Die sieben Todsünden* liefen hier unter dem Titel *Anna-Anna.* Werbezettel

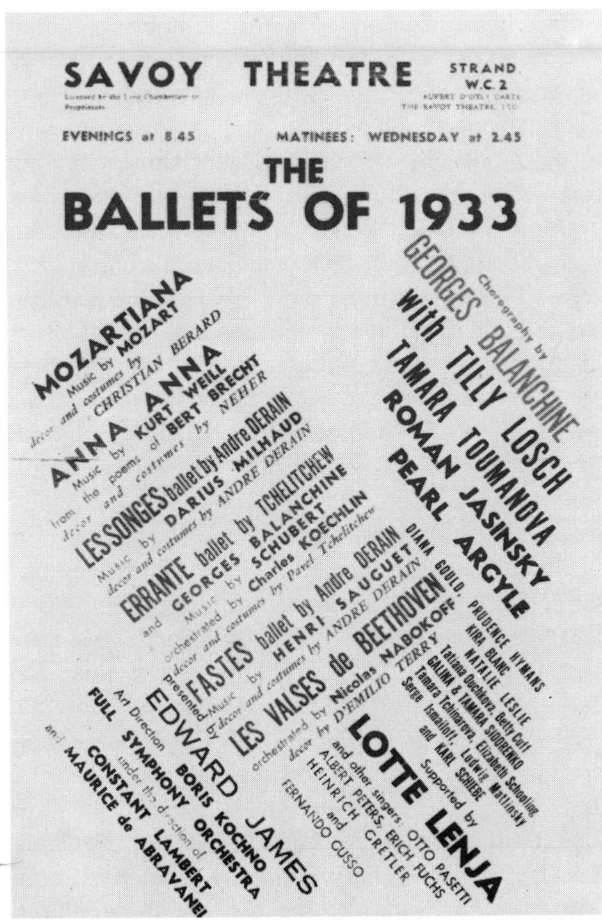

tionalen Publikum niemand, worum es eigentlich ging. Um so freudiger begrüßte die Emigrantenpresse Brecht/Weills neue Arbeit. Walter Mehring schrieb z. B.: »Es wurde ein großer Abend. Eine Elite feierte Künstler und Interpreten, wie man sie aus der großen Epoche der deutschen Theaterkunst gewohnt war.«[249]

Bis zum 19. Juni erlebte der Abend in Paris insgesamt sieben Vorstellungen. Danach ging die Produktion nach London, wo am 28. Juni im Savoy-Theater Premiere war. Noch vor der Abreise hatte es am 20. Juni 1933 in Paris durch »La Sérénade« eine wiederum umjubelte zweite konzertante Aufführung von *Mahagonny* gegeben (mit Lotte Lenya, Otto Pasetti, Albert Peters u. a., Dirigent: Maurice Abravanel), diesmal im ersten Teil gekoppelt mit Werken von Alfredo Casella und Jean Françaix. Eingedenk der Pariser Erfahrungen übersetzten James und Weill in aller Eile Brechts Text ins Englische, Lotte Lenya lernte ihn in wenigen Tagen, und die *Todsünden* liefen in London unter dem Titel *Anna-Anna.* Auch die Aufnahme des Werks in London war von Unverständnis und Ablehnung geprägt. Bis zum 15. Juli fanden insgesamt vierzehn Vorstellungen des Ballettabends statt.

Am 18. Juli folgte dann, ebenfalls im Savoy-Theater, die vereinbarte Aufführung des Songspiels *Mahagonny,* gekoppelt allerdings nicht mit einem zweiten Weill-Werk, sondern mit Darius Milhauds *Les Hymnes.* Edward James hatte sich für *Mahagonny* – offenbar in Kenntnis der Fotos von der Uraufführung in Baden-Baden 1927 – eine Mischung aus szenischer und konzertanter Darbietung ausgedacht. Er ließ die Sänger in einem Boxring auftreten. Erneut reagierte die Kritik mit Ablehnung, in die sich diesmal Spott mischte. Unter der Überschrift »Songs auf der Bühne in einem Boxring gesungen« hieß es in einer Londoner Zeitung: »Die Sänger mußten in den Ring steigen, unter ihnen Fräulein Lotte Lenya, die seltsame kleine Musikstückchen von sich gab, mit einem leichten Geschmack von amerikanischem Jazz … Diese Musik geht einem schon bald auf die Nerven, denn sie ist stets von der gleichen Farbe.«[250] Weills Start in England war gründlich mißlungen, er selbst erlebte das Desaster nicht mit, da er zur gleichen Zeit Urlaub in Italien genoß.

Die sieben Todsünden wurden zu Weills und Brechts Lebzeiten nur noch ein weiteres Mal aufgeführt, 1936 in Kopenhagen. Erst nach Brechts Tod wurde der Text unter dem von Weill nicht autorisierten Titel *Die sieben Todsünden der Kleinbürger* gedruckt.

Im Juli 1933 schrieb Weill der Schwester aus dem Urlaubsort Positano: »Über den weiteren Verlauf meines Lebens bin ich mir noch nicht klar, mache mir aber keine Gedanken. Allerlei Arbeitspläne stellen sich allmählich ein – auch ein gutes Zeichen.«[251] Auch das Ehepaar Neher verbrachte einige Zeit zusammen mit Weill, der erst Anfang August nach Paris zurückkehrte. Natürlich bildeten die Entwicklungen in Deutschland den hauptsächlichen Gesprächsstoff. Zu dieser Zeit unterhielt Weill auch eine umfangreiche Korrespondenz mit Georg Kaiser, der nach seiner »Entfernung« aus der Sektion Dichtkunst der Preußischen Akademie der Künste zurückgezogen in Grünheide lebte und nur noch manchmal nach Berlin fuhr. Wie mag Weill zumute gewesen sein, als er die folgenden Zeilen von Kaisers Tochter las? »Neulich war ich mit meinem Vater in der Edenbar, woselbst ein unermüdlicher Klavierspieler sich produzierte – und plötzlich Ihre unvergeßliche Weise vom Haifisch, der seine Zähne im Gesicht trägt, aufspielte. Da ließen wir in feierlichem Gedenken an den Schöpfer dieser Melodie die Eßwerkzeuge sinken und nahmen die Klänge wie eine langentbehrte Speise in uns auf. Ja, lieber Herr Weill, wir vergessen nicht, wir haben ein langes und unerschütterliches Gedächtnis.«[252]

Trotz der großen Anerkennung in Paris stand es um Weills finanzielle Situation nicht zum besten. Er hatte bei der eiligen Abreise aus Berlin keine größeren Geldbeträge mitgenommen. Von seinem Berliner Konto aber durfte entsprechend der Nazigesetzgebung kein Geld ins Ausland transferiert werden. Die Bank teilte ihm mit, nachdem sie angefragt hatte, ob er sich nur vorübergehend im Ausland aufhalte: »Falls Sie Ihren Wohnsitz ins Ausland verlegt haben sollten, so ist Ihr Guthaben mit dem Zeitpunkt der Verlegung gemäß den hiesigen Devisenbestimmungen ein Sperrguthaben geworden, über das nur mit Genehmigung der Devisenbewirtschaftungsstelle verfügt werden kann.«[253] Eine solche Genehmigung wurde natürlich dem Emigranten Weill nicht erteilt. Hinzu kam, daß mit dem Verbot seiner Musik in Deutschland die hauptsächliche Tantiemenquelle versiegt war. Daraufhin stellte auch die Universal-Edition ihre monatlichen Zahlungen ein und kündigte ihren Vertrag mit Weill per Oktober 1933. So war er durchaus erfreut, als ihn Vicomte und Vicomtesse de Noailles einluden, für einige Zeit in ihrer geräumigen Pariser Stadtwohnung zu leben, denn so konnte er das relativ teure Hotel kündigen. Auch eine Auftragsarbeit für Radio Paris entstand im Herbst 1933. Im November schließlich, wiederum vermittelt durch die beiden Noailles, bezog Weill im Pariser Vorort Louveciennes, nahe St. Germain, eine Wohnung im einstigen Bedienstetenhaus des Schlosses der Madame Dubarry. Hier sollte er während der folgenden knapp zwei Jahre die nötige Ruhe zum Komponieren finden.

Fast zur gleichen Zeit, da Weill nach Louveciennes zog, gab es in Paris wieder eine wichtige Aufführung eines seiner Werke, die jedoch mit einem schrillen Mißton endete und ihm schlagartig bewußt machte, daß die Schatten der Nazis ihn bis hierher verfolgten.

Im November 1933 dirigierte Maurice Abravanel zwei Konzerte mit dem Orchestre de Paris. Auf dem Programm standen unter anderem drei Lieder aus Weills *Silbersee*, gesungen von der berühmten Sopranistin Madeleine Grey. Abravanel erzählt: »Ich werde diese Aufführung im Pleyel-Saal niemals vergessen. Großer Applaus nach jedem Lied, am Ende ein wirklicher Triumph mit Dacapo-Rufen. Aber lauter als all dies klang in meinen Ohren eine Stimme, die gellend rief: ›Es lebe Hitler!‹ Madeleine Grey... drängte mich, noch einmal auf die Bühne zu gehen. Wieder gab es Bravo-Rufe, aber diesmal wurden sie deutlich übertönt durch die Beschimpfungen, die Florent Schmitt und seine Freunde (französische Nazi-Anhänger – J. S.) im Saal riefen. Weill kam hinter die Bühne. Er sah unendlich traurig aus. ›Habe ich das nötig?‹ fragte er immer wieder. Am nächsten Morgen war Weill am Telefon, und ich fuhr in die Stadt zurück, um mit ihm Kaffee zu trinken. Er war sehr traurig.«[254]

Mit Sicherheit flossen diese unmittelbaren Ereignisse der Jahre 1932 und 1933 in jene Partitur ein, an der Weill nun arbeitete. Es war seine *2. Sinfonie* und er hatte mit der Arbeit daran noch in Deutschland begonnen, im Januar/Februar 1933. Die Sinfonie war eine Auftragsarbeit für die Mäzenin Prinzessin de Polignac, der sie auch gewidmet ist. Weill arbeitete an dem Werk bis zum Februar 1934. Da er seine erste, 1921 komponierte Sinfonie nie zur Aufführung freigegeben hatte, wurde sie nun als 1. Sinfonie von Weill angekündigt, an einigen Orten auch als *Symphonische Phantasie* oder als *Drei Nacht-Szenen. Eine Symphonische Phantasie.*

Obwohl Weill sich stets geweigert hat, dieser Sinfonie ein Programm zuzuschreiben, so ist sie doch mit Sicherheit Reflexion des sensiblen Künstlers auf die Zeitereignisse. Darauf deuten zumindest gewisse düstere und schmerzliche Töne hin, auch die sich gelegentlich einstellende Fiebrigkeit und Atemlosigkeit. Die Sinfonie ist in dreisätziger Form geschrieben (Sonata – Largo – Rondo) und fast modellhaft proportioniert. Sicher sind Erfahrungen Weills aus seinen letzten großen Bühnenarbeiten, ist sein Theaterstil in die Sinfonie eingeflossen (an manchen Stellen wähnt man sich in der Partitur der *Bürgschaft*, des *Silbersee* oder der *Todsünden*), aber er hat das Werk ausdrücklich als »reine musikalische Form« konzipiert. Das thematische Material wird in einer langsamen Trauermarsch-Einleitung exponiert. Darauf folgt ein Allegro in Sonatenform, das dem ersten Satz der Sinfonie den Namen gibt. Der zweite Satz nimmt den Trauermarsch wieder auf, führt ihn vielfach verästelt fort. Danach folgt als dritter Satz ein überschäumendes Final-Rondo, das die thematischen Fäden der vorangegangenen Sätze aufnimmt und großartig zu Ende führt. Das Funkeln des Satzes huldigt Mozart und Haydn, die romantischen Züge erinnern an Schubert und Mahler. Obwohl also eine Reihe der von Weill äußerst verehrten musikalischen Vorfahren ihren Einfluß ausüben, ist doch der eigene Beitrag Weills das Bestimmende dieser Sinfonie, die seine ungebrochene musikalische Kraft auch im fremden Land ausdrückt.

Bruno Walter brachte mit dem Concertgebouw-Orchester Amsterdam die Sinfonie am 11. Oktober 1934 in Amsterdam zur Uraufführung. Weill war bei den Proben anwesend, begeistert schrieb er an Lotte Lenya: »Die Probe war wunderbar. Walter macht es großartig, und alle sind sehr begeistert, vor allem das ganze Orchester. Es ist ein gutes Stück und klingt ausgezeichnet.«[255]

Walter setzte sich auch weiterhin für das Werk ein, er spielte es mit dem Concertgebouw-Orchester noch 1934 in Rotterdam und Den Haag, im Dezember 1934 dirigierte er die Sinfonie mit dem New York Philharmonic Orchestra in New York und im Frühjahr 1938 in Wien.

Später, nach seiner Ankunft in den USA erklärte Weill einem Reporter: »Um meinen eigenen Stil zu kontrollieren, habe ich auch absolute Musik geschrieben. Man muß gelegentlich von seinem gewohnten Weg abweichen, in solchen Momenten schreibe ich sinfonische Musik.«[256]

Allerdings sollte die *2. Sinfonie* Weills letztes sinfonisches Werk für den Konzertsaal bleiben.

Den Jahreswechsel 1933/34 verbrachte Weill in Rom, wo am 29. Dezember im Rahmen der traditionsreichen Konzerte der »Accademia di Santa Cecilia« *Der Jasager* und *Mahagonny* zur Aufführung kamen. Hans Curjel hatte den Abend initiiert, der *Jasager* wurde vom Jugendchor Zürich unter Leitung von Robert Blum interpretiert, *Mahagonny* erneut von Lenya, Pasetti, Peters u. a., Dirigent war hier Maurice Abravanel. Die Aufnahme beim Publikum war nicht ganz so enthusiastisch wie in Paris, doch anders als in London konnte Weill mit dem Erfolg dieser ersten Präsentation in Italien zufrieden sein.

Mittlerweile hatte er in Paris engere Bekanntschaft mit Darius Milhaud und Jean Cocteau geschlossen. Milhaud, der 1923 mit der Ballettmusik *La Création du Monde* das erste europäische Werk sinfonischer Musik geschaffen hatte, das auf Jazz-Rhythmen und Blues-Intonation aufbaut, kannte Weill bereits seit den Baden-Badener Tagen 1927. Er schätzte seine Musik, oft war Weill jetzt Gast bei ihm und seiner Gattin Madeleine. Mit Jean Cocteau traf er bald nach dessen Ablehnung des Ballettauftrags das erste Mal zusammen, beide diskutierten das Projekt einer gemeinsamen *Faust*-Oper, das jedoch nicht in Angriff genommen wurde. Noch öfters war Weill Gast im Hause Cocteau, mehrfach auch zusammen mit Lotte Lenya. An einem dieser Abende sollte auf komische Weise ein Lied entstehen. Lenya berichtet: »Eines Abends waren Kurt und ich bei Cocteaus zum Abendessen eingeladen. Jean Cocteau versuchte einige Sätze deutsch zu sprechen. Kurt äußerte sein Erstaunen und fragte Cocteau, ob er richtig deutsch könne.

Kurt Weill-Abend in Rom, 29. Dezember 1933. Programmzettel

SALA DI SANTA CECILIA
GOVERNATORATO DI ROMA — R. ACCADEMIA DI S. CECILIA
VI.
(1594 dalla fondazione dei Concerti)
VENERDÌ 29 DICEMBRE 1933 · XII · ALLE ORE 16
PRIMA ESECUZIONE IN ITALIA
DELL' OPERA SCOLASTICA E DEL "SONGSPIEL"
DER JASAGER — MAHAGONNY
PER SOLI, CORO DI RAGAZZI E ORCHESTRA — PER SOLI E ORCHESTRA
DI
KURT WEILL
ESECUTORI
DER JASAGER: "JUGENDCHOR" DI ZURIGO.
MAHAGONNY: LOTTE LENYA - HANNY STUTZ - OTTO DE PASETTI
ALBERT PETERS - DODA CONRAD - EMÉRIC ALDORI.
DIRETTORI
DER JASAGER: Robert BLUM - MAHAGONNY: Maurice DE ABRAVANEL
ORCHESTRA DELL'AUGUSTEO, IN PICCOLE FORMAZIONI
Direttore di scena: HANS CURJEL

Cocteau erwiderte: ›Ja – alle Substantive!‹ Er entschuldigte sich, ging in ein Nebenzimmer und kam kurz darauf mit einem Blatt Papier zurück. Darauf standen die ersten Zeilen eines Gedichts *Es regnet*. Kurt ermutigte ihn, das Gedicht zu vollenden, was Cocteau schließlich tat. Daraufhin verbesserte Kurt ein wenig Cocteaus Schul-Deutsch und komponierte dann das Gedicht.«[257]

War dies eine ausgesprochene Gelegenheitskomposition, so entstand ein zweites Lied etwa um die gleiche Zeit für eine berühmte Schauspielerin und Sängerin.

Im Sommer 1933 war Marlene Dietrich in Paris, um Plattenaufnahmen zu machen und ihren eben in Hollywood fertiggestellten Film *Song of Songs* (Regie: Rouben Mamoulian) zu präsentieren. Außerdem mußte sie bei der deutschen Botschaft ihren Paß verlängern lassen (noch war die Dietrich nicht Staatsbürgerin der USA). Bei dieser Gelegenheit hatte ihr der Botschafter das Angebot von Goebbels übermittelt, in die Ufa-Studios nach Berlin zurückzukommen, was die Dietrich ebenso kategorisch ablehnte wie kurz zuvor Fritz Lang, noch in Berlin, eine gleiche Offerte. Später schrieb Marlene Dietrich: »Die Antwort, die ich dem Hitler-Regime gegeben habe, als man mich in Paris aufgefordert hatte, zurückzukehren und die ›regierende Königin der deutschen Filmindustrie‹ zu werden, ist wohl allgemein bekannt.«[258]

Während ihres Aufenthaltes in der Stadt hatte sie auch eine Begegnung mit Kurt Weill und bat ihn, doch etwas für sie zu schreiben. Daraufhin entstand die Vertonung eines Gedichts von Erich Kästner *Der Abschiedsbrief.* Marlene hat das Chanson Weills jedoch nie gesungen. Etwa ein halbes Jahr später erreichte ihn in Louveciennes plötzlich ein Telegramm aus Hollywood: »würde es sie interessieren herzukommen um mit sternberg und mir an einem musikalischen film zu arbeiten dauer ungefähr sechs monate stop erbitte nachricht ob sie wollen und können an mich stop alles weitere übernimmt dann paramount herzlichste grüße marlene.«[259]

Natürlich wollte Weill, es wurde noch eine ganze Reihe weiterer Telegramme, auch mit Regisseur Josef von Sternberg, gewechselt, doch auch dieses Projekt zerschlug sich.

Anfang Oktober 1933 teilte die Universal-Edition dem Komponisten mit, daß der 1924 geschlossene Zehnjahresvertrag aufgrund des »gänzlich ausbleibenden Deutschlandgeschäfts« aufgehoben werden müsse und Weill sich für das letzte Jahr als vertragsfrei betrachten könne. So schloß er, sicherlich durch Vermittlung befreundeter französischer Komponisten wie Milhaud und Honegger, am 31. Oktober 1933 einen neuen Verlagsvertrag mit dem renommierten Pariser Musikverlag Heugel. Dieser hatte auch eine Abteilung für »leichte« Musik, die Editions Coda. Dort erschienen im Juni 1934 zwei Chansons, die Weill für die populäre Sängerin Lys Gauty (sie hatte bereits 1932 eine Schallplatte mit zwei *Dreigroschenoper*-Songs aufgenommen) komponiert hatte: *Complainte de la Seine* und *Je ne t'aime pas,* beide auf Texte des französischen Schriftstellers Maurice Magre. Die Gauty sang diese Chansons mit großem Erfolg in Pariser Kabaretts.

Zwei weitere Theaterprojekte beschäftigten den Komponisten vom September 1934 bis in das Jahr 1935 hinein. Als erstes, vermittelt durch Heugel, arbeitete er mit dem Schriftsteller Jacques Déval an einer Bühnenfassung von dessen Erfolgsroman *Marie Galante.* Dabei entstand ein Stück mit Musik, insgesamt sieben Szenen enthalten Instrumental- und Vokalkompositionen Weills.

Dies ist die exotische Fabel des Stückes: In Panama-City lebt das Mädchen Marie, das vor einigen Jahren durch einen Kapitän aus seiner Heimatstadt Bordeaux nach Lateinamerika entführt und, als sie ihm nicht gefügig war, dort ausgesetzt wurde. Hier nun wird sie von einem älteren Japaner unterstützt, der in Wirklichkeit ein Spion ist. Er verspricht Marie das Geld für die Rückreise, wenn sie für ihn einige Aufträge ausführt. Marie geht darauf ein und stirbt bei der Spionagearbeit. In einem Sarg kehrt sie nun nach Bordeaux zurück.

Einzelausgabe eines Chansons für Lys Gauty, Paris 1934

Die Musik enthält frech orchestrierte Instrumentalstücke (etwa einen »Panamaischen Militärmarsch« und eine süßliche Foxtrott-Kabarettmusik) sowie mehrere Lieder und Songs.

Das Erstaunlichste: Die vier großen »französischen« Lieder des Stückes (vor allem Maries Heimwehklage) gelangen Weill auf Anhieb so gut und echt französisch, daß sie über die Aufführung hinaus in Frankreich populär wurden. Der Verlag Heugel druckte 1934 sieben Lieder aus *Marie Galante* in einer Einzelausgabe, 1935 folgte eine ursprünglich rein instrumentale Tangomelodie aus dem Stück, mit Worten von Roger Fernay. Auch dieser *Tango Youkali* erreichte weite Verbreitung. Und noch etwas spricht für die Popularität dieser Lieder bei vielen französischen Menschen. Zehn Jahre später, als man wie überall in Europa auch in Frankreich voller Hoffnung auf die alliierte Invasion, die Eröffnung der Zweiten Front, wartete, wurde neben vielen anderen Liedern der Résistance auch ein Lied aus Weills *Marie Galante* von 1934 gesungen: *J' attends un navire* – »Ich erwarte ein Schiff«.

Die erstaunliche Fähigkeit Weills, mit seiner musikalischen Sensibilität offenbar die feinsten Wurzeln einer fremden musikalischen Sphäre aufzunehmen und in die eigene Komposition einfließen zu lassen, hatte sich hier eindringlich gezeigt, in Amerika sollte bald Ähnliches geschehen.

Die Premiere von *Marie Galante* fand am 22. Dezember 1934 im »Théâtre de Paris« statt, die berühmte Chansonette Florelle, die Polly in der französischen Version des *Dreigroschenoper*-Films, spielte die Titelrolle. Die Aufführung wurde jedoch kein Erfolg und lief nur kurze Zeit.

Zu dieser Zeit war Weill bereits intensiv mit einer neuen Arbeit beschäftigt, der Operette *Der Kuhhandel* nach einem Libretto von Robert Vambery. Den ehemaligen Chefdramaturgen des Theaters am Schiffbauerdamm kannte Weill aus der Zusammenarbeit bei den Aufführungen von *Dreigroschenoper* und *Happy End.* Gleichfalls nach Paris emigriert, hatte er Weill im Herbst sein Libretto gezeigt, das diesen sofort interessierte.

Das Stück spielt auf einer imaginären Insel mit den Republiken Ucqua und Santa Maria. Der Verkaufschef der amerikanischen Waffenfirma Waterkeyn Armaments Corporation aus Cleveland erscheint in Santa Maria. Als erstes kauft er die größte Zeitung des Landes und publiziert Berichte über großangelegte Waffenkäufe der Nachbarrepublik Ucqua. Danach läßt er sich beim Präsidenten von Santa Maria melden und bringt diesen

Sieben Stücke aus *Marie Galante* für Gesang und Klavier. Umschlag der Ausgabe bei Heugel, Paris 1934

dazu, gleichfalls eine größere Bestellung aufzugeben, die die Finanzkraft des armen Landes weit übersteigt. Aus diesem Grund wird eine zweimal jährlich fällige neue Steuer eingeführt. Der Präsident unternimmt nun noch einen Versuch, die Situation zu retten, ohne daß ein Krieg ausbricht. Er läßt an der Grenze zu Ucqua ein demonstratives Manöver seiner Armee stattfinden und beruft gleichzeitig eine Friedenskonferenz ein, die mit einem Galadiner für die Delegation des Nachbarlandes abgeschlossen wird. Der Waffenhändler sieht seine Felle davonschwimmen und stiftet Kriegsminister Conchas zu einem Staatsstreich an, der sich noch während des Diners vollzieht. Conchas als neuer Präsident erscheint im Saal, provoziert die Delegation aus Ucqua und ruft dazu auf, die nationale Ehre gegen den »Erbfeind« zu verteidigen.

Die Auswirkungen solcher Staatsaffären auf die einfachen Leute werden in der Liebesgeschichte zweier Dorfbewohner, Juan und Juanita, gezeigt. Grundlage für Juans Lebensunterhalt ist eine Milchkuh, die ihm weggenommen wird, als er sich weigert, die neue Steuer zu bezahlen. Er wird zur Armee des Generals Conchas eingezogen. Als dieser nach seinem Staatsstreich ein »Referendum« inszeniert, um die ausländischen Banken davon zu überzeugen, daß seine Politik vom Volk getragen ist, wird Juan dazu ausersehen, als »Vertreter des einfachen Volkes« seine Zustimmung zu artikulieren. Doch er antwortet auf Chonchas' Fragen nicht mit dem einstudierten »Ja«, sondern gibt ihm eine schallende Ohrfeige. Sofort abkommandiert an die Front, entgeht er – und das Volk von Santa Maria – nur dadurch dem Krieg, daß die von Waterkeyn gelieferten Waffen sich als nicht funktionierender Ausschuß herausstellen. Prompt schwenkt Conchas in Anbetracht der neuen Situation um, erklärt seinem Volk die Vorzüge einer friedlichen Koexistenz und nimmt die Kriegserklärung gegen Ucqua zurück. Inmitten der jubelnden Menge verzeiht er Juan und gibt dem glücklichen Paar seinen Segen.

Hier lag ein Stück vor, in dem Weill alle Möglichkeiten sah, das Muster der Offenbachschen Operetten – zu denen er seit jeher eine große Affinität besaß – aufzunehmen. Vielfältige aktuelle Bezüge zu den politischen Ereignissen der letzten beiden

Jahrzehnte in Europa, zu Rüstungs- und Abrüstungsdebatten des Völkerbunds, zu diversen Friedenskonferenzen, waren hier ebenso vorhanden wie eine tragfähige Handlung, verbunden mit einer romantischen Liebesgeschichte.

Intensiv begann der Komponist mit der Arbeit, es entstanden Stücke sehr unterschiedlicher musikalischer Struktur: Songs und Chöre, Ariettas und jazzinspirierte Stücke. Als große Teile vollendet waren, trat eine entscheidende Wendung ein: Vambery, der sich in Paris vergeblich um eine Aufführungsmöglichkeit bemüht hatte, erreichte einen Vertrag in London für die Uraufführung. Bedingung war die Umformung des Werkes entsprechend dem Londoner Standard einer »Musical Comedy«. Zwei Engländer, Desmond Carter und Reginald Arkel, wurden hinzugezogen, die das Stück total veränderten, entschärften und glätteten, so daß von Weills und Vamberys Intentionen einer an Offenbach anknüpfenden Operette nichts mehr übrigblieb.[260]

Der Kuhhandel ist ein deutliches Werk des Übergangs. Noch erinnert vieles an Weills letzte Werke von *Mahagonny* über *Jasager* und *Bürgschaft* bis zu den *Todsünden*, zugleich aber kündigt sich ein neues Streben nach jenen »einfachen Formen musikalischen Theaters« an, die er erreichen will. Daß er sie hier – ein einziges Mal – am Typus der Operette ausprobiert hat, macht es doppelt bedauerlich, daß die Arbeit unterbrochen wurde.

Die nun entstehende englische Fassung *A Kingdom for a Cow*, mit ihrer deutlichen Hinwendung zu Anglizismen und Stilelementen der »Musical Comedy«, weist von hier auf Weills spätere Produktionen im Bereich der »Musical Plays«.

Uraufführung *A Kingdom for a Cow*, Savoy Theatre London, 28. Juni 1935. Programmzettel

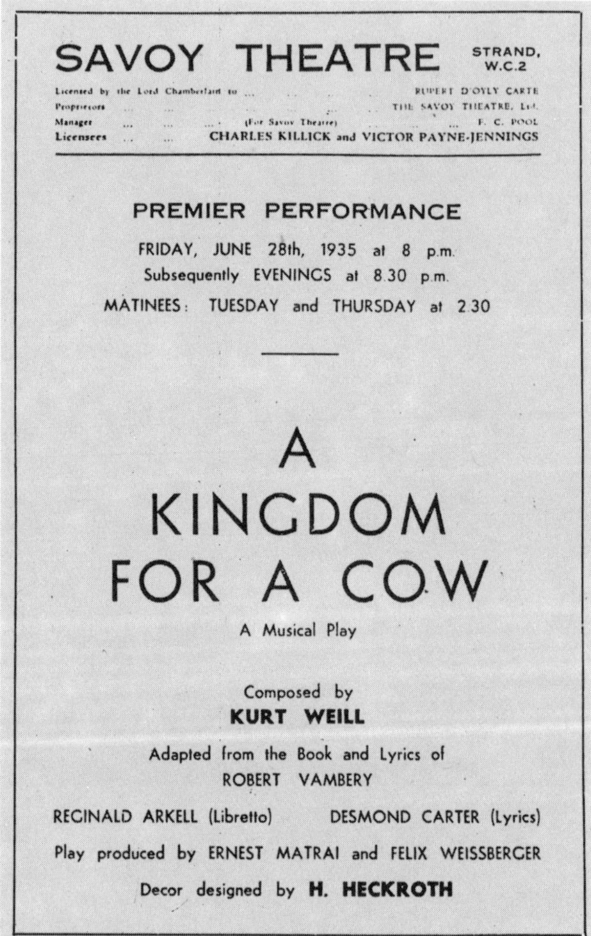
SAVOY THEATRE STRAND, W.C.2

Licensed by the Lord Chamberlain to ... RUPERT D'OYLY CARTE
Proprietors ... THE SAVOY THEATRE, Ltd.
Manager ... (For Savoy Theatre) ... F. C. POOL
Licensees ... CHARLES KILLICK and VICTOR PAYNE-JENNINGS

PREMIER PERFORMANCE

FRIDAY, JUNE 28th, 1935 at 8 p.m.
Subsequently EVENINGS at 8.30 p.m.
MATINEES: TUESDAY and THURSDAY at 2.30

A
KINGDOM
FOR A COW

A Musical Play

Composed by
KURT WEILL

Adapted from the Book and Lyrics of
ROBERT VAMBERY

REGINALD ARKELL (Libretto) DESMOND CARTER (Lyrics)

Play produced by ERNEST MATRAI and FELIX WEISSBERGER

Decor designed by H. HECKROTH

Die Uraufführung von *A Kingdom for a Cow* fand am 28. Juni 1935 im Londoner Savoy-Theater statt. Weill war bereits seit Januar mehrfach zur Mitarbeit an der englischen Übertragung nach London gereist, er war auch bei der Premiere anwesend. Obwohl die Presse insgesamt wohlwollend reagierte, wurde die Aufführung kein Publikumserfolg, sie wurde nach einer Laufzeit von nur drei

Wochen abgesetzt. »Das Ende von *A Kingdom for a Cow* bedeutete gleichzeitig das Ende von *Der Kuhhandel*, da Weill nie wieder auf diese deutsche Fassung zurückgriff.«[261]

Eine wichtige Entscheidung im privaten Leben Weills fiel während jener Wochen in London im Frühjahr 1935. Bei einem seiner Arbeitsaufenthalte traf er auch Lotte Lenya. Diese hatte sich nach mehr als zweieinhalb Jahren von Otto Pasetti getrennt. Zum ersten Mal saß sie Kurt Weill wieder allein gegenüber. Auch dessen Beziehung zu Erika Neher war inzwischen beendet, beide hatten sich im März 1934 das letzte Mal gesehen, als die Nehers für zwei Wochen zu Gast in Louveciennes gewesen waren.

Der freundschaftliche Kontakt zwischen Weill und Lenya war nie abgerissen, man hatte sich bei verschiedenen Aufführungen getroffen und in einer umfangreichen Korrespondenz über gegenseitige Vorhaben und Projekte informiert. Offenbar spürten beide, daß sie einander unverändert brauchten – jedenfalls beschlossen sie, die Trennung zu beenden und wieder zusammenzuleben. Im Sommer 1935 zog Lotte Lenya zurück zu Weill nach Louveciennes.

Dieser arbeitete seit längerem an einem Werk, das entscheidend für den weiteren Verlauf seines Lebens werden sollte.

Die Vorgeschichte reicht in das Jahr 1933 zurück, nach Chicago. Dort wurde damals anläßlich der Weltausstellung im Auftrage jüdischer Organisationen ein großes Massenspiel *The Romance of a People* aufgeführt, das auf Episoden des Alten Testaments beruhte. Die Musik hatte Isaac Grove komponiert und dirigiert, damals Leiter der Civic Opera Chicago. Die Idee zu dem Unternehmen, die Geldbeschaffung und die Produktion hatte Meyer Weisgal übernommen, theaterbegeisterter Funktionär der »Zionistischen Organisation für Amerika«, ein 1895 in Polen geborener Jude, der bereits als Kind mit seinen Eltern nach Amerika gekommen war. Als er nach Hitlers Machtübernahme davon las, daß der von ihm verehrte Max Reinhardt aus Deutschland emigrieren mußte, schickte er spontan ein Telegramm ab: »An Max Reinhardt, Europa. Wenn Hitler Sie nicht haben will, nehme ich Sie.«[262]

Natürlich erreichte dieses Telegramm Reinhardt nie. Im November 1933 aber fuhr Weisgal nach Paris und traf dort zum ersten Mal mit ihm zusammen, um ihm das Projekt eines neuen religiösen Massenspiels vorzutragen, das aber diesmal auch künstlerisch von erster Güte sein sollte. Reinhardt stimmte nach einigem Überlegen zu und schlug vor, Franz Werfel mit dem Text und Kurt Weill mit der Musik zu betrauen. Weisgal war einverstanden, Reinhardt übernahm die Kontakte zu Werfel und Weill und vereinbarte mit Weisgal, daß man sich im Frühsommer 1934 zu viert auf seinem Besitz nahe Salzburg treffen wolle.

Das Angebot von Max Reinhardt erreichte Weill Mitte Dezember 1933, und er sagte sofort seine Mitarbeit zu. Neben den materiellen Aussichten – er hatte bisher im Exil zwar künstlerisch interessante, aber finanziell kaum erfolgreiche Dinge komponiert – kam das Angebot, einen Stoff aus der Geschichte des jüdischen Volkes zu gestalten, zu einer Zeit, in der Weill dabei war, eine für sich grundlegende Entscheidung zu treffen. Die Ereignisse in Deutschland hatten ihn tief getroffen. Er mußte das Land verlassen, in dem seine Familie seit dem 14. Jahrhundert lebte, in dessen geistigen und musikalischen Traditionen er aufgewachsen war und zu dessen musikalischer Entwicklung er in den Jahren der Weimarer Republik nicht unwesentlich beigetragen hatte. Jetzt löschte man ihn aus, beschimpfte ihn in einem unwürdigen Vokabular, ja, man ließ ihn sogar in Paris, wie die Ereignisse zeigten, nicht in Ruhe. Kurt Weill resignierte an Deutschland.

Weder wollte er (wie dies viele bürgerliche Emigranten taten) nun Werke schaffen, in denen er Deutschland, die deutsche Kultur und Musik, vor dem Zugriff der Nazis bewahrte und pflegte, noch konnte und mochte er (wie dies viele politisch bewußte Emigranten später versuchten) Werke für ein kommendes, befreites Deutschland schreiben. Eine aktive politische Beteiligung am antifaschistischen Kampf war ohnehin nicht seine Sache. Für Weill begann der schmerzliche Prozeß, eine neue persona aufzubauen, Deutschland aus seinem Denken und aus seiner Musik zu entfernen. Wie schwer ihm dies fiel, geht noch im Juni 1934 aus einem Interview hervor. Dort antwortet er auf die Frage, ob er Deutschland oft vermisse: »Im innersten Herzen habe ich es niemals verlassen!«[262a] Dies jedoch wurde nun notwendig, da sich die Festigung der Hitlerdiktatur immer deutlicher abzeichnete.

Das neue Projekt war geeignet, solche Entscheidungen, die natürlich auch die tiefe Verwurzelung Weills in der jüdischen Religion berührten, zu befördern. Außerdem stand eine Reise in die USA in Aussicht, wenn Reinhardts und Weisgals Pläne reifen sollten.

Im Mai 1934 fand auf Schloß Leopoldskron, Reinhardts luxuriöser Residenz nahe Salzburg, das Treffen zwischen Weisgal, Reinhardt, Werfel, Weill und Rudolf Kommer (einem Mitarbeiter Reinhardts) statt. Franz Werfel hatte eine erste Fassung des Textes mitgebracht, die er vorlas. Darüber wurde diskutiert. Weisgal berichtet: »Drei der bekanntesten un-jüdischen jüdischen Künstler versammelt am ehemaligen Wohnsitz des Erzbischofs von Salzburg, mit einem Ausblick nach Berchtesgaden, jenseits der bayrischen Grenze, auf Hitlers späteren ›Berghof‹, verpflichten sich, die Bedeutung ihres

Besprechung für die geplante New Yorker Aufführung von *Der Weg der Verheißung* 1934 auf Schloß Leopoldskron bei Salzburg. Von links: Franz Werfel, Max Reinhardt, Kurt Weill

Volkes, das sie scheinbar vergessen hatten, bis Hitler an die Macht kam, in einem hochdramatischen Werk zum Ausdruck zu bringen... Unsere Diskussionen kreisten um das Stück, und von Anfang an gab es Meinungsverschiedenheiten zwischen Werfel und Weill über die Frage, ob ein musikalisches Drama oder ein Schauspiel mit Musik zu schaffen war.«[263] Und weiter: »Ich schrie, Weill schrie, Werfel schrie. Schließlich schrie Reinhardt. Erst danach wußte ich, daß uns etwas gelungen war.«[264] Am Ende des denkwürdigen Treffens wurde ein Vertrag über das Stück unterzeichnet, die Fertigstellung bis Mitte 1935 vereinbart und eine Uraufführung in New York für Ende 1935 geplant.

Einen Monat später, im Juni 1934, bat Reinhardt Werfel und Weill zu einer weiteren Besprechung nach Venedig, wo er gerade Shakespeares *Der*

Kurt Weill in Salzburg. Aufnahme von 1934

Kurt Weill in Salzburg. Aufnahme von 1934

Kaufmann von Venedig inszenierte. Dabei wurden die nächsten konkreten Schritte der Zusammenarbeit festgelegt.

Als Weill wieder nach Louveciennes zurückkehrte, begann er unverzüglich mit der Arbeit. »In mehreren Tagen hatte ich aus dem Gedächtnis über 200 Lieder niedergeschrieben, und danach begann ich in der Pariser Bibliothèque Nationale weiterzuarbeiten, um so tief wie möglich in die Quellen einzudringen. Vieles, was ich entdeckte, war im 18. und 19. Jahrhundert geschrieben worden... Dies alles schied ich aus und beschränkte mich rein auf die traditionelle Musik. Mit dieser als Leitlinie, versuchte ich eine Musik im gleichen Geist zu schaffen, die auf natürliche und organische Weise die Geschichte des Alten Testaments transportiert.«[265]

Ursprünglich hatte ihm für die Komposition die Form eines großangelegten Oratoriums vorgeschwebt – David Drew verweist in diesem Zusammenhang auf Arthur Honeggers *Le roi David* –, nur widerstrebend hatte er sich mit Reinhardts mehr in Richtung auf eine Oper gehenden Vorstellungen angefreundet. Doch nun arbeitete er mit äußerster Intensität. Am 6. Oktober 1934 schreibt er an Reinhardt: »Ich habe jetzt mehr als die Hälfte komponiert… Ich mache natürlich zunächst nur die ausgesprochenen Musiknummern und übergehe noch die Teile, die ich dann nur in Zusammenarbeit mit Ihnen lösen kann… Tatsächlich bin ich jetzt mehr als je überzeugt, daß es nötig sein wird, einen Teil der Rollen mit Sängern, allerdings Sängern jenes großen Formats, das Ihnen vorschwebt, zu besetzen.«[266] Worauf Weill hier anspielt, bei der Frage der Sänger, ist der Streit mit Werfels Konzeption eines zu großen Teilen gesprochenen Dramas. Wir werden auf das Werk bei seiner Uraufführung zurückkommen.

Bis zum August 1935 war Weill – mit Unterbrechungen – intensiv mit der Komposition beschäftigt. Mitte dieses Monats fand eine weitere Besprechung auf Schloß Leopoldskron statt, Reinhardt (der in den USA gerade seinen *Sommernachtstraum*-Film gedreht hatte) kam mit Meyer Weisgal direkt aus New York zu dem Treffen. Weill wurde vom neuesten Stand des Projekts unterrichtet: in den USA sei alles für eine Premiere im Dezember 1935 vorbereitet, das Manhattan Opera House sei bereits gemietet und werde vorbereitet, mit dem Probenbeginn sei im Herbst zu rechnen und selbstverständlich müsse der Komponist dabei anwesend sein. Das kam für Weill nicht überraschend, da die Reise nach New York zur Vorbereitung der Aufführung stets im Gespräch gewesen war.

Zurück aus Salzburg, beantragte Weill auf dem amerikanischen Konsulat in Paris Besuchervisa für die USA. Selbstverständlich sollte Lotte Lenya mitfahren. Weisgal kümmerte sich um die Schiffspassagen, da er gleichfalls nach New York zurückmußte.

Anfang September 1935 bestiegen die drei in Cherbourg den Dampfer »Majestic«. Am 10. September betraten Weill und Lenya im Hafen von New York amerikanischen Boden. Ein neuer Abschnitt ihres Lebens begann.

USA I: GROUP THEATRE UND PLAYWRIGHTS' COMPANY

1935–1940

Anders als bei seiner Ankunft in Paris vor reichlich zwei Jahren war Kurt Weill hier in den USA ein nahezu Unbekannter. Die einmaligen Aufführungen des *Violinkonzerts* (Cincinatti, 1930), des *Lindberghflug* (Philadelphia, 1931) sowie zwei Laienaufführungen des *Jasager* (New York und Salem, 1933) waren in der Öffentlichkeit kaum beachtet worden. Sein größter europäischer Theatererfolg, die *Dreigroschenoper*, war bei ihrem New Yorker Start 1933 infolge einer mangelhaften Übersetzung und mißlungenen Inszenierung glatt durchgefallen. Dabei hatte Weill große Hoffnungen in diese Produktion gesetzt. Als die Universal-Edition ihm von dem Vertrag mit New York Mitteilung machte – Hitler war bereits an der Macht –, schrieb er zurück: »Wenn die Musik dort gut gemacht wird und wenn mein Name dort richtig aufgezogen wird, könnte ich nach einem halben Jahr in New York die gleiche Stellung haben wie in Paris.«[267]

In der Übersetzung von Gifford Cochran und Jerold Krimsky hatte *The Threepenny Opera* am 13. April im Empire Theatre Premiere. Nach nur zwölf Vorstellungen wurde die Aufführung mangels Publikum abgesetzt – unter den Bedingungen des Broadway ein geradezu katastrophaler Durchfall. Der Kritiker des »New Yorker« urteilte über die Inszenierung, nachdem er Weills Musik »durchaus neuen und faszinierenden Rhythmus« einräumt, mit den sarkastischen Sätzen: »Der generelle Eindruck ist der einer Show, die von Amateuren im Schaufenster des Warenhauses Fortnum & Mason veranstaltet wird; wo Tweedmäntel und Sportpullover rund um Gläser eingemachter Pflaumen und

Die USA-Erstaufführung der *Dreigroschenoper* am New Yorker Broadway (Premiere: 13. April 1933 im Empire Theatre, Regie: Francesco von Mendelssohn) wurde auf Grund einer mißlungenen Übersetzung und inadäquaten Inszenierung zum ausgesprochenen Mißerfolg und mußte nach 12 Vorstellungen abgesetzt werden. Szenenfoto mit Robert Chrisholm (Macheath) und Steffi Duna (Polly)

Yorkshire-Kuchen drapiert sind, als wäre dies die natürlichste Zusammenstellung von der Welt.«[268]

Angesichts des offenbar totalen Mißverständnisses des Stückes durch Regisseur und Darsteller – Ausdruck fehlender Kenntnis des Brecht/Weillschen epischen Theaters – wird man unwillkürlich an den nahezu identischen Durchfall von Brecht/Eislers *Die Mutter* am 19. November 1935 in New York erinnert, und an Eislers rückblickenden Sarkasmus: »Es war furchtbar. Es ging auf der Bühne zu wie bei den Tegernseer Bauernfestspielen. Es war ganz abscheulich.«[269] Brecht, Eisler und Weill hatten in diesen Tagen mehrere Begegnungen. Die Eislersche Musik zur *Mutter* schätzte Weill außerordentlich.

Natürlich war der Name Weill dem kleinen Kreis von Fachleuten für zeitgenössische europäische Musik geläufig, auch einige der avantgardistischen Komponisten, die teilweise in Europa studiert hatten, wie George Antheil und Marc Blitzstein, kannten ihn gut. Um Weill zu einem erfolgreichen Start in den USA zu verhelfen, der dringend nötig war, da die geplante Aufführung von *Der Weg der Verheißung* sich auf unbestimmte Zeit infolge verschiedenster Schwierigkeiten verzögerte, veranstaltete der amerikanische Komponistenverband, die »League of Composers«, am 10. Dezember 1935 einen Weill-Abend. Eingeladen waren führende New Yorker Musikkritiker, Produzenten und Verleger.

Lotte Lenya trat gemeinsam mit einem Chor von zehn Sängern sowie zwei Pianisten auf und sang Ausschnitte aus Weills europäischen Bühnenwerken, von *Mahagonny* bis *Marie Galante.* Bereits zur Pause war die Hälfte der etwa hundertfünfzig Besucher gegangen, am Ende war es ein glatter Mißerfolg, der keine wichtigen Kontakte gebracht hatte. Weill teilte diese bittere Erfahrung mit vielen anderen Emigranten, die feststellen mußten, daß auf

Kurt Weill und Lotte Lenya nach ihrer Ankunft in New York. Aufnahme vom September 1935

diesem nach kommerziellen Gesetzen funktionierenden Kunstmarkt, der mit europäischen Gegebenheiten nicht vergleichbar war, kaum Interesse an zeitgenössischer Kunst aus Europa bestand.

Schon bald also stand fest, daß mit dem europäischen Œuvre hierzulande keine Existenzbedingungen zu schaffen waren. Weill mußte es mit dem amerikanischen Theater versuchen.

Die USA befanden sich damals auf dem Höhepunkt eines Jahrzehnts außerordentlich vielfältiger kultureller Entwicklung, die vor dem Hintergrund einer der schwersten Wirtschaftskrisen, die das Land je betroffen hatte, verlief. Nach dem »schwarzen Freitag« vom 25. Oktober 1929, an dem die New Yorker Börse zusammengebrochen war, breitete sich rasch eine Welle der Depression über das Land, 1930/31 verloren Millionen Amerikaner Arbeit und Ersparnisse. Die Regierung des Präsidenten Hoover erwies sich als unfähig, der Lage Herr zu werden. So wurde im November 1932 mit großer Stimmenmehrheit Franklin D. Roosevelt zum neuen Präsidenten gewählt, der im März 1933 sein Amt antrat und als erstes sein vorbereitetes Programm zur Bekämpfung der Krise vorlegte, ein ganzes Bündel von Gesetzen und Maßnahmen, das unter der Bezeichnung »New Deal« (etwa: Neues Handeln) die Politik der nächsten Jahre bestimmen sollte. Neben Arbeitsbeschaffungs- und Sozialprogrammen enthielt der »New Deal« auch eine Reihe von staatlich unterstützten kulturellen Projekten.

Da im Zuge der Wirtschaftskrise auch Tausende von Theaterleuten arbeitslos waren, entstand im Rahmen des Arbeitsbeschaffungsprogramms

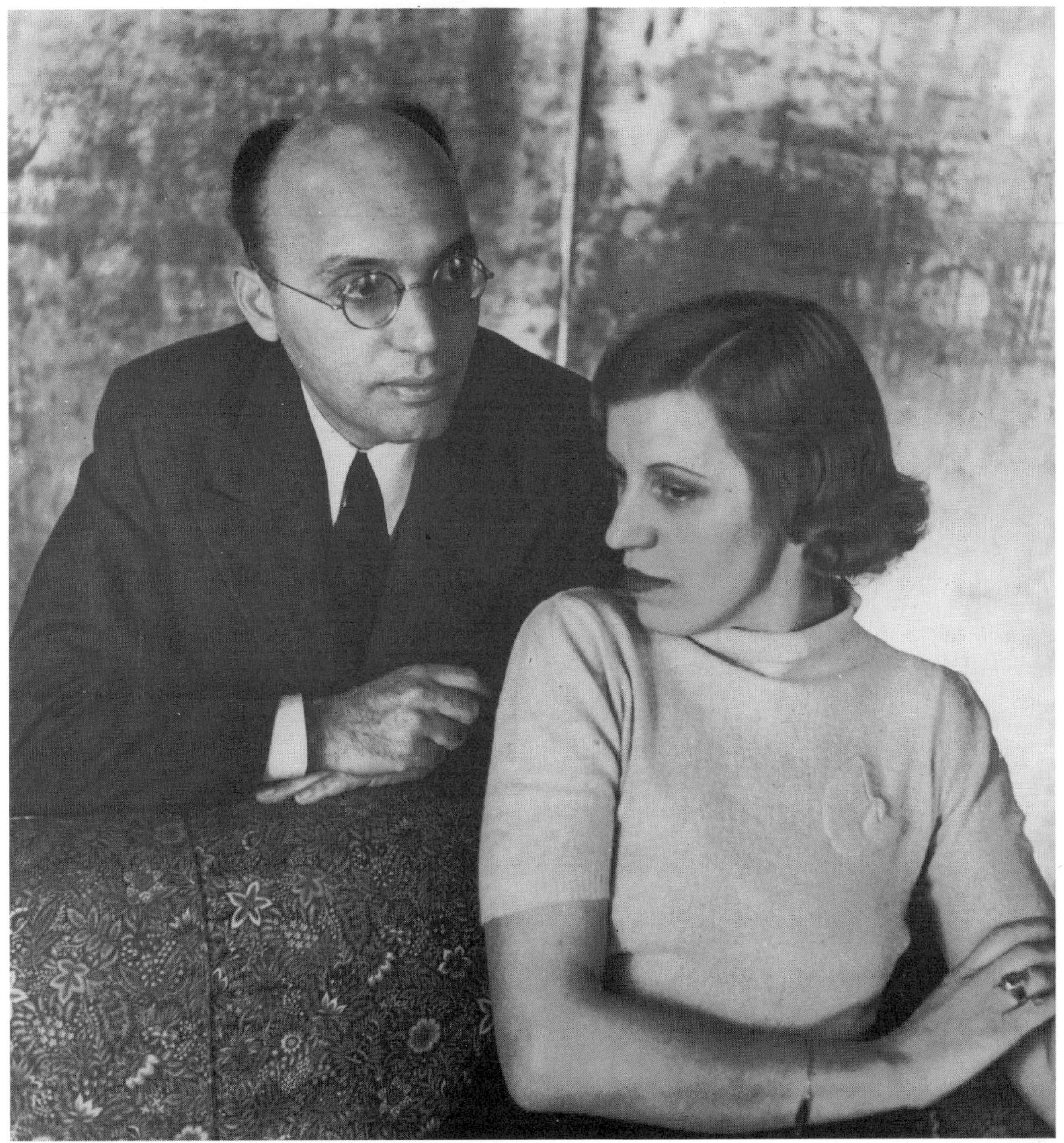

(Works Progress Administration) ein subventioniertes »Federal Theatre Project«, das im Sommer 1935 begann. Es finanzierte in den kommenden vier Jahren bis 1939 Hunderte von Inszenierungen progressiver Theatertruppen in mehr als zwanzig Bundesstaaten und gab über 10000 Theaterschaffenden wieder Arbeit. Leiterin des »Federal Theatre Project« war Hallie Flanagan, die bei Beginn der Arbeit das Ziel eines »freien, erwachsenen, unzensierten Theaters« formuliert hatte.[270] In diesem Programm kam die Unzufriedenheit mit dem nach rein kommerziellen Gesichtspunkten funktionierenden privaten Theaterbetrieb zum Ausdruck, der von nahezu allmächtigen finanzkräftigen Produzenten beherrscht wurde und kaum Möglichkeiten für künstlerische Experimente bot.

Bereits lange vor Beginn des »Federal Theatre Project« hatte es in New York zwei »Gegengründungen« zum kommerziellen Theater gegeben. Kurz nach Beendigung eines großen Schauspielerstreiks am Broadway im August 1919 (mit dem die Akteure und ihre Gewerkschaft gegen unsoziale Maßnahmen der Produzenten protestierten) gründeten der Dramatiker Lawrence Langner, der Regisseur Philip Moeller, der Bühnenbildner Lee Simonson, die Schauspielerin Helen Wesley sowie Maurice Wertheim und Theresa Helburn die »Theatre Guild«, die für das nächste Jahrzehnt bestimmend für ein Theater nach künstlerischen Gesichtspunkten innerhalb der Szene des Broadway werden sollte. Ihre Bedeutung schätzt Brooks Atkinson, Theaterkritiker der »New York Times« und authentischer Chronist des New Yorker Theaters, wie folgt ein: »Die Guild verbannte die Provinzialität aus dem amerikanischen Theater. Nachdem sie gegründet war, wurde der Broadway ein lebendiger Teil des Welttheaters.«[271] Durch die Guild kam in den zwanziger und beginnenden dreißiger Jahren nicht nur die europäische Dramatik des 20. Jahrhunderts nach New York, sondern vor allem wurde mit zahlreichen Uraufführungen, die von den herrschenden Produzenten nie gewagt worden wären, der Weg für eine ganze amerikanische Dramatikergeneration geebnet – von Elmer Rice und Maxwell Anderson bis zu Eugene O'Neill und William Saroyan. Anfang der dreißiger Jahre verlor die »Theatre Guild« an Einfluß und Bedeutung, da sie zunehmend konservativer in ihrem Programm wurde und die Bestrebungen einer jungen Theatergeneration der dreißiger Jahre, die im Zuge der Krisenentwicklung auch ständig an sozialem und politischem Bewußtsein gewann, nicht mitvollziehen wollte. Dennoch besteht die Guild bis heute weiter, ist allerdings »nur noch eine organisatorische Hülle«.[272]

Anfang 1931 verließ eine ganze Gruppe von jungen Regisseuren, Dramatikern und Schauspielern die Guild und gründete ein eigenes Unternehmen, das »Group Theatre« unter Leitung von Harold Clurman, Cheryl Crawford und Lee Strasberg. »Durch diese jungen Leute, die alle außerordentliches Talent besaßen, wurden die ursprünglichen Prinzipien und der Geist der Guild in den dreißiger Jahren fortgeführt.«[273] Das »Group Theatre« begann seine Tätigkeit im Frühjahr 1931 mit der Aufführung von Paul Greens Drama *The House of Connelly*, im Januar 1935 wurde *Waiting for Lefty* von Clifford Odets zum bisher größten Erfolg.

Es ist die Szene des amerikanischen Schauspieltheaters, die hier im groben Raster gestreift wurde, vor allem jener Unternehmungen, die engagiert gegen den Kommerzbetrieb am Broadway antraten. Hier sollte Kurt Weill seinen Einstieg im neuen Land finden.

Auf einer Party im Frühjahr 1936 begegnete er Harold Clurman. Da der Regisseur als Student Europa besucht hatte und als Freund des Komponisten Aaron Copland auch musikalisch bewandert war, kannte er die *Dreigroschenoper* und freute

Die Gründer des Group Theatre (v. l.) Harold Clurman, Cheryl Crawford und Lee Strasberg. Aufnahme von 1933

sich über die Begegnung. Weill indes kannte das »Group Theatre« und schätzte dessen progressive Ziele und den Spielplan. Er stellte Clurman die für ihn so wichtige Frage, ob das »Group Theatre« keine Möglichkeit sähe, ein Stück mit Musik zu machen. In den nächsten Tagen brachte Clurman den Komponisten mit den anderen führenden Leuten des Theaters zusammen, mit Lee Strasberg und dessen Frau, der Schauspielerin Paula Miller, und mit der Regisseurin Cheryl Crawford. Man diskutierte verschiedene Pläne und Projekte, Weill war es, der als möglichen Stoff ein *Schwejk*-Stück vorschlug. Vielleicht hatte er noch seinen alten Opernplan vor Augen? Der Vorschlag stieß auf Zustimmung der Amerikaner, man einigte sich, nunmehr an einem amerikanischen *Schwejk* zu arbeiten.

Als Textautor wurde der dem »Group Theatre« nahestehende Dramatiker Paul Green gewonnen. Der 1895 auf einer Farm in Lillington, North Carolina, geborene Green hatte 1927 den begehrten Pulitzer-Preis für seinen Dramenerstling *In Abraham's Bosom* gewonnen, »das erste amerikanische Stück, welches die harte Geschichte des Lebens eines Negers ohne die üblichen Klischees, ohne Sentimentalität und Melodramatik erzählt«.[274] 1931 hatte das »Group Theatre« mit großem Erfolg *The House of Conelly* von ihm aufgeführt. Zur Zeit der Begegnung mit Weill hatte Green einen Lehrauftrag an der Universität von North Carolina in Chapel Hill.

Gemeinsam mit Cheryl Crawford fuhr Weill im Mai 1936 nach Chapel Hill, in intensiver Arbeit mit Green entstand eine erste Fassung von *Johnny Johnson*, wie die amerikanische Schwejkiade aus dem ersten Weltkrieg heißen sollte. Cheryl Crawford: »Wir verbrachten ganze Tage in der Bibliothek und lasen Zeitungsartikel über die Epoche, um die es ging ... Abends diskutierten wir, und bald entstand ein Rohmanuskript.«[275]

Zurückgekehrt nach New York, machte sich Weill an die Komposition, und beim alljährlichen dreimonatigen »Sommerlager« des »Group Theatre« in Pine Brook im Staate Connecticut wurde zwischen Juni und August das Stück vollendet. »Kurt Weill arbeitete am Klavier, das sich unter meinem Schlafzimmer befand. Auf diese Weise prägten sich die Songs Tag und Nacht in meinem Kopf ein. Wir nannten das Stück *Johnny Johnson*, nach unserem Helden, einem einfachen Soldaten, der den Krieg haßt und ihn anzuhalten versucht.«[276]

Im Rahmen des Sommerlagers hielt Weill sein erstes »lecture« in den USA, zum Thema »Was ist musikalisches Theater«. Sein Konzept ist erhalten geblieben, zum ersten Mal schreibt er englisch, alle Korrekturen und Anhaltspunkte für weiterführende Bemerkungen sind noch in deutsch.

Die Situation in den USA hat Weill sehr genau

Während der Arbeit an *Johnny Johnson*, Mai 1936 in Chapel Hill (North Carolina): Kurt Weill und Cheryl Crawford

in seinen Stichworten erfaßt: »Metropolitan – schlimmstes Beispiel für altmodische Oper (Museum) einerseits; Musical Comedy, die versucht, gleichzeitig ebenso unehrlich wie geistig anspruchslos zu sein, andererseits. Nichts dazwischen. Enormes Feld für ein musikalisches Theater. Zusammenarbeit von Dramatiker und Komponist.«[277]

Die kollektive Arbeitsweise des »Group Theatre« mag Weill an die Jahre der Produktion mit Brecht erinnert haben. Die Gruppe hatte in der 57. Straße ein aus zehn Räumen bestehendes »Tenement« gemietet, hier wurde gearbeitet, geprobt, diskutiert, gleichzeitig gekocht und gegessen; und wer von den Schauspielern gerade keine Wohnung besaß, schlief auch hier. Für die gemeinsamen drei Sommermonate arbeitete man in einem geräumigen Haus mit großem Garten in Pine Brook. Kurt Weill war sehr schnell in dieses Kollektiv aufgenommen worden – aus dem später so berühmte Schauspieler wie Stella Adler und Lee J. Cobb hervorgingen. Auch Elia Kazan, der als Hollywood-Regisseur Karriere machte, fing als Schauspieler im »Group Theatre« an.

Im Oktober 1935 begannen in New York die Proben zu *Johnny Johnson.* Man hatte dazu eine kleine Probebühne gemietet. Obwohl Weill eine Musik geschrieben hatte, die von Schauspielern gesungen werden konnte, gab es doch größte Schwierigkeiten, da die amerikanischen Akteure – anders als die Berliner Schauspieler, mit denen Weill gearbeitet hatte – des Singens völlig ungewohnt waren.

Die Nervosität steigerte sich noch, als man in das große 44th Street Theatre umzog. Erst während der in Amerika üblichen Voraufführungen, der »previews«, gewann das Ensemble die nötige Sicherheit und sah nun der Premiere etwas gelöster entgegen.

Johnny Johnson beginnt am 6. April 1917 in einer Kleinstadt der US-Südstaaten. Der Bürgermeister enthüllt ein Friedensdenkmal, das der Grabsteinbildner des Städtchens, Johnny Johnson, geschaffen hat. Die Menge singt Friedenschöre, bis die Nachricht vom Eintritt der USA in den Weltkrieg eintrifft. Die Stimmung schlägt total um, nur Johnny bleibt bei seiner Meinung: »Der Krieg ist die sinnloseste Sache, in die sich die Menschheit einlassen kann.« Bei seiner Liebsten Minny Belle erfährt er von der Erklärung Präsident Wilsons, dieser Krieg werde alle Kriege für immer beenden. Daraufhin meldet sich Johnny freiwillig zur Armee.

Die nächste Szene zeigt ihn bei der Rekrutierung. Zunächst wegen seiner naiven Antworten beim Intelligenztest ausgemustert, wird er sofort verpflichtet, als er bei einem Streit einen hünenhaften Sergeanten einfach niederschlägt. »Verrückt oder nicht, er ist unser Mann!« Beim Auslaufen aus dem New Yorker Hafen hält Johnny an Bord des Truppentransporters ein Zwiegespräch mit der Freiheitsstatue.

Die nächste Szene zeigt bereits den Unterstand des Schlachtfeldes in Frankreich. Verwundete Franzosen ziehen vorüber, Johnny und seine Kameraden träumen von der Heimat, er natürlich besonders von Minny Belle. Geschützdonner aus drei riesigen Kanonen reißt die Soldaten aus ihren Träumen. Johnny übernimmt freiwillig die Liquidierung eines deutschen Scharfschützen auf einem Friedhof. Als ihm das mißlingt und die beiden sich treffen, stellt sich heraus, daß dieser erst sechzehn Jahre alt ist. Johnny steckt ihm Wilsons Proklamation in die Tasche und schickt ihn zurück an die deutschen Linien. Danach wird Johnny verwundet und in ein Pariser Hospital gebracht, wo ihn eine französische Schwester pflegt. Als er von einer Großoffensive der Alliierten hört, entwendet er im Hospital Ampullen mit Lachgas, dringt in das Hauptquartier ein und betäubt die Offiziere. Er stoppt die Offensive und feiert im Schützengraben in Generalsuniform mit den Soldaten den Frieden. Aus der Betäubung erwacht, setzen die Generale den Krieg fort, Johnny wird festgenommen und in die USA zurückgebracht, wo er mehrere Jahre in einer Nervenklinik verbringt. Dort organisiert er mit den Insassen einen »Völkerbund«, viele von ihnen sehen aus wie USA-Senatoren aus den Jahren des Weltkrieges. Nach zehn Jahren entlassen, sehen wir Johnny als Straßenhändler Spielsachen verkaufen. Als ein Junge Zinnsoldaten haben will, erklärt er ihm, warum er keine verkauft und wandert

Uraufführung *Johnny Johnson*, 19. November 1936 im 44th Street Theatre New York. Programmzettel

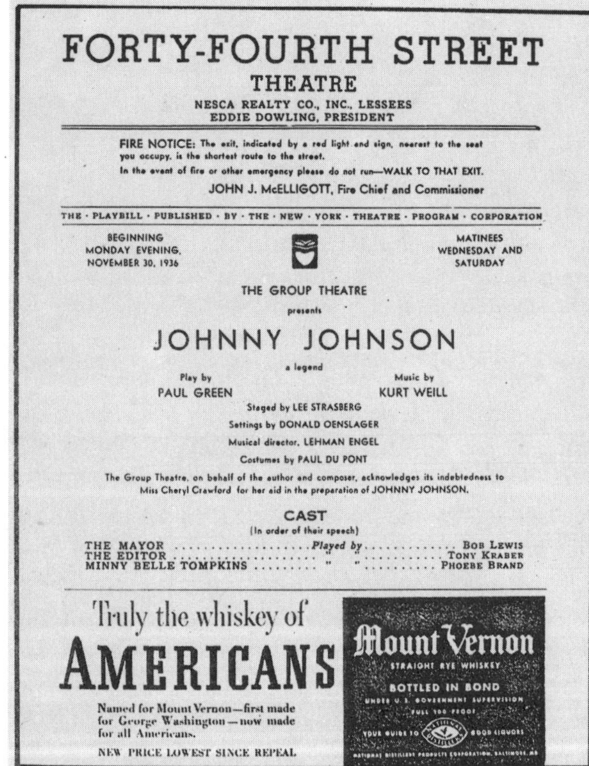

FORTY-FOURTH STREET
THEATRE
NESCA REALTY CO., INC., LESSEES
EDDIE DOWLING, PRESIDENT

FIRE NOTICE: The exit, indicated by a red light and sign, nearest to the seat you occupy, is the shortest route to the street.
In the event of fire or other emergency please do not run—WALK TO THAT EXIT.
JOHN J. McELLIGOTT, Fire Chief and Commissioner

THE · PLAYBILL · PUBLISHED · BY · THE · NEW · YORK · THEATRE · PROGRAM · CORPORATION

BEGINNING MONDAY EVENING, NOVEMBER 30, 1936

MATINEES WEDNESDAY AND SATURDAY

THE GROUP THEATRE
presents
JOHNNY JOHNSON
a legend

Play by PAUL GREEN

Music by KURT WEILL

Staged by LEE STRASBERG
Settings by DONALD OENSLAGER
Musical director, LEHMAN ENGEL
Costumes by PAUL DU PONT

The Group Theatre, on behalf of the author and composer, acknowledges its indebtedness to Miss Cheryl Crawford for her aid in the preparation of JOHNNY JOHNSON.

CAST
(In order of their speech)

THE MAYOR .... *Played by* .... Bob Lewis
THE EDITOR .... " " .... Tony Kraber
MINNY BELLE TOMPKINS .... " " .... Phoebe Brand

Uraufführung *Johnny Johnson*. Szenenfoto der Schützengrabenszene im 2. Akt

mit seiner Maxime weiter: »Wir dürfen niemals unser Vertrauen, unseren Glauben und unsere Hoffnung in die Menschheit verlieren.«[278]

Weills Musik zu *Johnny Johnson* ist genauso heterogen wie das Stück. In der Partitur finden sich bereits viele Merkmale eines typisch amerikanischen »Musical Play«, glatte und vom Schlager geprägte Melodik und Harmonik; in den realistischen und packenden Kriegsszenen des Stückes aber ist der europäische Weill noch vollständig anwesend. Dies betrifft sowohl orchestrale Partien, vor allem die Marschintonationen, als auch eine Reihe von Chören und Songs. *Johnnys Song* steht als wichtigste Vokalnummer am Ende des Stückes. Die Melodie ist bereits im ersten Bild, während Johnny bei der Denkmalsenthüllung seine Friedensgedanken äußert, einmal orchestral angekündigt worden, nun singt Johnny das Lied, quasi als Credo seines Weges, den der Zuhörer zwei Stunden verfolgen konnte. Weill ist hier bereits weitgehend amerikanischen Standards gefolgt, im Orchester wird an mehreren Stellen ein Hillbillie-Banjo eingesetzt und auch der Schluß (zum ersten Mal endet ein großer Weill-Song im Schlußrefrain mit der typischen Erhöhung der letzten Töne um eine Oktave, wie sie die amerikanische Populärmusik gerne gebraucht) weist darauf hin, daß der Komponist bereits dabei ist, sich der neuen Szene anzunähern. Auch das große Liebeslied zwischen Johnny und Minny Belle im ersten Akt *(O Heart of Love)* steht dafür als Beleg. Die Musik beginnt allerdings unerwartet: Die Ouvertüre ist – außer einigen wenigen hinzugefügten Takten – eine Orchesterfassung des *Liedes vom Branntweinhändler* aus *Happy End* von 1929. Die Melodie wird zunächst von der Trompete vorgetragen, die Streicher übernehmen sie und die Klarinette führt die Ouvertüre zu Ende. Die etwas süßliche Melodie – in *Happy End* dient sie dazu, die Läuterungsbestrebungen der Lilian Holiday zu verspotten – wirkt nun in der neuen, vollen Orchestrierung ganz anders, sicher wollte Weill bereits in der Ouvertüre musikalisch etwas von der Schwejkiade andeuten, die hier vorgeführt wird.

Anklänge an *Happy End*, wenn auch nur in den einleitenden Takten, bringt auch ein weiterer Song des Stückes, den die französische Krankenschwester an Johnnys Hospitalbett singt, *Mon Ami, My Friend.* Das geht unvermittelt los wie der alte *Bilbao-Song*, ehe es in den neuen, glatteren amerikanischen Sound einmündet.

Und auch ein Tango ist in Weills Partitur enthalten: Bei der Rekrutierung singt der Offizier seinen *Capt. Valentine's Tango*, der deutlich karikierende Züge trägt.

Die stärkste musikalische Nummer des Stückes ist der *Song of the Guns* im zweiten Akt. Während Johnny und seine Kameraden im Schützengraben von der Heimat träumen (*Johnny's Dream* ist ein tatsächlich kitschiges Stück, in dem Minny Belles Stimme den Soldaten umschmeichelt), erscheinen drei riesige Kanonen, die sich über die Köpfe der Soldaten hinweg in den Zuschauerraum hinein drehen. Ein unsichtbarer Chor erklingt aus den riesigen Mündungen: »Wir sind die Kanonen, die ihr hergestellt habt. Soldaten, die ihr hier unter dem Himmel liegt, wer von euch wird morgen noch leben?« Weill läßt den Männerchor zunächst beinahe a cappella beginnen, mahnend und eindringlich, dann tritt eine Harmonika hinzu und erst zum Schluß stimmen die Streicher ein, die auch mit einer bewegenden Schlußfigur das Stück beenden.

Telegramm von Harold Clurman zur Premiere von *Johnny Johnson*: »Sie sind der größte lebende Theatermusiker. Viel Glück.«

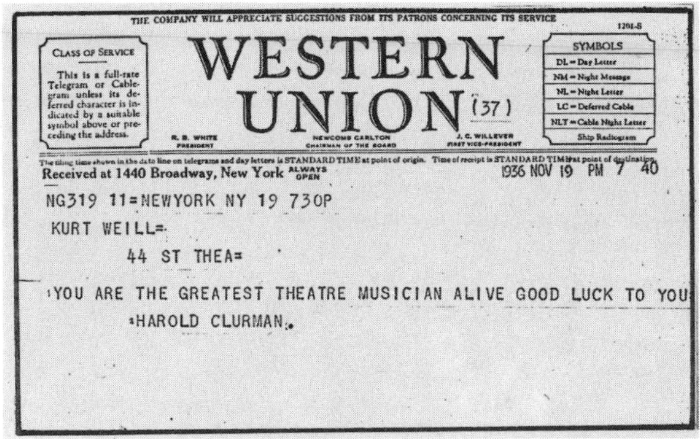
THE COMPANY WILL APPRECIATE SUGGESTIONS FROM ITS PATRONS CONCERNING ITS SERVICE

WESTERN UNION

Received at 1440 Broadway, New York ALWAYS OPEN 1936 NOV 19 PM 7 40

NG319 11=NEWYORK NY 19 730P

KURT WEILL=

44 ST THEA=

YOU ARE THE GREATEST THEATRE MUSICIAN ALIVE GOOD LUCK TO YOU

=HAROLD CLURMAN.

So ist *Johnny Johnson* für Weill das Werk des Übergangs von Europa nach Amerika. Noch klingt musikalisch seine europäische Theaterauffassung mit, noch ist sie auch beim progressiven »Group Theatre« und in einem Antikriegsstück gefragt, aber schon sind auch jene musikalischen Formen von Weill ausgearbeitet, die dem spezifischen Charakter des amerikanischen »Musical Play« Rechnung tragen.

Die Uraufführung von *Johnny Johnson* fand am 19. November 1936 im 44th Street Theatre statt. Regie führte Lee Strasberg, Dirigent war der damals noch unbekannte Lehman Engel, der später einer der gefragtesten musikalischen Leiter am Broadway werden sollte. Unter den Schauspielern waren

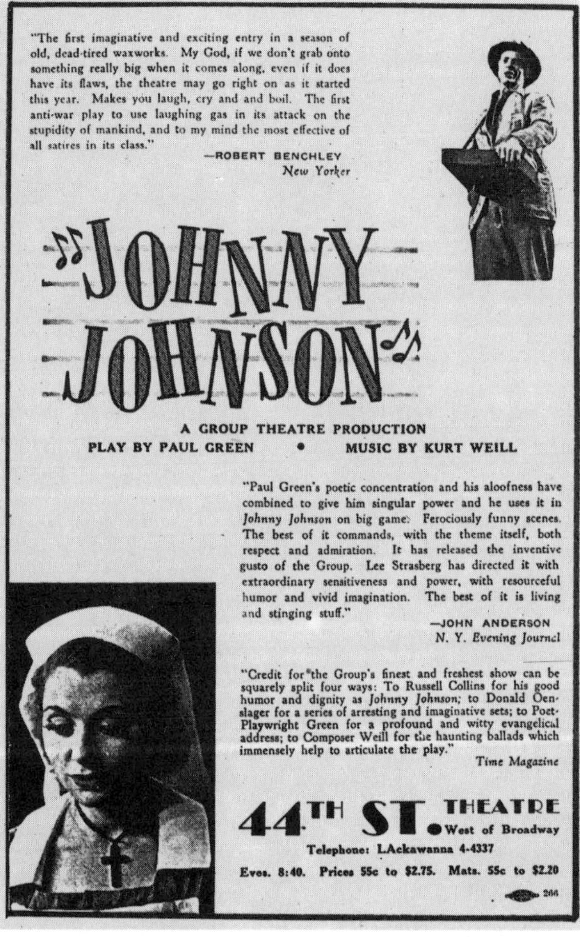

"The first imaginative and exciting entry in a season of old, dead-tired waxworks. My God, if we don't grab onto something really big when it comes along, even if it does have its flaws, the theatre may go right on as it started this year. Makes you laugh, cry and and boil. The first anti-war play to use laughing gas in its attack on the stupidity of mankind, and to my mind the most effective of all satires in its class."
—ROBERT BENCHLEY
New Yorker
JOHNNY JOHNSON
A GROUP THEATRE PRODUCTION
PLAY BY PAUL GREEN • MUSIC BY KURT WEILL
"Paul Green's poetic concentration and his aloofness have combined to give him singular power and he uses it in Johnny Johnson on big game. Ferociously funny scenes. The best of it commands, with the theme itself, both respect and admiration. It has released the inventive gusto of the Group. Lee Strasberg has directed it with extraordinary sensitiveness and power, with resourceful humor and vivid imagination. The best of it is living and stinging stuff."
—JOHN ANDERSON
N. Y. Evening Journal
"Credit for the Group's finest and freshest show can be squarely split four ways: To Russell Collins for his good humor and dignity as Johnny Johnson; to Donald Oenslager for a series of arresting and imaginative sets; to Poet-Playwright Green for a profound and witty evangelical address; to Composer Weill for the haunting ballads which immensely help to articulate the play."
Time Magazine
44TH ST. THEATRE
West of Broadway
Telephone: LAckawanna 4-4337
Eves. 8:40. Prices 55c to $2.75. Mats. 55c to $2.20

Werbezettel für die Inszenierung *Johnny Johnson*. Oben rechts der erste Darsteller der Titelrolle Russell Collins

Lee J. Cobb und Elia Kazan, die Hauptrolle des Johnny spielte Russell Collins.

Die Premiere wurde ein großer Erfolg, danach erreichte die Inszenierung 68 Vorstellungen – eine am Broadway vergleichsweise geringe Serie, die das Unternehmen zu einem finanziellen Mißerfolg werden ließ. Offenbar war das Publikum, gewohnt, entweder Schauspiel *oder* Musical Comedy zu sehen, von der neuartigen Form überrascht und zudem »nicht vorbereitet auf ein glühendes Plädoyer gegen den Krieg; so versagte es diesem Musical ohne Tanznummern, mit großen Reden vor musikalischem Hintergrund und mit einer Hauptfigur, die bis kurz vor Schluß keine einzige Note singt, seine Gunst«.[279]

Im Mai 1937 lief *Johnny Johnson* mit großem Erfolg in zwei Aufführungen durch Theatergruppen des »Federal Theatre Project« in Boston (Laufzeit vier Wochen) und Los Angeles (Laufzeit sechs Wochen).

Die Aufnahme durch die Kritik war sehr gemischt. Während Burns Mantle das Stück auf die Liste der besten zehn des Jahres 1936 setzte[280] und der »Morning Telegraph« *Johnny's Song* bescheinigte, daß er bereits »überall auf der Straße, in der Untergrundbahn, in der Badewanne und auf der Terrasse gesummt, gepfiffen und gesungen« werde,[281] reagierten andere Rezensenten verhalten. Für Weill am wichtigsten war mit Sicherheit eine ausführliche Besprechung durch Marc Blitzstein in der zweimonatlich erscheinenden »Modern Music«, dem Organ der amerikanischen Komponistenvereinigung »League of Composers«. Nachdem Blitzstein einleitend gesteht, er habe früher »einiges Barsche über Kurt Weill und seine Musik geschrieben«, und einräumt: »Heute möchte ich das eine oder andere Gute schreiben«, geht er ausführlich auf die Musik von *Johnny Johnson* ein. An seine Kollegen von der kritischen Zunft ge-

Brian Morgan in der Rolle des Johnny Johnson. Aufführung im Rahmen des Federal Theatre Project, Los Angeles Mai 1937

Erste Notenausgabe einer Weill-Musik in den USA. Einzelausgabe des Songs »Mon Ami, My Friend« aus *Johnny Johnson*, Frühjahr 1937

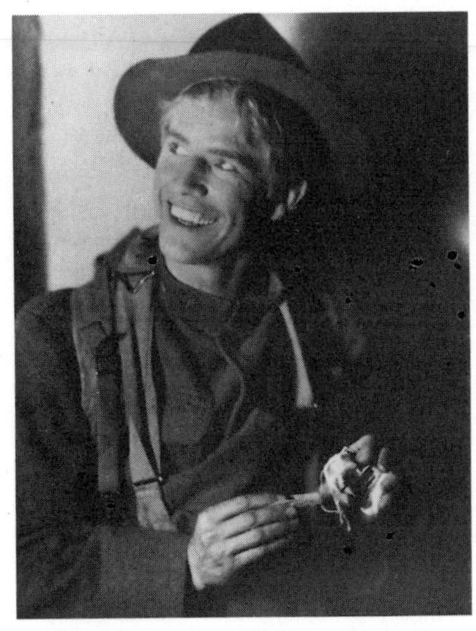

wandt, heißt es an einer Stelle: »Ich wüßte gern, ob die Musikkritiker, die zweifellos viel Zeit damit verbringen zu mäkeln, daß Weills Partitur nicht genügend amerikanisch oder nicht ›folksy‹ genug sei: ich wüßte gern, ob sie bemerken werden, daß Weill dem musikalischen Theater praktisch eine neue Form hinzugewonnen hat.«[282]

Inzwischen hatte der New Yorker Musikverlag Chappell einen Vertrag mit Weill abgeschlossen. Wie wenig der »Newcomer« noch von den Marktgesetzen im Bereich populärer Musik in den USA verstand, macht ein Brief deutlich, den er an Max Dreyfus von Chappell schrieb, während *Johnny Johnson* gerade die fünfte Woche lief. Weill beschreibt eingangs Publikumsreaktionen, das Summen von Melodien beim Verlassen des Theaters, um dann direkt zu fragen: »Und doch scheint es nicht möglich zu sein, daß diese Songs im Radio gesungen, von Tanzorchestern und in Nachtclubs gespielt und auf Schallplatten aufgenommen werden ... So etwas ist mir noch nie zuvor passiert.«[283]

Nach den Aufführungen in New York, Boston und Los Angeles 1936/37 erlebte das Stück zu Lebzeiten Weills keine weiteren Aufführungen.

Nur sieben Wochen nach *Johnny Johnson*, das Stück lief noch am Broadway, fand nun auch endlich die mehrfach verschobene Premiere des großen Reinhardt-Projekts im Manhattan Opera House statt. Nach über dreijähriger Vorbereitung, einem finanziellen Zusammenbruch der Produktion und zahllosen technischen Schwierigkeiten startete nun ein Unternehmen, das in seiner Monumentalität im amerikanischen Theater der dreißiger Jahre ohne Beispiel war.

Die Verschiebung der ursprünglich für Dezember 1935 vorgesehenen Premiere resultierte aus einer Entscheidung Reinhardts, die dem Unternehmen zwar monumentale Größe sicherte, aber gleichzeitig den finanziellen Ruin vorprogrammierte. Im Sommer 1935 erkrankte der Wiener Bühnenbildner Oskar Strnad, den Reinhardt für die Gesamtausstattung gewonnen hatte, so ernstlich, daß er die Mitarbeit absagen mußte. Daraufhin verpflichtete Reinhardt den Amerikaner Norman Bel Geddes, mit dem er bereits früher bei einem New Yorker Regiegastspiel zusammengearbeitet hatte. Guy Stern schreibt: »Bel Geddes, ein ebenso begnadeter wie das Gigantische suchender (wenn nicht gar größenwahnsinniger) Bühnenbildner, entwarf eine Ausstattung, die den totalen Umbau des Theaters erforderte.«[284] Und da dem Produzenten Meyer Weisgal von Anbeginn eine solche Produktion vorgeschwebt hatte, schreckte ihn Bel Geddes' Konzeption nicht, sondern er vervielfachte seine Bemühungen, das nötige Geld aufzutreiben. Der Umbau des Theaters begann, bis auf die Außenmauern wurde praktisch alles verändert, Sitzreihen entfernt, neue Mauern hochgezogen – selbstverständlich nicht innerhalb der vorgegebenen Termine.

Inzwischen war der Text ins Englische übertragen worden (durch Ludwig Lewisohn, mit zusätzlichen Liedtexten von Charles Alan), der ursprünglich wortgetreue Titel *The Road of Promise* (Der Weg der Verheißung) wurde nochmals in *The Eternal Road* (Der ewige Weg) geändert. Auf die Verzögerung anspielend, schickte Reinhardt zu Weihnachten 1935 an Weill eine Karte mit dem Foto des großen Saals von Schloß Leopoldskron und den Zeilen: »Hier war es noch ein road of promise. Nun ist es – wenigstens bis zur nächstjährigen Premiere – ein eternal road geworden. Sie aber sind auf diesem road immer wieder eine Station voll Freude, Ruhe und Wohlklang geblieben.«[285]

Dabei wäre auch Weill beinahe ein Opfer von Bel Geddes' Gigantomania geworden. Dieser hatte plötzlich Anfang September 1935 entschieden, daß seine Raumgestaltung keinen Platz für ein Orchester ließ und daß deshalb die Aufführung im Playback – die Musik von Schallplatten – stattfinden sollte. Das war selbst Reinhardt zuviel, er schickte Weill sofort ein Telegramm, das diesem während der Überfahrt auf dem Dampfer »Majestic« zugestellt wurde. Angekommen in New York, wandte sich Weill – um einen namhaften Partner in der Argumentation zu haben – sofort an den Dirigenten Leopold Stokowski, trug ihm das Problem vor und bat um eine Stellungnahme. Dabei erläuterte er Stokowski den Charakter seiner Komposition: »Ich habe hier, in Übereinstimmung mit Max Reinhardt und zu seiner großen Begeisterung etwas versucht, was oft angestrebt, aber niemals in dieser Konsequenz durchgeführt wurde. Ich habe etwa drei Viertel von Werfels Text komponiert, und zwar so, daß meine Musik, die ja größtenteils von singenden Schauspielern, nicht von Sängern interpretiert wird, die ganze Skala vom gesprochenen Wort über alle Zwischenstufen, des halb gesprochenen, des halb gesungenen bis zum reinen Gesang benutzt. Gerade diese Zwischenstufen, die immer aus der Musik heraus kommen und wieder in die Musik münden sollen, werden zum großen Teil erst auf den Proben entstehen, da sie sich nicht notieren lassen. Für diese Art von musikalischem Theater, in der das Wort immer in Musik gebettet ist, braucht man natürlich noch mehr als in der Oper ein labiles, biegsames, anpassungsfähiges Orchester. Glauben Sie, daß das möglich ist, wenn die Musik auf Schallplatten aufgenommen und wiedergegeben wird?«[286] Stokowskis Antwort ist nicht

Während einer Probe zu *The Eternal Road*, New York, Dezember 1936. Von links: Werfel, Reinhardt und Weill. Im Hintergrund Lotte Lenya. Zeichnung von Benedikt Dolbin

erhalten. Für die Aufführung wurde schließlich ein Kompromiß gefunden. Während große Teile der Musik von RCA Victor im Lichttonverfahren aufgezeichnet wurden, verblieb im Bühnenraum nur noch ein kleines Ensemble von Musikern. Der Dirigent hatte die schwierige Aufgabe, Live-Musik und Aufzeichnung zu koordinieren.

Endlich, am 4. Januar 1937, kam der Tag der Uraufführung im New Yorker Manhattan Opera House. Weisgal erzählt: »Ich kam ungefähr zehn

Minuten vor Spielbeginn in das Theater. Die Luft zitterte förmlich vor Erwartung, und das um so mehr, als die sich drängenden Zuschauer keine Ahnung hatten, was sie erwartete. Es gab keinen Vorhang, alle theatralischen Wirkungen sollten durch Licht erzielt werden – allein die Beleuchtung hatte 60000 Dollar gekostet. Als die ersten schwachen Lichter angingen, machten sie nur eine kleine Synagoge sichtbar. Die Juden dort, Männer, Frauen und Kinder, drängten voll Angst zueinander – sonst nichts… Dann begann der Chor zu singen ›Und der Herr sprach zu Abraham‹… Langsam hellte sich währenddessen die gesamte Bühne auf, und die gewaltigen Ausmaße von fünf stufenweise übereinander gelagerten Bühnenebenen wurden immer deutlicher überschaubar. Ganz oben stand der Chor – hundert Sänger in Engelsgewändern. Die Zuschauer hielten den Atem an, man konnte nur ein allgemeines ›Ah‹ hören. Da wußte ich, daß das Stück angekommen war.«[287]

The Eternal Road beginnt mit der Versammlung einer jüdischen Gemeinde in ihrer Synagoge. Der Rabbi erklärt, daß die Vertreibung der Juden aus dem Land, in dem sie seit langem leben, unmittelbar bevorsteht. Es gibt keinen Hinweis etwa auf Deutschland – aber die historische Parallele war allen Zuschauern nur zu deutlich.

Werbezettel mit der Ankündigung von *The Eternal Road*: »Ein Wunderwerk des 20. Jahrhunderts«

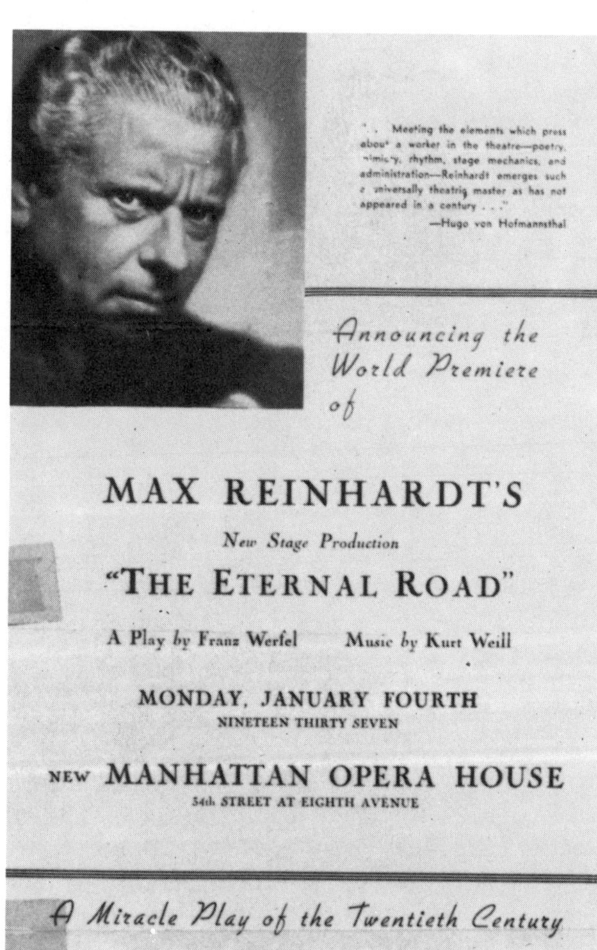

Nun beginnt die Gemeinde, Stellen aus der Bibel, aus dem Alten Testament, zu lesen. Beginnend bei Abraham und endend bei den Propheten, demonstrieren die Bibelszenen quasi im Zeitraffer die lange Wanderung des jüdischen Volkes. Jede der Bibelszenen löst sich, indem die kleine Synagogengemeinde im Dunkel verschwindet, in ein großes Massenspiel auf, das nunmehr die ganze Riesenbühne beansprucht. Am Ende der Aufführung macht sich die Gemeinde nunmehr tatsächlich auf den »eternal road«, den »ewigen Weg« in ein anderes Land, vielleicht das Land der Verheißung. Franz Werfels Text hebt die beiden Ebenen des Stückes deutlich ab. Die Szenen in der Synagoge verwenden Prosa, während die Spielszenen der Bibelstellen in Versen geschrieben sind. Weills Musik trennt

Uraufführung *The Eternal Road*, 7. Januar 1937 Manhattan Opera House New York. Szenenfoto

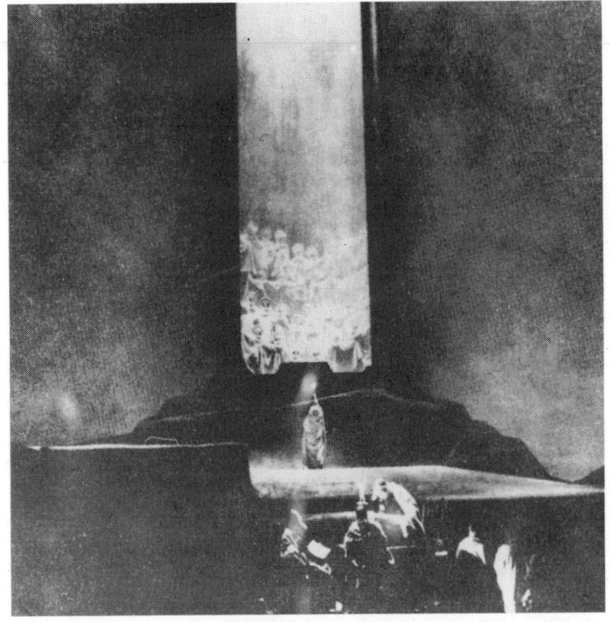

die beiden Stückebenen gleichfalls eindeutig. In den Synagogalszenen verwendet er zahlreiche originale jüdische Lieder und Melodien, besonders die psalmodierenden Gesänge des Rabbi (mit Anklängen auch an die Evangelistenpartien der Bachschen Passionen) beeindrucken hier. Insgesamt ist die musikalische Szene der Synagoge im Kammerton gehalten, um so größer ist der Kontrast zu den großen oratorischen Formen, die Weill für die Massenspiele findet. Der Komponist hatte ja bereits früher eine besondere Affinität zum Chorgesang entwickelt, im *Eternal Road* verbindet er Rede, Rezitativ, Chorgesang und Orchester zu zwingender dramatischer Form.

Komponiert 1935 noch in Frankreich, zu einer Zeit, als gerade seine Schwester Ruth mit ihrem Gatten nach Palästina emigriert war und auch Weills Eltern, beide nun schon über sechzig Jahre alt, ihre Emigration dorthin vorbereiteten, zeigt *Eternal Road* auch den jüdischen Menschen Kurt Weill, der dieses Element seiner Persönlichkeit über die vielen Berliner Jahre verdrängt hatte. Jetzt aber, in Verbindung mit der Komposition einer Odyssee seines Volkes, wurde ihm solche Quelle seiner Kunst wieder stark bewußt.

Die Premiere wurde ein ungeheurer Erfolg. Max Reinhardt, erfahrener Choreograph großer Massenszenen auf der Bühne, hatte eine monumentale Inszenierung geschaffen, der Dirigent Isaac van Grove brachte Weills Musik zu voller Wirkung. Norman Bel Geddes' Raumgestaltung war von nie gesehenen Dimensionen.

Im Zentrum stand jener riesenhafte, vom Orchestergraben bis in den Schnürboden reichende Berg, auf dem sich in mehreren Etagen der »Weg« des Volkes hinaufzog und das Massenspiel ablief. Die kleine Synagoge stand ganz unten, wo früher die ersten Reihen des Theaters ihren Platz gehabt hatten. Rund zweihundertdreißig Schauspieler und Kleindarsteller (unter ihnen Sidney Lumet, der spätere erfolgreiche Hollywood-Regisseur), vierzig Tänzer sowie ein Chor von hundert Sängern traten auf.

»Die Premiere mit ihren vier langen Akten dauerte bis gegen zwei Uhr morgens, so daß das Publikum ebenso erschöpft war wie die Akteure. Die Kritiker verließen das Theater gegen Mitternacht nach dem zweiten Akt, die meisten Berichte am nächsten Morgen waren überschwenglich. Ab der zweiten Vorstellung wurden die beiden letzten Akte erheblich gekürzt, und *Eternal Road* wurde zum Hit. Während sämtlicher 153 Vorstellungen gab es keinen Platz, der leer blieb. Doch die Produzenten mußten feststellen, daß die Kosten der laufenden Produktion höher waren als die Einnahmen, trotz permanent ausverkauftem Haus. Die Produktion brachte jede Woche 5000 Dollar Defizit.«[288]

Natürlich widmeten sich die Kritiker der Tagespresse vorrangig dem szenischen Spektakel. Brooks Atkinson besprach die Aufführung als »eine der bemerkenswertesten Produktionen der Saison« und bemerkte: »Kurt Weill hat eine erfolgreiche Musik geschrieben, die dem *Eternal Road* eine enorme emotionale Qualität verleiht.«[289] Ausführlich beschäftigte sich Paul Bekker, gleichfalls inzwischen in die USA emigriert, in der deutschsprachigen »New Yorker Staatszeitung und Herold« mit Weills Musik. Er erinnerte an den Typus des Melodrams im 19. Jahrhundert und Robert Schumanns *Manfred*, »in dem das Problem der Verbindung von gesprochenem und gesungenem Wort wieder aufgenommen« wurde. Weill habe diesem Typus nun ein gänzlich modernes Werk hinzugefügt, denn: »Er ist der geborene Theatermusiker, nicht im Sinne von Theatralik, sondern jener Form des Theaters jenseits von Pathos und Illusionismus, die wir heute suchen.«[290] Einer der einflußreichen Musikkritiker Amerikas, David Ewen, widmete Weill unter der Überschrift »Ein musikalischer Modernist« einen ausführlichen Beitrag, in dem er die Musik zu *Johnny Johnson* und *The Eternal Road* besprach und feststellte: »Daß zwei so diametral entgegengesetzte musikalische Ausdrucksformen von dem gleichen Komponisten komponiert wurden, beweist eine geradezu phänomenale stilistische Wandlungsfähigkeit. Weill ist ebenso zuhause in der sinfonischen Musik wie in der Oper; er bewegt sich ebenso frei und anmutig in strikter Klassizität wie im Jazz. Mit gleicher Leichtigkeit vermag er ein komplexes Orchesterwerk, einen erregenden Song-Hit oder eine lyrische Arie zu schreiben.«[291]

Lotte Lenya in der Rolle der Miriam

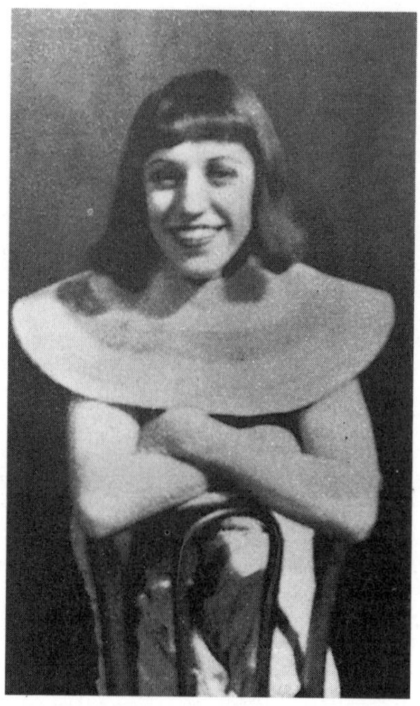

The Eternal Road machte nicht nur Kurt Weills Namen als Komponist außergewöhnlichen musikalischen Theaters in Amerika weiter bekannt, es brachte auch für Lotte Lenya die erste künstlerische Aufgabe in den USA: sie spielte und sang die Rolle der Miriam.

Sicher war die exzentrische Aufführungsgeschichte schuld daran, daß sich zu Weills Lebzeiten keine weitere Aufführung des großen Werkes mehr ergeben sollte.

So groß der Erfolg und die Ausstrahlung von *The Eternal Road* in der Öffentlichkeit auch gewesen waren, viel Geld hatte Weill erneut nicht damit verdient. Die Frage der materiellen Existenz aber stand nun in doppelter Hinsicht vor ihm, da er seine Eltern, die inzwischen nach Palästina emigriert waren, unterstützen mußte. Auch das Leben in New York war nicht billig. So gab es auch keine große Feier, als Weill und Lenya am 19. Januar 1937 den offiziellen Schritt vollzogen und wieder heirateten – diesmal getraut von einem Friedensrichter in North Castle unweit von New York.

Wie viele Emigranten aus Europa richtete Weill in dieser Situation seinen Blick nach Hollywood. Da zur gleichen Zeit auch Cheryl Crawford vom »Group Theatre« zur Diskussion verschiedener Projekte dorthin fuhr, war die Gelegenheit günstig, mit ihrer Hilfe Filmkontakte anzuknüpfen. Unmittelbar nach der erneuten Hochzeit fuhren Weill und Crawford nach Kalifornien, Lotte Lenya zog in das Appartement der Regisseurin am Breakman Place, mit Blick auf den East River.

Von Ende Januar bis Juni 1937 hatte Weill nun eine Vielzahl von Begegnungen und Besprechungen mit Drehbuchautoren, Produzenten und Regisseuren. Außerdem traf er in der großen kalifornischen Emigrantenkolonie so manchen Bekannten aus den Berliner Jahren wieder. Der Regisseur Fritz Lang, der seit 1935 in Hollywood arbeitete und 1936 mit dem Film *Fury* seinen ersten großen Erfolg in den USA hatte, zeigte sich äußerst interessiert an einer Zusammenarbeit mit Weill, vorerst aber ließ sich kein gemeinsames Projekt verwirklichen. Von großer Bedeutung sollte drei Jahre später eine Begegnung dieser Tage werden – mit Ira Gershwin, dem Bruder des Komponisten George Gershwin. Weill hatte beide Brüder bereits kurz nach seiner Ankunft in New York kennengelernt, damals besuchte er auch, kurz vor der Uraufführung, eine der Endproben zu *Porgy and Bess.* Jetzt traf er Ira wieder und beide fanden Gefallen aneinander,

Kurt Weill und Lotte Lenya mit der Songautorin Ann Ronell (links) 1937 in New York

ohne daß man bereits an Zusammenarbeit dachte. Neben vielen vagen Diskussionen ergab sich im März ein konkreter Kompositionsauftrag. Der Regisseur William Dieterle, Weill kannte ihn noch als Wilhelm Dieterle in Berlin, bereitete damals einen der ersten »Anti-Nazi-Filme« Hollywoods vor (so bezeichnet die Filmgeschichte heute jene etwa 200 Spielfilme, die zwischen 1938 und 1945 mit antifaschistischer Thematik, freilich sehr unterschiedlicher künstlerischer Qualität in den USA gedreht wurden). Thema des Films war der spanische Bürgerkrieg. Dieterle war sofort einverstanden, daß mit Weill gleichfalls ein Emigrant die Musik schrieb. Der Film hieß zunächst *The River Is Blue,* danach änderte man den Titel in *Castles In Spain.* Im März und April schrieb Weill die Filmmusik, dann wurde er erstmals mit der Realität von Hollywood konfrontiert: der Produzent lehnte seine Musik als zu wenig eingängig ab, Weill erhielt zwar einen Scheck, doch seine Noten wurden archiviert. Der Film wurde schließlich erneut umbenannt, unter dem Titel *Blockade* und mit einer Musik von Werner Janssen gelangte er Ende 1938 in die amerikanischen Kinos. Weill aber fuhr ziemlich desillusioniert nach New York zurück. Ein Eindruck hatte sich bestätigt, den er bereits nach wenigen Wochen Hollywood so formulierte: »Man verabscheut hier jegliche Art von Enthusiasmus... Es ist eine seltsame Mischung von Konfusion und Organisation... Es ist der verrückteste Ort der Welt, und ich habe niemals so viele sorgenvolle und unglückliche Leute auf einmal gesehen.«[292]

Als Weill nach New York zurückkehrte, fand er einen Brief von Ernst Josef Aufricht aus Paris vor. Dieser bereitete dort für die Zeit der Weltausstellung gerade eine Produktion der *Dreigroschenoper* vor und hatte die berühmte Chansonette Yvette Guilbert für die Rolle der Frau Peachum gewonnen. Natürlich wollte die Guilbert mehr Solonummern haben, als das Stück für ihre Rolle enthielt (lediglich die *Ballade von der sexuellen Hörigkeit*). Aufricht schickte Weill zwei von ihr geschriebene Texte mit der Bitte um Vertonung. Als *Deux Chansons d' Yvette Guilbert* komponierte Weill die Texte und sandte sie nach Paris, mit der strikten Anweisung an Aufricht, sie nur für diese Produktion zu verwenden. Wahrscheinlich sind die Texte dort jedoch mit eigenen Melodien der Guilbert gesungen worden.

Im Sommer 1937 zogen Weill und Lenya nun auch formell die Konsequenzen aus ihrer Entscheidung, mit Deutschland zu brechen. Sie wollten amerikanische Staatsbürger werden. Dazu mußten sie zunächst entsprechend der amerikanischen Einwanderungsgesetzgebung als »Immigrants« registriert werden und in ihrem Paß ein »Immigrant Visa« haben. Bis jetzt lebten sie noch mit dem für zwei Jahre gültigen Besuchervisum, das sie 1935 in Paris erhalten hatten. Ein »Immmigrant Visa«

Kurt Weill während seines ersten Aufenthalts in Hollywood, Frühjahr 1937

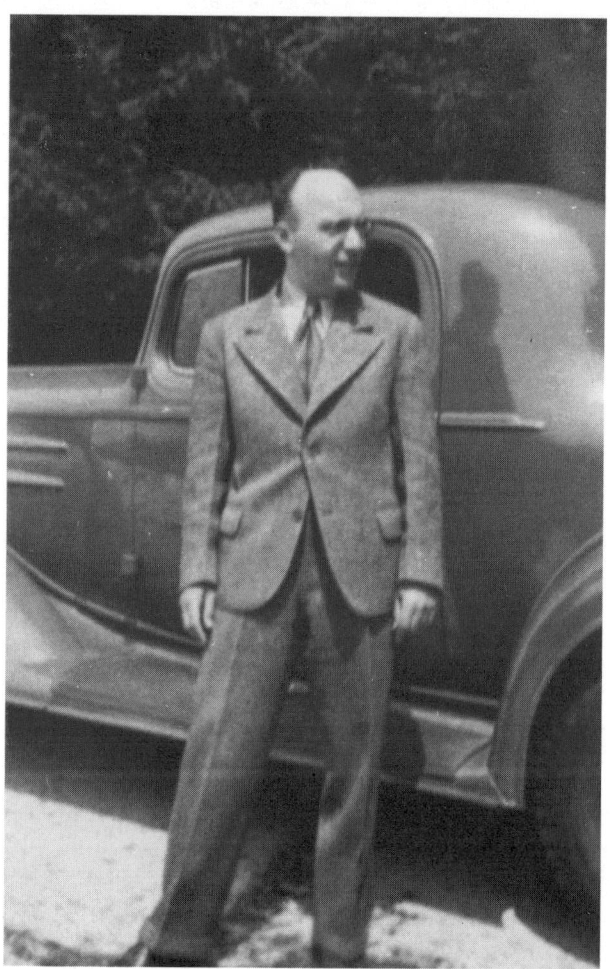

konnte man nur erhalten, wenn man aus dem Ausland in die USA einreiste. Also fuhren Weill und Lenya im August 1937 nach Kanada, um bei der Rückreise an der kanadisch-amerikanischen Grenze ihr »Immigrant Visa« zu beantragen, das sie auch erhielten. Dies klingt ein wenig verwirrend, ist aber nur äußeres Zeichen der restriktiven amerikanischen Einwanderungsgesetzgebung jener Jahre, die ein wenig ruhmreiches Kapitel in der Geschichte der USA darstellt.

Gleichzeitig stellten Weill und Lenya am 27. August den Antrag auf amerikanische Staatsbürgerschaft. Die Bearbeitung durch die Einwanderungsbürokratie sollte sich bis in das Jahr 1943 hinziehen.

Zwei Projekte, die unvollendet blieben, beschäftigten Weill im Herbst 1937 und Frühjahr 1938. Mitte August 1937 hielt Präsident Roosevelt eine vielbeachtete Rede in Roanoke Island. Er sprach über die Hoffnungen der vielen ins Land gekommenen Hitlergegner aus Europa und ihre Konfrontation mit der amerikanischen Gegenwart. Und er forderte seine Landsleute auf, einen umfassenden Blick in die Frühzeit des Landes zu werfen, da dort bereits das Fundament für heutige demokratische Ideale gelegt worden sei. Darauf müsse man sich stärker besinnen.

Weill las diese Rede in der Zeitung, kurz darauf schrieb er an Paul Green und entwickelte den Plan für ein gemeinsames Stück: »Es ist dieser ›umfassende Blick‹, den wir geben müssen – ein Bild des frühen Amerika.«[293] Green war einverstanden, beide entwickelten ein Stückprojekt *The Common Glory*, das jedoch über erste Entwürfe nicht hinausgelangte.

Auch das nächste Projekt hatte mit der Frühzeit des Landes, mit dem »American Dream« zu tun. Der junge Dramatiker Hoffman Hays hatte für das »Federal Theatre Project« ein Stück *Ballad of Davy Crockett* geschrieben, die Geschichte jenes legendären Volkshelden, der nach der Errichtung des Staates Texas als Kongreßabgeordneter nach Washington ging. Zwischen Januar und März 1938 arbeiteten die beiden intensiv an einer Fassung als »Musical Play« unter dem Titel *Davy Crockett*. Die Arbeit war bereits weit gediehen, ein Libretto mit sieben Szenen sowie eine erste, von Weill ausdrücklich als »unkomplett, nur für Probenzwecke« bezeichnete Fassung des Klavierauszugs sind erhalten. Das balladesk ausgeführte Material (zwei Sänger im Folk-Stil kommentieren die Handlung) enthält u.a. zwei originelle Walzer und mehrere Nummern im Stil der frühen Westernmusik, darunter ein »Peasant Dance«.[294]

Offenbar waren beide Projekte für Aufführungen im Rahmen des »Federal Theatre Project« bestimmt und ihr Abbruch hängt mit der immer schwieriger werdenden Finanzsituation des »Project« zusammen. Schon lange, bevor das Unternehmen offiziell am 30. Juni 1939 für beendet erklärt wurde, mußten verschiedene Theatertruppen ihre Tätigkeit einstellen. Paul Green hat über den Abbruch der Arbeit an *The Common Glory* berichtet: »Weill und ich waren mitten in der Arbeit an einem Stück für das ›Federal Theatre‹, mit großen Plänen. Da rief mich Frau Flanagan an und sagte: ›Ich habe schlechte Neuigkeiten‹ und ich sagte: ›Welche?‹ Darauf sie: ›Man wird das Federal Theatre töten.‹«[295]

Wieder einmal hatte Weill Zeit und Kraft in Projekte investiert, die letztlich nicht zum Tragen kamen. Dafür erhielt er im März 1938 eine konkrete Einladung zur Zusammenarbeit mit Fritz Lang. Dieser drehte für die Paramount nach einer Short Story von Norman Krasna den Film *You and Me*, wie er später sagte, »eine fast märchenhafte Geschichte, inspiriert von Brecht und seinem Lehrstück-Stil«.[296] Bei solcher Intention war es folgerichtig, daß Lang Weill mit der Musik beauftragte.

Im Tonstudio der Paramount, Hollywood, April 1938. Von links: Weill, Regisseur Fritz Lang und der musikalische Leiter Boris Morros beim Abhören der Musikaufnahmen zu dem Film *You and Me*

Von April bis Mai fuhr dieser erneut nach Hollywood, um die Partitur zu schreiben, die auch Songs enthielt. Der Film – mit George Raft und Sylvia Sidney in den Hauptrollen – erzählt die Geschichte eines New Yorker Kaufhausbesitzers, dessen soziales Engagement darin besteht, Vorbestrafte zu beschäftigen und wieder in die Gesellschaft einzugliedern. Eine solche Mitarbeiterin und ein ehrenhafter Abteilungsleiter verlieben sich. Als nun einige der ehemals schweren Jungs – allen Besserungsbestrebungen zum Trotz – einen großangelegten Diebstahl im Hause planen, bringt ihre ehemalige Komplizin sie auf den Pfad der Tugend zurück. Gerührt ob dieser Tat, heiratet der Abteilungsleiter sie.

Vom Brecht/Weillschen Lehrstück, auf das sich Lang später berief, ist freilich im Film wenig zu spüren. Wieder wurde Weill, der eine umfangreiche Partitur entwickelt hatte, mit der Praxis der Traumfabrik konfrontiert. Die Produzenten strichen große Teile seiner Musik, ein »gängiger« Filmkomponist (Boris Morros) wurde beauftragt, Teile neu zu schreiben, der fertige Film enthielt nur noch die beiden Weill-Songs *You Can't Get Something for Nothing* und *The Right Guy for Me* (Texte: Sam Coslow). Zum zweiten Mal fuhr Weill ziemlich desillusioniert nach New York zurück, erst fünf Jahre später sollte er die Studios in Hollywood wieder betreten.

Immerhin hatte der Film so viel Geld eingebracht, daß Weill und Lenya die hektische Großstadt New York verlassen und ein Häuschen in Suffern, etwa eine Autostunde von Manhattan entfernt, mieten konnten. Im Sommer 1938 zogen sie dort ein.

In New York hatte es im November erneut den »Auszug« einer Gruppe von Autoren aus der Theatre Guild gegeben, die nun eine eigene Produktionsgesellschaft gründeten, um bei den Aufführungen ihrer Stücke die eigenen künstlerischen Intentionen besser realisieren zu können. Fünf der damals erfolgreichsten Dramatiker – Elmer Rice, Maxwell Anderson, Robert E. Sherwood, Sidney Howard und S. N. Behrman – gründeten die »Playwrights' Company«. Brooks Atkinson, der von den »Großen Fünf« spricht, schildert die Reak-

Einzelausgabe eines Songs aus dem Film *You and Me*, 1938. Auf dem Umschlag die beiden Hauptdarsteller Sylvia Sidney und George Raft

Kurt Weill in Hollywood zur Zeit der Endfertigung von *You and Me,* Mai 1938

tionen der Privatproduzenten: »Als die Nachricht bekannt wurde, daß fünf der einflußreichsten Stükkeschreiber sich vom kommerziellen Management lossagten, war der Broadway nicht gerade erbaut davon. Einige Produzenten glaubten bereits, daß die Playwrights' Company ein Ende des kommerziellen Betriebs heraufbeschwören könnte... Bereits 1938 und 1939 bestimmten Playwrights' Company und Theatre Guild die kulturellen Aspekte des Broadway.«[297] Beginnend mit dem 15. Oktober 1938, der Premiere von Sherwoods *Abe Lincoln in Illinois,* brachte die »Playwrights' Company« in der Saison 1938/39 allein vier Stücke am Broadway heraus. Die zweite Produktion war *Knickerbocker Holiday* von Maxwell Anderson und Kurt Weill.

Wie es dazu kam, beschrieb das Programmheft der Uraufführung: »Weill und Anderson hatten ihre erste kurze Begegnung auf einer Party in New York im Herbst 1936. ›Ich möchte gerne mit Ihnen zusammen ein Stück schreiben‹, waren die ersten Worte des Komponisten zu dem Stückeschreiber. Die genaue Erwiderung Andersons ist nicht überliefert, aber es war eine höfliche Antwort – dies sei sicher eine gute Idee und er werde darüber nachdenken.

Einige Jahre vergingen. Die Szene wechselt nach Andersons Haus in New City bei New York. Wochenendgäste waren Anfang April 1938 Weill und seine Gattin. ›Kurt‹, sagte der Dramatiker plötzlich, ›glauben Sie, daß wir aus Washington Irvings *Dietrich Knickerbockers humoristische Geschichte der Stadt New York* eine Musical Comedy machen könnten?‹ Die genaue Erwiderung Weills ist nicht überliefert. Sie war jedenfalls bejahend.

Einen Tag später bekam Weill ein Angebot aus Hollywood (von Fritz Lang – J. S.) und er fuhr für einige Wochen gen Westen. ›Wenn meine Idee zum Tragen kommt‹, sagte Anderson ihm beim Abschied, ›werde ich das Buch fertig haben, wenn Sie zurück sind‹.«[298]

Maxwell Anderson war zu dieser Zeit neben Eugene O'Neill der bedeutendste Dramatiker der USA. 1888 im Bundesstaat Pennsylvania geboren, hatte er nach dem ersten Weltkrieg zunächst als

Journalist begonnen. Nach einer ersten, mißlungenen Tragödie in Versen schrieb er 1924 zusammen mit seinem Kollegen Laurence Stalling von der Zeitung »The World« das brillante Antikriegsstück *What Price Glory?*, »eines der aufregendsten und provokantesten Stücke, das je am Broadway herauskam«.[299] Das Stück hatte einen Riesenerfolg – auch in Deutschland, wo Carl Zuckmayer es mit dem Titel *Rivalen* übersetzte. Die Aufführung in Berlin (Theater in der Königgrätzer Straße, Regie: Erwin Piscator, Hauptrollen: Fritz Kortner und Hans Albers) wurde ab März 1929 zu einem Publikumsrenner.

Nach dem unerwarteten Erfolg von *What Price Glory?* widmete sich Anderson ganz seiner Tätigkeit als Dramatiker. Ab 1925 schrieb er in jedem Jahr mindestens ein Stück, 1933 erhielt er für *Both Your Houses* den Pulitzer-Preis. 1936/37 waren drei Stücke von ihm erfolgreich am Broadway gelaufen. Mit Maxwell Anderson hatte Kurt Weill nunmehr einen ebenso erfahrenen wie renommierten amerikanischen Bühnenautor zum Partner.

Als Weill Ende Mai 1938 aus Hollywood zurückkehrte, hatte Anderson eine erste Textfassung beendet. Bis September lag das Stück fertig vor, das auch mehrmals von den Mitgliedern der »Playwrights' Company« diskutiert worden war.

Knickerbocker Holiday fußt auf Washington Irvings (1783–1859) klassischem Buch von der Gründung der Stadt New York durch niederländische Seeleute bis zum Höhepunkt und Ende der holländischen Herrschaft unter Peter Stuyvesant 1664. Es ist das erste bedeutende komisch-satirische Werk der amerikanischen Literatur, eine Schilderung der »glorreichen« Pionierzeit mit kräftiger Betonung der »Unweisheiten beim Lenken des Staatsschiffchens der jungen Kolonie«.[300]

Das Stück beginnt mit einer Rahmenhandlung. Der Dichter Washington Irving sitzt in seinem Arbeitszimmer und schreibt an seinem New-York-Buch. Er führt auch in die Szene des Neu-Amsterdam von 1647 ein und übernimmt die Vorstellung der Hauptfiguren, darunter des jungen Mannes Brom Broeck und seiner Liebsten Tina Tienhoven, der Tochter des Bürgermeisters, welcher sie ohne ihr Wissen dem in Kürze zu erwartenden neuen holländischen Gouverneur Peter Stuyvesant zur Frau versprochen hat.

Die Autoren Maxwell Anderson (rechts) und Kurt Weill (am Klavier) während einer Probe zu *Knickerbocker Holiday* mit den beiden Hauptdarstellern Walter Huston und Jeanne Madden, Anfang Oktober 1938

Im ersten Akt bereiten die Stadträte den Galaempfang für den Gouverneur vor. »Höhepunkt« des Festes soll die Hinrichtung von Brom sein, der den Bürgermeister geschlagen hat und ohnedies als Freund der Indianer mit seinen Freiheitsidealen unbequem ist. Er wird festgenommen und verurteilt. Listig bittet er, man möge ihn doch auf herkömmliche Weise am Hals aufhängen und nicht nach jener neuen grausamen Methode an der Taille, bei der der Delinquent so qualvoll sterbe. Der Rat läßt sich übertölpeln und zieht Brom natürlich an der Taille in die Höhe, als der Gouverneur eintrifft. Dieser begnadigt Brom, sodann will er allein mit der Versprochenen sein und drängt diese, ihn sofort zu heiraten. Aber Brom tritt dazwischen, so daß Stuyvesant ihn erneut ins Gefängnis sperren läßt. Dort beginnt der zweite Akt. Während die Armee in ein Manöver zieht, wird die Hochzeit des Gouverneurs vorbereitet. Da greifen Indianer die Stadt an. Brom flieht aus dem Gefängnis und stürzt sich in die Indianerschlacht, um Frieden herzustellen. Dabei befreit er Stuyvesant. Dieser kennt in Brom aber jetzt seinen Nebenbuhler bei Tina und besteht auf Broms Hinrichtung, die er ursprünglich widerrufen hatte. An dieser Stelle mischt sich der Dichter wieder in die Handlung ein, bedeutet Stuyvesant, er möge doch, nicht zuletzt seines Rufes wegen, Gnade walten lassen. Dies geschieht, der Gouverneur verzichtet sogar auf Tina, so daß dem Happy End nichts mehr im Wege steht.

Andersons Text ist voller ironischer Anspielungen auf die Ära des »New Deal« und die Politik Präsident Roosevelts. Die Figur des Peter Stuyvesant trägt in vielem seine Züge, während Brom Broeck die Opponenten von Roosevelts Politik verkörpert. Ursprünglich war Andersons Attacke noch stärker, doch während der Diskussion in der »Playwrights' Company« erreichten seine Kollegen gewisse Milderungen. Elmer Rice: »Wir übrigen waren eindeutig für Roosevelt eingestellt, und obwohl wir natürlich keine Zensur über sein Manuskript ausüben konnten, gelang es uns doch, hauptsächlich durch den Einsatz geschickter Schmeicheleien, Anderson dazu zu bringen, einige der schärfsten Polemiken gegen den New Deal zu streichen.«[301] Anderson nahm dazu in einem Essay »Über die Politik in ›Knickerbocker Holiday‹« Stellung.

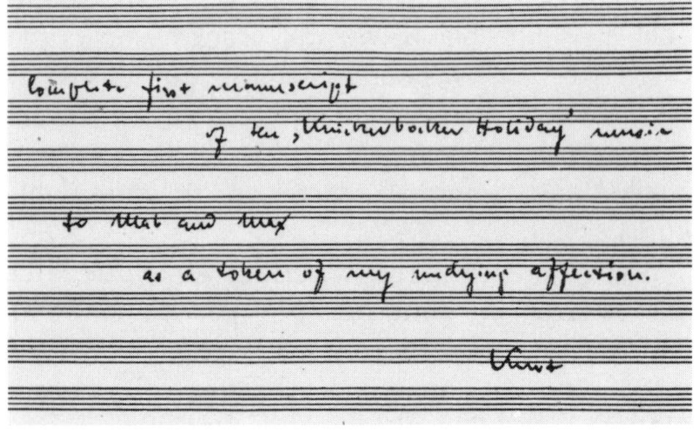

Widmung Weills für Maxwell und Mabel Anderson auf dem Autograph der ersten Fassung der Musik zu *Knickerbocker Holiday*, die er den Freunden schenkte: »Für Max und Mab als ein Beweis meiner unendlichen Zuneigung«

Dennoch verblieb im fertigen Stück noch genügend satirischer Zündstoff. In der köstlichen Hinrichtungsszene wird der Stadtrat der Lächerlichkeit preisgegeben. Schon die anzüglichen Namen der ehrwürdigen Honoratioren – zwei von ihnen heißen Vanderbilt und Roosevelt – erfreuten das Publikum, bei Roosevelts Satz: »Nein! Wir hängen ihn nicht. Mein Name ist Roosevelt, und wenn ich eine Idee habe, dann bleibt's dabei. Wir hängen ihn nicht« brach in jeder Vorstellung große Heiterkeit aus. Als der Präsident selbst einer Vorstellung in Washington beiwohnte, nickte er an dieser Stelle zustimmend und lachte schallend – wie das »Time Magazine« seinen Lesern mitteilte.[302]

War schon die Ankündigung, daß Maxwell Anderson zum ersten Mal ein Musical Play geschrieben hatte, für die Publicity des Unternehmens von Gewicht, so steigerte die Besetzung der Hauptrolle des Peter Stuyvesant mit Walter Huston das Interesse weiter. Der Schauspieler zählte damals zu den populärsten Bühnen- und Filmdarstellern des Landes. Bekannt geworden 1924 in der Uraufführung von O'Neills *Gier unter Ulmen*, hatten vor allem zwei Rollen, die er in mehrjährigen Erfolgsserien am Broadway spielte, seinen Ruhm begründet: 1931/32 der Baseballspieler in Ring Lardners *Elmer the Great* und 1934/37 der Samuel Dodsworth in Sidney Howards Dramatisierung des Romans von Sinclair Lewis *Dodsworth*. Seit 1929 war er zudem ein gefragter Hollywood-Akteur.

Zu Beginn der Proben war Huston noch zu Filmarbeiten in Kalifornien. In langen Telefongesprächen zwischen Regisseur Logan und dem Darsteller erläuterte Logan ihm die Rolle und das Stück. Huston vermißte für sich noch einen schönen Song, mit dem der alternde Stuyvesant dem Mädchen Tina vielleicht ein wenig imponieren könnte. Als der Regisseur diesen Wunsch dem Komponisten übermittelte, schickte Weill an Huston ein Telegramm: »welche stimmlage haben sie?« Prompt kabelte der Schauspieler zurück: »habe gar keine stimmlage stop trete heute abend in bing crosby radioshow auf werde ein lied für sie singen«. Daraufhin hörte sich Weill das Programm an und kam am nächsten Morgen mit den Worten: »Lassen Sie uns einen sentimentalen, romantischen Song für ihn schreiben« zu Maxwell Anderson.[303]

So entstand innerhalb weniger Tage der *Septembersong* – für dessen Melodie Weill auf ein Lied aus *Der Kuhhandel* zurückgriff. Ebenso wie die seinerzeit auf Wunsch von Harald Paulsen zusätzlich geschriebene *Moritat von Mackie Messer* zu Weills populärster europäischer Melodie geworden war, erging es nun diesem für Walter Huston geschriebenen Song: Er ist bis heute Weills populärstes Lied in Amerika.

Die Musik zu *Knickerbocker Holiday* besteht aus achtundzwanzig Nummern, darunter eine ganze Anzahl von Songs, von denen vier ausgesprochen

Uraufführung *Knickerbocker Holiday*, 19. Oktober 1938 im Ethel Barrymore Theatre New York. Szenenfoto mit Walter Huston in der Rolle des Peter Stuyvesant

bekannt in Amerika wurden. Neben dem lyrischen *Septembersong* mit seinem Refrain »Oh, it's a long, long while / From May to December. / But the days grow short, / When you reach September« (Weill beginnt ihn in der Melodieführung aufwärts mit einer großen Terz, der sofort eine Quinte nach oben folgt, nach einem Luftholen fällt die Stimme um eine Sekunde nach unten, dies ergibt einen sehr charakteristischen, ins Ohr gehenden Bogen) waren es vor allem das Duett Tina-Brom »It Never was You«, Broms Song »There's Nowhere to Go but Up!« und das Lied Broms, in dem er seine amerikanischen Ideale der Gründerzeit besingt, »How Can You Tell an American?«

Weills Partitur hatte sich weiter dem amerikanischen Stil angenähert, ein junger Musiker beschei-

Einzelausgabe des »Septembersong« nach dem Anlaufen der Verfilmung von *Knickerbocker Holiday* durch United Artists, Sommer 1944. Auf dem Umschlag die beiden Hauptdarsteller Nelson Eddy und Constance Dowling

nigte ihm: »Ich habe noch nie eine so vortreffliche prosodische Kompositionsweise gesehen. Für einen Ausländer ist sie erst recht erstaunlich... ›How Can You Tell an American‹: Ein sehr guter, ein kühner Song... Ich möchte diese Seiten wegen ihrer handwerklichen Qualität Studenten geben. Man müßte eigentlich den ganzen Song beschreiben. Er ist amerikanisch.«[304] Auch Maxwell Anderson schrieb nach Kenntnis der Weillschen Musik an seinen Dramatikerkollegen Elmer Rice: »Weills Musik ist die beste, die ich je für ein Musical Play gehört habe, besser selbst als Sullivan's. Wenn der Text nur halb so gut ist und wir die richtigen Schauspieler haben, so sollte es ein großer Erfolg werden.«[304a]

Die New Yorker Premiere am 19. Oktober 1938 im Ethel Barrymore Theatre wurde Weills erster großer Erfolg am Broadway. Joshua Logan führte Regie, Weills alter Freund Maurice Abravanel (seit 1936 ebenfalls in den USA) dirigierte. Gänzlich ungewöhnlich für die Orchesterpraxis hierzulande war es, daß Kurt Weill selbst die Orchestrierung seiner Musik übernommen hatte und während der musikalischen Proben unerbittlich über die Qualität der Interpretation wachte.

Waren schon die Kritiken bei den Voraufführungen in Boston und Washington positiv, so setzte sich dies in New York fort. So schreibt der Rezensent des »New Yorker« unter der Überschrift »Maxwell Anderson mit Musik«, nachdem er den Witz und die Intelligenz des Textes hervorgehoben hat: »Mit *September Song* und *To Our Ancient Liberties*, so möchte ich sagen, hat Kurt Weill einige der besten Songs des Jahres geschrieben; und auch seine übrige Musik, die er für Mr. Andersons Show geschrieben hat, gefiel mir gut.«[305]

Knickerbocker Holiday brachte es auf eine Serie von 168 Vorstellungen, das bedeutete finanziell zwar kein Riesengeschäft; doch brachte es der »Playwrights' Company« auch keinen Verlust, daß sie erstmalig ein musikalisches Werk aufgeführt hatte.

Unmittelbar nach *Knickerbocker Holiday* begannen Weill und Anderson eine neue Arbeit, *Ulysses Africanus.* Textgrundlage für das Projekt bildete die historische Novelle *Eneas Africanus* von Harry

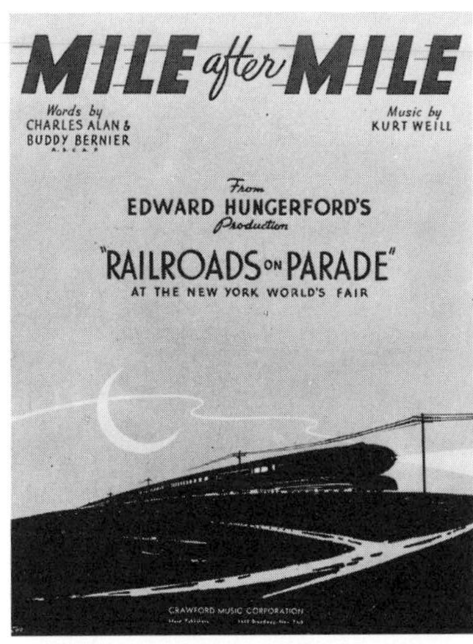

Einzelausgabe des Songs »Mile after Mile« aus *Railroads on Parade*, 1939

Werbezettel für das Eisenbahnspektakel *Railroads on Parade* während der New Yorker Weltausstellung 1939: »Unter Mitwirkung von 250 Männern und Frauen, 50 Pferden sowie 20 alten und neuen Lokomotiven, alle unter Dampf stehend«

Stillwell Edwards, in der die Geschichte eines Negersklaven aus den Südstaaten erzählt wird. Es sollte ein breitangelegtes musikalisches Volksstück werden, unter Einbeziehung der traditionellen Musik der Neger. Die Hauptrolle bot Anderson Paul Robeson an, der jedoch ablehnte. Verschiedene andere Verpflichtungen Andersons führten danach zum Abbruch der Arbeit, das Werk blieb unvollendet.

Zwischen Weill und Anderson hatte sich sehr rasch über die Arbeitskontakte hinaus eine herzliche Freundschaft entwickelt. Oft sahen sich die beiden Familien; als Weill und Lenya im Mai 1941 ihr gemietetes Häuschen in Suffern aufgaben und sich in New City ein eigenes Haus kauften, wurden Anderson und Weill nunmehr auch unmittelbare Nachbarn, was die gegenseitigen Kontakte weiter erleichterte. 1940 schufen die beiden ein gemeinsames Auftragswerk, die Rundfunkkantate *The Ballad of Magna Carta*, die am 4. Februar 1940 von der CBS landesweit ausgestrahlt wurde.

Mit dem Thema der *Magna Carta*, jenes grundlegenden englischen Staatsgesetzes von 1215, in dem

König Johann unter dem Druck der Stände diesen die Bestätigung und Erweiterung ihrer Privilegien zugestehen mußte, wurde jetzt, reichlich fünf Monate nach Ausbruch des faschistischen Krieges in Europa, Amerikas Freiheit gefeiert. Zur Musik sagte Weill: »Es ist eine Ballade im Stil der alten schottischen Volksdichtungen mit Musik, aber zwischen den Versen gibt es Prosapassagen, manchmal gesprochen, manchmal als Rezitativ. Doch auch die gesprochenen Teile sind rhythmisch gesetzt, so daß das Ganze einen einheitlichen Stil besitzt.« [306]

Mit einer anderen Auftragsarbeit war Weill bereits 1939 beschäftigt gewesen. Die New Yorker Weltausstellung öffnete Ende April ihre Pforten. In der Präsentation der USA dominierten die Expositionen der großen Industriezweige des Landes, die die führende Rolle Amerikas in der Weltwirtschaft groß herausstellten. Dabei waren durchaus Raum und Geld vorhanden für künstlerische Experimente wie für spektakuläre Unternehmungen. So schufen u. a. der Regisseur Joseph Losey und der Komponist Hanns Eisler einen neuartigen farbigen Puppentrickfilm *Pete Roleum and his Cousins* für den Pavillon der Ölindustrie. Kurt Weill erhielt den Auftrag für ein musikalisches Werk, das die Lokomotivproduktion und die Leistung der großen Überlandeisenbahnen demonstrieren sollte. Auf einen Text von Edward Hungerford schrieb er daraufhin *Railroads on Parade*, ein sechzigminütiges Freiluftspektakel, in dem sich Chor, Orchester und fünfzehn »mitwirkende« historische Lokomotiven ergänzten. Weill sprach von einer »Zirkusoper«, für die Aufführung zog er Beteiligte von Reinhardts Monumentalaufführung *The Eternal Road* hinzu, den Regieassistenten Charles Alan und den Dirigenten Isaac van Grove. Weill verwendete für seine Komposition zahlreiche Zitate alter amerikanischer Songs aus der Zeit der Kolonisation. Höhepunkt war die Darstellung des Zusammentreffens der Gleisbauer bei Errichtung der ersten transkontinentalen Bahn. »Mr. Weill gibt dem visuellen Geschehen den rechten musikalischen Hintergrund. Wie er das Pfeifen der 15 alten Lokomotiven zum Dialog mit dem Orchester verschmilzt angesichts der Begegnung der ersten Züge aus West und Ost in Nevada – das ist amüsant ausgearbeitet.«[307]

In einem Interview auf den »Gebrauchscharakter« dieser *Railroad*-Musik angesprochen, formulierte Weill den später oft zitierten Satz, der als Programm über seinem ganzen Werk stehen kann: »Ich habe niemals den Unterschied zwischen ›ernster‹ und ›leichter‹ Musik anerkannt. Es gibt nur gute und schlechte Musik.«[308]

Ende 1939 entstanden für zwei Aufführungen der »Playwrights' Company« Bühnenmusiken. Gleichfalls in den Bereich der Gebrauchsmusik einzuordnen, waren diese rein instrumentalen Arbeiten auch freundschaftliche Gesten für seine Kollegen Sidney Howard *(Madam, Will You Walk?)* und Elmer Rice *(Two on an Island)*.

USA II: DER MUSICAL-KOMPONIST

1940–1945

Hatte Kurt Weill 1936 mit *Johnny Johnson* den europäischen Typ des »Stückes mit Musik« auf das amerikanische Theater übertragen, so war *Knickerbocker Holiday* 1938 sein erster Beitrag zur Ausbildung eines eigenständigen Typus von amerikanischem Musiktheater gewesen, das heute als Musical längst Weltgeltung besitzt. Obwohl seine Vorgeschichte ins 19. Jahrhundert zurückreicht, begann die eigentliche Entwicklung erst in den dreißiger Jahren. Weill war an ihr nicht unwesentlich beteiligt, »indem Hitler ihn aus Deutschland vertrieb, hat er unbeabsichtigt dem Broadway einen großen Dienst erwiesen«.[309]

Zum besseren Verständnis der Situation, in die Weills Werke nun »hineingeschrieben« wurden, sei auch hier im groben Raster die Entwicklung skizziert.

»Das amerikanische Musiktheater hat keine Tradition, aber es hat eine wild bewegte und aufregende Vorzeit«, schreibt Joachim Sonderhoff.[310] 1844 wurde in New York »Palmo's Opera House« (mit einem französischen Ballettgastspiel), 1883 das »Metropolitan Opera House« (mit Gounods *Faust*) eröffnet – bis in die dreißiger Jahre des 20. Jahrhunderts jedoch beschränkte sich der Opernbetrieb der USA auf pure, wie Weill schrieb »museale« Reproduktion europäischer Werke und auch Aufführungsstile. Die Oper hatte bis dahin keinerlei Einfluß auf die Entwicklung einer amerikanischen Form von Musiktheater, deren Quellen und Ursprünge vielmehr im Unterhaltungsbetrieb des 19. Jahrhunderts zu suchen sind.

Dieser wurde bestimmt von der »Burlesque«, dem »Vaudeville« (manchmal auch »Variety« genannt) und der »Extravaganza« – drei Mischformen, in denen sich Tanzdarbietungen, derber Humor, Zirkuselemente und Gesang vereinten. *The Black Crook* war 1866 ein erster Serienerfolg, »ein unglaublich lächerliches Melodram, lose aufbauend auf der Faustlegende«.[311] Ende der fünfziger Jahre des 19. Jahrhunderts entstand die »Minstrel Show«, deren Beliebtheit mehr als 50 Jahre anhielt. Ihr Prinzip bestand darin, daß sich weiße Akteure als Neger präsentierten (denen die Bühne zu dieser Zeit noch versperrt war), die Gesichter schwarz gefärbt, mit dick geschminkten Lippen und Perücken – und solchermaßen ihre Witze, Sketchs sowie Gesangs- und Tanznummern vorführten. Da all dies mit dem Dialekt der Südstaaten, oftmals ungeheuer primitiv, vonstatten ging, geriet die »Minstrel Show« zur Diskriminierung der Neger schlechthin.

Das erste Jahrzehnt des 20. Jahrhunderts konstituierte neue Formen. Aus Europa eingewanderte Komponisten (der Ire Victor Herbert, der Tscheche Rudolf Friml) entwickelten mit der »Light Opera« eine amerikanische Form der Operette, George M. Cohan kreierte 1904 mit *Little Johnny Jones* die »Musical Comedy« und Florenz Ziegfeld schuf mit den ab 1907 jährlich produzierten »Follies« jene Form der amerikanischen Revue, die ihre Höhepunkte in den zwanziger Jahren erlebte.

Alle diese Formen musikalischer Unterhaltung – obwohl die Stars ihnen großen Zulauf sicherten, von dem Komiker W. C. Fields bis zu dem Tänzer und Sänger Fred Astaire – aber hatten zwei entscheidende Mängel: Sie bestanden aus lose aneinandergereihten Einzelnummern, es fehlte ihnen eine durchgehende Handlung, ein literarisch ausgearbeitetes Buch; gleichermaßen enthielten sie immer nur ein bis zwei musikalische Zugnummern, die Hits der Show, aber keine durchkomponierte Musik. Brooks Atkinson schreibt über die Jahre zwischen 1910 und 1930: »So stagnierte die übliche ›musical show‹ länger als ein Jahrzehnt. Das Buch für *Lady be Good* 1924 war wertlos, aber Gershwins Titelsong und sein ›Fascinating Rhythm‹ entzückten jung und alt und überlebten die Show bis heute. Keiner erinnert sich mehr an die Show *Gay Divorce* von 1932, aber ebenso wird keiner Cole Porters ›Night and Day‹ daraus vergessen.«[312]

1927 war die eigentliche Geburtsstunde für das neue Genre des Musicals, in den USA »Musical Play« genannt. Der Komponist Jerome Kern und sein Textautor Oscar Hammerstein II hatten einen Roman von Edna Ferber für ihr gleichnamiges Werk *Show Boat* bearbeitet. Zum ersten Mal gab es eine tatsächliche Einheit von Text und Musik, von Buch und Partitur. Die Geschichte vom Leben an Bord eines Mississippi-Dampfers war zudem realistisch und traf den Nerv der Zeit. Doch nach dem Ereignis *Show Boat* folgte unverständliche Stille, der eben populär gewordene Tonfilm lockte als neue Attraktion das Publikum, Hollywood bemächtigte sich der erfolgreichen Songschreiber des Landes. Bis zur Mitte der dreißiger Jahre folgten eigentlich nur noch zwei Werke, die tatsächlich von einer neuen Entwicklung des Genres zeugten: Ende 1931 *Of Thee I Sing* und 1933 *Let 'Em Eat Cake.* Beide stammten von dem gleichen Team: George S. Kaufman (Buch), Ira Gershwin (Liedtexte) und George Gershwin (Musik). Auf dem Höhepunkt der Depression schlugen diese sozialkritischen Musicals beim Publikum wie eine Bombe ein, nicht zuletzt natürlich wegen der großartigen Songs der Brüder Gershwin. Schließlich muß noch Richard Rodgers' *On Your Toes* von 1936 genannt werden, eine rührselige Geschichte aus der Welt des Balletts, die aber mit einer – von Georges Balanchine choreographierten – fast elf Minuten dauernden Tanzeinlage ein Element konstituierte, auf das fortan das Musical nicht mehr verzichten sollte.

So trafen Kurt Weills erste Arbeiten für das amerikanische Musiktheater mitten in jene Phase, da das Musical gerade seinen Weg begonnen hatte. Noch immer standen die alten Formen hoch in der Publikumsgunst (Billy Minsky's Burlesques im »Oriental Theatre« am Broadway, die Tonfilmvariationen der Ziegfeld Follies, übertragen in die dreißiger Jahre mit mehreren Streifen *Broadway Melody of...*). Zu ihren Erneuerern gehörte Weill, eine Tatsache, die in Europa bisher wenig Beachtung fand. Stanley Green schreibt: »Trotz der kurzen Laufzeit von nur vier Monaten muß *Knickerbocker Holiday* als ein wichtiger Meilenstein für die Entwicklung des amerikanischen Theaters betrachtet werden.«[313]

Beginnend mit 1938, haben wir nunmehr von dem amerikanischen Weill zu sprechen und den Stellenwert seiner Werke am Standard ihres Genres innerhalb der amerikanischen Theaterentwicklung zu messen. Die Entscheidung, für das so gänzlich anders als in Europa geartete Musiktheater des Broadway zu arbeiten, für ein Publikum zu schreiben, das andere Erwartungen an ein »Musical Play« stellte als das Publikum in Europa an zeitgenössisches Musiktheater, läßt es von sehr geringem Nutzen erscheinen, die nun entstehenden amerikanischen Werke an seinen europäischen zu messen und umgekehrt. Nach der einmal getroffenen Entscheidung, radikal mit Deutschland zu brechen, wurde Kurt Weill nun ein Komponist Amerikas. Noch einmal Stanley Green: »Es war charakteri-

Die Schöpfer von *Lady in the Dark*, (v. l.) Moss Hart, Weill und Ira Gershwin

stisch für diesen Mann, daß er weder in seiner Arbeit noch in seinem persönlichen Leben jemals zurückblickte. Die Herausforderung der Gegenwart war es, der er sich zuwandte; sei es ein neues Land oder ein neues musikalisches Projekt. Seine Unduldsamkeit gegenüber Selbstmitleid, einhergehend mit totalem Desinteresse gegenüber allem, was nicht mit der unmittelbaren Aufgabe zusammenhing, befähigte ihn, mit nahezu jeder neuen Situation in kürzester Zeit und mit den bestmöglichen Ergebnissen fertig zu werden.«[314] Schon die nächste Arbeit sollte Weill die Bühne des Musicals nunmehr mit einem Paukenschlag betreten lassen.

Ende 1939 lernte er den Dramatiker und Librettisten Moss Hart kennen, einen äußerst erfahrenen Mann des Broadway. Der 1904 in der New Yorker Bronx geborene Hart war 1930 durch die gemeinsam mit George S. Kaufman geschriebene Komödie *Once in a Lifetime*, eine glänzende Satire auf Hollywood, schlagartig berühmt geworden. Seither hatte er sowohl gemeinsam mit Kaufman weitere Stücke, vorwiegend Komödien geschrieben (*You Can't Take It with You* gewann 1937 den Pulitzer-Preis), als auch Libretti für Musical Comedies von Cole Porter (*Jubilee*, 1935) und Richard Rodgers (*I'd Rather Be Right*, 1937, ein Stück um Präsident Roosevelt, den George M. Cohan darstellte).

Moss Hart hatte sich 1939 einer psychoanalytischen Behandlung unterzogen, damals war die von Sigmund Freud begründete Methode nicht nur als ernsthafte Wissenschaft in den USA etabliert, sondern wurde zur ausgesprochenen Mode. Sich analysieren zu lassen, Termine bei »seinem« Psychoanalytiker zu haben, war »in«. Moss Hart wollte darüber ein Stück schreiben, es sollte die Geschichte einer Journalistin bei einem Modejournal werden. Nachdem ihm lange Zeit die Schauspielerin Katharine Cornell für die Hauptrolle vorgeschwebt hatte, änderte Hart sein Konzept. Nunmehr wollte er aus dem Stoff ein Musical für die gefeierte Gertrude Lawrence machen. Die Schauspielerin und Sängerin hatte ihr Debüt am Broadway bereits 1924 gehabt, seitdem war sie in vielen Rollen aufgetreten und hatte gerade 1936/37 in Noel Cowards *Tonight at 8:30* wieder einen Triumph gefeiert.

Als Moss Hart nun Weill fragte (den er bereits um eine Bühnenmusik für das ursprünglich geplante Schauspiel gebeten hatte), ob dieser das Musical komponieren wolle, war Kurt Weill sofort einverstanden. Für die Songtexte wurde Ira Gershwin gewonnen, der seit George Gershwins Tod im Juli 1937 nicht mehr für den Broadway gearbeitet hatte. Auch er sagte zu.

In gemeinsamer Arbeit entstand zwischen Februar und November 1940 das Musical *Lady in the Dark.* »Von Anbeginn war die Musik Bestandteil der Grundstruktur des Werks«, berichtet Moss Hart, »man kann das Stück nicht von der Musik trennen und umgekehrt. Mehr noch, die Musik treibt dramatisch und psychologisch die Story voran.«[315]

Lady in the Dark erzählt die Geschichte von Liza Elliott, Herausgeberin einer Modezeitschrift. Eine Frau Ende dreißig, die sich in einer psychischen Krise befindet. Die erste Szene zeigt Liza beim Psychoanalytiker. Nachdem sie für mehrere Jahre die Geliebte des verheirateten Verlegers war, kommen ihr nun Zweifel an dieser Verbindung. Außerdem plagt es sie, daß sie ihrem Werbemanager einen Brieföffner an den Kopf geworfen hat. Alle diese Ereignisse erlebt sie zu Beginn der Analyse in einem Traum (»Glamour Dream«) noch einmal.

Autograph-Seite von Weills Partitur zu *Lady in the Dark,* »Glamour Dream«

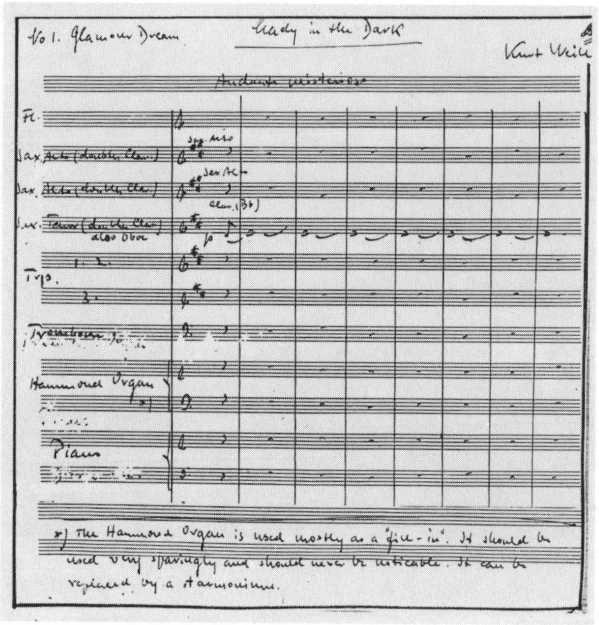

Die nächste Szene zeigt Liza wieder in der Redaktion. Als ihr der Verleger von seiner Scheidungsabsicht berichtet, erlebt Liza erneut einen Traum (»Wedding Dream«). Darin taucht ein Filmstar auf, der sich in Liza verliebt. Der Werbechef legt ihr zur Entscheidung die Konzeption der Osternummer der Zeitschrift vor, die sich ganz mit Zirkus beschäftigt. Wieder hat Liza einen Traum (»Circus Dream«). Die nächste Szene spielt erneut beim Psychoanalytiker, der fast am Ende der Behandlung angekommen ist. Die Befreiung von einer Kindheitsneurose erfolgt in einem vierten und letzten Traum (»Childhood Dream«). Danach verläßt sie gelöst die Praxis und entscheidet sich ihrerseits für den jungen Werbechef, dem sie vor dem Verleger und dem Filmstar den Vorzug gibt. Die beiden beschließen zu heiraten.

Kurt Weills Musik macht die vier Traumszenen zu Höhepunkten. Alle wichtigen Nummern des Stückes sind hier angesiedelt. Hart merkte dazu an: »Was wäre natürlicher, als durch Musik und Songs Träume zu vermitteln, so daß sich die Ebenen von Traum und Wirklichkeit klar voneinander abheben?«[316]

Im ersten Traum von Eleganz und Schönheit wird Liza von zahlreichen Bewunderern in luxuriöser Atmosphäre umworben, sie fährt durch New York bis in einen eleganten Nachtklub. *Oh, Fabulous One* und *Girl of the Moment* sind die musikalischen Hits, der erste von zwölf Männern als Chor der Bewunderer gesungen, auch das zweite Lied ist ein Chor, den ihr Bewunderer darbringen. Der zweite Traum von der Hochzeit bringt zunächst den großartigen Song des Filmstars *This is New* und endet mit einem verwirrenden Durcheinander aus Lizas Erinnerungen *The Princess of Pure Delight*, das sich zu einem Alptraum entwickelt und die Sequenz beschließt. Im dritten Traum vom Zirkus gibt es einige musikalische Glanzpunkte: in dem Song *Tschaikowsky*, den Ira Gershwin schon 1924 (unter dem Titel »The Music Hour«) geschrieben hatte, werden in atemberaubender Schnelligkeit nach dem Vorbild des Gilbert/Sullivanschen »Patter«-Songs die Namen von neunundvierzig russischen Komponisten heruntergespult – und Lizas Lied *The Saga of Jenny*, die Geschichte einer Frau, die sich nicht entscheiden kann, wird zu einem Schlager. In dem vierten Traum von der Kindheit schließlich wird eine Melodie voll ausgeführt, die bisher als musikalische Klammer in allen Traumszenen aufge-

Telegramm von George und Ira Gershwins Mutter Rose zur Premiere von *Lady in the Dark*: »Beste Wünsche für eine lange Laufzeit«

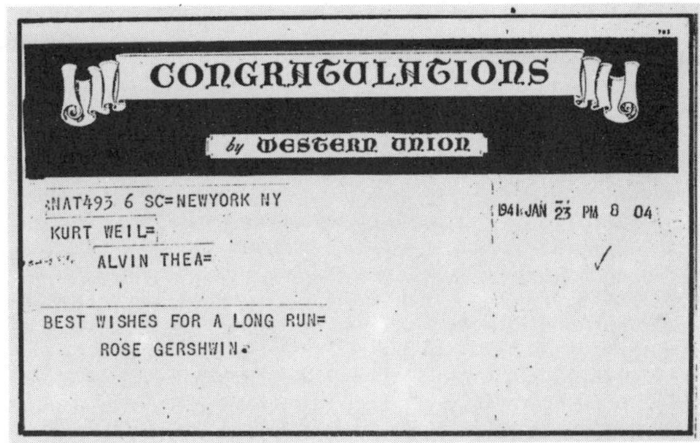
CONGRATULATIONS

by WESTERN UNION

NAT493 6 SC=NEWYORK NY 1941 JAN 23 PM 8 04

KURT WEIL=

ALVIN THEA=

BEST WISHES FOR A LONG RUN=

ROSE GERSHWIN.

taucht ist, von Liza gesummt oder vom Orchester gebracht wurde und nun, da die Kindheitsneurose gelöst wird, ihr zur Gänze wieder einfällt: *My Ship*. Sie hatte es als Kind mit ihrem Vater gesungen. »Mein Schiff hat Segel aus weißer Seide« – im Text schwingt fast die Romantik eines anderen, früheren Schiffes, des »Schiffes mit acht Segeln« aus längst vergangener Berliner Zeit. In der Musik klingt allerdings solche Reminiszenz nicht mehr an. *My Ship* ist die perfekte Broadwaynummer, die Violinen umschmeicheln unisono die Gesangsmelodie, es ist auch musikalisch Glamour. Aber perfekt gemachter, wie man sachlich anerkennen muß. David Drew ist beizupflichten in seiner Bemerkung: »Wenn *Lady in the Dark* äußerlich die am wenigsten persönliche Partitur ist, die Weill bis dahin geschrieben hatte, so kommt sie innerlich einer unbewußten Form von Autobiographie doch sehr nahe. Nach sieben schweren Jahren … war es Weill nun gelungen, aus seiner Musik fast jede Spur seiner musikalischen Herkunft und Erziehung

Uraufführung *Lady in the Dark*, 21. Januar 1941 im Alvin Theatre New York. Szenenfoto »Circus Dream«, links oben auf dem Podest Gertrude Lawrence (Liza Elliott)

zu verbannen... Eine Partitur, die mit prächtiger Kunstfertigkeit aus nichts anderem als den Silikaten der zeitgenössischen Populärmusik geschrieben ist.«[316a]

Lady in the Dark wurde zu einem Riesenerfolg, der Weill auch finanziell vollkommen unabhängig machte. Die Premiere fand am 23. Januar 1941 im Alvin Theatre statt, Regie führte Hassard Short, Maurice Abravanel dirigierte, unter den Darstellern befanden sich Gertrude Lawrence als Liza und der spätere Hollywoodstar Danny Kaye, der mit seiner Interpretation von *Tschaikowsky* zum Publikumsliebling wurde. Die Inszenierung erlebte eine Serie von 467 Vorstellungen und ging danach auf eine ausgedehnte und ebenso erfolgreiche USA-Tournee.

Die Pressereaktionen waren selbst für USA-Verhältnisse überschwenglich. Bereits während der Voraufführungen in Boston wurde *Lady in the Dark* als »neue Sensation des Theaters«, als »Wunderwerk« gefeiert.[317] In New York meldete die Presse: »6 Tage nach der Premiere hat ›die göttliche Gertie‹ einen Vorverkauf in Höhe von 120000 Dollar.«[318] Dies bezog sich auf Gertrude Lawrence, deren Leistung die Kritiker als herausragend bezeichneten. Ausführlich beschäftigte sich Brooks Atkinson mit dem Stück: »Moss Harts Musical Play *Lady in the Dark* nutzt alle Möglichkeiten des Theaters und kommt triumphal über die Rampe. Man beachte den Unterschied zwischen ›Musical Play‹ und ›Musical Comedy‹. Im vorliegenden Falle bedeutet das ein Stück, in dem die Musik spontan aus dem Herzen der dramatischen Handlung erwächst, und die Handlung vorantreibt anstatt sie auszuschmücken. Mr. Hart und seine talentierten Mitarbeiter haben dieses neue Prinzip perfekt durchgeführt. Seinen glitzernden Komödienstil etwas verlassend, hat Mr. Hart eine dramatische Geschichte über die Probleme des menschlichen Lebens geschrieben. Kurt Weill hat sie mit der besten Musik zusammengefügt, die seit Jahren für das Theater geschrieben wurde. Ira Gershwins Liedtexte sind einfach brillant. Harry Horners Bühnenbild gibt der Geschichte einen transzendenten Liebreiz. Und Gertrude Lawrence ist einfach göttlich.«[319]

Acht Monate später besuchte Atkinson erneut eine Vorstellung und schrieb danach »Bemerkungen über das Theaterwunder *Lady in the Dark* – mit speziellem Bezug zu Kurt Weill und Gertrude Lawrence«. Über Weills Musik heißt es: »Im Falle *Lady in the Dark* ist das bindende Element Kurt Weills Musik. Sie schafft nicht nur die Verbindung von der Praxis des Analytikers zu den Traumsequenzen,

Umschlag des Programmhefts der Uraufführung

sondern drückt zugleich die moderne Machart des Stückes aus. Er ist kein einfacher Songschreiber, sondern ein Komponist von organischer Musik, die die unterschiedlichen Elemente eines Stückes ver-

Erstes Weill-Schallplattenalbum in den USA, Frühjahr 1941

bindet und die Handlung in den Song überführt. Er kann eine Partitur ebenso orchestrieren wie komponieren, und in der Tat ist seine frische, vielseitige Orchestration höchst erfreulich ... Mr. Weill ist ein Komponist von Theatermusik im wirklichen Sinne dieses Wortes. Ohne Mr. Weills wunderbar integrierte Musik wäre es schwer, zu jener starken und bildlichen Sprache zu gelangen, die dieses Musical Play von der herkömmlichen Musical Comedy unterscheidet.«[320]

Kurz nach der Premiere erschienen die erfolgreichsten Songs auf fünf Schallplatten, interpretiert von Gertrude Lawrence und Robert Hannon.

Bereits im Mai 1941 erwarb die Paramount Filmrechte an *Lady in the Dark*. United Artists hatte die Rechte für *Knickerbocker Holiday* erworben. Als beide Streifen im Sommer 1943 realisiert wurden, reiste Weill erneut nach Hollywood. Einhergehend mit den nunmehr beträchtlichen finanziellen Einnahmen aber mußte er wieder erleben, wie seine Musik verstümmelt wurde.

Lady in the Dark kam im Februar 1944 in die Kinos, mit Ginger Rogers und Ray Milland in den Hauptrollen. Regie führte Mitchell Leisen, das Drehbuch nach Weill/Harts Stück hatten Frances Goodrich und Albert Hackett geschrieben, die nach dem Krieg mit ihrer Dramatisierung des *Tagebuchs der Anne Frank* weltberühmt wurden. Der Farbfilm wurde zu einem großen Kassenerfolg, aber Weills Musik war durch Bearbeitung oder Streichung arg verstümmelt, von den großen Songs des Stückes fehlte *My Ship* gänzlich, nur die *Saga of Jenny* war korrekt übernommen und von Ginger Rogers gut gesungen worden.

Nicht besser erging es Weill mit der United Artists-Produktion *Knickerbocker Holiday*, die im April 1944 Premiere hatte. Regie führte Harry J. Brown, die Hauptrollen spielten Nelson Eddy, Charles Coburn und Constance Dowling. Die Gesellschaft hatte vier Bearbeiter und Drehbuchautoren für das Stück engagiert und Weills Musik offenbar auch nicht getraut, denn insgesamt fünf Hollywoodkomponisten (unter ihnen auch der Berliner Emigrant Werner R. Heymann) für »zusätzliche musikalische Nummern« nennt die Besetzungsliste. Die künstlerische Qualität des Filmes war niedrig, selbst der *Septembersong* wurde von Charles Coburn schlecht gesungen: »Die Rolle des Stuyvesant war im Original die beste, aber alle Lebendigkeit ist daraus entschwunden; und, traurig aber wahr, Mr. Coburn hat nicht die Stimme für den *Septembersong*, nicht einmal mit Tonverstärker.«[321]

1944 verfilmte die Paramount *Lady in the Dark* mit Ginger Rogers in der Hauptrolle. Werbeblatt zum Film

Lady in the Dark
Starring
GINGER ROGERS ☆ RAY MILLAND
WARNER BAXTER ☆ JON HALL
In Glorious Technicolor
A MITCHELL LEISEN Production
Directed by MITCHELL LEISEN
Associate Producer: RICHARD BLUMENTHAL
A Paramount Picture

Doch zurück in die Zeit nach der Premiere von *Lady in the Dark*. Damals hatte auch Lotte Lenya wieder eine größere Theaterarbeit übernommen. Nachdem das Ehepaar im Sommer 1941 sein neues Haus in New City bezogen und eingerichtet hatte, spielte sie in Maxwell Andersons neuem Stück *Candle in the Wind* und ging damit auf eine ausgedehnte USA-Tournee. Weill war nun nicht nur als Komponist durchgesetzt, sein für Amerika ungewöhnlicher Ruf als eigener Orchestrator brachte zusätzliche Angebote. Im Sommer 1942 fragte der Produzent Russell Lewis, der Offenbachs *Schöne Helena* am Broadway herausbringen wollte, bei Weill an, ob dieser das Werk nicht neu orchestrieren und bearbeiten könnte. Aus Zeitgründen mußte Weill ablehnen, schlug jedoch im Gegenzug für diese Arbeit seinen alten Freund Darius Milhaud vor. Dieser war im Sommer 1940 aus Frankreich emigriert. Bei der Ankunft von Darius und Madeleine Milhaud am 15. Juli 1940 holten Weill und Lenya das Ehepaar am New Yorker Hafen ab. Danach reisten die Milhauds nach Kalifornien, wo der Komponist einen Lehrauftrag am Mills College erhalten hatte. Froh über die Gelegenheit einer zusätzlichen Einnahme, nahm Milhaud den Auftrag an und schrieb an Weill: »Mein lieber Kurt, ich bin sehr erfreut über die Offenbach-Sache und werde diese Orchestration übernehmen. Aber da ich keinerlei Erfahrung mit dem BROADWAY habe – bitte sage mir genau, was sie von mir erwarten.
1. Muß ich die Harmonien ändern, pep hineinbringen?
2. Was für ein Orchester kann ich benutzen? Welche Instrumente?
Gib mir alle nur möglichen Ratschläge.«[322]

Im Januar 1943 wurde die Produktion der *Schönen Helena* mit Milhauds Orchestrierung bereits angekündigt, kam dann aber aus verschiedenen Gründen doch nicht zustande.[323]

Zu dieser Zeit bereitete Kurt Weill bereits sein nächstes Musical vor. Es sollte das alte Galathea-Pygmalion-Thema behandeln und erneut eine »Bombenrolle« für die Hauptdarstellerin enthalten. Am 24. Juli 1942 telegraphierte Weill an Mar-

Weill und Lenya auf der Gartenterrasse ihres Hauses in New City, das sie Ende Mai 1941 bezogen

lene Dietrich in Hollywood: »liebe marlene ich bereite eine wundervolle venus show vor die spewacks werden das buch schreiben und ogden nash der begabteste versschreiber amerikas die songtexte wir bereiten alles fuer eine herbstproduktion mit ihnen als venus vor ihr wie immer kurt weill.«[324]

Doch Marlene sagte nicht zu, auch die vorgesehene Zusammenarbeit mit Sam und Bella Spewack kam nicht zustande. Neuer Textautor wurde J. S. Perelman, zusammen mit ihm und Ogden Nash entstand zwischen Juni und September 1943 *One Touch of Venus.*

Die Story des Stückes ist ebenso alterprobt wie wirkungsvoll:

Die erste Szene führt in das private Museum des Millionärs und Kunstmäzens Whitelaw Savory, der

Kurt Weill mit seinem Bobtail »Wooley« in der Küche des Hauses in New City. Aufnahme von 1942

Arbeit mit Lotte Lenya in New City. Aufnahme von 1942

gerade eine dreitausend Jahre alte Venus-Statue von unschätzbarem Wert erworben hat. Die Statue wird aufgestellt. Wie jeden Tag erscheint der kleine, arme Friseur Rodney Hatch, um Savory zu rasieren. Angesichts der Statue stellt er fest, daß seine Verlobte Gloria Kramer viel attraktiver wirkt als diese Venus. Einen Moment allein im Raum, will er die Probe aufs Exempel machen und untersucht die ausgestreckte Hand der Venus. Ganz in Gedanken an seine Gloria, streift er den eben gekauften Hochzeitsring über einen Finger der Statue. Unter Blitz und Donner erwacht Venus zum Leben. Zu Rodneys Bestürzung erweist sie sich sofort als stark verliebt in ihren Befreier. Doch je mehr sie diesem zusetzt, desto stärker wird Rodneys Verweigerung.

Auf einer Probe zu *One Touch of Venus*, September 1943 im Imperial Theatre New York. Kurt Weill mit den Hauptdarstellern

Schallplattenalbum der Decca, Ende 1943. Auf dem Umschlag die Darstellerin der Venus, Mary Martin

Fassungslos, ihrer Reize nicht mehr sicher, begibt sich die Göttin der Liebe unter die Menschen inmitten einer Einkaufsarkade. Dort arrangiert sie in dem Ballett *Forty Minutes For Lunch* eine romantische Beziehung zwischen einem jungen Mann und einem Mädchen, zum Beweis dafür, daß die Liebe nicht tot ist.

Mittlerweile machen Gloria und ihre Mutter Rodney Vorwürfe, daß er den Hochzeitsring verloren hat. Dieser beklagt in seinem Friseurladen die Situation, als Venus plötzlich erscheint und ihn liebevoll umgarnt. Beide liegen sich in den Armen. Um die Rivalin Gloria auszuschalten, verzaubert Venus sie in einen Lufthauch. Rodney wird des Mordes an Gloria verdächtigt und verhaftet.

Der zweite Akt beginnt damit, daß Venus Rodney zur Flucht aus dem Gefängnis verhilft. Beide verbringen eine unvergeßliche Nacht in einem Hotelzimmer. Im Bett fleht Rodney Venus an, doch Gloria wieder zum Leben zu bringen, damit der Mordverdacht von ihm abfällt. In diesem Moment kommt Gloria voller Wut aus einem Wandschrank herausgepufft; Venus und Rodney verwünschend, verschwindet sie für immer. Danach träumt Rodney von seinem Eheleben mit Venus – natürlich wird sie mit ihm in einem kleinen Häuschen in der Vorstadt wohnen. In dem großen Ballett *Venus In Ozone Heights* ist die Göttin hin und hergerissen zwischen der Alternative als Vorstadthausfrau an der Seite Rodneys und ihrem bisherigen luxuriösen Leben. Am Schluß entscheidet sie sich dafür, zu den Göttern zurückzukehren.

Die Statue ist wieder im Museum aufgestellt, traurig steht Rodney daneben, als ein junges Mädchen den Raum betritt, das der Göttin wie aus dem Gesicht geschnitten ist. Fassungslos schauen sich die beiden an und verlassen dann Hand in Hand das Museum.

Weills glänzend orchestrierte Partitur enthält erneut einige ausgesprochene Hits: den romantischen Song *Westwind; Foolish Heart*, einen Weillschen Walzer mit Broadway-Touch; *That's Him*, jenes Lied, mit dem Venus ihrem Friseur die Liebe eingesteht; und vor allem die Rumba *Speak Low*, die rasch weltweit zu einem Schlager wurde. Mitten in der Musik von 1943 taucht noch einmal das alte

Einzelausgabe des Songs »Speak Low« nach der Verfilmung von *One Touch of Venus* durch die Universal 1945. Auf dem Umschlag die Hauptdarstellerin Ava Gardner

Berliner *Happy End* auf: Drei Männer kommen auf der Suche nach der Statue in den Friseurladen. Zusammen mit Rodney singen sie das Quartett »The Trouble with Women« original die Melodie von »In der Jugend goldnem Schimmer«, einem der Heilsarmeelieder aus *Happy End.* Jetzt aber nicht mehr karikierende Musik, sondern mit vollem Orchestersound gute Broadway-Unterhaltung.

Cheryl Crawford, alte Bekannte aus der Zeit mit dem »Group Theatre« und mittlerweile selbständige Produzentin, brachte *One Touch of Venus* am 7. Oktober 1943 im Imperial Theatre heraus. Regie führte Elia Kazan, es dirigierte wieder Maurice Abravanel, die Hauptrolle der Venus sang und tanzte Mary Martin, für die an diesem Abend eine große Musical-Karriere begann.

Hatte *Lady in the Dark* mit 467 Vorstellungen bereits eine Rekordserie gehabt, so wurde sie nun von *One Touch of Venus* noch übertroffen, das insgesamt 567mal lief. Schon im Dezember 1943 kletterte *Speak Low* auf Platz Nr. 1 der Schlager-Hitliste, Schallplatten und Einzelausgaben der wichtigsten Songs erreichten hohe Auflagen. Schließlich erwarb noch die Universal die Filmrechte und brachte 1948 *One Touch of Venus* (Regie: William A. Seiter) in die Kinos. Der kommerzielle Erfolg der Produktion war erneut außergewöhnlich groß.

Reichlich sechs Monate vor der Premiere von Weills neuem Musical hatte mit *Oklahoma!* von Richard Rodgers und Oscar Hammerstein II einer der ganz großen Würfe des neuen Genres seine Uraufführung erlebt (und sollte es auf insgesamt 2212 Vorstellungen bringen!). Nur zu verständlich, daß die Kritik *One Touch of Venus* daran maß und – im Gegensatz zum Publikumszulauf – Enttäuschung artikulierte. Nachdem er die mit Ausnahme von *Oklahoma!* dürftige Saison am Broadway beschrieben hatte, kam Lewis Nichols zu dem Urteil: »Daß *One Touch Of Venus* die beste Show seit *Oklahoma!* ist, besagt ja noch nicht viel. Der ganze Anfang ist lange nicht so flüssig wie das, was sonst aus Perelmans und Nashs Schreibmaschinen kommt; einiges gerät weder flüssig noch brillant und einige Schauspieler sind wesentlich besser als das Material, mit dem zu arbeiten sie gezwungen sind.«[325]

Dem Komponisten bescheinigt Elliott Carter – nachdem er das Stück mit Weills Berliner Werken verglichen und festgestellt hat, daß »seine soziale Szene zum Schlafzimmer geschrumpft« ist – »Meisterschaft in allen Broadway-Kunstfertigkeiten« und die Fähigkeit, »offenbar mit sicherer Hand einen Erfolg nach dem anderen zu produzieren«.[326]

Ungewöhnlich für amerikanische Verhältnisse war bereits, daß der Komponist seine Werke selbst orchestrierte. Noch ungewöhnlicher war es, daß

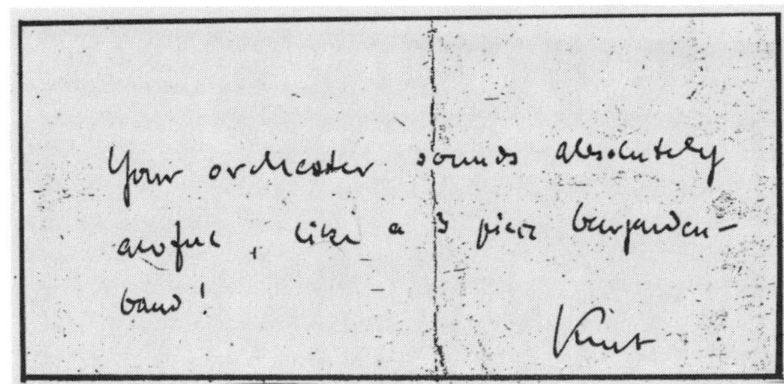

Your orchester sounds absolutely awful, like a 3 piece beergarden-band!
Kurt

Notiz von Kurt Weill, der unerbittlich die Qualität auch vieler Repertoirevorstellungen nach den Premieren überwachte, ca. 1943: »Dein Orchester klingt absolut schrecklich, wie eine 3-Mann-Biergarten-Kapelle!«

Der populäre Musical-Komponist Weill in der Comic-Serie »Casey«. Text unten links: »Ich wette, mein Mann Leo sitzt in einer Eingeborenenbar auf Tahiti, nippt an einem kühlen Drink und singt Kurt-Weill-Songs...«

Weill während der langen Aufführungsserien streng darauf achtete, daß der musikalische Standard nicht nachließ. Ein Berichterstatter hat davon – mit der bereits das Erstaunen ausdrückenden Überschrift »Komponist von *One Touch of Venus* besucht zweimal wöchentlich die Produktion, um sicherzugehen, daß die Qualität nicht nachläßt« – authentisches Zeugnis überliefert. Er begleitete Weill in die Aufführung: »Als Ray Harrison und die Tänzer das *Forty Minutes for Lunch* beendet haben, macht sich Weill eine Notiz. ›Sie haben das Tempo verändert‹, sagt er leise zu mir, ›das muß einen Grund haben. Ich werde ihn herausfinden.‹ Während *Speak Low* schreibt er erneut. ›Die Blechbläser sind zu laut‹, kommentiert er.«[327]

Wie sehr sich Weill der Tatsache bewußt war, daß man eine führende Stellung im harten Geschäft des Musicals nur durch Perfektion erringen und verteidigen konnte, zeigt eines seiner Interviews nach *One Touch of Venus*: »In den vier Wochen, die man dazu braucht, schläft man ungefähr zwei Stunden pro Nacht. Aber es macht Spaß. Erst wenn die Proben losgehen, kann man mit der Instrumentierung anfangen, denn solange man nicht weiß, wer die Sänger sind, weiß man auch nicht, in welcher Tonart jede Nummer stehen muß. Das amerikanische Musical ist ein maßgeschneiderter Job.«[328]

Die nächste Arbeit in diesem Job wurde ein Mißerfolg. Dabei hatte sich Mitte 1944 ein vielversprechendes Team zusammengefunden. Edwin Justus Mayer, erprobter Broadway-Autor, arbeitete sein bereits 1924 aufgeführtes Stück *The Firebrand* zum Libretto um, Ira Gershwin schrieb die Liedtexte. Das neue Musical hieß *Much Ado About Love*, erst nach den Voraufführungen wurde der Titel für die New-Yorker Premiere geändert in *The Firebrand of Florence.* Das Stück behandelt Episoden aus dem Leben Benvenuto Cellinis, des italienischen Bildhauers und Goldschmieds der Spätrenaissance, der um 1550 in Florenz lebte und arbeitete.

Mit großer Sicherheit war es bereits der Stoff,

Uraufführung *The Firebrand of Florence,* 22. März 1945 im Alvin Theatre New York. Szenenfoto mit Lotte Lenya als Herzogin

der den Mißerfolg vorprogrammierte. Angesichts der »Feuerbrände« des zweiten Weltkriegs war Benvenuto Cellini dem Publikum von 1944/45 wohl doch ein zu entlegener Held.

The Firebrand of Florence setzt mit einer Hinrichtungszenerie ein. Auf dem Marktplatz von Florenz soll Benvenuto Cellini gehenkt werden. Da erscheint der Herzog und begnadigt ihn, während er gleichzeitig bei Cellini eine Statue bestellt. Im

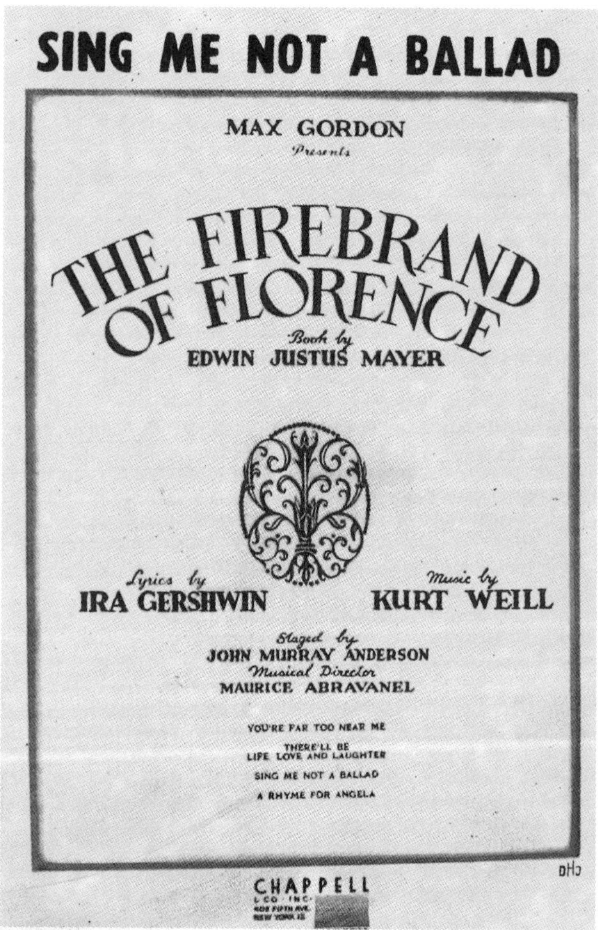

Einzelausgabe des Songs »Sing Me Not a Ballad« 1945

zweiten Teil werden die privaten Kabalen offenbar: Cellini verfolgt Angela, die wiederum vom Herzog geliebt wird. Die Herzogin ist Cellini zugetan. Am Ende lösen sich alle »Feuerbrände« in Wohlgefal-

Während einer Probe zu *Love Life* mit dem Textautor Alan Jay Lerner, September 1948

Uraufführung *Love Life*, 7. Oktober 1948 46th Street Theatre New York. Umschlag des Programmhefts

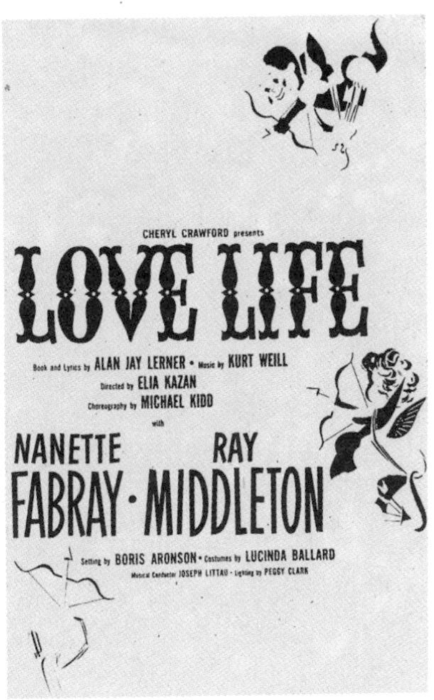

len auf. Von Weills Musik ist lediglich ein Lied bekannt geworden, *Sing Me Not a Ballad*, das Auftrittslied der Herzogin.

Die Premiere fand am 22. März 1945 im Alvin Theatre statt. Regie führte John Murray Anderson, es dirigierte Maurice Abravanel, Lotte Lenya spielte die Herzogin. Den Benvenuto Cellini sang Earl Wrightson. Die Reaktionen verliefen genau umgekehrt wie im Falle *One Touch of Venus*: diesmal befand die Presse das Stück als gut (»Die Stadt hat einen neuen Hit«[329], »Eine von Weills besten Musiken«[330]), doch das Publikum blieb aus. Nach nur 43 Vorstellungen mußte die Produktion abgesetzt werden.

Kurt Weill war sich zu dieser Zeit der Routine, die seine Arbeit erreicht hatte, längst bewußt und suchte intensiv nach neuen Ausdrucksformen eines amerikanischen Musiktheaters. Wir werden darauf zu sprechen kommen.

Noch einmal aber kehrte er zum reinen Musical zurück. Die Anregung dazu kam im Sommer 1948 von der Produzentin Cheryl Crawford. Sie hatte gerade in der Saison 1947/48 ein sehr erfolgreiches Musical des damals noch wenig bekannten Teams Frederick Loewe/Alan Jay Lerner mit dem Titel *Brigadoon* herausgebracht (neun Jahre vor dem späteren Welterfolg *My Fair Lady*). Nun suchte sie ein neues Stück. Eingedenk des Erfolges von *One Touch of Venus* schlug sie Weill vor, doch mit Alan Jay Lerner zusammen eines zu schreiben. So entstand in nur vierwöchiger Arbeit im August 1948 *Love Life.* Die Autoren nannten es »Ein Vaudeville«, das Stück führt amerikanischen Eheallltag aus drei Jahrhunderten vor.

In der Eingangsszene erleben wir das Ehepaar Sam und Susan Cooper als Medien in einer Zaubershow. Der Magier verkündet, daß ihre Ehe eigentlich schon hundert Jahre defekt sei, aber vor hundertfünfzig Jahren noch bestand. Daraufhin führt das erste Bild in das Connecticut von 1791. Die Cooper-Ehe wird im ländlich-sittlichen Idyll vorgeführt. Aber schon sind am Ende die Schatten des wirtschaftlichen Fortschritts zu spüren, der die Idylle zu vernichten droht. Das nächste Bild spielt 1821, Cooper gründet eine Fabrik, nun ist er nicht mehr den ganzen Tag im Schoß der Familie. Im nächsten Bild (1857) ist Sam Eisenbahnkönig, er hat nicht einmal Zeit, ein Kind zu zeugen, das sich seine Frau sehnlich wünscht. 1890 spielt die folgende Szene. Jetzt ist Susan zu beschäftigt für die Liebe, da sie sich der Frauenrechtsbewegung angeschlossen hat. Schließlich endet die Rückschau 1920, beide Coopers sind auf einem Kreuzfahrtdampfer und flirten jeweils mit anderen Partnern.

Der zweite Akt führt die Coopers in einer New Yorker Wohnung des Jahres 1948 vor. Die Ehe ist zerstört, sie beschließen, sich scheiden zu lassen. Das Stück endet mit einer großen Vaudeville-Revue, in der beide nochmals alle Gesichter und Stationen an sich vorüberziehen lassen.

Weills Musik zeigt ein letztes Mal die perfekte Beherrschung des Musical-Standards, erneut werden Hits für die Starparade geboren: *Green-Up Time* und *Here I'll Stay.*

Die Premiere fand am 7. Oktober 1948 im 46th Street Theatre statt. Wie bei *One Touch of Venus* führte Elia Kazan Regie, es dirigierte Joseph Littau. Das Presseecho war überwiegend positiv, mit 252 Vorstellungen wurde die Produktion auch ein kleiner finanzieller Erfolg. Doch Brooks Atkinson brachte die Einwände, nämlich das Stagnieren auf einer längst schon erreichten Position, auf den Punkt: »Gerade weil so anerkannte Köpfe des Showbusiness an dem Stück gearbeitet haben, muß festgestellt werden, daß hier keine Entwicklung mehr stattfindet.«[331]

Auf diesem Feld sah sie auch Kurt Weill nicht mehr. Für ihn war *Love Life* nur noch Durchgangsstation, da er längst auf einem neuen Feld arbeitete, der Broadway Opera.

ZWISCHENSPIEL: WE FIGHT BACK

Mit dem Überfall der Hitlerwehrmacht auf Polen brach am 1. September 1939 in Europa der zweite Weltkrieg aus. Die Roosevelt-Regierung beharrte zunächst bis in das Jahr 1941 hinein auf ihrer Politik des Isolationismus und der Nichteinmischung. Erst nach dem Überfall der Japaner auf Pearl Harbor am 6. Dezember 1941 traten auch die USA in den Krieg ein, 1942 schlossen sie sich mit Großbritannien, der Sowjetunion und weiteren Staaten in der Atlantik-Charta zum gemeinsamen Kampf gegen das faschistische Deutschland zusammen.

In allen Bereichen des Landes vollzog sich eine große Mobilisierungskampagne für den Krieg gegen Hitler. Kurt Weill hat sich an dieser Kampagne mit großem Ernst und soviel Aktivitäten beteiligt, daß es gerechtfertigt erscheint, ihnen ein eigenes Kapitel zu widmen.

Die Entscheidung, mit Deutschland zu brechen und fortan in Amerika seinen neuen künstlerischen Ausdruck zu suchen, hatte sehr bald auch zu dem Entschluß geführt, nicht nur die Staatsbürgerschaft zu beantragen, sondern auch im Denken, Fühlen und in der Sprache Amerikaner zu werden. Seit 1936 begann Weill, englisch zu schreiben und zu sprechen – übrigens auch im persönlichen Zusammenleben und in der Korrespondenz mit Lotte Lenya. In einem Radiointerview bekennt er im März 1941: »Ich bin ein Amerikaner.«[332] Am 27. August 1943 erhielten Weill und Lenya die USA-Staatsbürgerschaft. Als das Magazin »Life« ihn 1947 in einem Artikel als deutschen Komponisten apostrophierte, protestierte er energisch: »Ich muß eine Ihrer Formulierungen generell korrigieren. Obgleich ich in Deutschland geboren bin, bezeichne ich mich nicht als ›deutscher Komponist‹. Die Nazis haben mich eindeutig nicht als solchen bezeichnet, und ich verließ ihr Land 1933 (ein Arrangement, das sowohl ich als auch meine Herrscher als erfreulich ansahen). Ich bin amerikanischer Staatsbürger, während meiner zwölf Jahre in diesem Land habe ich ausschließlich für die amerikanische Bühne komponiert… Ich würde es begrüßen, wenn Sie Ihre Leser auf diese Tatsache hinweisen könnten.«[333]

So war es für Weill nur selbstverständlich, sich zur Verfügung zu stellen, als der Krieg ausbrach. Gemeinsam mit Maxwell Anderson leistete er nahe New City Zivildienst als »Air Warden« bei der Luftbeobachtung. Eine Zeitung brachte das Foto der beiden und schrieb dazu: »Von diesem Turm auf einem Hügel zwischen New City und Haverstraw, New York, lauscht Maxwell Anderson, der Dramatiker, auf feindliche Flugzeuge über High Tor… Zusammen mit dem Komponisten Kurt Weill, seinem Freund und Nachbarn in der 3 Meilen entfernten South Mountain Road, unternimmt er den windigen Aufstieg jede zweite Woche und hält stundenlang Ausschau. Im Dienst trägt Anderson eine Alaskapelzkappe, der kleine kahlköpfige Weill geht barhäuptig. Sie haben kein Flugzeug gehört – nicht einmal ein freundliches.«[334]

Sicher des etwas sarkastischen letzten Satzes wegen hat Brecht in Kalifornien das Foto ausgeschnitten und in sein Arbeitsjournal eingeklebt.

Schon zu einem relativ frühen Zeitpunkt, als im Lande noch der Isolationismus die Oberhand hatte,

Der Maler Arthur Kaufmann bei der Arbeit an dem Triptychon »Geistige Emigration«, New York 1939. Auf der mittleren Tafel erkennen wir vorn Albert Einstein, flankiert von Heinrich und Thomas Mann, daneben Erika und Klaus Mann. Auf der unteren Reihe der rechten Tafel (v. l.) Kurt Weill, Max Reinhardt und dessen Gattin Helene Thimig sowie Ernst Toller

beteiligte sich Weill an Aktionen der Organisation »Fight for Freedom«, die den Eintritt der USA in den Krieg forderte. Am 5. Oktober 1941 fand im New Yorker Madison Square Garden vor über 6000 Menschen eine Großveranstaltung von »Fight for Freedom« statt. Gemeinsam mit den beiden Dramatikern Ben Hecht und Charles MacArthur (die 1928 mit ihrem Stück *The Front Page* berühmt geworden waren) schrieb Weill für diese Gelegenheit das Massenspiel *Fun to Be Free*, das mit großem Erfolg aufgeführt wurde.

Ebenfalls lange vor Kriegseintritt der USA stellte Weill Überlegungen an, wie man die Kräfte der vielen im Lande befindlichen Künstleremigranten vereinen und mobilisieren könnte. Am 17. Juni 1940 schrieb er gleichlautende Briefe an Erika Mann und

AIRCRAFT WARNING SERVICE
U. S. ARMY
OBSERVER IDENTIFICATION
NAME Kurt Weill
STREET South Mountain Rd.
CITY New City STATE N.Y.
The bearer is a civilian Volunteer in the U.S. Army Aircraft Warning Service. This pass must be used only in pursuance of his official duties.
HOLDER MUST SIGN HERE 1037446
46A

Weills Ausweis als »Air Warden«, ein freiwilliger Dienst im Luftwarnsystem der US-Armee

Bruno Frank. Darin hieß es: »Was können wir tun, um Amerika in dem unvermeidbaren bevorstehenden Kampf gegen den Nazismus zu helfen? ... Was können wir tun, um unseren amerikanischen Freunden zu beweisen, daß wir loyale Bürger dieses Landes sind? ... Meine Idee ist es, unverzüglich eine Organisation ins Leben zu rufen, die man etwa ›Allianz loyaler ausländischer Amerikaner‹ nennen könnte und deren Zweck darin bestünde, die Behörden und die öffentliche Meinung dieses Landes davon zu überzeugen, daß wir engagierte Nazigegner sind, daß man bei allen Anstrengungen, die amerikanische Demokratie zu bewahren, auf uns zählen und man uns in jeder Beziehung als zuverlässige amerikanische Bürger ansehen kann.«[335] Sowohl Frank als Erika Mann antworteten umgehend und zustimmend. Zur Gründung einer solchen Organisation ist es nicht gekommen.

Ein weiteres Projekt, das Weill kurz nach dem Kriegseintritt anregte, ist in den Folgejahren teilweise realisiert worden. Am 12. Dezember 1941 schreibt er an den Kurzwellendienst der CBS: »Hier in diesem Land leben jetzt die größten deutschen Dichter und Dramatiker, Komponisten, Mu-

Kurt Weill und Maxwell Anderson (mit Hut) bei Luftbeobachtungen, Frühjahr 1942

siker, Schauspieler und Regisseure. Was ich erreichen möchte, ist, alle diese Talente für eine kulturelle Attacke in Richtung auf das deutsche Volk zu mobilisieren. Wir würden Hörspiele, Aufrufe, Lieder und Sketchs schreiben ... In Wort und Musik würden wir ihnen die Wahrheit über ihre Führer sagen.«[336] Zwar hatte es bei der New Yorker Radiostation WEDV bereits seit 1938 wöchentlich eine deutschsprachige Radiosendung gegeben, in der viele Emigranten zu Wort kamen und die sich ab 1942 »We Fight Back« nannte, doch diese Sendung war für die im Lande lebenden Deutschamerikaner bestimmt. Propagandasendungen über Kurzwelle nach Deutschland wurden erst nach der Gründung des »Office of War Information« (OWI), einer unmittelbar dem Präsidenten unterstellten Koordinierungsstelle für sämtliche Fragen der Kriegspropaganda, eingeführt. Es ist Weill mitzuverdanken,

Umschlag des Klavierauszugs, 1940

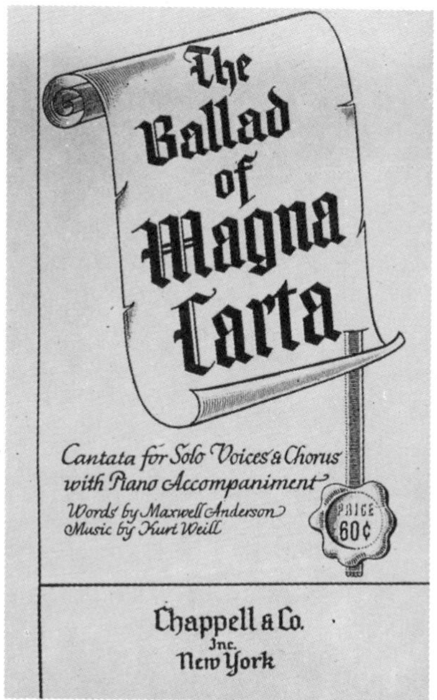

daß neben den Wortbeiträgen auch Belege antifaschistischer Kunst nach Deutschland ausgestrahlt wurden. Lotte Lenya hat 1943 zwei Lieder für Kurzwellensendungen des OWI aufgenommen, nach Texten von Bertolt Brecht, die dieser aus Kalifornien an Weill schickte: *Lied einer deutschen Mutter* (mit der gleichfalls von Brecht übersandten Musik Paul Dessaus) sowie *Und was bekam des Soldaten Weib*. Letzteren Text vertonte Kurt Weill. Später ging er mit Hanns Eislers Musik in das Stück *Schwejk im zweiten Weltkrieg* ein. Der Vergleich der Eisler/Weill-Vertonungen zeigt, welche Spannweite des Ausdrucks »epische Musik« – denn um sie handelt es sich in beiden Fällen – haben kann. Dies trifft ebenso zu auf Weills Komposition von *Nannas Lied,* das ihm Brecht schon 1939 geschickt hatte (und das in Eislers Vertonung Bestandteil des Stücks *Die Rundköpfe und die Spitzköpfe* ist). 1944 sang Lotte Lenya ein weiteres Lied für Kurzwellensendungen, das Weill nach einem Text von Walter Mehring geschrieben hatte, *Wie lange noch?*

Die Schellackplatten des OWI wurden nicht nur von den USA aus nach Europa ausgestrahlt, sie fanden auch Verwendung bei den Programmen der operativen amerikanischen Frontsender in Europa. In einem Brief des OWI an Weill heißt es dazu 1944: »Wir möchten Ihnen und Ihrer Frau unseren tiefempfundenen Dank für die Aufnahme des Lieds *Wie lange noch?* aussprechen. Die Platten, die einen wichtigen Platz in unserer psychologischen Kriegführung einnehmen, sind jetzt fertiggestellt und verschickt worden; wenn diese Nachricht Sie erreicht, werden sie an ihren endgültigen Bestimmungsorten angekommen sein. Wir hoffen, daß in nicht zu ferner Zukunft es uns möglich sein wird, Ihnen genauer zu sagen, wie Ihr Lied in unserem War Effort eingesetzt wurde.«[336a]

Unter den Bedingungen des antifaschistischen Kampfes kamen Weill und Brecht sich jetzt wieder etwas näher. Im Oktober 1942 hatten sich Brecht, Weill und Lenya gelegentlich eines Aufenthalts in Hollywood das erste Mal seit 1935 wiedergesehen. Dabei muß Lotte Lenya Weills Komposition von *Nannas Lied* gesungen haben, denn kurz darauf schickte Brecht einen neuen Text an Weill (*In Sturmesnacht*, Weill hat ihn nicht komponiert, er liegt mit Eislers Musik vor) und notierte handschriftlich dazu: »ich denke natürlich dabei an lenyas wirklich unvergeßliche wiedergabe von ›wo sind die thränen von gestern abend‹.«[337]

Am 3. April 1943 traten Lotte Lenya und Kurt Weill im Rahmen eines großen antifaschistischen

Programmzettel der antifaschistischen Manifestation *We Fight Back* am 3. April 1943 im New Yorker Hunter College

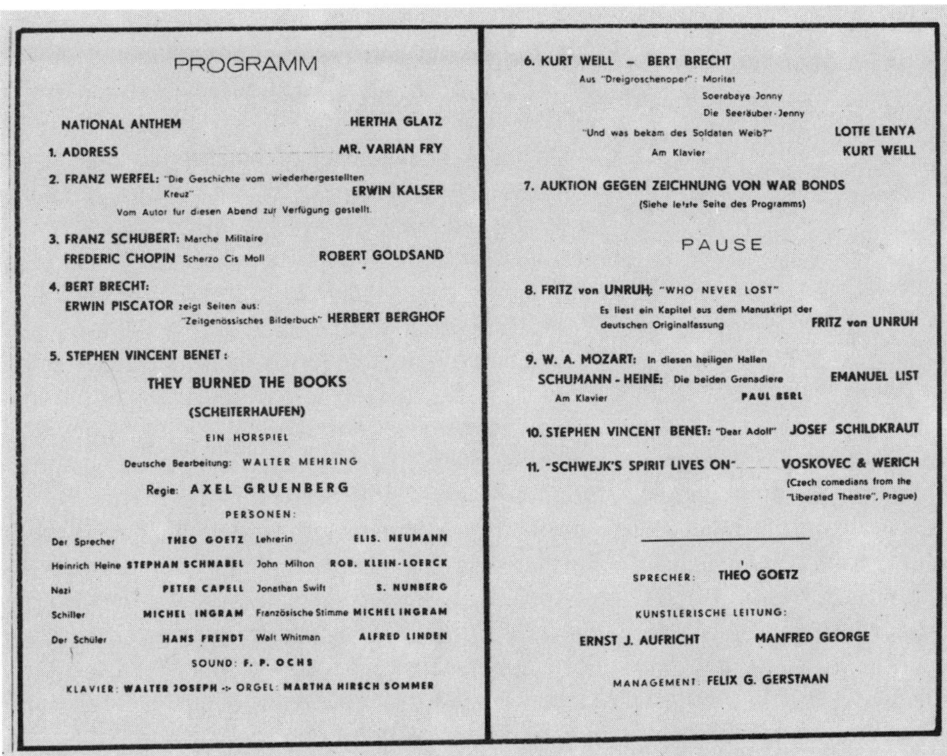

PROGRAMM

NATIONAL ANTHEM — HERTHA GLATZ

1. ADDRESS — MR. VARIAN FRY

2. FRANZ WERFEL: "Die Geschichte vom wiederhergestellten Kreuz" — ERWIN KALSER
   Vom Autor fur diesen Abend zur Verfügung gestellt.

3. FRANZ SCHUBERT: Marche Militaire
   FREDERIC CHOPIN Scherzo Cis Moll — ROBERT GOLDSAND

4. BERT BRECHT:
   ERWIN PISCATOR zeigt Seiten aus: "Zeitgenössisches Bilderbuch" — HERBERT BERGHOF

5. STEPHEN VINCENT BENET:

THEY BURNED THE BOOKS

(SCHEITERHAUFEN)

EIN HÖRSPIEL

Deutsche Bearbeitung: WALTER MEHRING

Regie: AXEL GRUENBERG

PERSONEN:

Der Sprecher	THEO GOETZ	Lehrerin	ELIS. NEUMANN
Heinrich Heine	STEPHAN SCHNABEL	John Milton	ROB. KLEIN-LOERCK
Nazi	PETER CAPELL	Jonathan Swift	S. NUNBERG
Schiller	MICHEL INGRAM	Französische Stimme	MICHEL INGRAM
Der Schüler	HANS FRENDT	Walt Whitman	ALFRED LINDEN

SOUND: F. P. OCHS

KLAVIER: WALTER JOSEPH -:- ORGEL: MARTHA HIRSCH SOMMER

6. KURT WEILL – BERT BRECHT
   Aus "Dreigroschenoper": Moritat
   Soerabaya Jonny
   Die Seeräuber-Jenny
   "Und was bekam des Soldaten Weib?" — LOTTE LENYA
   Am Klavier — KURT WEILL

7. AUKTION GEGEN ZEICHNUNG VON WAR BONDS
   (Siehe letzte Seite des Programms)

PAUSE

8. FRITZ von UNRUH: "WHO NEVER LOST"
   Es liest ein Kapitel aus dem Manuskript der deutschen Originalfassung — FRITZ von UNRUH

9. W. A. MOZART: In diesen heiligen Hallen
   SCHUMANN - HEINE: Die beiden Grenadiere — EMANUEL LIST
   Am Klavier — PAUL BERL

10. STEPHEN VINCENT BENET: "Dear Adolf" — JOSEF SCHILDKRAUT

11. "SCHWEJK'S SPIRIT LIVES ON" — VOSKOVEC & WERICH
    (Czech comedians from the "Liberated Theatre", Prague)

SPRECHER: THEO GOETZ

KUNSTLERISCHE LEITUNG:

ERNST J. AUFRICHT — MANFRED GEORGE

MANAGEMENT: FELIX G. GERSTMAN

Abends im New Yorker Hunter College auf, den Manfred George und Ernst Josef Aufricht anläßlich des zehnten Jahrestages der faschistischen Bücherverbrennung unter dem programmatischen Titel *We Fight Back* veranstalteten. Innerhalb des vierstündigen Programms traten unter anderem der Schriftsteller Fritz von Unruh und die Schauspieler Erwin Kalser und Joseph Schildkraut auf. Lotte Lenya sang, begleitet von Kurt Weill, drei Songs aus der *Dreigroschenoper* sowie *Und was bekam des Soldaten Weib*. Kurz darauf, im Mai 1943, kam Brecht für eine Woche gemeinsamer Arbeit nach New City. Angeregt durch Aufricht, dessen Aktivität auch in den USA nie erlahmte, sollte Weill eine Musik zu Brechts *Schwejk*-Stück schreiben. Brecht selbst bat ihn um eine Musik zu *Der gute Mensch von Sezuan*. Doch beide Projekte kamen nicht zum Tragen, zu unterschiedlich waren mittlerweile die

Umschlag der Plattenkassette, 1943

künstlerischen Auffassungen. Brechts Bewunderung für Lotte Lenya allerdings war unverändert. Im Sommer 1943 nahm sie – wiederum mit Weill am Klavier – eine Kassette mit drei Schallplatten bei der Firma Bost auf. Enthalten waren sechs Weill-Songs; zwei alte Berliner Erfolge, zwei Lieder seiner französischen Zeit und zwei Songs aus dem unvollendeten *Ulysses Africanus.* Brecht kaufte in Kalifornien die Platten sofort und schrieb in einem Brief an Weill: »Grüßen Sie Lenya, ihre französische Platte spiele ich dauernd zur Aufmunterung. (Lenya hat sich unglaublich entwickelt!)«[338]

Noch intensiver als die antifaschistische Arbeit mit Zielrichtung Deutschland waren Weills Aktivitäten innerhalb der Mobilisierungskampagne der USA.

1942 erarbeitete er mit der berühmten Schauspielerin Helen Hayes zwei Schallplatten mit patriotischen Melodramen. »Ich nahm den Text von *America, The Star Spangled Banner* und *Battle-hymn of the Republic* und schrieb Musikfassungen, die auf den Originalmelodien basieren, aber die Worte für Helens Vortrag dramatisieren. Auf die vierte Seite nahmen wir einen meiner Walt Whitman-Songs *(Beat! Beat! Drums!)*, den Helen im Rhythmus der Musik sprach.«[339]

Zur gleichen Zeit entstanden eine Musik zu Maxwell Andersons Radiosendung *Our Navy* sowie das Lied *Song of the Free* nach einem Text von Archibald MacLeish.

Da das OWI alle Bereiche künstlerischer Produktion in die Mobilisierung der Bevölkerung einbezog, wurden auch die Theaterleute des Broadway verpflichtet, für die Belegschaften der großen Rüstungsbetriebe in New York und Umgebung spezielle Programme zu gestalten. Weill arbeitete 1942/43 an einem solchen Projekt mit, den »Lunch Hour Follies«. Gemeinsam mit Moss Hart und anderen Künstlern entstanden kleine Showprogramme, die zur Lunchzeit in den Betrieben aufgeführt wurden. Darin befanden sich neben reiner Unterhaltung Sketchs und Lieder, die in satirischer Form die Nazis aufs Korn nahmen. Zunächst vor Arbeitern der großen Brooklyner Werften aufgeführt, trat die Truppe bald im ganzen Staat New York auf. Dazu Weill: »Die Arbeiter hatten eine kleine Freilichtbühne... aufgebaut. Hintergrund war ein ›Victory‹-Schiff, das gerade zum Stapellauf bereit lag. Es war einer der aufregendsten Momente meines Theaterlebens, als um Mittag, auf den Klang der Fabrikpfeife, etwa 1400 Männer auf den Platz strömten und unsere Aufführung ansahen, wobei sie ihr Lunch aßen... Es gibt wahrscheinlich wichtigere und bestimmt spektakulärere Aufgaben in diesem Krieg, aber wir haben den Eindruck, daß wir [hier] auf unsere eigene Weise unseren Beitrag leisten.«[340]

Weill hat für das Projekt mindestens acht Songs komponiert, nach Texten von Maxwell Anderson,

Umschlag einer Werbebroschüre der »Lunch Hour Follies«. Die verwendeten Fotos vermitteln einen Eindruck von der Präsentation der antifaschistischen Unterhaltungsprogramme vor den Werftarbeitern

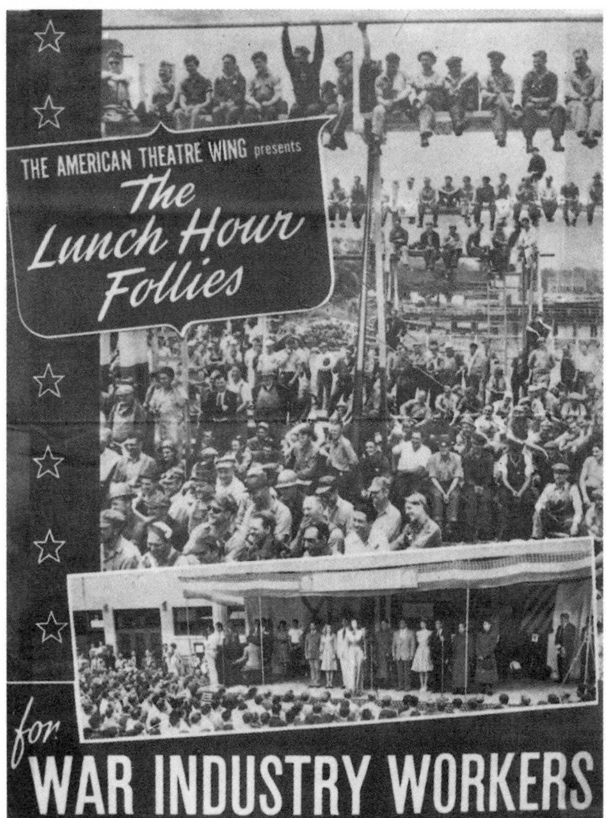

Oscar Hammerstein II und anderen. Darunter findet sich auch eine bissige Persiflage auf Hitler mit dem Titel *Schickelgruber* (Text: Howard Dietz).

Als im Rahmen der Antihitlerkoalition in den USA eine große Aktion anlief, um Geld für militärische Ausrüstungen aufzubringen, die die USA der Sowjetunion zur Unterstützung ihres Kampfes gegen die deutsche Invasion lieferte, schrieben I. P. McEvoy und Weill im August 1942 den Song *Russian War Relief*, mit der wiederkehrenden Refrainzeile »Russia needs a helping hand«.[341]

Ein zweites Massenspiel entstand gemeinsam mit Ben Hecht 1943 unter dem Titel *We Will Never Die* als flammende Anklage gegen den von den Nazis betriebenen Holocaust des jüdischen Volkes.

Es wurde am 9. März 1943 im New Yorker Madison Square Garden vor zwanzigtausend Menschen uraufgeführt; Moss Hart führte Regie, Edward G. Robinson und Paul Muni, zwei der damals populärsten amerikanischen Filmschauspieler, waren an dem Unternehmen beteiligt. Musikalisch führt Weill hier fort, was er bereits 1935/36 mit *The Eternal Road* begonnen hatte – die Integration jüdischer Volksmusik in die Partitur, große Chor- und Soloszenen im Wechsel mit gespielten und rein erzählenden Passagen. Vorgeführt wird in vier großen Teilen zunächst die jahrhundertealte Geschichte des jüdischen Volkes (*The Roll Call*), danach der heldenhafte Kampf jüdischer Soldaten an den verschiedenen Fronten des Weltkriegs (*The Jew in War*) das Memento des Aufstands im Warschauer Ghetto (*The Battle of Warsaw*), und abschließend erscheinen in Gruppen die Opfer der Ghettos und Konzentrationslager (*Remember Us*). Der Abend war ein solcher Erfolg, daß spontan am nächsten Tag eine Wiederholung angesetzt werden mußte, die wiederum ausverkauft war. Es folgten Aufführungen in zum Teil veränderter Besetzung in Washington, Philadelphia, Chicago, Boston und Hollywood. Dort erlebten im Mai 1943 in der Hollywood Bowl, der größten Freilichtbühne der USA, über 20000 Menschen das Werk. Zahlreiche landesweite wie lokale Rundfunksender übertrugen die Aufführungen; die Feststellung ist nicht übertrieben, daß mit *We Will Never Die* die Tragödie des Holocaust 1943 USA-weit ins Bewußtsein vieler Zehntausender Amerikaner gelangte.

Uraufführung des Massenspiels *We Will Never Die,* 9. März 1943 im Madison Square Garden New York. Szenenfoto

Schließlich war Kurt Weill – nach dem mißlungenen Projekt *Blockade* von 1937 – auch mit zwei Filmkompositionen an Hollywoods Anti-Nazi-Produktion der vierziger Jahre beteiligt. Auch hier wurden sämtliche Filmgenres in die Propaganda einbezogen, der Musikfilm machte keine Ausnahme.

Gemeinsam mit Ira Gershwin (Liedtexte) schrieb Weill Anfang 1944 die Musik zu dem Film *Where Do We Go From Here?* (Regie: Gregory Ratoff). Es ist der einzige Spielfilm, in dem Weill seine Vorstellungen vom musikalischen Film tatsächlich realisieren konnte, allerdings zu einem denkbar schwachen Buch. Die Fabel des Films ist etwas verwirrend: Bill Morgan wird bei der Musterung für die US-Army

Einzelausgabe des »Song of the Rhineland« aus dem Film *Where Do We Go From Here?*, 1945

Erste deutsche Nachkriegsaufführung eines Weill-Stückes. *Die Dreigroschenoper* im Hebbel-Theater Berlin (Premiere am 15. August 1945, Regie: Karlheinz Martin, Macheath: Hubert von Meyerinck)

für frontuntauglich erklärt. Er muß Dienst in einer Armeekantine leisten und wünscht nichts sehnlicher, als gegen die Nazis kämpfen zu können. In einer alten Lampe erscheint ein Geist, der Bill drei Wünsche zugesteht. Bill hat nur den einen, zur Army zu kommen. Der alte Geist aber verwechselt das Jahrhundert, Bill findet sich in der Armee George Washingtons. Als dies ausgestanden ist, gelangt er immer noch nicht zur Army, sondern findet sich unter der Besatzung von Christoph Kolumbus' Schiff, er entdeckt mit Kolumbus Amerika, kauft von einem Indianer Manhattan und erlebt die Gründung von Neu Amsterdam. Endlich bringt ihn dann der Geist mit einem fliegenden Teppich zur US-Army des Jahres 1944 und Bill erlebt die Eröffnung der zweiten Front in Europa.

Weill und Gershwin hatten musikalisch freie Hand, sie schufen – vor allem für die beiden historischen Sequenzen – eine ganze Reihe gelungener Lieder und Songs, darunter in der Kolumbus-Szene *The Nina, The Pinta, The Santa Maria*, in der Washington-Szene den makabren *Song of the Rhineland* (makaber deshalb, weil hier hessische, nach Amerika gezwungene Rekruten vorgeführt werden, wie sie in fröhlichster Laune ein Juxlied auf das deutsche Rheinland singen) und in der abschließenden Szene, in der Bill endlich, und natürlich begleitet von einem Mädchen, in den zweiten Weltkrieg zieht, das Liebeslied *If Love Remains*, das damals recht populär wurde, als der Film Anfang 1945 in den Kinos lief, ebenso wie der zündende Titel- und Schlußsong *Morale*. *Where Do We Go From Here?* muß insgesamt zu den wenig gelungenen Beiträgen der Anti-Nazi-Filme gerechnet werden.

Weills Musik hatte an diesem Mißerfolg keine Schuld, sie ist das einzige, was heute von dem Streifen geblieben ist.

Namhafte Hollywood-Regisseure, wie z. B. Frank Capra und John Ford, arbeiteten damals auch auf dem Gebiet des Dokumentarfilms, der sowohl die eigene Bevölkerung über den Kriegsverlauf informierte, als – zunehmend ab 1944 – für den Einsatz im befreiten Europa produziert wurde. Hier konnte Kurt Weill im April und Mai 1944 eine Zusammenarbeit realisieren, die er schon 1933 in Paris angestrebt hatte. Jean Renoir drehte nach einem Script von Maxwell Anderson den Semidokumentarfilm *Salute to France*. Drei alliierte Soldaten – ein Amerikaner, ein Brite, ein Franzose – berichten vom Kampf um die Befreiung Frankreichs. Dabei wechseln Spielszenen mit Dokumentarsequenzen des Krieges. Weills Musik enthält neben instrumentalen Passagen auch einige Bearbeitungen französischer Lieder, darunter des bekannten *Chant de Libération*.

Als der Film abgedreht war, hatte die Rote Armee dem Krieg bereits die entscheidende Wende gegeben. Vier Wochen später, im Juni 1944, eröffneten die USA mit der lange verzögerten Landung ihrer Truppen in der Normandie die zweite Front. Das Ende Hitlerdeutschlands war nur noch eine Frage von wenigen Monaten. Wenige Tage vor der Kapitulation schrieb Weill an seine Eltern in Palästina: »Ich glaube nicht, daß jemals in der Geschichte der Menschheit eine Nation eine so furchtbare Niederlage erlitten hat wie Deutschland – und daß niemals vorher ein Volk eine Demütigung so verdient hat wie diese Barbaren, die es sich angemaßt haben, alles Gute und Anständige zerstören zu dürfen, was der Mensch durch Jahrtausende aufgebaut hat.«[342]

Kurt Weill als Vansittardist? Damit wäre dieses Briefzitat nicht richtig interpretiert. Besser wohl: auch zwölf Jahre nach seiner Vertreibung noch immer der bis in sein Innerstes getroffene sensible jüdische Mensch und Künstler, der sich selbst längst neu eingeordnet hat, nämlich als »ausländischer Amerikaner«. Insofern entzieht sich Weill auch allen Gruppierungen und Strömungen des Exils in den USA.

USA III: BROADWAY OPERA

1945–1950

Zwei Jahre, nachdem Kurt Weill in New York angekommen war, druckte die angesehene Zeitschrift »Modern Music« einen längeren Aufsatz von ihm, mit dem Titel *Oper in Amerika.* Darin schreibt Weill: »Die Entwicklung der Oper in Europa, die nach dem Kriege einen großen Aufschwung genommen hatte, befindet sich seit einigen Jahren in einem Zustand vollkommener Stagnation. Es hat mich daher, als ich vor etwa 20 Monaten nach Amerika kam, lebhaft interessiert, die Situation des amerikanischen Theaters kennenzulernen und durch praktische Arbeit zu erfahren, ob ähnliche Bewegungen, wie wir sie in Europa hatten, in diesem Lande existieren, und welche Möglichkeiten bestehen, die in Europa gesammelten Erfahrungen hier zu verwerten.

Es trifft für Amerika in viel stärkerem Maße zu, was wir seit Jahren erkannt hatten: daß wir den Begriff ›Oper‹ nicht mehr in dem engen Sinne des Wortes auffassen dürfen, der sich während des neunzehnten Jahrhunderts ausgebildet hatte. Wenn wir an Stelle des Wortes ›Oper‹ den Begriff ›musikalisches Theater‹ einführen, so erkennen wir viel deutlicher die Entwicklungsmöglichkeiten in einem Lande, das nicht mit einer Operntradition belastet ist und daher ein offenes Feld für den Aufbau einer neuen Form bietet.«[343]

Zur gleichen Zeit wie Weill beschäftigte sich auch eine Reihe amerikanischer Komponisten mit dem Problem einer »amerikanischen Oper«. Auch sie hatten die Anregungen dafür in den zwanziger Jahren in Europa empfangen: George Antheil während seines Aufenthalts in Berlin 1921 bis 1923 und danach in Paris 1923 bis 1933; Marc Blitzstein während seines Studiums bei Schönberg in Berlin 1927 und Virgil Thomson ab 1925 in Paris. In den USA waren sie mit ihren Bestrebungen Außenseiter. Virgil Thomson beschreibt rückblickend die Opernszene seines Landes: »Fortschritte in Richtung auf eine amerikanische Oper wurden jahrzehntelang durch ein uraltes Vorurteil des Theaters verhindert, das in puritanischem Konservatismus bestand. Eines der ältesten Opernhäuser Amerikas hieß beziehungsreich ›Boston Museum‹, ein anderes ›Howard Street Athenaeum‹. Bereits um 1900 hatte Thomas Whitney Surette, äußerst einflußreicher Musikerzieher, die Oper als Sünde gebrandmarkt. Schüchterne Versuche amerikanischer Komponisten, das heilige Feld zu betreten, wurden entweder gar nicht aufgeführt oder von den Sängern sabotiert, die nie gelernt hatten, englisch zu singen… Nach solcher Vorgeschichte wunderte es wohl keinen, daß nur wenige Komponisten ihre Zeit mit der Oper verschwendeten.«[344]

So fanden denn auch die wenigen tatsächlichen Experimente in den dreißiger Jahren abseits der Opernhäuser statt, produziert von progressiven Theaterleuten oder im Rahmen des »Federal Theatre Project«. 1934 wurden George Antheils *Helen Retires* und Virgil Thomsons *Four Saints in Three Acts* aufgeführt, 1937 Marc Blitzsteins *The Cradle Will Rock*, alle ohne nennenswerten Publikumserfolg. Auch George Gershwins *Porgy and Bess* erlebte nach seiner Uraufführung am Broadway 1935 nur ganze 124 Vorstellungen.

Kurt Weill beobachtete all dies mit wachem Sinn.

Während er noch seine Erfolgsmusicals für den Broadway schrieb, beschäftigte ihn in den vierziger Jahren zunehmend die Frage, wie man die von ihm angestrebte neue Form musikalischen Theaters unabhängig von den Opernhäusern (die aller Neuerung verschlossen waren) und einer avancierten Szene des Experiments (die kaum Publikumswirkung erreichte) dennoch realisieren konnte. Er sah eine Lösung nur darin, daß man die neue Form der Oper mit dem Broadway verbinden müsse. Gleichermaßen wichtig schien es ihm, amerikanische Stoffe auf die Bühne zu bringen und aus dem reichen Fundus der amerikanischen Volksmusiktradition zu schöpfen. Das erfolgreiche Revival von *Porgy and Bess* ab 1942 am Broadway, mit einer Serie von 400 Aufführungen, bestärkte Weill in seiner Meinung. Er hat sie 1947 in dem Aufsatz »Der Broadway und das Musiktheater« formuliert: »Ich bin schon seit langem der Meinung gewesen, daß die Bühne des Broadway ein wichtiger Ausgangspunkt für den amerikanischen Komponisten werden kann, vielleicht sogar der Geburtsort eines eigenständigen amerikanischen ›Musiktheaters‹, oder, wenn Sie so wollen, einer amerikanischen Oper … Ich konnte niemals einen Grund dafür sehen, warum der ›gestandene‹ (um nicht zu sagen ›ernste‹) Komponist nicht in der Lage sein sollte, mit seiner Musik auf alle erreichbaren Märkte zu gelangen, und ich habe immer daran geglaubt, daß die Oper ein Teil des lebendigen Theaters unserer Zeit sein sollte. Der Broadway ist heute eines der größten Theaterzentren der Welt. Er besitzt alle technischen und intellektuellen Vorausetzungen für ein ernsthaftes Musiktheater.«[345]

1945 beschäftigte ihn zusätzlich der Gedanke, über das Medium Rundfunk breite Wirkung für einen neuen Typ von Oper zu erreichen. Er dachte an den Typ der alten englischen »Ballad Opera« des John Gay, nunmehr verbunden mit amerikanischen Volksliedern und Balladen. Weills Bekanntschaft mit zahlreichen Rundfunkleuten aus der Zeit der OWI-Programme führte dazu, daß er den Auftrag zu einer Kurzoper erhielt. Gemeinsam mit dem jungen Dramatiker Arnold Sundgaard entstand zwischen August und November 1945 die Radiooper *Down in the Valley*, die Ende 1945 aufgenommen wurde. Danach schrieb Weill dem Produzenten: »Für unser Radioprogramm haben wir einen neuen Weg gefunden, den Folksong zum tragenden Element einer amerikanischen Kunstform zu machen. Wir entschieden uns, den Song selbst zu dramatisieren, die alte amerikanische Sitte des Geschichtenerzählens auszubauen und den Folksong in seiner natürlichsten Umgebung zu präsentieren: in Szenen aus dem amerikanischen Leben … Was könnte ein natürlicheres Medium für die Präsentation dieser modernen ›Ballad Operas‹ sein als das Radio? … Die Verbindung der drei Elemente Musik – Drama – Radio, die wir in unserem Programm gefunden haben, ist das, was wir im Showbusiness eine ›natürliche‹ nennen.«[346]

Aus verschiedenen Gründen kam es nicht zur Sendung der Oper, Weills ganzes Projekt der Radio-Opern konnte nicht fortgeführt werden. Auch jene erste Fassung von *Down in the Valley* ist niemals gesendet worden.

Zur gleichen Zeit, als das Rundfunkprojekt sich zerschlug, begann im Januar 1946 die Arbeit an Weills erstem Theaterplan, der nunmehr die Idee einer Broadway-Oper in die Tat umsetzen sollte. Ausgangspunkt dafür war wieder, wie im Falle *Knickerbocker Holiday*, die »Playwrights' Company«, mit der Weill während der vergangenen Jahre über Maxwell Anderson die Verbindung aufrecht erhalten hatte. Als geeignete Vorlage schwebte Weill schon seit langem das erfolgreiche Stück *Street Scene* von Elmer Rice vor. 1929 in New York uraufgeführt, hatte es noch im gleichen Jahr den Pulit-

Die Schöpfer der Broadway-Oper *Street Scene.* Von links Kurt Weill, Elmer Rice und Langston Hughes

Szenenfoto von der Berliner Aufführung des Elmer-Rice-Stückes *Street Scene* (unter dem Titel *Die Straße* im Berliner Theater, Premiere 24. Januar 1930, Regie: Heinz Hilpert, mit Albert und Else Bassermann als Ehepaar Maurrant, und Grete Mosheim als Rose). Weill hatte diese Inszenierung gesehen und starke Erinnerungen daran bewahrt

zer-Preis gewonnen und war sofort in mehrere Sprachen übersetzt worden. Weill hatte das Stück 1930 in Berlin gesehen (in Hans Reisigers Übertragung mit dem Titel *Die Straße* und mit einem prominenten Darstellerensemble, u. a. Albert und Else Bassermann sowie Grete Mosheim) und war bereits damals beeindruckt gewesen. Schon 1936, bei der ersten Begegnung mit Rice während einer Probe zu *Johnny Johnson*, hatte Weill den Dramatiker um die Genehmigung für eine musikalische Bearbeitung des Stückes gebeten, damals meinte Rice (der schon mehrere Anfragen von Komponisten erhalten hatte), es sei noch zu früh dafür.[347] Jetzt, zehn Jahre später, hielt Rice die Zeit für gekommen und willigte in Weills Plan ein. Für die Songtexte wurde Amerikas bedeutendster Negerdichter Langston Hughes gewonnen. Von Anfang an war klar, daß es eine Produktion mit dem Apparat der Oper werden sollte – ausgebildete Sänger und ein Orchester von 35 Musikern. Die Arbeit an *Street Scene* nahm das ganze Jahr 1946 in Anspruch. Zunächst begannen Weill und Rice mit der Bearbeitung des Buches, schon bald stieß auch Hughes, der für einige Zeit im Hause von Weill und

Lenya in New City wohnte, zu dem Team. Er nahm den Komponisten zu zahlreichen Milieustudien in die Negerviertel von New York mit, in einfache Vergnügungslokale, in die Slums, wo die schmutzigen Kinder spielten. Weill lernte so eine Seite Amerikas kennen, die er in ihren realistischen Details noch nicht gesehen hatte. Die Zusammenarbeit Weill/Rice/Hughes war außerordentlich eng und gleichberechtigt, wahrscheinlich resultiert auch daraus die große Stärke der Oper.

Über die Zusammenarbeit schrieb Hughes: »Daß ich, ein amerikanischer Schwarzer, die Verse zu *Street Scene* schreiben sollte, schien weder Kurt Weill noch Elmer Rice sonderbar oder fremdartig. Beide wünschten dafür jemand, der die Probleme kleiner Leute verstand. Schwarze tun dies bestimmt... Weill wünschte einen Dichter. Ich bin glücklich, daß er mich als einen ansah... Indem Weill eine ›Broadway-Oper‹ wie *Street Scene* im nationalen Idiom schrieb, das vom amerikanischen Volk verstanden wird, erreichte Weill dieses amerikanische Volk und rüttelte es auf zu Mitleid, Anteilnahme und Selbstverständnis.«[348]

Über seine Arbeit berichtete Weill: »Sobald ich über die Musik zu *Street Scene* nachzudenken begann, entdeckte ich, daß das Stück selbst nach einer großen Vielfalt von Musik verlangte, so wie die Straßen von New York ihrerseits die Musik vieler Länder und Völker aufnehmen. Hier hatte ich eine Gelegenheit, unterschiedliche musikalische Ausdrucksformen zu verwenden, vom populären Song bis zu Opernarien und Ensembles; Stimmungsmusik und dramatische Musik, Musik einer jungen Liebe, Musik der Leidenschaft und des Todes – und über allem die Musik eines heißen Sommerabends in New York.«[349]

Weill arbeitete so intensiv wie lange nicht. Bevor er an die Komposition ging, studierte er Verdi-Partituren ebenso wie amerikanische Volksgesänge. Im September 1936 schreibt er den Eltern: »Die Komposition ist ungefähr 80% beendet und seit 4 Wochen bin ich nun an der Orchestration und sitze an meinem Schreibtisch von 8 Uhr morgens bis spät in die Nacht und schreibe ungefähr 18 Seiten jeden Tag. Aber Lenya paßt auf, daß ich mich nicht überarbeite, und daß ich zwischendurch etwas für meine Gesundheit tue, Radfahren, Gartenarbeit usw.«[350]

Street Scene ist die Geschichte eines New Yorker Mietshauses und seiner Bewohner während zweier heißer Sommertage. Erzählt wird die Geschichte einfacher Leute. Im Mittelpunkt der Handlung steht die Geschichte der Familie Maurrant. Der Vater, Frank Maurrant, ist Vertreter und oft für längere Zeit nicht zu Hause. Seine Gattin Anna führt den Haushalt und sorgt für die beiden Kinder, den kleinen Willie und die erwachsene Tochter Rose, die in einer Grundstücksmakler-Firma arbeitet. Unzufrieden mit ihrem Leben, hat Anna Maurrant ein Verhältnis mit einem Nachbarn, Mr. Sankey, begonnen. Rose ist dem jungen Sam Kaplan zugetan, während gleichzeitig ihr Vorgesetzter, Harry Easter, ihr nachstellt. Der erste Akt konstituiert Handlung und Personen, während der zweite Akt die dramatische Zuspitzung des Geschehens bringt.

Frank Maurrant verläßt das Haus, um wieder einmal wegzufahren. Nachdem Rose ihre Mutter gewarnt hat, daß schon alle Leute über ihre Beziehung zu Sankey klatschen, trifft sie Sam Kaplan und beide schmieden Zukunftspläne. Harry Easter holt Rose zum Begräbnis ihres Firmenchefs ab. Nun erscheint Mr. Sankey, Anna Maurrant winkt ihn hoch, im gleichen Moment kommt ihr Gatte unvermutet zurück und sieht, wie Sankey das Haus betritt. Schlagartig wird ihm die Situation klar. Wütend stürzt er ins Haus, Sam Kaplan will ihn daran hindern – ohne Erfolg. Sam versucht Mrs. Maurrant zu warnen, doch im selben Moment hört man von oben Schreie und mehrere Schüsse. Mit gezogenem Revolver stürzt Maurrant aus dem Haus und verschwindet, ehe die Polizei eintrifft. Rose kommt vom Begräbnis zurück und wird Zeuge, wie gerade die Leichen ihrer Mutter und Mr. Sankeys aus dem Haus getragen werden. Kurz darauf verhaftet die Polizei Frank Maurrant, er wird weggebracht. Rose und Sam Kaplan sehen sich ein letztes Mal, sie beschließt, ihn zu verlassen und anderswo ein neues Leben zu beginnen.

Weills Partitur besteht aus äußerst heterogenen Teilen. Direkt an Gershwins *Porgy and Bess* anknüpfende Stücke stehen neben großen Opernarien im Stile Puccinis, jazzinspirierte Songs neben großen Chorszenen und glatter Musical-Instrumentierung.

Er selbst hat die wichtigsten Musiknummern der Oper im Zusammenhang mit der Fabel beschrieben: »Wir sehen am Anfang die Frauen, die in dem Haus unseres Stückes leben, auf den Treppenstufen sitzend und über die Hitze klagend (›Ain't it awful, the heat‹); mit dem Verwalter sprechend, der gerade mit einem Blueslied auf den Lippen aus dem Keller kommt (›I got a marble and a star‹); über Mrs. Maurrants Liebesleben klatschend (›Gossip‹) und Späße über den jungen Buchanan machend, dessen Frau ein Baby kriegt (›When a woman has a baby‹). Dann hören wir Mrs. Maurrants Arie, die ihre Sorgen und geheimen Wünsche ausdrückt (›Somehow I never could believe‹) sowie ein Lied der jungen Mädchen, die aus der Schule kommen (›Wrapped in a ribbon and tied in a bow‹). Sam Kaplan singt einen melancholischen Song (›Lonely House‹), dann kommt Rose Maurrants Szene mit ihrem ›Chef‹, Mr. Easter, der sie in ein anderes Leben führen will (›Wouldn't you like to be on Broadway?‹), aber Rose entscheidet sich für ihr Leben (›What good would the moon be?‹). Mit der Liebesszene zwischen Rose und Sam, die vom Glück träumen, endet der erste Akt.

Telegramm von Langston Hughes zur Premiere von *Street Scene*: »Es war so eine Freude, mit Ihnen zu arbeiten, daß ich nur wünschen kann, Sie mögen nun den Lohn von Street Scene ernten, da Sie ein wunderbarer Mensch sind und eine wunderbare Arbeit geleistet haben«

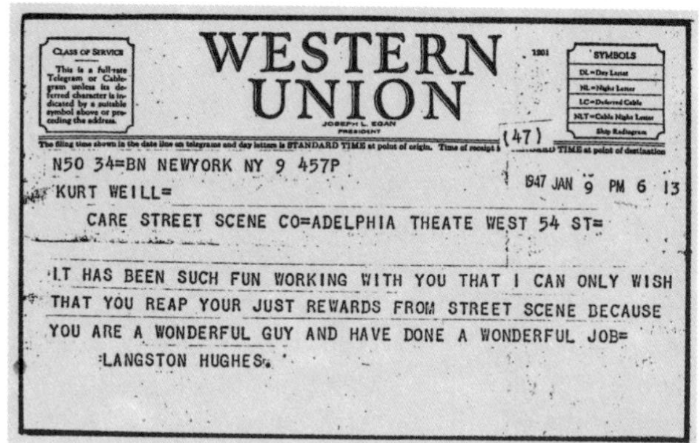

WESTERN UNION

N50 34=BN NEWYORK NY 9 457P

1947 JAN 9 PM 6 13

KURT WEILL=

CARE STREET SCENE CO=ADELPHIA THEATE WEST 54 ST=

IT HAS BEEN SUCH FUN WORKING WITH YOU THAT I CAN ONLY WISH THAT YOU REAP YOUR JUST REWARDS FROM STREET SCENE BECAUSE YOU ARE A WONDERFUL GUY AND HAVE DONE A WONDERFUL JOB=

LANGSTON HUGHES.

Der zweite Akt beginnt mit einer Morgenmusik, das Haus erwacht, eine Szene ›Kinderspiel‹, danach Mrs. Maurrants Lied für ihren kleinen Jungen (›A boy like you‹) und ein tiefempfundenes Duett zwischen den beiden Liebenden, Sam und Rose, die sich entschlossen haben, ihr Leben in die eigenen Hände zu nehmen (›We'll go away together‹). Danach folgt der schreckliche Tod von Mrs. Maurrant (›The woman who lived up there‹). In der letzten Szene sehen wir zwei Kindermädchen ihre Kinder in den Schlaf singen (›Lullaby‹). Rose sieht ihren Vater zum letzten Mal, nachdem dieser seine Frau getötet hat und verhaftet wird (›I loved her too‹) und zum Schluß verabschiedet sich Rose von Sam (›Farewell Duet‹).«[351]

Die Proben begannen im Dezember 1946, Premiere von *Street Scene* war am 9. Januar 1947 im Adelphi Theatre (Regie: Charles Friedman, Dirigent: Maurice Abravanel).

Uraufführung *Street Scene*, 9. Januar 1947 im Adelphi Theatre New York. Szenenfoto

Kurt Weill hatte am schwarzen Brett des Theaters einen Brief an das Ensemble ausgehängt: »Liebe Freunde, die Premiere heute abend bringt mir die Erfüllung eines alten Traumes – des Traumes von einem ernsten, dramatischen musikalischen Werk für die Bühne des Broadway, das ein neues Feld für Sänger, Musiker und Komponisten eröffnen könnte. Dieser Traum wird heute Wirklichkeit ... Nun liegt alles an Ihnen, und ich wünsche Ihnen, daß Sie heute abend auf die Bühne gehen mit dem Bewußtsein, eine wichtige Schlacht zu schlagen ... Viel Glück für Sie alle! Kurt Weill.«[352]

Werbezettel für *Street Scene*, Januar 1947

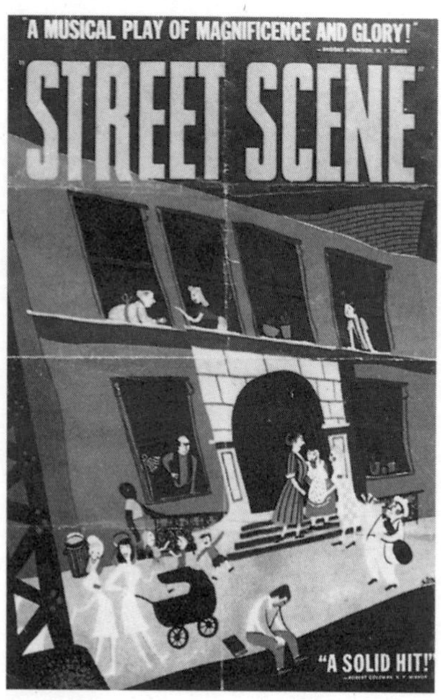

Von Elmer Rice erhielt Weill am Premierenabend ein Telegramm: »lieber kurt die arbeit mit dir war eine der gluecklichsten erfahrungen im theater und eine die wie ich hoffe wiederholt werden wird du hast eine wunderbare musik geschrieben und ich hoffe sie wird die aufmerksamkeit finden die sie verdient elmer.«[353]

Über Aufmerksamkeit konnten sich die Autoren nicht beklagen. Das Premierenpublikum war begeistert, und auch die Presse würdigte das Stück, dessen Intentionen seitens Weill sie volle Zustimmung gab. »*Street Scene* wirkliche amerikanische Oper«,[354] lautete eine Schlagzeile, und »Oper am Broadway« schrieb die »New York Times«, die diesmal neben ihrem Theaterkritiker Brooks Atkinson auch den Musikkritiker Olin Downes entsandt hatte. Dieser stellte fest: »Wir hatten schon lange den Verdacht, daß eine amerikanische Oper, im vitalen, zeitgenössischen Sinne des Wortes eher aus unserem populären Theater erwachsen würde als aus den Tempeln der Opernkunst. Nach Ansehen und Anhören von *Street Scene* im Adelphi Theatre fühlen wir, daß dieser Verdacht voll und ganz gerechtfertigt war.« Dann beschreibt Downes, wie Weills Konzept einer Verbindung von Broadway und Oper funktionierte: »Es war interessant, die Vorankündigungen zu beobachten. In ihnen hatte man das Wort ›Oper‹, das dem einfachen Mann auf der Straße immer noch suspekt ist, strikt vermieden. *Street Scene* wurde als ›dramatisches Musical‹ angekündigt, ein Terminus, der am Broadway geläufig ist und nicht abschreckt. So kamen die Zuschauer in Massen – was sie sicher nicht getan hätten, wenn das Operngenre betont worden wäre – und fanden sich gleichermaßen erregt, erstaunt und unterhalten. Unerwartet hat die Oper sie gefangengenommen und ergriffen. Das Wort ›Oper‹ las man dann zwangsläufig in allen Rezensionen der Theaterkritiker. Denn das Werk wurde als ein musikalisch ausgedrücktes Stück aufgenommen – wie Oper immer aufgenommen werden sollte – und die Summe der beiden Elemente macht die Oper aus.«[355]

Leider blieb *Street Scene* der finanzielle Erfolg versagt, da nahezu gleichzeitig zwei große Würfe des Musicals am Broadway gestartet wurden – einen Tag nach Weills Broadway-Oper hatte *Finian's Rainbow* von Burton/Harburg & Saidy Premiere, im März folgte *Brigadoon* von Loewe/Lerner. So mußte *Street Scene* nach 148 Vorstellungen schließen – »eine mittelmäßige Laufzeit für ein ›dramatisches Musical‹, doch eine noch nie dagewesene En-suite-Serie für eine Oper!«[356]

Schallplattenkassette der Columbia, Frühjahr 1947

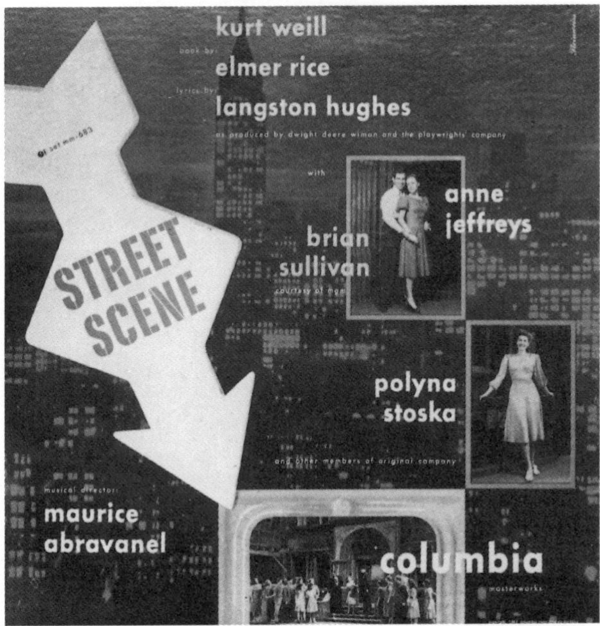

Street Scene machte nochmals Schlagzeilen reichlich zwei Jahre nach seiner Uraufführung. Während der jährlichen Sommerkonzerte des New York Philharmonic Orchestra in New Yorks größter Freilichtarena, dem Lewisohn Stadium, dirigierte Maurice Abravanel vor über 6000 Zuhörern am 30. Juli 1949 nach einer von Robert Russell Bennett orchestrierten Suite aus *Lady in the Dark* Ausschnitte aus *Street Scene* mit einem erstrangigen Sängerensemble. Wenige Tage darauf erlebten an der Westküste über 10000 Hörer in der legendären »Hollywood Bowl« das gleiche Konzert.

Am 1. März 1947 starb Weills Bruder Hans, der

Mit zahlreichen prominenten Künstlern des Broadway gehörten auch Kurt Weill und Maxwell Anderson zu den Unterzeichnern einer Aktion gegen die diskriminierenden Verhöre des »Ausschusses zur Untersuchung unamerikanischer Tätigkeit« (HUAC).

IT DOESN'T TAKE BURNING FAGOTS TO STAGE A WITCH HUNT. BLAZING FLASH BULBS AND KLIEG LIGHTS WILL SERVE.

* * *

We, the undersigned, members and non-members of the ADA which is paying for and sponsoring this advertisement, ask you to send in a contribution so that it may appear in every city in the land.

Franklin P. Adams
Agnes Rogers Allen
Frederick Lewis Allen
Theodore Amussen
Maxwell Anderson
Lemuel Ayres
Peggy Bacon
Maximilian Becker
Ulric Bell
Aline Bernstein
Harry Brandt
Louis Calhern
Bennett Cerf
Thomas Chalmers
Hector Chevigny
Dorothy Claire
Vincent Connolly
Allan Correli
Norman Cousins
Thomas Coward
Russell Crouse
Homer Croy

Dorothy Fields
Herbert Fields
Wolcott Gibbs
Alan Green
Harold K. Guinzburg
John Gunther
Robert Haas
Philip P. Hamburger
Oscar Hammerstein, II
Moss Hart
Helen Hayes
John Hersey
Laura Z. Hobson
Quincy Howe
Charles Jackson
Bessie Rowland James
Marquis James
Eliot Janeway
Elizabeth Janeway
E. J. Kahn, Jr.
MacKinlay Kantor
Fred C. Kelly

Chester Kerr
Rollin Kirby
Howard Lindsay
George Macy
Leopold Mannes
Dolores Martin
Dorothy Norman
Donald Oenslager
Paul Osborn
Sol Pernick
Bill Robinson
Richard Rodgers
Bella and Sam Spewack
Isaac Stern
Dorothy Stickney
Rex Stout
Barnard Straus
Edith Sulkin
James Ramsey Ullman
David Wayne
Jerome Weidman
Kurt Weill

Americans for Democratic Action

Americans for Democratic Action, 9 East 46th Street, New York 17, N. Y.	Enclosed find $........ to help pay for advertisements like the above. Name........ Address........ Please send membership blank and further details of the ADA program.

Anzeige aus der New York Herald Tribune vom 27. Oktober 1947: »Es braucht keine brennenden Scheiterhaufen, um eine Hexenjagd zu inszenieren. Dazu genügen auch aufleuchtende Blitzlichter und Scheinwerfer.«

Wiedersehen nach 14 Jahren: Kurt Weill im Mai 1947 zu Besuch bei seinen Eltern in Naharia, Palästina. Stolz zeigt er ihnen das Programmheft der *Street Scene*-Uraufführung

Wiedersehen nach 13 Jahren: Lotte Lenyas Mutter kam 1947 aus Wien zu Besuch nach New City

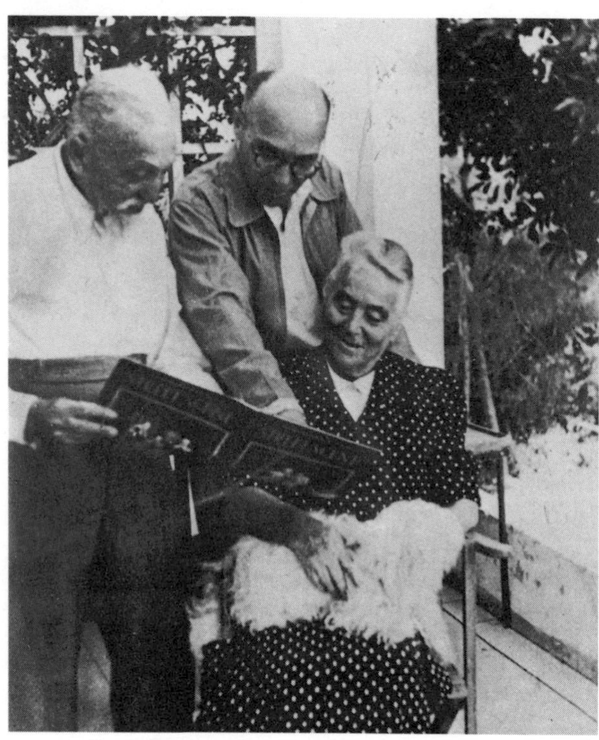

seit 1938 ebenfalls als Emigrant in New York gelebt hatte. Weill beschloß danach, endlich seine Eltern in Palästina zu besuchen und eine große Reise durch mehrere europäische Länder zu machen. Deutschland stand von Anfang an, getreu seiner einmal getroffenen grundsätzlichen Entscheidung, nicht auf dem Reiseplan. Am 6. Mai 1947 verließ Kurt Weill in Begleitung von Meyer Weisgal mit dem Dampfer »Mauretania« New York. Über die Stationen London, Paris und Zürich traf er am 20. Mai in Palästina ein, wo er sich zwei Wochen aufhielt.

Nach vierzehn Jahren Trennung traf er erstmals seine Eltern wieder, die in dem kleinen Ort Naharia lebten. Auch bei seiner Schwester Ruth und dem Bruder Nathan mit ihren Familien war Weill natürlich zu Gast. Die Rückreise führte ihn über Rom, Genf und Paris wieder nach London. Von dort benutzte er das Flugzeug und traf Mitte 1947 wieder in New York ein.

Kurt Weill hatte nach Kriegsende mehrfach zugesagt, als ihn jüdische Organisationen oder Freunde um Musik baten. Für die New Yorker Park Avenue Synagoge schrieb er im Mai 1946 einen Freitagssegen *Kiddush* für Kantor, Chor und Orgel. Im Sommer des gleichen Jahres entstand, wiederum mit Ben Hecht, ein neues Massenspiel im Auftrag einer Organisation, die Geld für die notleidenden jüdischen Überlebenden in Europa sammelte. Mit bekannten Schauspielern in den Hauptrollen (Paul Muni, Celia Adler sowie dem jungen Marlon Brando) erlebte *A Flag Is Born* am 5. September 1946 seine Premiere im Alvin Theatre und lief danach mehrere Wochen. Als im Mai 1948 der Staat Israel gegründet wurde, schrieb Weill eine Orchesterfassung der *Hatikvah*, der israelischen Nationalhymne.

Im Frühjahr 1948 erreichte den Komponisten eine Bitte aus Bloomington im Bundesstaat Indiana. An der dortigen Universität bestand ein leistungsfähiges »Opera Workshop«-Ensemble aus Studenten und Dozenten. Hans Busch, Sohn des ehemaligen Dresdner Opernchefs Fritz Busch, der Weills Opernerstling uraufgeführt hatte, bat Weill um ein geeignetes Werk für die Truppe. Daraufhin schuf der Komponist im April 1948 gemeinsam mit Arnold Sundgaard eine neue Fassung von *Down in the Valley*. Weill: »Wir veränderten das ursprüngliche Radiostück in eine musikalisch-dramatische Form, etwa zweimal so lang wie das Original, mit neuen Szenen, neuen Songtexten und neuer Musik, sowie einer völlig neuen Orchestration entsprechend den besonderen Erfordernissen von Schulorchestern.«[357]

Das Stück erzählt eine balladeske Liebesgeschichte: Brack Weaver, des Mordes angeklagt, flieht aus dem Gefängnis, um seine Liebste Jennie Parsons wiederzusehen. Beide erleben in einer großen Rückblende noch einmal die Ereignisse der letzten Zeit. Brack hatte Jennie bei einem Gottesdienst kennengelernt und danach zu ihrem Elternhaus begleitet. Er scheut sich, ihr seine Liebe zu erklären und lädt sie zum Tanz am Samstag in Shad-

Uraufführung des Massenspiels *A Flag Is Born*, 5. September 1946 im Alvin Theatre New York. Programmzettel

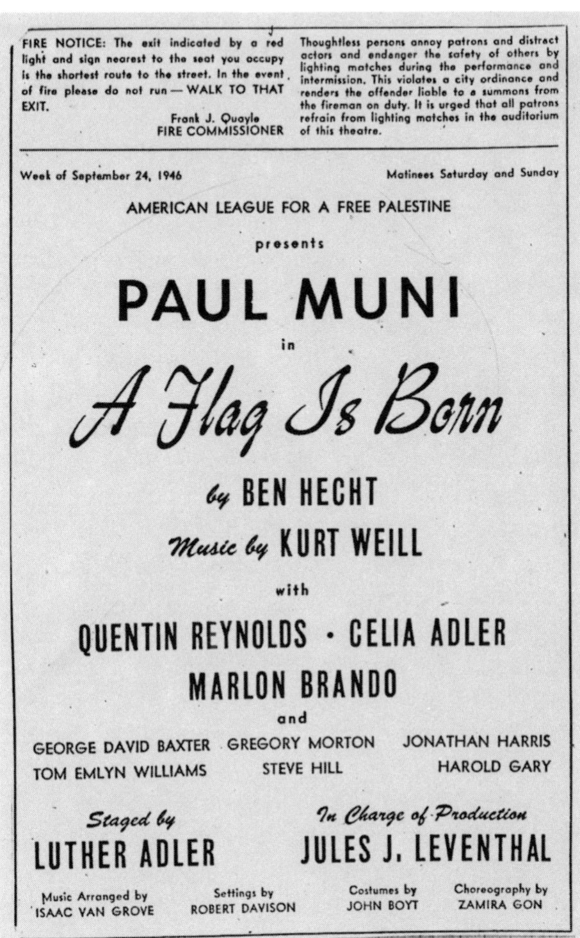

FIRE NOTICE: The exit indicated by a red light and sign nearest to the seat you occupy is the shortest route to the street. In the event of fire please do not run — WALK TO THAT EXIT.

Frank J. Quayle
FIRE COMMISSIONER

Thoughtless persons annoy patrons and distract actors and endanger the safety of others by lighting matches during the performance and intermission. This violates a city ordinance and renders the offender liable to a summons from the fireman on duty. It is urged that all patrons refrain from lighting matches in the auditorium of this theatre.

Week of September 24, 1946 — Matinees Saturday and Sunday

AMERICAN LEAGUE FOR A FREE PALESTINE

presents

PAUL MUNI

in

A Flag Is Born

by BEN HECHT

Music by KURT WEILL

with

QUENTIN REYNOLDS · CELIA ADLER

MARLON BRANDO

and

GEORGE DAVID BAXTER · GREGORY MORTON · JONATHAN HARRIS
TOM EMLYN WILLIAMS · STEVE HILL · HAROLD GARY

Staged by LUTHER ADLER

In Charge of Production JULES J. LEVENTHAL

Music Arranged by ISAAC VAN GROVE · Settings by ROBERT DAVISON · Costumes by JOHN BOYT · Choreography by ZAMIRA GON

ow Creek ein. Jennies Vater verbietet ihr, dorthin zu gehen, denn er hat die Tochter bereits seinem Gläubiger Thomas Bouché versprochen. Jennie widersetzt sich dieser Verbindung, statt dessen begleitet sie Brack zum Tanz. Dort geht der betrunkene Bouché mit gezogenem Messer auf Brack los, während des Handgemenges wird er unglücklich durch Brack getötet. Die Handlung ist wieder in der Gegenwart angekommen. Ehe Brack ergriffen und wieder ins Gefängnis zurückgebracht wird, verbringt er seine letzte Stunde mit der Geliebten »down in the valley, the valley so low«.

Weills Musik betont in ihrer schlichten Textur und dem ursprünglichen amerikanischen Idiom den Charakter der Volksoper. Ein Erzähler, Chor und Solisten lösen sich im Fluß der musikalischen Handlungsführung ab, in deren Mittelpunkt neben »Down in the Valley« vier weitere alte amerikanische Volkslieder stehen. Der Stil des Werkes ist bewußt einfach, seinem Zweck für Laienaufführungen angepaßt. Die Parallele zur Schuloper *Der Jasager* von 1930 liegt auf der Hand, und auch die bald darauf in den USA einsetzende Aufführungsserie legt den Vergleich nahe.

Zur Uraufführung am 15. Juli 1948 waren Kurt Weill und Lotte Lenya nach Bloomington gefahren. Gemeinsam mit Hindemiths *Hin und zurück* (hatte Hans Busch mit dieser Kopplung Weill an Baden-Baden 1927 erinnern wollen?) erlebte *Down in the Valley* eine begeisterte Aufnahme. Nur wenige Wochen danach veranstaltete die University of Michigan in Ann Arbor eine Aufführung, die von der Radiostation NBC landesweit übertragen wurde. Damit wurde Weills neues Werk in den USA bekannt.

Zwischen August 1948 und Juni 1949 wurde *Down in the Valley* von nicht weniger als 85 Amateurensembles (vorwiegend an Universitäten und Colleges) aufgeführt[358] – eine Zahl, die nur mit der Erfolgsserie des *Jasager* 1930/31 vergleichbar ist.

Uraufführung *Down in the Valley*, 15. Juli 1948 im Auditorium der Indiana University Bloomington. Szenenfoto mit den beiden Hauptdarstellern James Welch (Brack) und Marion Bell (Jennie)

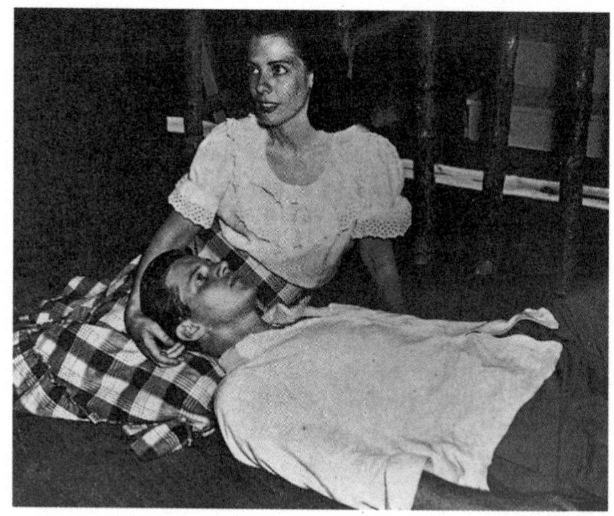

Am 4. Juli 1949 erlebte *Down in the Valley* seine New Yorker Premiere durch das engagierte Off-Broadway-Ensemble der »Lemonade Opera«. Voller Stolz berichtete Weill den Eltern: »Meine Volksoper *Down in the Valley*, die schon in über 100 amerikanischen Städten aufgeführt worden ist, ist nun in New York herausgekommen, in einem kleinen Theater, wo eine Gruppe von jungen Sängern seit einigen Jahren mit großem Erfolg Opern aufführt. Sie nennen sich ›Lemonade Opera‹, weil sie in der Pause Limonade verkaufen, und um den Gegensatz zur großen Oper zu betonen (wie wir es seinerzeit in der *Dreigroschenoper* taten)... Der Kritiker der ›Times‹ vergleicht meine Oper mit der originalen *Beggar's Opera*, die der Ursprung der englischen Oper wurde, und sagt, *Down in the Valley* wird in die Geschichte eingehen als der Ur-

Umschlag des Klavierauszugs, 1948

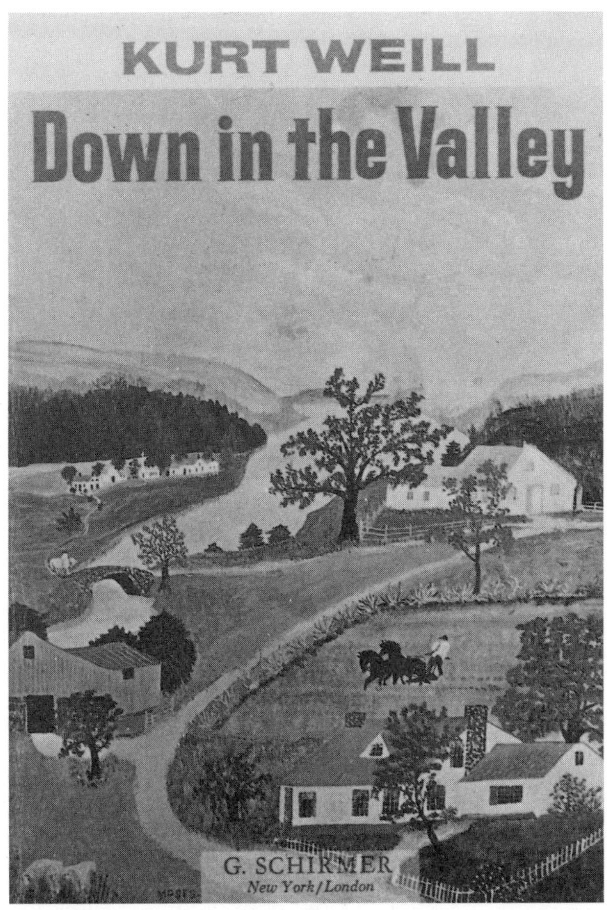

Schallplattenkassette von RCA Victor, 1949

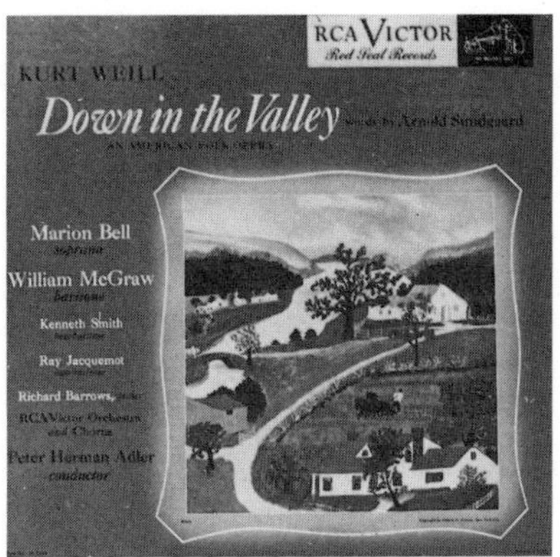

sprung (›Fountain head‹) der amerikanischen Oper. Ihr könnt euch denken, was das für mich bedeutet, da diese Anerkennung meiner Arbeit mir nun erlaubt, wieder auf dem Gebiet der Oper zu arbeiten, das ja immer mein eigentliches Betätigungsfeld war.«[359]

Worauf Weill mit dem letzten Satz anspielt, waren die Schwierigkeiten, die er gemeinsam mit Maxwell Anderson nach dem finanziellen Flop von *Street Scene* hatte, um die Produktion eines neuen musikalischen Projekts bei der »Playwrights' Company« durchzusetzen. Die Entstehungsgeschichte hat Anderson erzählt:

»Im Frühjahr 1948 las ich den Roman *Cry, the Beloved Country* und rief sofort Kurt Weill an, um ihm zu sagen, daß ich endlich die Geschichte gefunden hätte, nach der wir seit mehr als zehn Jahren suchten. Er las das Buch und stimmte mir sofort zu. Wir telegraphierten dem Autor Alan Paton in Südafrika und alsbald war seine Zustimmung zur Dramatisierung vorhanden.

Kurt und ich arbeiteten damals gerade an anderen Stücken, aber es blieb Zeit genug, über Form und Fabelführung eines Werkes zu entscheiden, das wir nach Mr. Patons Roman schreiben und *Lost in the Stars* nennen wollten. Ende Dezember 1948 begann ich die Arbeit, Mitte Februar 1949 war der Text fertig und auch Kurts Musik, denn ich hatte ihm ständig die gerade entstandenen Liedtexte und Szenen gebracht.«[360]

Zur Form der Dramatisierung heißt es in einem Brief an den Romanautor: »Handlung und Dialoge in der Form zu erhalten, die Sie ihnen gegeben haben, wird nur möglich sein, wenn ein Chor – wie in der griechischen Tragödie – benutzt wird, um die große Zahl der Szenen zusammenzubinden und die Handlung zu kommentieren, so wie Sie es in den philosophischen und erzählenden Passagen des Buches machen. Natürlich müßte ich einige dieser Kommentare in Verse setzen, doch Vieles Ihrer lyrischen Prosa kann erhalten bleiben und in Musik gefaßt werden. Kurt Weill, der die Musik schreibt, ist ebenso begeistert von dem Buch wie ich, und ebenso überzeugt von der gewählten Form der Dramatisierung. Wir haben schon früher zusammengearbeitet, und sein Name wird Ihnen zweifellos vertraut sein.«[360a]

Alan Paton stimmte Anderson/Weills Vorschlägen zu, er hatte auch keine Einwände dagegen, daß Material aus dem unvollendeten *Ulysses Africanus* von 1939 in das Werk einfloß, darunter auch der Titelsong. Die Romanvorlage, Odyssee eines schwarzen Priesters in Johannesburg, stellt ebenso eine scharfe Anklage gegen die Apartheid dar, wie sie zum Schluß programmatisch die Hoffnung auf Aussöhnung verkündet.

Die Fabel: Im Dorf Ndotsheni lebt der farbige Priester Stephen Kumalo mit seiner Frau. Kumalo will nach Johannesburg fahren, um seine Schwester, eine Prostituierte, zu besuchen und um nach seinem Sohn Absalom zu suchen, von dem er seit einem Jahr nichts mehr gehört hat. Auf dem Bahnhof wartet Kumalo auf den Zug nach Johannesburg. Der Chor singt davon, daß ein Schwarzer aus Johannesburg niemals zurückkehrt. Auch der reiche weiße Pflanzer Jarvis wartet auf den Zug, gemeinsam mit seinem Sohn Arthur, einem bekannten Anwalt der Schwarzen aus Johannesburg, und dessen kleinem Sohn. Arthur Jarvis begrüßt den schwarzen Priester Kumalo, sein Vater mißbilligt dies.

Der südafrikanische Schriftsteller Alan Paton (links) mit Kurt Weill und Maxwell Anderson bei einer Besprechung zu *Lost in the Stars*, Sommer 1949

Danach sehen wir Kumalo in Johannesburg, im Tabakladen seines Bruders John, eines Zynikers. Dieser gibt Kumalo eine Adresse im Elendsviertel, wo er vielleicht seinen Sohn Absalom treffen kann. Dies gelingt nicht, Kumalo kehrt in sein elendes Quartier zurück, gemeinsam mit dem kleinen Jungen seiner Schwester will er wieder in sein Dorf zurückfahren.

Die nächste Szene in einem Kellerlokal zeigt den vermißten Absalom. Dieser ist inzwischen ein Krimineller. Er plant mit einigen Komplizen einen Einbruch in das Haus von Arthur Jarvis. Bei der Ausführung erschießt Absalom Arthur Jarvis. Im Gefängnis trifft nun der Vater Kumalo seinen Sohn wieder, der zu Recht wegen Mordes angeklagt ist.

Der zweite Akt zeigt Kumalo wieder im Laden seines Bruders. Beide reden über den bevorstehenden Prozeß gegen Absalom. Kumalo geht zum Vater des Ermordeten, doch der weiße Pflanzer verlangt den Tod Absaloms. Im Prozeß wird er dann auch dazu verurteilt. Zum letzten Mal besucht Stephen Kumalo seinen Sohn in der Todeszelle, dann kehrt er in sein Dorf zurück. Er verkündet seiner Gemeinde, daß er wegen des Vorgefallenen von der Kanzel zurücktreten werde.

Als Jarvis dies erfährt, gibt er seine starre Haltung auf. In der Nacht, als Absalom in Johannesburg hingerichtet werden soll, besucht er Kumalo, um sich mit diesem zu versöhnen. Gemeinsam verbringen die Männer die ganze Nacht.

Weills Musik zu *Lost in the Stars* vermeidet alle künstlichen Afrikanismen, dafür sind kräftige Spiritualelemente aufgenommen. Die Musik hat zwei große Ebenen, die der Sololieder und Songs (ergreifend vor allem *Stay Well* und *Cry the Beloved Country* sowie der eingängige Titelsong *Lost in the Stars*) und die der umfangreichen Chorpassagen, die *Lost in the Stars* zum größten Chorwerk machen, das Weill in den USA geschrieben hat. Die Musik ist ernst und getragen, an manchen Stellen bricht Bitterkeit durch, etwa in dem großen Finale des ersten Aktes, in dem der Chor sich zu einem machtvollen Choral steigert. Aus der Verbindung der großen Chorpassagen und gelegentlicher Songs resultiert große theatralische Wirkung. Weill schreibt in einem Brief über seine Musik: »Es muß in der Tat ziemlich überraschend sein, ein seriöses Sujet in einer Form behandelt zu sehen, die (zumindest in diesem Land) bis dahin nur für eine leichtere Art der Unterhaltung verwendet wurde. Das aber war genau die Natur meines Experiments, eine ›Musical Tragedy‹ für das amerikanische Theater zu machen, die das typische amerikanische Publikum (nicht die Spezialisten) akzeptieren konnte; und der wirkliche Erfolg des Stückes liegt für mich in der Tatsache, daß das Publikum dies ohne Zögern akzeptierte, daß es eine Menge sehr ernster, tragischer, ganz unbroadwayhafter Musik von Operndimensionen zugleich mit einigen Songs akzeptierte, die in vertrauterem Stil geschrieben waren.«[361]

Probe zu *Lost in the Stars.* Kurt Weill mit dem Darsteller des Pater Kumalo, Todd Duncan

Uraufführung *Lost in the Stars*, 30. Oktober 1949 im Music Box Theatre New York. Szenenfoto mit Todd Duncan (Kumalo) und Leslie Banks (Jarvis)

Programmzettel der Uraufführung

Wieder war Weill dem Programm treu geblieben, seine neue Form musikalischen Theaters – diesmal eine »Musical Tragedy« – mit Hilfe des Broadway zu verwirklichen. Lange Zeit verging, ehe ein geeigneter Regisseur für das ungewöhnliche Werk gefunden war, ebenso schwierig gestaltete sich die Besetzung der Hauptrolle des Stephen Kumalo, den natürlich ein schwarzer Sänger darstellen mußte. Mit Rouben Mamoulian wurde ein ebenso erfahrener wie namhafter Regisseur gewonnen. Er hatte am Broadway u. a. die Uraufführungen von Gershwins *Porgy and Bess* (1935) sowie der beiden Rodgers/Hammerstein-Erfolge *Oklahoma!* (1943) und *Carousel* (1945) inszeniert, seit

Schallplattenkassette der Decca, Ende 1949

1931 war er dazu ein gefragter Hollywoodregisseur und hatte Filme u. a. mit Greta Garbo und Marlene Dietrich gedreht. Nach langer, erfolgloser Suche unter vielen Bewerbern für die Rolle des Kumalo war es Mamoulian, der vorschlug, den seinerzeitigen Porgy aus der Gershwin-Uraufführung zu verpflichten. Todd Duncan befand sich gerade in Australien, doch als ihn Mamoulians Angebot erreichte, sagte er sofort zu. Diesmal war es der Regisseur, der während der Proben eine zusätzliche Musiknummer erbat. Mamoulian fand an einer Stelle, daß Kumalo, wenn ihm bewußt wird, daß sein Sohn ein Krimineller geworden ist, einen musikalischen Monolog haben müsse. In kurzer Zeit schrieben Weill und Anderson darauf *O Tixo, Tixo, Help Me*, eines der stärksten Stücke der Partitur.[362]

Die Uraufführung von *Lost in the Stars* am 30. Oktober 1949 (Dirigent: Maurice Levine) geriet zu einem außergewöhnlichen Erfolg. »Ein reiches Musical«, konnte man lesen, »das eine schwierige Theaterform zu großer Höhe führt. Obgleich die ursprüngliche Bedeutung des Wortes Musical sich völlig verändert hat, sollte man es vielleicht einfach Melodram nennen. Es ist eine der schwierigsten Ausdrucksformen des Theaters, aber wenn es mit Klarheit und Ernst betrieben wird, bringt es die Bühne zu vibrierendem Leben. *Lost in the Stars* ist Melodram im eigentlichen Sinn: ein Stück, in das Songs integriert sind und in dem orchestrale Musik die Handlung begleitet.«[363]

Mit 273 Aufführungen wurde die Produktion auch finanziell ein Erfolg für die »Playwrights' Company«. Unmittelbar danach vereinbarten Weill, Anderson und Mamoulian weitere Zusammenarbeit: Mark Twains *Huckleberry Finn* sollte zu einem Musical mit dem Titel *Raft on the River* werden.

Weills Programm einer Broadway-Oper aber sollte keine Fortsetzung finden. »Der Broadway wurde beileibe zu keiner musikalischen Akademie, in der begabte Komponisten und visionäre Autoren das Grundmuster ›Song-and-Dance-Show‹ in künstlerische Vollendung umwandelten. Mittelmäßigkeit breitete sich wieder aus, wie gewöhnlich«[364] – schreibt Brooks Atkinson über die Jahre ab 1950.

Am 2. März 1950 feierte Weill in New City seinen 50. Geburtstag. »Es ist ja keine besondere Tat, daß man 50 Jahre alt wird, und ich fühle mich überhaupt nicht wie 50«[365] läßt er die Eltern wissen. Kurz zuvor hatte er ihnen seine Situation um diese Zeit beschrieben: »In der Zwischenzeit hat sich ja allerhand mit meinen Werken ereignet, und es

Weills Notizkalender, Januar 1950. Notiz am 7. 1.: »Den ganzen Tag mit Max(well Anderson) an der Handlung für Huck Finn gearbeitet.« Und am 9. 1.: »Von mittags bis 6 Uhr mit Max gearbeitet.«

sieht fast so aus, als ob ich nun eine Art Erntezeit nach 25 Jahren schwerer, unermüdlicher Arbeit haben würde, nicht im materiellen Sinne, sondern rein idealistisch.«[366]

Weder die Erntezeit zu genießen noch die Projekte zu verwirklichen, die ihn bereits wieder beschäftigten, war Kurt Weill noch vergönnt. Am 17. März 1950 erlitt er in New City eine Koronarthrombose, zwei Tage darauf brachte ihn Lotte Lenya auf Anraten des Arztes ins New Yorker Flower Hospital, wo Kurt Weill am 3. April 1950 an Herzversagen starb. Am 5. April wurde er auf dem Friedhof

Weills Arbeitszimmer in New City. Aufnahme kurz nach seinem Tod, April 1950

Gedenkkonzert für Kurt Weill im New Yorker Lewisohn Stadium am 10. Juli 1950. Programmzettel. Nach der Pause sprach Maxwell Anderson Worte des Gedenkens für den toten Freund

STADIUM PROGRAMS • SEASON OF 1950

THE PHILHARMONIC-SYMPHONY ORCHESTRA

Monday Evening, July 10, at 8:30

(In case of rain this program is postponed until the next clear night)

KURT WEILL MEMORIAL PROGRAM

MAURICE LEVINE, *Conductor*

TODD DUNCAN, *Baritone*

in exerpts from

"LOST IN THE STARS"

with

Virginia Paris Herbert Coleman

Narrator: ALAN JAY LERNER

1. Hills of Ixopo .... Duncan and Chorus
2. Train to Johannesburg .... Chorus
3. Thousands of Miles .... Duncan
4. Little Gray House .... Duncan and Chorus
5. Trouble Man .... Virginia Paris
6. Lost in the Stars .... Duncan and Chorus
7. Big Black Mole .... Herbert Coleman
8. Fear .... Chorus
9. Tixo .... Duncan
10. Stay Well .... Virginia Paris
11. Cry the Beloved Country .... Duncan and Chorus
12. Finale .... Duncan and Chorus

INTERMISSION

Spoken Tribute to Kurt Weill by MAXWELL ANDERSON

"DOWN IN THE VALLEY"

One-Act Folk Opera

Libretto by Arnold Sundgard

with

Elaine Malbin Victor Clarke, *Tenor* Norman Atkins, *Baritone* Randolph Symonette, *Baritone*

Staged by: DINO JAMOPOULOS *Dances by:* ANNA SOKOLOFF

POPULAR CLASSICS BY KURT WEILL

TODD DUNCAN

Virginia Paris

1. Green Up Time .... Chorus
   (from "Love Life" — Lyrics by Alan Jay Lerner)
2. Here I'll Stay .... Todd Duncan
   (from "Love Life" — Lyrics by Alan Jay Lerner)
3. Speak Low .... Duncan and Virginia Paris
   (from "One Touch of Venus" — Lyrics by Ogden Nash)
4. September Song .... Todd Duncan
   (from "Knickerbocker Holiday" — Lyrics by Maxwell Anderson)

Musical supervision by: MAURICE LEVINE

(Program continued on page 23)

Mount Repose in Haverstraw nahe New City beigesetzt. Auf seinem Grabstein sind in Melodie und Text vier Zeilen aus seinem letzten Werk *Lost in the Stars* verewigt, das mit unverändert großem Erfolg noch am Broadway lief, als der Komponist starb:

»This is the life of man on earth
Out of darkness we come at birth
Into a lamplit room, and then –
Go forward into dark again.«

Am 10. Juli veranstaltete das New York Philharmonic Orchestra im Lewisohn Stadium ein »Kurt Weill Memorial Concert«. Es erklangen Ausschnitte aus *Down in the Valley* und *Lost in the Stars* sowie eine Auswahl von Weills bekanntesten Songs aus den amerikanischen Werken. Maxwell Anderson sprach Worte des Gedenkens für seinen Freund.

Ein halbes Jahr später, am 3. Februar 1951, initiierte Ernst Josef Aufricht in der New Yorker Town Hall ein »Kurt Weill Concert«. Im ersten Teil sangen Grete Mosheim, Nina Valery sowie Victor Clarke und Inez Matthews deutsche, französische und amerikanische Songs aus Weills Bühnenwer-

Letzte Ruhestätte von Kurt Weill und Lotte Lenya auf dem Friedhof Mount Repose in Haverstraw, nahe New City. Auf Weills Grabstein finden sich einige Notenzeilen aus seinem letzten vollendeten Werk *Lost in the Stars*. Lenya starb am 27. November 1981, der Familienname aus ihrer dritten Ehe mit dem Maler Russell Detwiler ist auf dem Grabstein falsch wiedergegeben. Aufnahme von 1987

ken. Danach brachte der zweite Teil einen konzertanten Querschnitt durch die *Dreigroschenoper*, in deutscher Sprache interpretiert von Lotte Lenya und weiteren Solisten.

Dieser Abend gab den Anstoß zu einer Arbeit, die längst überfällig war und der Weill in den fünfzehn Jahren seines Lebens in den USA viel Energie gewidmet hatte, ohne Erfolg. Dreiundzwanzig Jahre nach der Uraufführung der *Dreigroschenoper* in Berlin aber sollte endlich nun eine adäquate Übertragung des Brechtschen Textes ins Englische gelingen. Marc Blitzstein fertigte die neue Übersetzung an, die 1952 an der Brandeis University unter Leitung von Leonard Bernstein und mit Lotte Lenya als Jenny ihre Probeaufführung erlebte.

Alle Anwesenden spürten sofort, daß nunmehr

Anzeige im deutschsprachigen »Aufbau« für das von Ernst Josef Aufricht veranstaltete Weill-Konzert in der New Yorker Town Hall, 3. Februar 1951, und die Wiederholung am 17. Februar

TOWN HALL, 113 West 43rd Street
SAMSTAG, den 3. FEBRUAR, um 8:45 Uhr
Ausverkauft!

SAMSTAG, den 17. FEBRUAR, um 8:45 Uhr
EINMALIGE WIEDERHOLUNG
ERNEST J. AUFRICHT präsentiert
KURT WEILL-FEIER
Erstmalig in New York in Original-Version
DIE DREIGROSCHEN-OPER
IN KONZERTANTER AUFFÜHRUNG
UND DAS GROSSE BEIPROGRAMM
Produktionsleitung: FELIX G. GERSTMAN
KARTEN: $3.60, $2.70, $1.80 incl. Tax
Office FELIX G. GERSTMAN, 140 W. 42nd Street, LO 4-6990
Town Hall Box Office: 113 West 43rd Street, Tel.: LU 2-4536

Erstaufführung der neuen Übersetzung von Marc Blitzstein, mit der *Die Dreigroschenoper* 26 Jahre nach ihrer Entstehung nun auch ihren Siegeszug im angloamerikanischen Sprachraum begann, war am 10. März 1954 im Theatre de Lys New York. Wie 1928 in Berlin sang auch hier Lotte Lenya die Jenny. Programmzettel

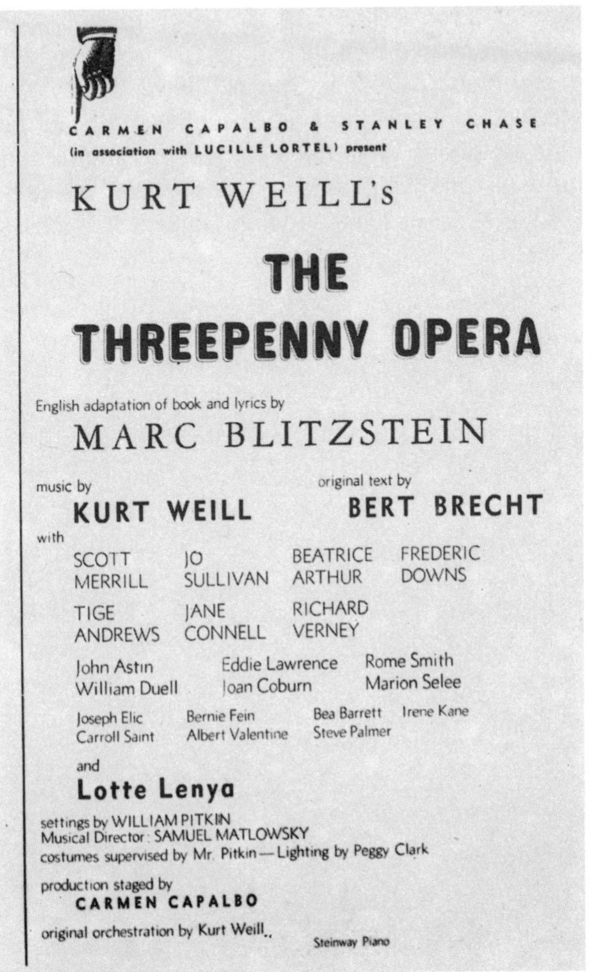

CARMEN CAPALBO & STANLEY CHASE
(in association with LUCILLE LORTEL) present
KURT WEILL's
THE
THREEPENNY OPERA
English adaptation of book and lyrics by
MARC BLITZSTEIN
music by
KURT WEILL
original text by
BERT BRECHT
with
SCOTT MERRILL
JO SULLIVAN
BEATRICE ARTHUR
FREDERIC DOWNS
TIGE ANDREWS
JANE CONNELL
RICHARD VERNEY
John Astin
William Duell
Eddie Lawrence
Joan Coburn
Rome Smith
Marion Selee
Joseph Elic
Carroll Saint
Bernie Fein
Albert Valentine
Bea Barrett
Steve Palmer
Irene Kane
and
Lotte Lenya
settings by WILLIAM PITKIN
Musical Director: SAMUEL MATLOWSKY
costumes supervised by Mr. Pitkin — Lighting by Peggy Clark
production staged by
CARMEN CAPALBO
original orchestration by Kurt Weill
Steinway Piano

die »Amerikanisierung« des Werkes gelungen war, das daraufhin sofort unter aktiver Beteiligung von Lotte Lenya für die New Yorker Theateraufführung vorbereitet wurde. Unter der Regie von Carmen Capalbo, mit Samuel Matlowsky als Dirigent fand die Premiere der *Threepenny Opera* am 10. März 1954 im Theatre de Lys statt, einer der Off-Broadway-Bühnen von Greenwich Village. Scott Merrill spielte den Macheath und, wie schon 1928 in Berlin, sang Lotte Lenya die Jenny. Die Inszenierung lief über sieben Jahre in fast ununterbrochener Folge bis Dezember 1961, brach alle New Yorker Aufführungsrekorde und zählte zum Schluß 2611 Aufführungen mit etwa siebenhundertfünfzigtausend Besuchern. Kurt Weill hat diesen späten Triumph seines bis heute erfolgreichsten Stückes nicht mehr erlebt.

Lange Zeit nach seinem Tode schien es, daß er

nur mit dieser *Dreigroschenoper* und einigen weiteren populären Songs überleben würde. Die von den Ereignissen des Jahrhunderts, in das er hineingeboren wurde, erzwungene Aufspaltung seiner Biographie und seines Werks führte zu Unkenntnis und Rezeptionsschwierigkeiten sowohl in Europa als auch in Amerika. Erst allmählich und eher zögernd begann die Entdeckungsreise in den so vielgestaltigen Kosmos der Musik, die Weill hinterlassen hat. Die achtziger Jahre schließlich brachten eine weltweite Weill-Renaissance, nun nicht mehr nur beschränkt auf die Werke der jeweiligen Hemisphäre. Was Maxwell Anderson 1950 aussprach, ist vier Jahrzehnte nach dem Tod des Komponisten Realität: »Er hinterließ uns seine Musik, und diese Musik wird seinen Namen und seinen Geist lebendig erhalten.«[367]

Rouben Mamoulians Epitaph für Kurt Weill, die folgenden Verszeilen Shakespeares, sollen auch am Ende dieses Buches stehen:

»Sanft war sein Leben,
  und so mischten sich
Die Element' in ihm, daß die Natur
Aufstehen durfte und der Welt verkünden:
Dies war ein Mann!«[368]

ANMERKUNGEN

Alle zitierten Briefe, Postkarten und Telegramme befinden sich (soweit nicht anders angegeben) als Original bzw. Kopie im Weill-Lenya Research Center New York. Dies betrifft auch den Großteil der zitierten amerikanischen Pressebeiträge. Sämtliche amerikanischen Quellen wurden vom Autor übersetzt.

1 Maxwell Anderson, Gedenkrede auf dem Weill-Memorial-Konzert am 10. Juli 1950 in New York. Typoskript im Weill-Lenya Research Center, New York.
2 Kurt Weill, Anmerkungen zu Street Scene. Covertext der Schallplatte Columbia OL 4139.
3 Kurt Weill, Brief an G. W. Stegman, 14.2.1949.
4 David Drew, Artikel Kurt Weill. In: The New Grove Dictionary of Music and Musicians. London 1980, S. 302.
5 Rat der Stadt Dessau, Standesamt.
6 Ausführlich dazu siehe: Franz Brückner, Geschichte der Juden und der jüdischen Gemeinde in Dessau. In: Häuserbuch der Stadt Dessau, Lieferung 11. Dessau 1983, S. 935–958.
7 Jahresbericht der Baronin-von-Cohn-Oppenheimer-Stiftung zu Dessau für das Jahr 1908. Dessau 1908, S. 34.
8 Gespräch des Autors mit Dr. Willy Krüger, Dessau, am 5. April 1984.
9 Ebenda.
10 Louis B. Simon, Up the Rungs from Opera. In: New York Times, 13.4.1941.
11 Ebenda.
12 Gespräch des Autors mit Dr. Werner Spielmeyer, Dessau, am 5. April 1984.
13 Kurt Weill, Zwiegespräch über die Schuloper. In: Die Musikpflege, Berlin, 1/1930, S. 250.
14 Ebenda.
15 Kurt Weill, Brief an Hans Weill, 15.10.1917 – Entgegen der Eintragung im Dessauer Ortsregister lautet die Anrede in der Korrespondenz durchgängig »Hanns« – wohl eine familiäre Eigenheit des Bruders.
16 Anhalter Anzeiger, Dessau, 7.2.1918.
17 Gespräch des Autors mit Dr. Willy Krüger, Dessau, am 5.4.1984.
18 Kurt Weill, Brief an Hans Weill, Ende 1917.
19 Zit. nach: Ronald Sanders, The Days Grow Short. The Life and Music of Kurt Weill. New York 1980, S. 33.
20 Kurt Weill, Brief an Hans Weill, 27.3.1919.
21 Kurt Weill, Brief an Hans Weill, Frühjahr 1919.
22 Ebenda.
23 Heinrich Strobel, Kurt Weill. In: Melos, Mainz, 10/1927, S. 429.
24 Kurt Weill, Brief an Hans Weill, Frühjahr 1919.
25 Anhalter Anzeiger, Dessau, 5.9.1919.
26 Kurt Weill, Brief an Hans Weill, 5.9.1919.
27 Zit. nach: Ronald Sanders, The Days Grow Short, a. a. O., S. 46.
28 Louis B. Simon, Up the Rungs from Opera, a. a. O.
29 Kurt Weill, Brief an Ruth Weill, 2.4.1920.
30 Kurt Weill, Brief an Ruth Weill, 16.1.1920.
31 Kurt Weill, Anmerkungen zu Street Scene, a. a. O.
32 Kurt Weill, Brief an Ruth Weill, 28.1.1920.
33 Heinrich Strobel, Kurt Weill, a. a. O.
34 John Waterhouse, Weills Debt to Busoni. In: Musical Times Nr. 105, Dezember 1964, S. 897.
35 Carl Zuckmayer, Als wär's ein Stück von mir. Wien 1969, S. 334.
36 Edward J. Dent, The Return of Busoni. In: The Athenaeum, London, 17.12.1920, S. 844.
37 Kurt Weill, Brief an Albert Weill, 29.11.1920.
38 Ferruccio Busoni, Entwurf einer neuen Ästhetik der Tonkunst. Leipzig o. J., S. 42.
39 Vgl. dazu: Hans Heinz Stuckenschmidt, Ferruccio Busoni. Zürich 1967, S. 124.
40 Ferruccio Busoni, Entwurf einer neuen Ästhetik der Tonkunst, a. a. O., S. 41.
41 Brief vom 7.7.1907. In: Ferruccio Busoni, Briefe an seine Frau. Erlenbach 1935, S. 127.
42 Ferruccio Busoni, Wesen und Einheit der Musik. Berlin (West) 1956, S. 27.

43 David Drew, Vorwort zu: Über Kurt Weill. Frankfurt am Main 1975, S. XXXI.
44 Jutta Theurich, Der Briefwechsel zwischen A. Schönberg und F. Busoni 1903–1919 (1927). Edition, Kommentierung und Untersuchung unter besonderer Berücksichtigung der im Busoni-Nachlaß der Deutschen Staatsbibliothek enthaltenen Quellen. Phil. Diss. Berlin 1979, S. 41.
45 Brief vom 30.7.1921. In: Ferruccio Busoni, Briefe an seine Frau, a. a. O., S. 384.
46 Philipp Jarnach, Ferruccio Busoni. In: Berliner Börsen-Courier, 1.4.1926.
47 Kurt Weill, Busoni. Zu seinem einjährigen Todestage. In: Berliner Börsen-Courier, 26.7.1925.
48 Brief von Wladimir Vogel an Ronald Sanders vom 21.3.1978. Zit. nach: Ronald Sanders, The Days Grow Short, a. a. O., S. 60.
49 Rudolf Kastner, Kurt Weill. Eine Skizze. In: Musikblätter des Anbruch, Wien, 7/1925, S. 454.
50 Kurt Weill, Brief an Ferruccio Busoni, 20.1.1921. Busoni-Nachlaß der Deutschen Staatsbibliothek Berlin.
51 Kurt Weill, Postkarte an Hans Weill, 17.11.1920.
52 Heinrich Strobel, Kurt Weill, a. a. O., S. 430.
53 Kurt Weill, Brief an Albert Weill, 29.11.1920.
54 Hans W. Heinsheimer, Kurt Weill – From Berlin to Broadway. In: International Musician, 3/1948, S. 17.
55 Mario R. Mercado, A Podium With A View: Recollections by Maurice Abravanel. In: Kurt Weill Newsletter, New York, 1/1987, S. 8.
56 Der Gegner, Berlin, 8–9/1921, S. 297f.
57 Max Butting, Musikgeschichte, die ich miterlebte. Berlin (DDR) 1955, S. 119ff.
58 Zit. nach: Helga Kliemann, Die Novembergruppe. Berlin (West) 1969, S. 76.
59 Heinrich Strobel, Kurt Weill, a. a. O.,
60 In: Der deutsche Rundfunk, Berlin, 11.4.1926.
61 Heinrich Strobel, Kurt Weill, a. a. O., S. 431.
61a Wir benutzen in unserer Darstellung durchgängig die spätere amerikanische Schreibweise ihres Namens.
62 Lotte Lenya im Gespräch mit Steven Paul. In: Begleitheft zur Schallplattenkassette Deutsche Grammophon 2740153.
63 Kurt Weill, Brief an Ferruccio Busoni, 21.6.1923. Busoni-Nachlaß der Deutschen Staatsbibliothek Berlin.
64 Ebenda.
65 Igor Strawinsky, Leben und Werk – von ihm selbst. Zürich/Mainz 1957, S. 104.f.
66 Kurt Weill, Die neue Oper. In: Der neue Weg. Halbmonatsschrift für das deutsche Theater, Berlin, 2/1926, S. 24.
66a Ferruccio Busoni, Selected Letters. Ed. by Antony Beaumont, New York 1987, S. 373 – Rückübersetzung des Briefes.
67 Kurt Weill, Brief an Ferruccio Busoni, etwa November 1923. Busoni-Nachlaß der Deutschen Staatsbibliothek Berlin.
68 Rudolf Kastner, Kurt Weill. Eine Skizze, a. a. O., S. 455.
69 Zit. nach: Musikerautographen. Antiquariatskatalog 204. Musikantiquariat Schneider. Tutzing 1977, Nr. 37a.
70 Kurt Weill, Brief an Ferruccio Busoni, etwa November 1923, Busoni-Nachlaß der Deutschen Staatsbibliothek Berlin.
71 Kurt Weill, Brief an Ferruccio Busoni, 25.2.1924. Busoni-Nachlaß der Deutschen Staatsbibliothek Berlin.
72 Kurt Weill, Busoni und die neue Musik. In: Der neue Weg. a. a. O., 20/1925, S. 282.
73 Fritz Busch, Aus dem Leben eines Musikers. Berlin (DDR) 1974, S. 137.
74 Bertolt Brecht, Dem fünzigjährigen Georg Kaiser. In: Berliner Börsen-Courier, 24.11.1928.
75 Der deutsche Rundfunk, Berlin, 11.4.1926.
76 Kurt Weill, Brief an Ferruccio Busoni, 6.3.1924. Busoni-Nachlaß der Deutschen Staatsbibliothek Berlin.
77 Kurt Weill, Brief an Ferruccio Busoni, 15.3.1924. Busoni-Nachlaß der Deutschen Staatsbibliothek Berlin.
78 Vgl. dazu: Kim H. Kowalke, Kurt Weill in Europe. Ann Arbor 1979, S. 263 – Hier wie auch an einigen anderen Stellen folge ich Kowalkes ausgezeichneten Analysen.
79 Die Musik, Berlin, 18/1926, S. 836.
80 Kurt Weill, Postkarte an Ruth Weill, 1924.
81 Begleittext zur Schallplatte »The Lotte Lenya Album«, Columbia MG 30087.
82 Lotte Lenya im Gespräch mit Steven Paul, a. a. O.
83 Hans W. Heinsheimer, Best Regards to Aida. New York 1969, S. 109.

84 Kurt Weill, Brief an die Eltern, 1925.
85 J. S. Harrison, Weill and Lenya. In: New York Herald Tribune, 27.7.1958.
86 Heinrich Strobel, Kurt Weill, a. a. O., S. 432.
87 Berliner Börsen-Courier, 29.3.1926.
88 Berliner Morgenpost, 29.3.1926.
89 Hans W. Heinsheimer, Best Regards to Aida, a. a. O., S. 124.
90 Kurt Weill, Brief an die Eltern, 1925.
91 Kurt Weill, Brief an UE (Universal-Edition Wien), 6.5.1926.
92 Deutsche Tonkünstler-Zeitung, Berlin, 20.5.1929.
93 Alban Berg in der Umfrage »Gibt es eine zeitgenössische Weiterentwicklung der Oper?«, Blätter der Staatsoper Berlin, Oktober 1927, S. 12.
94 Kurt Weill, Zeitoper. In: Melos, Mainz, 3/1928, S. 107.
95 Interview mit Lotte Lenya. In: Philadelphia Inquirer, 28.4.1976.
96 Kurt Weill, Beitrag zur Umfrage »Meine Frau«. In: Münchner Illustrierte Presse, 14.4.1929.
97 Felix Stiemer in: Der deutsche Rundfunk, 12.9.1926.
97a Felix Jackson (d. i. Joachimson), Portrait of a quiet man. Kurt Weill, his life and his times. Unveröffentlichtes Manuskript einer biographischen Studie, Weill-Lenya Research Center New York, S. 27.
98 Kurt Weill, Brief an UE, 4.4.1927.
99 Weill/Lenya-Archive, Yale University, New Haven, Box 24, Folder 359.
100 Brief der UE an Weill, 7.4.1927.
101 Hans W. Heinsheimer, Best Regards to Aida, a. a. O., S. 114ff.
102 Hans Curjel, Erinnerungen um Kurt Weill. In: Melos, Mainz 3/1970, S. 84.
103 Kurt Weill, Brief an UE, 23.3.1927.
104 Kurt Weill, Brief an UE, 4.8.1927.
105 Kurt Weill im Programmheft der Uraufführung, Städtische Theater Leipzig, 18.2.1928.
106 Neue Leipziger Zeitung, 19.2.1928.
107 Sächsische Arbeiter-Zeitung, Leipzig, 20.2.1928.
108 Berliner Börsen-Courier, 15.10.1928.
109 Die Musik, Berlin, 20/1928, S. 924.
110 Der deutsche Rundfunk, Berlin, 27.3.1927.
111 Lotte Lenya im Gespräch mit Steven Paul, a. a. O.
112 Werner Mittenzwei, Das Leben des Bertolt Brecht oder Der Umgang mit den Welträtseln, Band 1., Berlin (DDR), 1987, S. 253.
113 Bertolt Brecht, Über die Kreierung eines zeitgemäßen Theaters. In: Gesammelte Werke, Band 15. Frankfurt am Main 1967, S. 130.
114 David Drew, Vorwort zu: Über Kurt Weill. Frankfurt am Main 1975, S. XVII.
115 Fritz Hennenberg, Das große Brecht-Liederbuch, Band 3. Berlin (DDR) 1984, S. 371.
116 Vgl. dazu: Gunter G. Sehm, Moses, Christus und Paul Ackermann. In: Brecht-Jahrbuch 1976, Frankfurt am Main 1976.
117 Arnolt Bronnen, Tage mit Bertolt Brecht. Wien/München/Basel 1960, S. 144.
118 Bertolt Brecht, Tagebücher 1920–1922. Autobiographische Aufzeichnungen 1920–1954. Frankfurt am Main 1975, S. 202.
119 Kurt Weill, Mahagonny. Songspiel nach Texten von Bertolt Brecht. Textbuch. Wien 1927, S. 12.
119a Zit. nach: Felix Jackson (d. i. Joachimson), Portrait of a quiet man, a. a. O., S. 49.
120 Kurt Weill, Brief an UE, 4.4.1927.
121 Albrecht Dümling, Laßt euch nicht verführen. Brecht und die Musik. München 1985, S. 228.
122 Zit. nach: Eckhardt Köhn, Das Ruhrepos. Dokumentation eines gescheiterten Projekts. In: Brecht-Jahrbuch 1977, Frankfurt am Main 1977, S. 60.
123 Zit. nach: Ebenda, S. 61.
124 Albrecht Dümling, Laßt euch nicht verführen. Brecht und die Musik, a. a. O., S. 228.
125 Programmheft Deutsche Kammermusik Baden-Baden 1927, S. 4.
126 Berliner Börsen-Courier, 19.7.1927.
127 Kurt Weill, Anmerkungen zu meiner Oper »Mahagonny«. In: Die Musik, Berlin, 6/1930, S. 30.
128 Hans Curjel, Erinnerungen um Kurt Weill, a. a. O., S. 81.
129 Brief der UE an Weill, 15.8.1927.
130 Kurt Weill, Brief an UE, 25.8.1927.
131 Kurt Weill, Brief an UE, 18.11.1927.
132 Kurt Weill, Brief an UE, 24.11.1927.
133 Kurt Weill, Brief an UE, 8.12.1927.
134 Brief der UE an Weill, 16.12.1927.
135 Kurt Weill, Brief an UE, 27.12.1927.
136 Kurt Weill, Brief an UE, 20.3.1928.
137 Lotte Lenya im Gespräch mit Steven Paul, a. a. O.
138 Ernst Josef Aufricht, Erzähle, damit du dein Recht erweist. München 1969, S. 55f.
139 Werner Hecht, Die »Dreigroschenoper« und ihr Ur-

bild. In: Brecht. Vielseitige Betrachtungen, Berlin (DDR) 1978, S. 23/26.
140 Lotte Lenya-Weill, Das waren Zeiten. In: Bertolt Brechts Dreigroschenbuch, Frankfurt am Main 1960, S. 223.
141 Ernst Josef Aufricht, Erzähle, damit du dein Recht erweist, a. a. O., S. 50.
142 Ebenda, S. 63.
143 Anbruch, Wien, 1/1929, S. 25.
144 In: Die Musik, Berlin, 21/1929, S. 425.
145 In: Anbruch, Wien, 11/1929, S. 327.
146 Deutsche Zeitung Bohemia, Prag, 21. 10. 1928.
147 Völkischer Beobachter, München, 23. 7. 1929.
148 Kurt Weill, Brief an UE, 12. 9. 1928.
149 Kurt Weill, Brief an UE, 11. 10. 1928.
150 Brief der UE an Weill, 13. 9. 1928.
151 Theodor W. Adorno, Zur »Dreigroschenoper«. In: Die Musik, Berlin, 21/1929, S. 426.
152 In: Anbruch, Wien, 11/1929, S. 317.
153 Berliner Morgenpost, 29. 11. 1928.
154 In: Die Musik, Berlin, 11/1928, S. 155.
155 In: Der deutsche Rundfunk, Berlin, 17. 5. 1929.
156 Kurt Weill, Brief an UE, 29. 12. 1928.
157 Jan Knopf, Brecht-Handbuch Theater. Stuttgart 1980, S. 73.
158 Kurt Weill, Brief an UE, 4. 6. 1929.
159 Bertolt Brecht, Briefe, Frankfurt am Main 1981. S. 149.
160 Karl Holl in: Frankfurter Zeitung, 2. 8. 1929.
161 Der deutsche Rundfunk, Berlin, 5. 8. 1929.
162 Kurt Weill in einer Anzeige der Universal-Edition zum »Lindberghflug«. Anbruch, Wien, 1/1930, S. 28.
163 Berliner Tageblatt, 6. 12. 1929.
164 B. Z. am Mittag, 6. 12. 1929.
165 Das Exemplar befindet sich in der Missouri Historical Society in St. Louis.
166 Kurt Weill, Brief an UE, 25. 5. 1929.
167 Die Literarische Welt, Berlin, 13. 9. 1929.
168 Berliner Tageblatt, 3. 9. 1929.
169 Kurt Weill, Brief an UE, 14. 10. 1929.
170 Sinn und Form. Zweites Sonderheft Bertolt Brecht, Berlin (DDR) 1956, S. 243.
171 Ausführlicher zu diesem hier nur grob skizzierten Weg siehe: Werner Hecht, Brechts Weg zum epischen Theater, Berlin (DDR) 1962.
172 Kurt Weill, Korrespondenz über »Dreigroschenoper«. In: Anbruch, Wien, 1/1929, S. 24.
173 Bertolt Brecht, Anmerkungen zur Oper »Aufstieg und Fall der Stadt Mahagonny«. In: Gesammelte Werke, Band 17, Frankfurt am Main 1967, S. 1010.
174 Kurt Weill, Anmerkungen zu meiner Oper »Mahagonny«. In: Die Musik, Berlin, 6/1930, S. 29.
175 Kurt Weill, Vorwort zum Regiebuch »Mahagonny«. In: Anbruch, Wien, 1/1930, S. 5.
176 In: Die Musik, Berlin 6/1930, S. 30.
177 Kurt Weill, Brief an UE, 13. 7. 1929.
178 Brief der UE an Weill, 27. 8. 1929.
179 Brief der UE an Weill, 9. 9. 1929.
180 Kurt Weill, Aufstieg und Fall der Stadt Mahagonny. Oper in drei Akten von Brecht. Textbuch, Wien 1929, S. 2.
181 Sächsische Arbeiter-Zeitung, Leipzig 11. 3. 1930.
182 Begleitheft zur Schallplattenkassette »Aufstieg und Fall der Stadt Mahagonny«, Columbia KL 5271.
183 Leipziger Abendpost, 10. 3. 1930.
184 Zeitschrift für Musik, Regensburg, 4/1930, S. 117.
185 Berliner Tageblatt, 10. 3. 1930.
186 Die Scene, Berlin, 3/1930, S. 94.
187 Kurt Weill, Brief an UE, 4. 5. 1930.
188 Kurt Weill, Brief an UE, 3. 1. 1931.
189 Kurt Weill, Brief an UE, 14. 12. 1931.
190 Kurt Weill, Brief an UE, 13. 1. 1932.
191 Kurt Weill, Über meine Schuloper »Der Jasager«. In: Die Scene, Berlin, 8/1930, S. 232.
192 Aktuelles Zwiegespräch über die Schuloper. In: Die Musikpflege, Berlin 1/1930, S. 48f.
193 Ebenda.
194 New York World Telegram, 21. 12. 1935.
195 Die Weltbühne, Berlin, 8. 7. 1930.
196 Hochland, Berlin, 2/1930, S. 411.
197 Anbruch, Wien, 12/1930, S. 243.
198 Die Musik, Berlin, 2/1932, S. 120.
199 Film-Kurier, Berlin, 5. 2. 1931.
200 Licht-Bild-Bühne, Berlin, 13. 2. 1931.
201 Kurt Weill, Brief an UE, 9. 12. 1931.
202 Die Weltbühne, Berlin, 21. 4. 1931.
203 Zit. im Brief der UE an Weill, 31. 5. 1932.
204 Kurt Weill, Brief an UE, 14. 4. 1930.
205 Kurt Weill, Zur großen Form! In: Der Montag Morgen, Berlin, 24. 8. 1931.
206 Kurt Weill, Wirklich Opernkrise? In: Deutsche Allgemeine Zeitung, Berlin, 8. 7. 1932.
207 Kurt Weill, Brief an UE, 6. 8. 1930.

208 Kurt Weill, Brief an UE, 27.8.1930.
209 Zit. nach: Kurt Weill, Die Bürgschaft. Klavierauszug, Wien o.J. (1932), S. II.
210 In: Anbruch, Wien, 14/1932, S. 207.
211 Carl Ebert in: Caspar Neher. Hrsg. von Gottfried von Einem und Siegfried Melchinger. Velber 1966, S. 125.
212 Berliner Tageblatt, 11.3.1932.
213 B.Z. am Mittag, 11.3.1932.
214 Brief der UE an Weill, 14.5.1932.
215 Paul Bekker, Briefe an zeitgenössische Musiker. Berlin 1932, S. 113f.
216 Kurt Weill, Brief an UE, 29.5.1932.
217 Alle Projekte zit. aus: Kurt Weill, Brief an UE, 15.6.1932.
218 Kurt Weill, Brief an UE, 7.7.1932.
219 Kurt Weill, Brief an UE, 14.11.1932.
220 Kurt Weill, Brief an UE, 23.11.1932.
221 Kurt Weill, Brief an UE, 24.11.1932.
222 Deutsche Allgemeine Zeitung, Berlin, 6.12.1932.
223 Kurt Weill, Brief an UE, 19.1.1933.
224 Kurt Weill, Brief an UE, 6.2.1933.
225 Brief der UE an Weill, 8.2.1933.
226 Zit. nach: Begleitheft zur Schallplatte »Silver Lake«, Nonesuch Records 79003. Die Zusammenstellung des Heftes besorgte Kim H. Kowalke.
227 Ebenda.
228 Unbezeichneter (Berliner?) Zeitungsausschnitt im Weill-Lenya Research Center New York.
229 Leipziger Tageszeitung, 20.2.1933.
230 Völkischer Beobachter, Berliner Ausgabe, 24.2.1933.
231 Magdeburgische Zeitung, 21.2.1933.
232 Die Details von Weills letzten Tagen in Berlin nach: David (im Buch fälschlicherweise Daniel) Drew, Neher und Weill. In: Caspar Neher, a.a.O., S. 99.
233 Walter Trienes, Neudeutsche Opern»kultur«. In: Nationalsozialistische Monatshefte, München, 12/1931, S. 378.
234 Helmut Kötzsch, Der neue Opernspielpan. In: Zeitschrift für Musik, Regensburg, 10/1933, S. 321.
235 Friedrich Walter, Um die deutsche Musik – Ein Bekenntnis. In: Die Musik, Berlin, 10/1932–1933, S. 727.
236 Karl Grunsky, Kampf um deutsche Musik. Stuttgart 1933, S. 26f.
236a Die Juden in Deutschland. München 1935, S. 358f.
237 Hans Severus Ziegler, Entartete Musik. Düsseldorf 1938, S. 16f.
238 Deutsche Juden im neuen Musiklexikon. In: Dresdener Anzeiger, 15.3.1939. Zit. nach: Fred K. Prieberg, Musik im NS-Staat. Frankfurt am Main 1982.
239 Walter Trienes, Musik in Gefahr. Regensburg 1940, S. 128.
240 Lexikon der Juden in der Musik. Hrsg. von Th. Stengel und H. Gerigk. Berlin 1941, S. 210.
241 Paul Bekker, Wandlungen der Oper. Zürich 1934, S. 216.
242 John Willett, Explosion der Mitte. München 1981, S. 7.
243 Kurt Weill, Brief an UE, 26.8.1932.
244 Les Nouvelles Littéraires, Paris, 13.12.1932.
245 Candide, Paris, 15.12.1932.
246 Die Details der Entstehungsgeschichte nach: Kim H. Kowalke, A Tale of Seven Cities: A Chronicle of the Sins. In: On the Next Wave. The audience magazine of »BAM's Next Wave Festival«, New York, 1–2/1985, S. 21.
247 Ebenda.
248 The New Yorker, 8.7.1933.
249 Das neue Tagebuch, Paris, 1/1933, S. 24.
250 Evening Standard, London, 19.7.1933.
251 Kurt Weill, Postkarte an Ruth Weill, 23.7.1933.
252 Undatierter Brief von Eva Sybille (Billa) Kaiser an Kurt Weill (etwa Sommer 1933).
253 Brief des Bankgeschäftes Frankenberg, Berlin, an Kurt Weill, 3.3.1934.
254 Maurice Abravanel remembers Kurt Weill. In: High Fidelity/Musical America, New York, 7/1978, S. 66.
255 Zit. nach: Begleittext zur Schallplatte Kurt Weill, Die Sinfonien. Argo ZRG 755.
256 New York World Telegram, 21.2.1935.
257 Zit. nach: Kim H. Kowalke, Begleittext zur Schallplatte The Unknown Weill. Nonesuch Records 79019.
258 Marlene Dietrich, Nehmt nur mein Leben. München 1979, S. 105.
259 Telegramm vom 3.3.1934, Weill-Lenya Research Center New York.
260 Die Darstellung zur »Der Kuhhandel« nach: David Drew, »Der Kuhhandel« as a Key Work. In: A New Orpheus. Essays on Kurt Weill. New Haven/London 1986.

261 Ebenda, S. 220.
262 Meyer Weisgal, So Far, New York 1971, S. 114.
262a Ole Winding, Kurt Weill i Exil. In: Aften-Avisen, Kopenhagen, 21. 6. 1934.
263 Meyer Weisgal, So Far, a. a. O., S. 121.
264 New York Post, 9. 2. 1937.
265 The American Hebrew, New York, 8. 1. 1937.
266 Kurt Weill, Brief an Max Reinhardt, 6. 10. 1934.
267 Kurt Weill, Brief an UE, 6. 2. 1933.
268 The New Yorker, 22. 4. 1933.
269 Hanns Eisler, Gespräche mit Hans Bunge. Fragen Sie mehr über Brecht. Gesammelte Werke Band III/7. Leipzig 1975, S. 99.
270 Ausführlich dazu vgl.: John O'Connor und Lorraine Brown, The Federal Theatre Project. London 1980.
271 Brooks Atkinson, Broadway. New York 1985, S. 209.
272 Henry Marx, Die Broadway-Story. Eine Kulturgeschichte des amerikanischen Theaters. Düsseldorf/Wien 1986, S. 68.
273 Brooks Atkinson, Broadway, a. a. O., S. 225.
274 Ebenda, S. 249.
275 Cheryl Crawford, One Naked Individuum. New York 1977, S. 94.
276 Ebenda, S. 95.
277 Kurt Weill, What is Musical Theatre? Lecture for Group Theatre. Typoskript von 1936, Kopie im Weill-Lenya Research Center New York.
278 Textzitate nach: Begleittext zur Schallplatte »Johnny Johnson«, Heliodor HS 25024.
279 Larry L. Lask, Begleittext zur Schallplatte »Johnny Johnson«, Polydor 831384–1.
280 John O'Connor/Lorraine Brown, The Federal Theatre Project, a. a. O., S. 175.
281 Zit. nach: Begleittext zur Schallplatte »Johnny Johnson«, Polydor 831384–1.
282 Marc Blitzstein, Weill Scores for Johnny Johnson. In: Modern Music, New York, 6/1936, S. 45.
283 Kurt Weill, Brief an Max Dreyfus (engl.), 20. 12. 1936.
284 Guy Stern, The Road to The Eternal Road. In: A New Orpheus. Essays on Kurt Weill, a. a. O., S. 274.
285 Max Reinhardt, Postkarte an Kurt Weill, 24. 12. 1935. Weill-Lenya Research Center New York.
286 Kurt Weill, Brief an Leopold Stokowski (deutsch), 12. 9. 1935.
287 Meyer Weisgal, So Far, a. a. O., S. 135.
288 Brooks Atkinson, Broadway, a. a. O., S. 347.
289 New York Times, 24. 1. 1937.
290 Paul Bekker, Kurt Weills »Eternal Road«. In: New Yorker Staatszeitung und Herold, 31. 1. 1937.
291 David Ewen, Musical Modernist. In: Cue, New York, 23. 1. 1937.
292 Zit. nach: Ronald Sanders, The Days Grow Short, a. a. O., S. 262.
293 Kurt Weill, Brief an Paul Green (engl.), 19. 8. 1937.
294 Weill/Lenya Archive, Yale University New Haven, Box 2, Folder 21.
295 John O'Connor/Lorraine Brown, The Federal Theatre Project, a. a. O., S. 179.
296 Fritz Lang zit. nach: Peter Bogdanovich, Fritz Lang in America. London 1967, S. 38.
297 Brooks Atkinson, Broadway, a. a. O., S. 272.
298 Programmheft der Uraufführung »Knickerbocker Holiday«, New York 19. 10. 1938. Weill-Lenya Research Center New York.
299 Brooks Atkinson, Broadway, a. a. O., S. 282.
300 Hrsg. Hans Petersen in der deutschen Ausgabe, Berlin (DDR) 1978, hinterer Klappentext.
301 Elmer Rice, Minority Report. New York 1963, S. 380.
302 Nach: Begleittext zur Schallplatte »Knickerbocker Holiday«, AEI Records 1148.
303 Zit. nach: Stanley Green, The World of Musical Comedy. New York 1983, S. 200.
304 George Maynard, Brief an Kurt Weill, undatiert. Weill-Lenya Research Center New York.
304a Brief an Elmer Rice, 26. 6. 1938. In: Dramatist in America. Letters of Maxwell Anderson 1912–1958. Chapel Hill 1977, S. 74.
305 The New Yorker, 29. 10. 1938.
306 William G. King, Music and Musicians. In: New York Sun, 3. 2. 1940.
307 Oscar Thompson, New Roles for Music at Fair. In: New York Times, 3. 5. 1939.
308 William G. King, Music and Musicians, a. a. O.
309 Brooks Atkinson, Broadway, a. a. O., S. 346.
310 Joachim Sonderhoff, Anfänge des amerikanischen Musiktheaters. In: Joachim Sonderhoff und Peter Weck, Musical. Geschichte – Produktionen – Erfolge. Braunschweig 1986, S. 24.
311 Stanley Green, The World of Musical Comedy, a. a. O., S. 1.
312 Brooks Atkinson, Broadway, a. a. O., S. 318.
313 Stanley Green, The World of Musical Comedy, a. a. O., S. 200.
314 Ebenda, S. 198.

315 Zit. nach: Ebenda, S. 200.
316 Moss Hart im Programmheft der Uraufführung »Lady in the Dark«, New York 21. 1. 1941.
316a Vorwort zu: Über Kurt Weill, a. a. O., S. XXII.
317 Elliot Norton in: Boston Sunday Post, 5. 1. 1941.
318 Unbezeichneter Zeitungsausschnitt im Weill-Lenya Research Center New York.
319 New York Times, 25. 1. 1941.
320 New York Times, 7. 9. 1941.
321 New York Herald Tribune, 20. 4. 1944.
322 Undatierter Brief von Darius Milhaud an Kurt Weill (engl.), etwa Sommer 1942. Weill-Lenya Research Center New York.
323 Dies teilt David Drew mit. Siehe: A New Orpheus. Essays on Kurt Weill, a. a. O., S. 247.
324 Telegramm von Kurt Weill an Marlene Dietrich (engl.), 24. 7. 1942.
325 New York Times, 17. 10. 1943.
326 Modern Music, New York, 6/1943, S. 50.
327 Sunday Union and Republican, Springfield, Mass., 25. 6. 1944.
328 Life Magazine, New York, 25. 10. 1943.
329 Christian Science Monitor, Boston, 13. 3. 1945.
330 New York Herald Tribune, 23. 3. 1945.
331 New York Times, 8. 10. 1948.
332 Sendung der NBC New York, 9. 3. 1941. Sendestenogramm im Weill-Lenya Research Center New York.
333 Life Magazin, New York, 10. 3. 1947.
334 Zeitungsausschnitt in: Bertolt Brecht, Arbeitsjournal 1938–1942, Frankfurt am Main 1973, S. 413.
335 Kurt Weill, Briefe an Erika Mann und Bruno Frank (engl.), 17. 6. 1940.
336 Kurt Weill, Brief an Bob Lewis (engl.), 12. 12. 1941.
336a Brief des Office of War Information, Washington, an Kurt Weill, 3. 6. 1944.
337 Bertolt Brecht, Undatierter Brief an Kurt Weill (etwa Ende 1942) im Weill-Lenya Research Center New York.
338 Bertolt Brecht, Briefe. Frankfurt am Main 1981, S. 462.
339 Kurt Weill, Brief an Ira Gershwin (engl.), 2. 5. 1942.
340 Kurt Weill, A Coke, A Sandwich and Us. Typoskript im Weill-Lenya Research Center New York.
341 Weill/Lenya Archive, Yale University New Haven, Box 35, Folder 526.
342 Kurt Weill, Brief an die Eltern (deutsch), 30. 4. 1945.
343 Weill schrieb den Aufsatz deutsch, er erschien in »Modern Music« unter dem Titel »The Future of Opera in America«, übersetzt von Joel Lifflander. Das Zitat folgt dem deutschen Typoskript im Weill-Lenya Research Center New York, S. 1.
344 Virgil Thomson, American Music Since 1910. New York 1972, S. 93.
345 Kurt Weill, Broadway and the Musical Theatre. In: The Composers News-Record, New York, 2/1947, S. 1.
346 Kurt Weill, Brief an Charles McArthur (engl.), 21. 1. 1946.
347 Nach: Kim H. Kowalke, Street Scene: A Broadway Opera. In: Programmheft zur Aufführung »Street Scene« der New York City Opera, 1978, S. 10.
348 Langston Hughes, Meine Zusammenarbeit mit Kurt Weill. In: Über Kurt Weill, Frankfurt am Main 1975, S. 143 f.
349 Kurt Weill, Score for a play. In: New York Times, 5. Januar 1947.
350 Kurt Weill, Brief an die Eltern (deutsch), 9. 9. 1946.
351 Kurt Weill, Begleittext zur Schallplatte »Street Scene«, Columbia OL 4139.
352 Kurt Weill, Brief an das Ensemble »Street Scene« (engl.), 9. 1. 1947.
353 Telegramm von Elmer Rice an Kurt Weill, 9. 1. 1937.
354 New York World Telegram, 15. 1. 1947.
355 New York Times, 26. 1. 1947.
356 Kim H. Kowalke, Street Scene: A Broadway Opera, a. a. O., S. 14.
357 New York Times, 5. 6. 1949.
358 Dies berichtet Noel Straus in seiner Rezension der New Yorker Aufführung, New York Herald Tribune, 5. 7. 1949 – Ein weiterer, undatierter und unbezeichneter Zeitungsausschnitt im Weill-Lenya Research Center New York nennt die gleiche Zahl.
359 Kurt Weill, Brief an die Eltern (deutsch), 11. 7. 1949.
360 Maxwell Anderson, The Play in the Making. In: New York Herald Tribune, 30. 10. 1949.
360a Brief an Alan Paton, 15. 3. 1948. In: Dramatist in America. Letters of Maxwell Anderson 1912–1958, a. a. O., S. 221.
361 New York Times, 9. 4. 1950.
362 Nach: Bennett Oberstein, Lost in the Stars: Conflict and Compromise. In: Kurt Weill Newsletter, New York, 2/1985, S. 8.
363 Howard Barnes, A Rich Musical Play Arrives. In: New York Herald Tribune, 2. 11. 1949.

364 Brooks Atkinson, Broadway, a. a. O., S. 349.
365 Kurt Weill, Brief an die Eltern (deutsch), 5. 2. 1950.
366 Kurt Weill, Brief an die Eltern (deutsch), 6. 9. 1949.
367 Maxwell Anderson, Gedenkrede auf dem Weill-Memorial-Konzert am 10. Juli 1950, a. a. O.
368 Aus: Julius Cäsar (V, 5). Zit. nach: Henry Marx (Hrsg.), Weill-Lenya, a. a. O., ohne Seitenzählung.

CHRONIK
ZU LEBEN UND WERK
VON KURT WEILL

1900 2. März: Kurt Weill als drittes von vier Kindern des Kantors der Dessauer Synagoge Albert Weill (1867–1955) und Emma Weill, geb. Ackermann (1872–1957) in der »Sandvorstadt«, dem jüdischen Viertel von Dessau, geboren.

1906 Beginn der Schulzeit.

1907 Ostern: Die Familie Weill bezieht eine Dienstwohnung im Gemeindehaus der neuen Dessauer Synagoge.

1909/18 Besuch der Herzoglichen Friedrichs-Oberrealschule zu Dessau.

1913 Erste erhaltene Komposition *Mi Addir, Jüdischer Trauungsgesang.*

1914 Herbst: Im Zuge der nationalistischen Welle nach Ausbruch des ersten Weltkriegs wird Weill Mitglied der Jugendorganisation »Dessauer Feldkorps«. Die herrschende Kriegsbegeisterung prägt auch zwei Kompositionen: *Ich weiß wofür* (Männerchor a cappella, Text: Guido von Güllhausen) und *Reiterlied* (Text: Hermann Löns).

1915 Nach dreijährigem Klavierunterricht und ersten Kompositionsversuchen Beginn systematischer Ausbildung: Weill wird Privatschüler bei Albert Bing, dem ersten Kapellmeister des Herzoglichen Hoftheaters zu Dessau. Dieser unterrichtet ihn bis Ende 1917 in Klavier, Komposition, Theorie und Dirigieren.
Januar: Erster öffentlicher Auftritt als Liedbegleiter bei einem Programm des »Dessauer Feldkorps«.
Dezember: Erster öffentlicher Auftritt als Pianist bei einem Konzert im Herzoglichen Palais. Weill spielt ein Nocturne von Chopin und den Liebestraum Nr. 3 von Liszt.

1916 Liedkompositionen: *Sehnsucht* (Eichendorff), *Im Volkston* (Arno Holz), *Volkslied* (Anna Ritter) sowie als wichtigstes Frühwerk *Ofrah's Lieder* (ein Zyklus von fünf Liedern nach hebräischen Gedichten von Jehuda Halevi in modernen deutschen Übersetzungen).
Weill wird Klavierlehrer der beiden Neffen sowie der Nichte des Herzogs Friedrich. Erster Opernversuch: *Zriny* (nach der Tragödie von Theodor Körner – verschollen).

1917 Durch Vermittlung von Albert Bing freie Mitarbeit als Korrepetitor am Herzoglichen Hoftheater. Weitere Liedkompositionen: *Das schöne Kind* (Autor unbekannt), *Maikaterlied* und *Abendlied* (zwei Sopranduette nach Gedichten von Otto Julius Bierbaum).
Dezember: *Intermezzo* für Klavier.

1918 März: Abiturzeugnis der Oberrealschule.
April: Aufnahmeprüfung an der Berliner Hochschule für Musik. Weill besucht Philosophievorlesungen an der Universität (bei Max Dessoir und Ernst Cassirer).
September: Endgültige Entscheidung für das Musikstudium, Immatrikulation an der Hochschule für Musik. Weills Lehrer sind Rudolf Krasselt (Dirigieren), Friedrich E. Koch (Kontrapunkt) und Engelbert Humperdinck (Komposition).
Streichquartett in h-Moll.

1919 Juli: Abbruch des Studiums und Rückkehr nach Dessau.
Ende August: Korrepetitor am Dessauer Friedrich-Theater unter dem neuen Musikalischen Oberleiter Hans Knappertsbusch.
Orchestersuite E-Dur.
Die Weise von Liebe und Tod des Cornets Christoph Rilke (Sinfonisches Poem nach Rilke).
Schilflieder (Zyklus von fünf Liedern nach Gedichten von Nikolaus Lenau).
Die stille Stadt (Lied nach Richard Dehmel).
Dezember: Durch Vermittlung Humperdincks Engagement als Kapellmeister an das neugegründete Stadttheater in Lüdenscheid (Westfalen).

1920 Januar – Mai: Kapellmeister in Lüdenscheid, Weill dirigiert Oper, Operette und Singspiel.
Sonate für Violoncello und Klavier.
Ninon von Lenclos (Operneinakter nach dem Schauspiel von Ernst Hardt – verschollen).

Ende Mai: Nach Beendigung der Spielzeit verläßt Weill Lüdenscheid und fährt zu den Eltern nach Leipzig, wo der Vater seit 15. Mai die Leitung eines jüdischen Waisenhauses übernommen hat.
Sulamith (Chorfantasie für Sopran, Frauenchor und Orchester).
September: Rückkehr nach Berlin.
Dezember: Gespräch mit Ferruccio Busoni. Dieser nimmt nach Prüfung einiger vorgelegter Kompositionen Weill als einen seiner fünf Schüler in die Meisterklasse für Komposition an der Preußischen Akademie der Künste zu Berlin auf.

1921 Januar: Beginn des dreijährigen Studiums bei Busoni (bis Ende 1923). Da dieser keinen Kontrapunkt lehrt, zusätzliche Studien bei Philipp Jarnach.
Zur Aufbesserung der finanziellen Situation Klavierspieler in einem Bierkeller-Restaurant.
Sinfonie in einem Satz (Nr. 1).
Liedkompositionen: *Die Bekehrte* (Goethe), zwei *Rilkelieder* für Gesang und Klavier.

1922 Frühjahr: Weill wird Mitglied der Musikabteilung in der Berliner »Novembergruppe«.
Weills Bearbeitung von Busonis *Divertimento für Flöte und Orchester op. 52* erscheint bei Breitkopf & Härtel in Leipzig (Ausgabe für Flöte und Klavier).
Psalm VIII für sechsstimmigen Chor a cappella.
Divertimento für kleines Orchester mit Männerchor, op. 5.
Sinfonia sacra: Fantasia, Passacaglia und Hymnus für Orchester, op. 6.
18. November: Uraufführung der ersten Musiktheaterarbeit Weills im Theater am Kurfürstendamm Berlin: *Die Zaubernacht* (Kinderpantomime in einem Akt, Szenarium von Wladimir Boritsch).

1923 Aus finanziellen Gründen beginnt Weill, Privatunterricht in Theorie und Komposition zu erteilen. Unter seinen Schülern sind bis 1925 Claudio Arrau, Maurice Abravanel und Nikos Skalkottas.
Streichquartett, op. 8.
Quodlibet (Orchestersuite aus der Pantomime *Zaubernacht*), op. 9.
Frauentanz (Sieben Gedichte des Mittelalters für Sopran, Flöte, Viola, Klarinette, Horn und Fagott), op. 10.
Recordare für vierstimmigen Chor und Kinderchor a cappella (Text: Lamentationes V), op. 11.
Vielbeachtete Uraufführungen: op. 6 (12. März, Dirigent: Alexander Selo) und op. 5 (10. April, Dirigent: Heinz Unger) in Konzerten des Berliner Philharmonischen Orchesters; op. 8 durch das Hindemith-Amar-Quartett während der Frankfurter Kammermusikwoche am 24. Juni.
Dezember: Ende des Studiums bei Busoni an der Preußischen Akademie der Künste.

1924 7. Februar: Uraufführung von op. 10 auf einem IGNM-Konzert in Berlin (mit Nora Pisling-Boas, Sopran; Dirigent: Fritz Stiedry).
Anfang Februar: Durch Vermittlung des Dresdener Opernchefs Fritz Busch erste Begegnung mit dem Dramatiker Georg Kaiser; Verabredung einer Zusammenarbeit.
Mitte Februar–März: Reise in die Schweiz und nach Italien. Auf der Rückfahrt in Wien Verhandlungen mit dem Verlag Universal-Edition aufgrund einer Empfehlung von Busoni.
22. April: Unterzeichnung eines Verlagsvertrags mit der Universal-Edition.
Sommer: Im Hause Georg Kaisers in Grünheide bei Berlin erste Begegnung mit der Schauspielerin Lotte Lenya.
27. Juli: Tod von Ferruccio Busoni.
Konzert für Violine und Blasorchester, op. 12.
Das Stundenbuch (Sechs Lieder für Bariton und Orchester nach Texten von Rilke), op. 13.
September: Kaiser und Weill brechen die Arbeit an einer begonnenen Ballett-Pantomime ab und beginnen stattdessen mit einem Operneinakter.

1925 Januar: Weill beginnt eine vierjährige Tätigkeit als Kritiker bei der Wochenzeitschrift »Der deutsche Rundfunk«.
Ende März: Fertigstellung von *Der Protagonist* (Oper in einem Akt, Libretto: Georg Kaiser), op. 14.
Sommer: Begegnung mit dem Lyriker Yvan Goll in Berlin.
Der neue Orpheus (Kantate für Sopran, Solovioline und Orchester, Text: Yvan Goll), op. 15.
Klops-Lied (Für hohe Stimme, zwei Piccoloflöten und Fagott; nach einem Berliner Volkstext).
Oktober: Weill zieht gemeinsam mit Lotte Lenya in die Pension Hassforth am Luisenplatz

1926 Januar: Fertigstellung von *Royal Palace* (Ballett-Oper in einem Akt, Libretto: Yvan Goll), op. 17.
26. Januar: Weill heiratet Lotte Lenya (geborene Karoline Wilhelmine Blamauer).

27. März: Uraufführung *Der Protagonist* an der Staatsoper Dresden (Regie: Josef Gielen, Dirigent: Fritz Busch).
Ende März: Begegnung mit dem Berliner Lyriker und Librettisten Felix Joachimson und Beginn gemeinsamer Arbeit an der komischen Oper *Na und?* (Anfang 1927 von der Universal-Edition abgelehnt; das Material ist verschollen, nur einige Skizzen sind vorhanden).
Juni–Juli: Mit Lotte Lenya Reise in die Schweiz, nach Italien und an die französische Riviera.
1. September: Die Funkstunde Berlin sendet die Hörspielfassung von Grabbes Trauerspiel *Herzog Theodor von Gothland* mit einer Musik von Weill (für Soli, Chor und Orchester).

1927 2. März: Uraufführung von *Der neue Orpheus* und *Royal Palace* an der Staatsoper Berlin (Regie: Franz Ludwig Hörth, Dirigent: Erich Kleiber).
März: Mit Georg Kaiser Beginn der Arbeit an einem zweiten Operneinakter.
Ende März: Weill erhält vom Festival Deutsche Kammermusik Baden-Baden den Auftrag für eine Kurzoper.
Ende April: Auf der Suche nach einem geeigneten Libretto erste Arbeitsbegegnung mit Bertolt Brecht im Restaurant Schlichter.
Mai: In gemeinsamer Arbeit entsteht das Songspiel *Mahagonny* (nach den *Mahagonnygesängen* aus Brechts *Hauspostille*). Beide Autoren betrachten es als Vorstufe für eine größere Oper, die aus dem Stoff entstehen soll und an der sie in den nächsten Jahren arbeiten.
17. Juli: Uraufführung von *Mahagonny* auf dem Festival in Baden-Baden (Regie: Brecht und Hans Curjel, Dirigent: Ernst Mehlich, im Sängerensemble Lotte Lenya, die an diesem Abend mit der Interpretation des *Alabama-Songs* ihre Karriere als kongeniale Protagonistin des Weillschen Songstils beginnt).
August: Gemeinsam mit Georg Kaiser Fertigstellung von *Der Zar läßt sich photographieren* (Opera buffa in einem Akt, Libretto: Georg Kaiser), op. 21. *Vom Tod im Wald* (Ballade für eine Baß-Stimme und zehn Bläser; Text: Bertolt Brecht), op. 23.
Oktober: Umfangreiche rein instrumentale Bühnenmusik zu August Strindbergs Schauspiel *Gustav III.* (Premiere: 29. Oktober im Theater in der Königgrätzer Straße Berlin; Regie: Victor Barnowsky, Dirigent: Walter Goehr).

1928 18. Februar: Uraufführung *Der Zar läßt sich photographieren* im Neuen Theater Leipzig (Regie: Walther Brügmann, Dirigent: Gustav Brecher).
März: Bühnenmusik für die Aufführung von Leo Lanias Stück *Konjunktur* durch die Piscatorbühne (Premiere: 8. April im Lessingtheater Berlin; Regie: Erwin Piscator, Dirigent: Edmund Meisel). Darin enthalten u. a. der Song *Die Muschel von Margate* (Text: Felix Gasbarra).
April: Instrumentale Bühnenmusik zu Arnolt Bronnens Stück *Katalaunische Schlacht* (Premiere: 25. April im Staatlichen Schauspielhaus Berlin; Regie: Heinz Hilpert).
Mai: Gemeinsam mit Lotte Lenya, Brecht und Helene Weigel Reise an die französische Riviera. In Le Lavandou entstehen große Teile der *Dreigroschenoper.*
Juni/Juli: Weiterarbeit am Stück in Berlin.
August: Gemeinsam mit Brecht, dem Regisseur Erich Engel und dem musikalischen Leiter Theo Mackeben entsteht während der Proben die endgültige Fassung von *Die Dreigroschenoper* (Ein Stück mit Musik nach John Gays *The Beggar's Opera*, übersetzt von Elisabeth Hauptmann, deutsche Bearbeitung von Bertolt Brecht, Musik von Kurt Weill), die erst nach der Generalprobe fertiggestellt wird.
31. August: Uraufführung *Die Dreigroschenoper* im Theater am Schiffbauerdamm Berlin.
Oktober: Weill und Lenya beziehen ihre erste eigene Wohnung, Berlin-Westend, Bayernallee 14
Im Auftrag des Berliner Magistrats entsteht für das Festival »Berlin im Licht« ein gleichnamiger Song.
November: Bühnenmusik zu Lion Feuchtwangers Stück *Die Petroleuminseln* (Premiere: 28. November im Staatlichen Schauspielhaus Berlin; Regie: Jürgen Fehling). Darin enthalten u. a. der »Petroleum-Song« *Das Lied von den braunen Inseln* (Text von Feuchtwanger).
Dezember: Als Reaktion auf die zunehmende Integration der *Dreigroschenoper*-Songs in die Bereiche der Tanz- und Unterhaltungsmusik schreibt Weill eine Suitenfassung *Kleine Dreigroschenmusik für Blasorchester.*
Im Auftrag der Reichs-Rundfunkgesellschaft ent-

steht *Das Berliner Requiem* (Kantate für Tenor, Bariton, Männerchor und Blasorchester nach Gedichten von Bertolt Brecht).

1929 7. Februar: Uraufführung der *Kleinen Dreigroschenmusik* durch die Preußische Staatskapelle Berlin, Dirigent: Otto Klemperer.

März: Weill in Wien anläßlich der dortigen Erstaufführung der *Dreigroschenoper.*

April: Nach zweijähriger Arbeit Fertigstellung der ersten Fassung von *Aufstieg und Fall der Stadt Mahagonny* (Oper in drei Akten, Text von Bertolt Brecht).

Mai: Im Auftrag des Festivals Deutsche Kammermusik Baden-Baden entsteht die erste Fassung des Radiolehrstücks *Der Lindberghflug* (Text: Bertolt Brecht, Musik von Kurt Weill und Paul Hindemith).

22. Mai: Ursendung des *Berliner Requiems* durch den Frankfurter Sender (Dirigent: Ludwig Rottenberg).

27. Juli: Uraufführung *Der Lindberghflug* in Baden-Baden. Weill zieht danach seine komponierten Teile zurück und beschließt, das ganze Stück neu zu komponieren.

Juli/August: Arbeit mit Brecht an den Songs und Chören zu dem Stück mit Musik *Happy End* (von Dorothy Lane, d. i. Elisabeth Hauptmann; mit Songs von Brecht und Weill). Die Premiere am 2. September im Theater am Schiffbauerdamm wird auf Grund des schwachen Stücktextes ein Mißerfolg.

Ende August: Bühnenmusik zu Büchners Drama *Dantons Tod* (Premiere: 1. September in der Volksbühne am Bülowplatz).

November: Der Berliner Schubert-Chor unter Leitung von Karl Rankl bringt zwei A-cappella-Chöre nach Texten von Brecht zur Uraufführung: *Zu Potsdam unter den Eichen* und *Die Legende vom toten Soldaten.*

5. Dezember: Uraufführung der zweiten Fassung von *Der Lindberghflug* (Kantate für Tenor, Bariton, Baß, gemischten Chor und Orchester) in der Berliner Krolloper, Dirigent: Otto Klemperer.

1930 9. März: Die Uraufführung von *Aufstieg und Fall der Stadt Mahagonny* im Neuen Theater Leipzig (Regie: Walther Brügmann, Dirigent: Gustav Brecher) gerät zu einem der größten Theaterskandale der Weimarer Republik. Erstmals organisierte Störaktionen der rechten politischen Kräfte gegen die »Kulturbolschewisten« Weill und Brecht.

Januar–Mai: Arbeit an *Der Jasager* (Schuloper in zwei Akten, Text: Bertolt Brecht nach dem japanischen Stück *Taniko*) im Auftrag des Festivals Neue Musik Berlin 1930.

23. Juni: Uraufführung *Der Jasager* im Zentralinstitut für Unterricht und Erziehung Berlin (Regie: Brecht und Neher, Dirigent: Kurt Drabek). Nachdem das Festival Neue Musik Brecht/Eislers *Die Maßnahme* abgelehnt hatte, zog Weill auch den *Jasager* vom Festival zurück, die Uraufführung fand unabhängig davon als »Gegenveranstaltung« statt.

Sommer 1930: Auf Grund wachsender ästhetischer wie politischer Divergenzen vorläufiges Ende der Zusammenarbeit mit Brecht.

August: Beginn der Zusammenarbeit mit Caspar Neher an einem neuen großen Opernprojekt.

19. Oktober – 4. November: Brecht und Weill führen gegen die Nero-Film AG einen Prozeß wegen Mißachtung ihrer Autorenrechte und Intentionen bei der geplanten Verfilmung der *Dreigroschenoper.* Der »Dreigroschenprozeß« endet mit Vergleichen.

1931 Februar: Premiere des Films *Die Dreigroschenoper* (Regie: G. W. Pabst). Die gleichzeitig gedrehte französische Version *L'opéra de quat' sous* macht Weills Songs außerordentlich populär in Frankreich.

Mai–Juli: Ausgedehnte Reise nach Frankreich und Spanien, dort weitere Arbeit mit Neher an der neuen Oper.

Oktober: In Berlin Fertigstellung von *Die Bürgschaft* (Oper in drei Akten, Text von Caspar Neher, nach Johann Gottfried Herders *Der afrikanische Rechtsspruch*).

21. Dezember: Berliner Erstaufführung von *Aufstieg und Fall der Stadt Mahagonny* im Theater am Kurfürstendamm (Regie: Neher, Dirigent: Alexander von Zemlinsky). Für die von Ernst Josef Aufricht produzierte Aufführung (in den Hauptrollen mit Harald Paulsen, Lotte Lenya und Trude Hesterberg singende Schauspieler) nimmt Weill Änderungen und Reduzierungen vor. Im Verlauf der Probenarbeit kommt es zum Bruch mit Brecht.

1932 März: Weill kauft ein Haus und zieht in den Berliner Künstlervorort Kleinmachnow, Wißmannstraße 7. Lenya ist mit Piscator zu Filmarbeit in der Sowjetunion.

10. März: Uraufführung *Die Bürgschaft* an der Städtischen Oper Berlin (Regie: Carl Ebert, Dirigent: Fritz Stiedry). Erneut politische Störmanöver und offene Drohungen durch Deutschnationale und Nationalsozialisten.

26. April: Wiener Erstaufführung von *Aufstieg und Fall der Stadt Mahagonny* mit Lotte Lenya als Jenny. Im Verlauf der Proben lernt sie den Sänger Otto Pasetti kennen und beschließt, mit ihm zusammenzuleben. Weill willigt in die Trennung ein, die Scheidung wird vorbereitet.

August: Nachdem der Kontakt zu Georg Kaiser nie abgerissen war, beschließen beide die erneute Zusammenarbeit an einem gemeinsamen Projekt. Bis Ende Oktober Arbeit an *Der Silbersee* (Ein Wintermärchen in drei Akten).

11. Dezember: Umjubelte Aufführung des Songspiels *Mahagonny* und der Schuloper *Der Jasager* in Paris. Weills Name wird nach dem Erfolg des *Dreigroschenoper*-Films nun auch in den führenden Pariser Musikkreisen zum Begriff.

1933 18. Februar: Reichlich zwei Wochen nach Hitlers Machtantritt Ringuraufführung *Der Silbersee* in Leipzig, Magdeburg und Erfurt. Wütende Proteste der Nazipresse führen zur Absetzung an allen drei Theatern Ende Februar/Anfang März.

21. März: Weill verläßt Deutschland. Caspar und Erika Neher bringen ihn mit ihrem Wagen nach Frankreich.

23. März: Ankunft in Paris. Weill wohnt zunächst im Hotel Splendide, danach ab Mitte April in der Stadtwohnung des Vicomte de Noailles.

April: Kompositionsauftrag für die Truppe »Les Ballets 1933«. Für das Projekt eines »ballet chanté« verhandelt Weill mit Jean Cocteau wegen des Librettos. Als dieser ablehnt, schlägt der Financier Edward James Brecht als Autor vor, Weill willigt ein.

Mitte April: Brecht nimmt die Einladung an und reist aus Carona (Schweiz) nach Paris. In gemeinsamer Arbeit entsteht *Die sieben Todsünden* (Ballett mit Gesang in 9 Bildern, Text: Bertolt Brecht).

7. Juni: Uraufführung *Die sieben Todsünden* im Théâtre des Champs-Élysées Paris (Dirigent: Maurice Abravanel, mit Lotte Lenya und Tilly Losch in den Hauptrollen).

1. Juli: Die Truppe ist von Paris nach London gereist, dort erlebt Weills Ballett seine Erstaufführung unter dem Titel *Anna-Anna.*

Juli–August: Erholungsreise nach Italien und in die Schweiz.

18. September: Die Scheidung von Lotte Lenya wird rechtskräftig. Beide bleiben in freundschaftlichem Briefkontakt und treffen sich während verschiedener Aufführungen gelegentlich wieder.

31. Oktober: Nachdem die Universal-Edition am 3. Oktober den Verlagsvertrag mit Weill gekündigt hat, Abschluß eines neuen Vertrages mit dem Pariser Verlag Heugel.

Zwei Chansons: *Es regnet* (Text: Jean Cocteau) und *Der Abschiedsbrief* (Text: Erich Kästner).

3. November: Ursendung *La grande complainte de Fantomas* (15minütige Radio-Ballade, Text: Robert Desnos) bei Radio Paris (Regie: Antonin Artaud, Dirigent: Alejo Carpentier).

Anfang November: Weill zieht in den Pariser Vorort Louveciennes.

Dezember: Reise nach Rom zur italienischen Erstaufführung von *Mahagonny* und *Der Jasager* (29. Dezember Accademia di Santa Cecilia).

1934 Februar: Im Auftrag der Prinzessin de Polignac Fertigstellung der *Sinfonie Nr. 2*, deren Komposition noch in Berlin begonnen hatte.

Anfang Mai: Zwei Chansons nach Texten von Maurice Magre für die populäre Diseuse Lys Gauty: *Complainte de la Seine* und *Je ne t'aime pas.*

Frühjahr: Gemeinsam mit Robert Vambery (ehemaliger Dramaturg des Theaters am Schiffbauerdamm) Beginn der Arbeit an der Operette *Der Kuhhandel.*

Mitte Mai–Juli: Erholungsreise in die Schweiz und nach Italien.

18. Juni: In Venedig Begegnung mit Max Reinhardt und dem amerikanischen Produzenten Meyer Weisgal. Erste Absprachen für ein großes musikalisches Bibeldrama *Der Weg der Verheißung* (Text: Franz Werfel).

Herbst: Gleichzeitige Arbeit an *Der Kuhhandel, Der Weg der Verheißung* und an dem Stück mit Musik *Marie Galante* (Text: Jacques Déval).

11. Oktober: Uraufführung der *Sinfonie Nr. 2* durch das Concertgebouw Orchester Amsterdam, Dirigent: Bruno Walter.

22. Dezember: Uraufführung *Marie Galante* im Théâtre de Paris wird ein Mißerfolg.

1935 Januar–Juni: Weill in London. Weiterarbeit an *Der Weg der Verheißung.* Da sich eine Aufführungsmöglichkeit für das Projekt *Der Kuhhandel* ergibt, Abbruch der Arbeit an dem deutschen Originalstoff von Vambery und Herstellung einer englischen Variante unter dem Titel *A Kingdom for a Cow* (Buch: Reginald Arkell, Songtexte: Desmond Carter).

Mai: Lotte Lenya kommt nach London. Beide beschließen, wieder zusammenzuleben.

28. Juni: Uraufführung *A Kingdom for a Cow* im Savoy Theater London wird ein Mißerfolg.

Sommer: Weills Eltern emigrieren nach Palästina.

Juli: Mit Lenya zurück nach Louveciennes.

August: Weill in Salzburg. Vorläufiger Abschluß der Komposition von *Der Weg der Verheißung.*

Mitte August: Besprechungen mit Reinhardt, Werfel und Weisgal zum Projekt. Vorgesehen wird die Premiere für den Januar 1936 in New York. Weill soll als Mitarbeiter des Produktionsteams an der amerikanischen Bearbeitung mitwirken und dafür noch einige zusätzliche Nummern schreiben. Lenya erhält ein Rollenangebot für das Stück. Weisgal lädt die beiden ein, mit ihm nach New York zu fahren.

10. September: Ankunft von Weill und Lenya in New York. Beide wohnen für die nächsten drei Monate im Hotel St. Moritz am Central Park.

Herbst: Arbeit an *The Eternal Road,* wie das Bibeldrama jetzt heißt.

Oktober: Während einer Probe zu *Porgy and Bess* Begegnung mit George und Ira Gershwin.

November: Begegnung mit Brecht, der zur New Yorker Aufführung von *Die Mutter* gekommen ist; sowie mit dem Komponisten Marc Blitzstein.

Dezember: Die American League of Composers veranstaltet in New York einen Weill-Abend, auf dem Lotte Lenya singt. Die Aufnahme beim Auditorium ist kühl.

1936 Januar: Die geplante Premiere *The Eternal Road* wird aus finanziellen Gründen für unbestimmte Zeit verschoben. Weill und Lenya ziehen in das billigere Hotel Park Crescent um.

März: Durch den Regisseur Lee Strasberg Kontakte zum Group Theatre New York. Erste Pläne für ein musikalisches Stück.

Mai: Mit der Regisseurin Cheryl Crawford vom Group Theatre Reise nach Chapel Hill, North Carolina zu dem Dramatiker Paul Green. Erste Zusammenarbeit für das Stückprojekt *Johnny Johnson.*

Juni–August: Weill und Lenya nehmen gemeinsam mit Paul Green am »Sommerkurs« des Group Theatre in Pine Brook, Trumbull, Connecticut, teil. Weill hält Lectures über Theatermusik und arbeitet mit Green weiter an *Johnny Johnson.*

September: Rückkehr nach New York. Cheryl Crawford überläßt Weill und Lenya für ein Jahr ihr Appartement in der 51. Straße.

19. November: Uraufführung *Johnny Johnson* im 44th Street Theatre New York (Regie: Lee Strasberg, Dirigent: Lehman Engel). Mit 68 Aufführungen wird die Produktion ein Achtungserfolg, Weills Musik erhält viel Anerkennung.

1937 4. Januar: Nach mehreren Verschiebungen Uraufführung von *The Eternal Road* im Manhattan Opera House New York (Regie: Max Reinhardt, Dirigent: Isaac van Grove, Miriam: Lotte Lenya). Die monumentale Produktion erlebt 153 Aufführungen.

19. Januar: Wiederheirat von Weill und Lenya in North Castle, Westchester County, nahe New York.

Ende Januar–Anfang Juli: Aufenthalt in Hollywood, zahlreiche Begegnungen und Arbeitskontakte. Erste Absprachen für eine Filmarbeit mit Fritz Lang. Weill schreibt die (später nicht verwendete) Musik für den Spanienfilm *Blockade* (Regie: W. Dieterle).

August: In Chapel Hill, North Carolina, Besprechungen mit Paul Green zu einem Stückprojekt für das Federal Theatre.

27. August: Kurzreise mit Lenya nach Kanada, bei der Wiedereinreise in die USA erhalten beide ein Immigrant Visa und beantragen die Staatsbürgerschaft der USA.

September: Weill und Lenya beziehen ein eigenes Doppel-Appartement in der 62. Straße in New York.

September–Dezember: Gemeinsam mit dem Dramatiker Hofmann R. Hays Arbeit an dem Stück *Davy Crockett* für das Federal Theatre.

1938 Frühjahr: Abbruch der Arbeit an *Davy Crockett.* Begegnung mit dem Dramatiker Maxwell Anderson und Vereinbarung einer Zusammenarbeit an einem Stoff von Washington Irving.

März–Mai: In Hollywood Arbeit an der Filmmusik *You and Me* (Regie: Fritz Lang).

Sommer: Weill und Lenya mieten ein Haus in Suffern, nahe New York. Gemeinsam mit Maxwell Anderson, der unweit davon in New City lebt, Arbeit an *Knickerbocker Holiday*.

19. Oktober: Uraufführung *Knickerbocker Holiday* im Barrymore Theatre New York (Regie: Joshua Logan, Dirigent: Maurice Abravanel). Mit 168 Aufführungen wird die Produktion zum Erfolg. Der Schauspieler Walter Huston kreiert mit dem *Septembersong* Weills ersten »Hit« in den USA.

1939 30. April: Auf der New Yorker Weltaustellung Uraufführung des Massenspiels *Railroads on Parade*, das Weill für die Ausstellung der Eisenbahnindustrie geschrieben hat.

Juni: Weill wird Mitglied der amerikanischen Komponistenvereinigung ASCAP.

Sommer: Gemeinsam mit Maxwell Anderson in Malibu, Kalifornien. Arbeit an dem unvollendeten Stückprojekt *Ulysses Africanus*.

November: Bühnenmusik zu dem Stück *Madam, Will You Walk?* von Sidney Howard.

Dezember: Bühnenmusik zu dem Stück *Two on an Island* von Elmer Rice. Liedkompositionen: *Stopping by Woods on a Snowy Evening* (Robert Frost) und *Nannas Lied* (Bertolt Brecht).

1940 4. Februar: Ursendung der gemeinsam mit Maxwell Anderson geschriebenen Rundfunkkantate *The Ballad of Magna Carta* durch CBS New York (Dirigent: Mark Warnow).

Februar–November: Gemeinsame Arbeit mit Moss Hart und Ira Gershwin an dem Musical Play *Lady in the Dark*.

1941 23. Januar: Uraufführung *Lady in the Dark* im Alvin Theatre New York (Regie: Hassard Short, Dirigent: Maurice Abravanel). Die Inszenierung mit Gertrude Lawrence in der Hauptrolle erlebt 467 Aufführungen und gerät zum ausgesprochenen Erfolg.

Anfang Mai: Paramount erwirbt die Filmrechte an *Lady in the Dark*.

21. Mai: Weill und Lenya kaufen in New City ein Haus in unmittelbarer Nachbarschaft von Maxwell Anderson.

5. Oktober: Uraufführung des Massenspiels *Fun to Be Free* im Madison Square Garden New York (Dirigent: Simon Rady).

1942 Frühjahr: Nach dem Eintritt der USA in den zweiten Weltkrieg beginnt Weill mit der Arbeit an verschiedenen Projekten für den amerikanischen »War effort«.

Januar: Drei *Walt Whitman Songs*.

Februar: Musik zu dem Radioprogramm *Your Navy* von Maxwell Anderson.

März: Vier patriotische Melodramen für die Schauspielerin Helen Hayes.

April: Weill wird Vorsitzender des Produktionskomitees der »Lunch Hour Follies«, einer Veranstaltungsreihe für die Arbeiter großer Munitionsfabriken und Marinewerften an der Ostküste der USA. Frühjahr und Sommer: Verschiedene Propagandasongs für die Produktionen der »Lunch Hour Follies« nach Texten von Maxwell Anderson, Oscar Hammerstein u. a.

Liedkompositionen: *Song of the Free* (Archibald Mac Leish), *Und was bekam des Soldaten Weib?* (Bertolt Brecht).

August: *Russian War Relief* nach einem Text von J. P. McEvoy.

Spätsommer: Erste Absprachen mit Cheryl Crawford für eine neue Musical-Produktion am Broadway.

Anfang Oktober: Weill in Hollywood, in Santa Monica erste Wiederbegegnung mit Brecht seit 1935.

1943 9. März: Uraufführung des Massenspiels *We Will Never Die* im Madison Square Garden New York (Dirigent: Isaac van Grove).

Juni–September: Gemeinsam mit Ogden Nash und S. J. Perelman Arbeit an dem Musical Play *One Touch of Venus*.

Mai: Brecht und Ruth Berlau für einige Tage zu Besuch bei Weill in New City, Pläne für eine (nicht ausgeführte) *Schwejk*-Oper.

Juni: Weill in Hollywood gelegentlich der Verfilmungen von *Lady in the Dark* und *Knickerbocker Holiday*. Erneuter Besuch bei Brecht in Santa Monica.

27. August: Weill und Lenya erhalten die Staatsbürgerschaft der USA.

7. Oktober: Uraufführung *One Touch of Venus* im Imperial Theatre New York (Regie: Elia Kazan, Dirigent: Maurice Abravanel). Mit 567 Aufführungen wird die Produktion erneut ein großer Erfolg.

November: Weill geht für sechs Monate nach Hollywood, wo er gemeinsam mit Ira Gershwin den

Musical-Film *Where Do We Go From Here?* für die »Anti-Nazi-Produktion« der 20th Century Fox schreibt (Regie: Gregory Ratoff).

1944 Frühjahr: Besprechungen mit Brecht für *Der gute Mensch von Sezuan.* Liedkomposition für das Office of War Information: *Wie lange noch?* (Walter Mehring).

April–Mai: Musik für den Anti-Nazi-Dokumentarfilm *Salute to France* (Regie: Jean Renoir).

Mai: Beginn der Zusammenarbeit mit Ira Gershwin und Edwin Justus Mayer an der Operette *The Firebrand of Florence.*

1945 22. März: Uraufführung *The Firebrand of Florence* im Alvin Theatre New York (Regie: John Murray Anderson, Dirigent: Maurice Abravanel). Die Produktion muß nach 43 Aufführungen abgesetzt werden und wird damit Weills einziger Mißerfolg am Broadway.

April–Juni: Weill erneut in Hollywood anläßlich der Verfilmung von *One Touch of Venus.*

August–November: Gemeinsam mit Arnold Sundgaard Arbeit an der ersten Fassung einer (nicht gesendeten) Funkoper *Down in the Valley.*

1946 Januar–November: Fast ganzjährige Arbeit mit Elmer Rice und Langston Hughes an der Broadway-Oper *Street Scene.*

März: *Kiddush* für Kantor, Chor und Orgel.

1. August: Weill wird Mitglied der »Playwrights' Company«.

5. September: Uraufführung des Massenspiels *A Flag Is Born* im Alvin Theatre New York (Dirigent: Isaac van Grove).

1947 9. Januar: Uraufführung *Street Scene* im Adelphi Theatre New York (Regie: Charles Friedman, Dirigent: Maurice Abravanel). Mit 148 Aufführungen erlebt Weill den Erfolg seiner Bemühungen um ein neues Genre des Musiktheaters am Broadway.

März: Erste Gespräche mit Alan Jay Lerner wegen eines neuen Musical-Projekts.

6. Mai–12. Juni: Europareise. Weill besucht Großbritannien, Frankreich, die Schweiz und fährt nach Palästina, wo er erstmals seit 1933 seine Eltern wiedertrifft.

November: *Hatikvah,* Arrangement der Nationalhymne Israels für Orchester.

1948 Frühjahr: Für eine Aufführung an der University of Indiana Herstellung einer neuen Fassung von *Down in the Valley.*

15. Juli: Uraufführung *Down in the Valley* durch das Opera Departement der University of Indiana in Bloomington in Anwesenheit von Weill.

Sommer: Gemeinsam mit Alan Jay Lerner Arbeit an dem Vaudeville *Love Life.*

7. Oktober: Uraufführung *Love Life* am 46th Street Theatre New York (Regie: Elia Kazan, Dirigent: Joseph Littau). Mit 252 Aufführungen ist die Produktion ein mittlerer Erfolg.

1949 Februar–September: Gemeinsam mit Maxwell Anderson Arbeit an der Musical Tragedy *Lost in the Stars.*

30. Oktober: Uraufführung *Lost in the Stars* am Music Box Theatre New York (Regie: Rouben Mamoulian, Dirigent: Maurice Levine). Mit 252 Aufführungen ein großer Erfolg für das anspruchsvolle Werk.

1950 Januar–März: Gemeinsam mit Maxwell Anderson Arbeit an der unvollendeten Musicalfassung von Mark Twains *Huckleberry Finn.*

3. März: Weill feiert in New City seinen 50. Geburtstag.

17. März: Koronarthrombose, am 19. März Überführung in das New Yorker Flower Hospital.

3. April: Kurt Weill stirbt im Krankenhaus.

5. April: Beisetzung auf dem Friedhof Mount Repose in Haverstraw nahe New City.

10. Juli: Gedenkkonzert für Weill im Lewisohn Stadium New York mit einer Trauerrede von Maxwell Anderson.

LITERATURVERZEICHNIS

1. Bücher

A) Der Komponist Kurt Weill

Drew, David: Kurt Weill. A Handbook. London 1987
Drew, David (Hrsg.): Über Kurt Weill. Frankfurt am Main 1975
Iwabuchi, Tatsuji und Erina Hayasaki: Kurt Weill. Brecht Engeki Kara Broadway Musical Made. Tokio 1985
Jarman, Douglas: Kurt Weill. An Illustrated Biography. London 1982
Kotschenreuther, Helmut: Kurt Weill. Berlin (West) 1962
Kowalke, Kim H.: Kurt Weill in Europe. Ann Arbor 1979
Kowalke, Kim H. (Hrsg.): A New Orpheus. Essays on Kurt Weill. New Haven 1986 (Die Beiträge dieses Bandes sind unter *Aufsätze* verzeichnet)
Marx, Henry (Hrsg.): Weill–Lenya. New York 1976
Mercado, Mario R. (Hrsg.): Kurt Weill. A Guide To His Works. New York/Valley Forge 1989
Sanders, Ronald: The Days Grow Short. The Life and Music of Kurt Weill. New York 1980 – deutsche Ausgabe: Kurt Weill. München 1980
Schebera, Jürgen: Kurt Weill – Für Sie porträtiert. Leipzig 1980
Schebera, Jürgen: Kurt Weill – Leben und Werk. Mit einem Anhang: Texte und Materialien von und über Kurt Weill. Leipzig und Kronstein/Taunus 1983
Spoto, Donald: Lenya. A Life. Boston/Toronto/London 1989
Wagner, Gottfried: Weill und Brecht. Das musikalische Zeittheater. München 1977 – Reprint: Tokio 1984
Weill, Kurt: Ausgewählte Schriften. Hrsg. David Drew. Frankfurt am Main 1975
Weill, Kurt: Musik und Theater. Gesammelte Schriften. Mit einem Anhang: Ausgewählte Gespräche und Interviews. Hrsg. Stephen Hinton und Jürgen Schebera. Berlin (DDR) 1990

B) Einzelne Werke von Kurt Weill

Cook, Susan: Opera for a New Republic. Ann Arbor 1988
Csampai, Attila und Dietmar Holland (Hrsg.): Brecht/Weill *Die Dreigroschenoper* – Strawinsky *The Rake's Progress*. Reinbek 1987
Dümling, Albrecht: Laßt euch nicht verführen. Brecht und die Musik. München 1985
Engelhardt, Jürgen: Gestus und Verfremdung. Studien zum Musiktheater bei Strawinsky und Brecht/Weill. München 1984
Hecht, Werner (Hrsg.): Brechts *Dreigroschenoper.* Frankfurt am Main 1985
Heister, Hanns-Werner; Johannes Hodek u. Sabine Schutte: Musiktheater. Musik und Wirklichkeit in der Oper. Stuttgart 1981
Hennenberg, Fritz: Das große Brecht-Liederbuch. 3 Bände. Berlin (DDR) und Frankfurt am Main 1984
Hennenberg, Fritz (Hrsg.): Brechts *Mahagonny.* Frankfurt am Main 1990
Hinton, Stephen (Hrsg.): Kurt Weill: *The Threepenny Opera.* Cambridge Opera Handbooks. Cambridge 1990
Knopf, Jan: Brecht-Handbuch. Theater. Stuttgart 1980
Les Ballets 1933. Ausstellungskatalog. Brighton 1987
Lucchesi, Joachim und Ronald K. Shull: Musik bei Brecht. Mit einem Verzeichnis der Brecht-Vertonungen. Berlin (DDR) und Frankfurt am Main 1988
Unseld, Siegfried (Hrsg.): Bertolt Brechts Dreigroschenbuch. Frankfurt am Main 1960

C) Zeitgenossen und Mitarbeiter

Adorno, Theodor W.: Moments musicaux. Neu gedruckte Aufsätze 1928–1962. Frankfurt am Main 1964
Anderson, Maxwell: Dramatist in America. The Letters of Maxwell Anderson 1912–1958. Chapel Hill 1977
Atkinson, Brooks: Broadway. New York 1974
Aufricht, Ernst Josef: Erzähle, damit du dein Recht erweist. München 1969
Beaumont, Antony: Busoni the Composer. Bloomington 1985
Bekker, Paul: Wandlungen der Oper. Zürich 1934
Brecht, Bertolt: Briefe. Frankfurt am Main 1981

Busoni, Ferruccio: Entwurf einer neuen Ästhetik der Tonkunst. Leipzig 1916
Busoni, Ferruccio: Selected Letters. Ed. by Antony Beaumont. New York 1987
Clurman, Harold: The Fervent Years. New York 1966
Copland, Aaron: Copland on Music. Garden City 1960
Crawford, Cheryl: One Naked Individual. New York 1977
Curjel, Hans: Experiment Krolloper 1927–1931. München 1975
Curjel, Hans: Synthesen. Hamburg 1966
Danzi, Michael: American Musician in Germany 1924 bis 1939. Schmitten 1986
Dümling, Albrecht und Peter Girth (Hrsg.): Entartete Musik. Eine Kommentierte Rekonstruktion. Ausstellungskatalog. Düsseldorf 1988
Eckardt, Wolf und Sander L. Gillman: Bertolt Brechts Berlin. A Scrapbook of the Twenties. Garden City 1975
Einem, Gottfried v. und Siegfried Melchinger (Hrsg.): Caspar Neher. Velber 1966
Engel, Lehman: This Bright Day. New York 1974
Gershwin, Ira: Lyrics on Several Occasions. New York 1959
Green, Paul: Drama and the Weather. New York 1958
Green, Stanley: The World of Musical Comedy. San Diego 1980
Hart, Moss: Act One. New York 1959
Heinsheimer, Hans W.: Menagerie in F Sharp. Garden City 1947
Heinsheimer, Hans W.: Best Regards to Aida. New York 1968
Hermand, Jost und James Steakley (Hrsg.): Writings of German Composers. New York 1984
Hermann, Dorothy: S. J. Perelman. A Life. New York 1986
Heyworth, Peter: Otto Klemperer: His Life and Times. Cambridge 1983
Jablonski, Edward und Lawrence D. Stewart: The Gershwin Years. Garden City 1958
Kenworthy, B. J.: Georg Kaiser. Oxford 1957
Kliemann, Helga: Die Novembergruppe. Berlin (West) 1969
Lerner, Alan Jay: The Musical Theatre. New York 1986
Lyon, James K.: Bertolt Brecht in America. Princeton 1980 – deutsche Ausgabe: Frankfurt am Main 1987
Logan, Joshua: Josh. New York 1974
Marx, Henry: Die Broadway-Story. Eine Kulturgeschichte des amerikanischen Theaters. Düsseldorf 1987
Mittenzwei, Werner: Das Leben des Bertolt Brecht oder Der Umgang mit den Welträtseln. Berlin (DDR) 1987
O'Connor, John und Lorraine Brown: The Federal Theatre Project. London 1980
Panofsky, Walter: Protest in der Oper. Das provokative Musiktheater der zwanziger Jahre. München 1966
Paulsen, Wolfgang: Georg Kaiser. Die Perspektiven seines Werkes. Tübingen 1960
Prieberg, Fred K.: Musik im NS-Staat. Frankfurt am Main 1982
Rice, Elmer: Minority Report. New York 1963
Schebera, Jürgen: Gustav Brecher und die Leipziger Oper 1923–1933. Leipzig 1990
Stuckenschmidt, Hans Heinz: Oper in dieser Zeit. Velber 1964
Stuckenschmidt, Hans Heinz: Ferruccio Busoni. Zürich 1967
Stuckenschmidt, Hans Heinz: Zum Hören geboren. München 1979
Tiessen, Heinz: Zur Geschichte der jüngsten Musik. Mainz 1929
Traber, H. und E. Weisgarten (Hrsg.): Verdrängte Musik. Berlin (West) 1987
Vogel, Wladimir: Schriften und Aufzeichnungen über Musik. Zürich 1977
Völker, Klaus: Bertolt Brecht. Eine Biographie. München 1976
Weisgal, Meyer: So Far. New York 1971
Willett, John: The Theatre of Bertolt Brecht. A Study from Eight Aspects. London 1959
Willett, John: Caspar Neher, Brechts Designer. London 1986

2. Aufsätze

Die nachfolgende Auswahl berücksichtigt größere Arbeiten, verzichtet wird auf kürzere Beiträge in Tageszeitungen sowie auf Rezensionen. Eine Auswahl davon bietet der Band *Über Kurt Weill.*

Abravanel, Maurice: Abravanel Remembers Kurt Weill. In: High Fidelity/Musical America 7/1978
Amzoll, Stefan: Kritik der Radioproduktion. Weill und der Rundfunk. In: Musik und Gesellschaft 10/1983
Bekker, Paul: An Kurt Weill. In: P. B.: Briefe an zeitgenössische Musiker, Berlin 1932

Bekker, Paul: Die neue Oper. In: Musikblätter des Anbruch 1/1925
Bie, Oskar: Stand der Oper. In: Die neue Rundschau 2/1932
Bloch, Ernst: Lied der Seeräuber-Jenny in der *Dreigroschenoper.* In: Anbruch 1/1929
Bruhn, Siglind: Kurt Weill. Violinkonzert. In: Melos 2/1986
Chapman, Alan: Crossing the Cusp: The Schoenberg Connection. In: A New Orpheus, New Haven 1986
Connor, Herbert: Kurt Weill und die Zeitoper. In: Die Musik 11/1932
Cook, Susan C.: *Der Zar läßt sich photographieren*: Weill and Comic Opera. In: A New Orpheus, New Haven 1986
Curjel, Hans: Kurt Weill: Die Anfänge/Die großen Berliner Jahre/Nach 1933. In: Neue Zeitschrift für Musik 8 bis 10/1972
Curjel, Hans: Erinnerungen um Kurt Weill. In: Melos 3/1970
Drew, David: Brecht versus Opera: Some Comments. In: The Score. A Musical Magazine 7/1958
Drew, David: Musical Theatre in the Weimar Republic. In: Proceedings of the Royal Musical Association Vol. 88, London 1962
Drew, David: Reflections on the Last Years: *Der Kuhhandel* as a Key Work. In: A New Orpheus, New Haven 1986
Einstein, Alfred: German Opera, Past and Present. In: Modern Music 1/1934
Engelhardt, Jürgen: Fragwürdiges in der Kurt Weill-Rezeption. Zur Diskussion um einen wiederentdeckten Komponisten. In: Argument-Sonderband 24, Berlin (West) 1976
Engelmann, Hans Ulrich: Kurt Weill – heute. In: Darmstädter Beiträge zur neuen Musik Band 3, Darmstadt 1960
Fleischer, Herbert: Kurt Weill: Versuch einer einheitlichen Stilbetrachtung. In: Anbruch 9/1932
Fuegi, John: Most Unpleasant Things with *The Threepenny Opera:* Weill, Brecht and Money. In: A New Orpheus, New Haven 1986
Goll, Iwan: Flucht in die Oper. In: Blätter der Staatsoper Berlin 2/1927
Graziano, John: Musical Dialects in *Down in the Valley.* In: A New Orpheus, New Haven 1986
Hailey, Christopher: Creating a Public, Addressing a Market: Kurt Weill and Universal Edition. In: A New Orpheus, New Haven 1986
Hartung, Günter: Zur epischen Oper Brechts und Weills. In: Wissenschaftliche Zeitschrift der Martin-Luther-Universität Halle-Wittenberg, Gesellschaftswiss.-sprachwiss. Reihe Heft 8/1959
Heinsheimer, Hans W.: Kurt Weill: From Berlin to Broadway. In: International Musician 3/1948
Hennenberg, Fritz: Weill, Brecht und die *Dreigroschenoper.* In: Österreichische Musikzeitschrift 6/1985
Hinton, Stephen: Weill, *Neue Sachlichkeit*, Surrealism and *Gebrauchsmusik*. In: A New Orpheus, New Haven 1986
Hinton, Stephen: The concept of epic opera: Theoretical anomalies in the Brecht-Weill partnership. In: Festschrift Carl Dahlhaus, Laaber 1988
Hommel, Friedrich: Rückblick auf ein Experiment. Paul Hindemith und Bertolt Brecht. In: Hindemith-Jahrbuch 1977, Mainz 1978
Jarman, Douglas: Weill and Berg: *Lulu* as Epic Opera. In: A New Orpheus, New Haven 1986
Jolles, Heinz: Paraphrase über Kurt Weill. In: Neue Musik-Zeitung 5/1928
Kahnt, Hartmut: Die Opernversuche Weills und Brechts mit *Mahagonny.* In: H. Kühn (Hrsg.): Musiktheater heute, Mainz 1982
Kastner, Rudolf: Kurt Weill – Eine Skizze. In: Musikblätter des Anbruch 10/1925
Kemp, Ian: Weills Harmonik. In: David Drew (Hrsg.): Über Kurt Weill, Frankfurt am Main 1975
Kemp, Ian: Music as Metaphor: Aspects of *Der Silbersee.* In: A New Orpheus, New Haven 1986
Köhn, Eckhardt: Das Ruhrepos. Dokumentation eines gescheiterten Projekts. In: Brecht-Jahrbuch 1977, Frankfurt am Main 1978
Kowalke, Kim H.: *Der Lindberghflug*: Kurt Weills Musical Tribute to Lindbergh. In: Missouri Historical Society Bulletin, April 1977
Kowalke, Kim H.: Kurt Weills European Legacy. In: High Fidelity 7/1987
Kowalke, Kim H.: A Tale of Seven Cities: A Chronicle of the Sins. In: On the Next Wave, Oktober 1985
Kowalke, Kim H.: Looking Back: Toward a New Orpheus. In: A New Orpheus, New Haven 1986
Kowalke, Kim H.: Accounting for success. Misunderstanding *Die Dreigroschenoper.* In: The Opera Quarterly 3/1989

Lenya, Lotte: That Was a Time! In: Theatre Arts 5/1956 – deutsch: Das waren Zeiten! In: Bertolt Brechts Dreigroschenbuch, Frankfurt am Main 1960
Lenya, Lotte: Lenya Remembers *Mahagonny.* In: Begleitheft zur Schallplatte *Aufstieg und Fall der Stadt Mahagonny,* Columbia KL-5271
Lenya, Lotte: Kurt Weills Universal Appeal. In: Music Journal 1/1959
Lenya, Lotte: Gespräch mit Steven Paul. In: Begleitheft zur Schallplattenkassette Kurt Weill, Deutsche Grammophon Gesellschaft 2709-064
Lucchesi, Joachim: Kurt Weill: Meister kunstvoller Trivialität? In: Musik und Gesellschaft 3/1985
Lucchesi, Joachim: »... denn die Zeit kennt keinen Aufenthalt«. Busoni, Weill und Brecht. In: Berliner Begegnungen. Ausländische Künstler in Berlin 1918 bis 1933, Berlin (DDR) 1987
Manning, Susan: Balanchines Two Productions of *The Seven Deadly Sins* 1933 and 1958. In: Dance Chronicle, Jahresband 1986
Meyer-Rähnitz, Bernd: Drei Groschen und mehr. Werke von Brecht/Weill auf 78er-Schallplatten. In: Fox auf 78, Heft 4 (1987) und 5 (1988)
Morley, Michael: »Suiting the Action to the Word«: Some Observations on Gestus and Gestische Musik. In: A New Orpheus, New Haven 1986
Noth, Ernst Erich: Le compositeur Kurt Weill. In: Cahiers du sud 6/1935
Pringsheim, Klaus: Kurt Weill. In: Blätter der Staatsoper Berlin 10/1928
Rienäcker, Gert: Thesen zur Opernästhetik Kurt Weills. In: Jahrbuch Peters 1980, Leipzig 1981
Ringer, Alexander L.: Weill, Schönberg und die »Zeitoper«. In: Die Musikforschung 4/1980
Ringer, Alexander L.: *Kleinkunst* and *Küchenlied* in the Socio-Musical World of Kurt Weill. In: A New Orpheus, New Haven 1986
Rockwell, John: Kurt Weills Operatic Reform and its Context. In: A New Orpheus, New Haven 1986
Schebera, Jürgen: Drei Brecht-Komponisten in den USA: Hanns Eisler, Kurt Weill und Paul Dessau. In: Exil in den USA, Leipzig 1979
Schebera, Jürgen: »Theater der Zukunft?« Weills *Der Jasager* und Eislers *Die Maßnahme.* In: Musik und Gesellschaft 3/1984
Schebera, Jürgen: Kurt Weill und Dessau. In: Dessauer Kalender 1985
Schebera, Jürgen: Georg Kaiser und Kurt Weill: Stationen einer Zusammenarbeit 1924–1933. In: Sinn und Form 1/1986
Schebera, Jürgen: Kurt Weill und das Musiktheater. In: Almanach der Ludwigsburger Schloßfestspiele 1987
Scott, Matthew: Weill in America: The Problem of Revival. In: A New Orpheus, New Haven 1986
Shull, Ronald K.: The Genesis of *Die sieben Todsünden.* In: A New Orpheus, New Haven 1986
Stern, Dietrich: Soziale Bestimmtheit des musikalischen Materials. Hanns Eislers Balladen für Gesang und kleines Orchester und ihre Beziehung zur Musik Kurt Weills. In: Argument-Sonderband 24, Berlin (West) 1976
Stern, Guy: The Road to *The Eternal Road.* In: A New Orpheus, New Haven 1986
Stempel, Larry: *Street Scene* and the Enigma of Broadway Opera. In: A New Orpheus, New Haven 1986
Strobel, Heinrich: Kurt Weill. In: Melos 10/1927
Strobel, Heinrich: Kurt Weill. In: Anbruch 2/1928
Strobel, Heinrich: Situation der Oper. Gespräch mit Kurt Weill. In: Melos 2/1931
Strobel, Heinrich: Erinnerung an Kurt Weill. In: Melos 5/1950
Stuckenschmidt, Hans Heinz: Musik und Musiker in der Novembergruppe. In: Kunst der Zeit, Sonderheft 10 Jahre Novembergruppe, Februar 1928
Waterhouse, John C. G.: Weills Debt to Busoni. In: Musical Times 12/1964
Willnauer, Franz: Vom Schiffbauerdamm zum Broadway – Weg und Werk Kurt Weills. In: Opernwelt 4/1970

AUSWAHLDISKOGRAPHIE

Die Diskographie strebt keine Vollständigkeit an. Sie folgt der Chronologie der Kompositionen und will dem Leser einen Überblick zu vorhandenen Aufnahmen vermitteln.

Nicht aufgenommen wurde die fast unübersehbare Zahl der Adaptionen Weillscher Songs in den Bereichen von Rock, Pop, Jazz und Tanzmusik.

Verzichtet wird gleichfalls auf vorhandene nichtkommerzielle Aufnahmen, Konzertmitschnitte u. ä., da dieses Material nicht öffentlich zugängig ist.

A) Werke von Kurt Weill

Sechs frühe Lieder
nach Texten von Arno Holz und Rainer Marie Rilke

Steven Kimbrough, Bariton Dalton Baldwin, Klavier	USA 1989: Arabesque Recordings 6579

Streichquartett in h-Moll/Streichquartett Nr. 1, op. 8

The Sequoia String Quartett	USA 1984: Nonesuch Records 79071

Sonate für Violoncello und Klavier

Jerry Grossman, Cello Diane Walsh, Klavier	USA 1981: Nonesuch Records 79016

Sinfonie Nr. 1/Sinfonie Nr. 2

BBC Symphony Orchestra, Dirigent: Gary Bertini	Großbritannien 1968: London Enterprise 414660
Gewandhausorchester Leipzig, Dirigent: Edo de Waart	DDR 1975: Eterna 826673

Quodlibet op. 9

Westfälisches Sinfonieorchester Recklinghausen, Dirigent: Siegfried London	USA 1973: Candide QCE 31091

Recordare op. 11

The Tanglewood Festival Chorus, Dirigent: John Oliver	USA 1973: Nonesuch Records 79050

Konzert für Violine und Blasorchester op. 12

Robert Gerle, Violine Orchester unter Leitung von Hermann Scherchen	Großbritannien 1961: Westminster WST 1708
Nona Liddell, Violine The London Sinfonietta, Dirigent: David Atherton	BRD 1976: Deutsche Grammophon 2563586

Der Protagonist

Bis heute fehlt eine Gesamtaufnahme des Operneinakters. Lediglich die *Pantomime I* ist in der aus drei LPs bestehenden Kassette »Kurt Weill« der Deutschen Grammophon von 1976 enthalten:

The London Sinfonietta, Dirigent: David Atherton	BRD 1976: Deutsche Grammophon 2563584

Der Zar läßt sich photographieren

Der *Tango Angèle* wurde 1928 als erste Schellackplatte mit Musik von Kurt Weill veröffentlicht (Beka 6313, Saxophon-Orchester Dobbri). Als LP liegt eine Gesamtaufnahme vor:

Soli, Chor und Kölner Rundfunkorchester Dirigent: Jan Latham-König	BRD 1989: Capriccio 10147

Songspiel Mahagonny

Solisten, Jerusalem Symphony Orchestra, Dirigent: Lucas Foss	USA 1965: Turnabout TV 34675
Solisten, The London Sinfonietta, Dirigent: David Atherton	BRD 1976: Deutsche Grammophon 2563584

Die Dreigroschenoper
In den Jahren 1928 bis 1931 erschienen zahlreiche Schelllackplatten mit Songs aus dem Stück. Von den authentischen Aufnahmen (zumeist mit der Lewis Ruth Band unter Leitung von Theo Mackeben) seien hier genannt: Vier Songs mit Harald Paulsen (Homocord 3747/3748), »Die Songs der Dreigroschenoper« mit Carola Neher und Kurt Gerron (Electrola E. H. 301), »Aus der 3-Groschen-Oper« mit Lotte Lenya, Kurt Gerron, Erika Helmke, Willy Trenk-Trebitsch und Erich Ponto (Telefunken A 752-755, 4 Platten), Zwei Songs mit Carola Neher (Orchestrola 2132) sowie zwei Songs mit Bertolt Brecht (Orchestrola 2131). Zusammen mit Aufnahmen aus der französischen Version der Verfilmung des Stückes (gesungen von Florelle und Albert Préjean) sind verschiedene dieser alten Aufnahmen auf zwei LPs wiederveröffentlicht worden:
BRD 1962: Telefunken TH 97012 (DDR 1964: Eterna 820440)
USA 1969: Vintage F 7850001.
Eine Gesamtaufnahme des Stückes (einschließlich der reinen Textpassagen) fehlt bis heute. 1958 wurde unter Aufsicht von Lotte Lenya eine Gesamtaufnahme aller musikalischen Nummern des Stückes hergestellt:
Wolfgang Neuss (Moritatensänger), Erich Schellow (Macheath), Johanna von Koczian (Polly), Willy Trenk-Trebitsch (Herr Peachum), Trude Hesterberg (Frau Peachum), Lotte Lenya (Jenny)

Chor und Orchester des Senders Freies Berlin, Dirigent: Wilhelm Brückner-Rüggeberg	BRD/USA 1958: Columbia 02S 201

Eine weitere Aufnahme der musikalischen Nummern folgte 1990:
René Kollo (Macheath), Ute Lemper (Polly), Mario Adorf (Herr Peachum), Milva (Jenny)

Rias-Kammerchor und Kammerensemble Dirigent: John Mauceri	Großbritannien 1990: Decca NL 425205

Die Songs in der englischen Übersetzung von Marc Blitzstein *The Threepenny Opera* sind in einer Aufnahme mit der Premierenbesetzung des New Yorker »Theatre de Lys« erschienen:

Scott Merrill (Macheath), Lotte Lenya (Jenny) u. a. Dirigent: Samuel Matlowsky	USA 1956: MGM Records E–SE 3121

Kleine Dreigroschenmusik für Blasorchester
1931 erschien auf Schellackplatten die erste Aufnahme mit der Kapelle der Staatsoper Berlin unter Otto Klemperer (Grammophon 24172/73). Als LP liegen u. a. vor:

Philharmonia Orchestra London, Dirigent: Otto Klemperer	Großbritannien 1960: Angel S 35927
The London Sinfonietta, Dirigent: David Atherton	BRD 1976: Deutsche Grammophon 2563586

Happy End
Auf Schellackplatten erschienen 1929 zwei Songs mit Lotte Lenya (Orchestrola 2311) sowie vier Songs in Instrumentalfassungen mit der Lewis Ruth Band (Electrola E. G. 1569/E. G. 1590).
1956 hat Lotte Lenya alle Songs des Stückes mit Chor und Orchester (Dirigent: Wilhelm Brückner-Rüggeberg) gesungen (Columbia COS 2032). Eine erste annähernd vollständige Aufnahme (leider ohne den *Bilbao-Song*) in originaler Stimmbesetzung erschien 1976 in der Kassette »Kurt Weill«:

Solisten, The London Sinfonietta, Dirigent: David Atherton	BRD 1976: Deutsche Grammophon 2563585

Eine Gesamtaufnahme (einschließlich des Finales »Hosianna Rockefeller«) erschien 1990:

Soli, Pro Musica Köln, Kölner Rundfunkorchester Dirigent: Jan Latham-König	BRD 1990: Capriccio 10285

Vom Tod im Wald

Michael Rippon, Baß; The London Sinfonietta, Dirigent: David Atherton	BRD 1976: Deutsche Grammophon 2563584

Das Berliner Requiem

Solisten, The London Sinfonietta, Dirigent: David Atherton	BRD 1976: Deutsche Grammophon 2563585

Der Lindberghflug
Die erste Fassung des Werkes mit der Musik von Hindemith und Weill ist auf Schellackplatten des Rundfunks erhalten (Aufführung vom 18. März 1930 in der Berliner Philharmonie unter Leitung von Hermann Scherchen).

Die zweite, von Weill allein komponierte Fassung liegt als LP mit dem später von Brecht geänderten Titel *Der Ozeanflug* vor:

Solisten, Universitätschor und Akademische Orchestervereinigung Göttingen, Leitung: Hermann Fuchs	BRD 1978: Thorofon MTH 118
Solisten, Pro Musica Köln, Kölner Rundfunkorchester Dirigent: Jan Latham-König	BRD 1990: Capriccio 10250

Aufstieg und Fall der Stadt Mahagonny
Zwei Songs aus der Oper hat Lotte Lenya 1930 (Homocord H 3671) und 1932 (Telefunken A 371) auf Schellackplatten gesungen. Gleichfalls 1932 erschien bei Electrola (E. H. 736) ein Querschnitt aus der Oper mit dem Ensemble der Berliner Aufführung im Theater am Kurfürstendamm (Lotte Lenya, Harald Paulsen, Trude Hesterberg u. a., Dirigent: Hans Sommer).

Eine Gesamtaufnahme der Oper entstand 1956 unter Aufsicht von Lotte Lenya:

Heinz Sauerbaum (Jim Mahoney), Lotte Lenya (Jenny) u. a., Chor und Orchester des Norddeutschen Rundfunks, Dirigent: Wilhelm Brückner-Rüggeberg	USA 1956 Columbia K3L 243

Eine zweite Gesamtaufnahme folgte 1988:

Wolfgang Neumann (Jim Mahoney), Anja Silva (Jenny) u. a., Pro Musica Köln, Kölner Rundfunkorchester Dirigent: Jan Latham-König	BRD 1988: Capriccio 75159/1–3

Der Jasager

Solisten, Düsseldorfer Kinderchor und Kammerorchester, Dirigent: Siegfried Kohler	USA 1962: MGM Records E 3270

Der Silbersee
Zwei Songs aus dem Stück erschienen Anfang 1933 als letzte Schellackplatte mit Musik von Weill in Deutschland (Gloria G. O. 10703 – mit Ernst Busch, Dirigent: Maurice Abravanel).
Eine erste Gesamtaufnahme aller musikalischen Nummern des Stückes entstand 1989:

Wolfgang Schmidt (Severin), Hans Korte (Olim), Hildegard Heichele (Fennimore) Pro Musica Köln, Kölner Rundfunkorchester Dirigent: Jan Latham-König	BRD 1989: Capriccio 60009

Die amerikanische Fassung *Silverlake* ist in der Aufführung der New York City Opera von 1980 auf LP erschienen:

Olim: Joel Grey, Dirigent: Julius Rudel	USA 1981: Nonesuch Records DB 79003

Eine *Silbersee*-Suite (M. I. T. Symphony Orchestra, Dirigent: David Epstein) erschien 1979 in den USA (Turnabout TV 34760).

Die sieben Todsünden

Lotte Lenya mit Solisten und Orchester, Dirigent: Wilhelm Brückner-Rüggeberg	USA 1956: Columbia CKL 5175
Gisela May mit Solisten, Rundfunk-Sinfonie-Orchester Leipzig, Dirigent: Herbert Kegel	DDR 1967: Eterna 820732
Julia Migenes mit Solisten, London Symphony Orchestra Dirigent: Michael Tilson Thomas	USA 1989: CBS MK 44529

Alle drei genannten Aufnahmen benutzen die um eine Quarte transponierte Fassung für Lotte Lenya von 1956. Erst eine Platte folgt Weills Originalpartitur:

Elise Ross und Solisten City of Birmingham Symphony Orchestra Dirigent: Simon Rattle	Großbritannien 1986: EMI/Angel 37981

Johnny Johnson
Eine Querschnittplatte aus dem Stück wurde 1956 produziert und 1987 wieder veröffentlicht:

Burgess Meredith (Johnny Johnson), Lotte Lenya (Französische Krankenschwester) u. a. Dirigent: Samuel Matlowsky	USA 1956: MGM Records E 3447 USA 1987: Polygram 831384

Knickerbocker Holiday
Erhaltene Schellackplatten mit der Uraufführungsbesetzung von 1939 sowie einige weitere Aufnahmen von 1945 wurden 1984 auf LP veröffentlicht:

Walter Huston (Peter Stuyvesant), Jeanne Madden (Tina) u. a., Dirigent: Maurice Abravanel	USA 1984: AEI Records 1148

The Ballad of Magna Carta

Soli, Pro Musica Köln, Kölner Rundfunkorchester Dirigent: Jan Latham-König	BRD 1990: Capriccio 10250

Lady in the Dark
Ein Querschnitt mit der Premierenbesetzung erschien 1941 auf Schellackplatten als Album bei Victor Records und wurde auf LP wiederveröffentlicht:

Gertrude Lawrence (Liza Elliott) u. a., Dirigent: Maurice Abravanel	USA 1984: AEI Records 1146

Ein weiterer Querschnitt wurde in den sechziger Jahren aufgenommen:

Rise Stevens (Liza Elliott) u. a., Dirigent: Lehman Engel	USA 1964: Columbia OS 2390

Drei Walt Whitman-Songs

William Horne, Tenor Adam Garner, Klavier	USA 1943: Concert Hall Records, Schellack, 2 Platten
Steven Kimbrough, Bariton Dalton Baldwin, Klavier	USA 1988: Arabesque Recordings 6579

Mine Eyes Have Seen the Glory (Patriotische Melodramen)

Helen Hayes, Sprechgesang	USA 1942: RCA Victor Schellack, 2 Platten

One Touch of Venus
Ein Querschnitt mit der Premierenbesetzung erschien Ende 1943 auf Schellackplatten als Album bei Decca und wurde auf LP wiederveröffentlicht:

Mary Martin (Venus), Kenny Baker (Rodney) u. a., Dirigent: Maurice Abravanel	USA 1981: AEI Records 1136

You and Me/Where Do We Go From Here?
Die wichtigsten musikalischen Nummern aus diesen beiden Arbeiten Weills für Hollywood wurden im Original-Filmton auf LP veröffentlicht:

Kurt Weill in Hollywood	USA 1982: Ariel Records KWH 10

Street Scene
Ein Querschnitt mit der Premierenbesetzung erschien 1947 auf Schellackplatten als Album bei Columbia und wurde auf LP wiederveröffentlicht:

Polyna Stoska (Mrs. Maurrant), Anne Jeffreys (Rose), Brian Sullivan (Sam Kaplan) u. a., Dirigent: Maurice Abravanel	USA 1954: Columbia OL 4139

Down in the Valley
Unter Aufsicht Weills entstanden 1949 zwei Querschnittalben auf Schellack, die beide als LP wieder veröffentlicht wurden:

Soli, Chor, Orchester; Dirigent: Peter Hermann Adler	USA 1956: Vintage LPV-503
Soli, Chor, Orchester; Dirigent: Maurice Levine	USA 1953: Decca DL 6017

Love Life
Von dieser Produktion des Jahres 1948 existieren keine Originalaufnahmen. Die wichtigsten Songs des Stückes finden sich in der Interpretation durch Alan Jay Lerner und Kaye Ballard auf der LP:

Lyrics by Lerner	USA 1983: DRG Records Archive MRD 903

Lost in the Stars
Ein Querschnitt mit der Premierenbesetzung erschien 1949 auf Schellackplatten als Album bei Decca und wurde als LP wiederveröffentlicht:

Todd Duncan (Pater Kumalo) u. a., Dirigent: Maurice Levine	USA 1958: Decca DL 79120

B) Kurt Weill und Ira Gershwin als Interpreten eigener Songs
1944/45 wurden in Hollywood private Schellackplatten-Aufnahmen von Arbeitsproben Weills und Gershwins hergestellt. Sie sind auf zwei LPs veröffentlicht worden:

»Tryout« (Ausschnitte aus *One Touch of Venus* und *Where Do We Go From Here?*) — USA 1983: DRG Records MRS 904

Ira Gershwin Loves to Rhyme (Ausschnitte aus *The Firebrand of Florence* und *Where Do We Go From Here?*) — USA 1975: Mark 56 Records 721

C) Songs von Kurt Weill in wichtigen Interpretationen
Die folgende Auswahl aus der großen Zahl von Schallplattenaufnahmen mit Weill-Songs berücksichtigt die wichtigsten international anerkannten Interpretinnen.

Lotte Lenya

Six Songs by Kurt Weill (Klavier: Kurt Weill)	USA 1943: Bost Records, 3 Platten, Schellack
Lotte Lenya Sings Berlin Theater Songs of Kurt Weill Orchester unter Leitung von Roger Bean	USA 1962: Columbia ML 5056
Lotte Lenya Sings American Theater Songs of Kurt Weill Orchester unter Leitung von Maurice Levine	USA 1962: Columbia KL 5229
Die beiden letztgenannten Platten erschienen später auch zusammen als: The Lotte Lenya Album	USA 1966: Columbia MG 30087

Gisela May

Gisela May singt Brecht/Weill Orchester unter Leitung von Heinz Rögner	DDR 1966: Eterna 820427
Gisela May singt Brecht/Weill Orchester unter Leitung von Henry Krtschil	DDR 1988: Eterna 729246

Milva

Milva/Brecht Klavier: Deppe Moraschi	BRD 1975: Metronome Records MLP 15925

Teresa Stratas

The Unknown Kurt Weill Klavier: Richard Woitach (Enthält 14 Platten-Ersteinspielungen von Songs aus Deutschland, Frankreich und den USA)	USA 1981: Nonesuch Records 79019
Stratas Sings Weill Y Chamber Symphony, Dirigent: Gerard Schwarz	USA 1986: Nonesuch Records 79131

Robin Archer

Robin Archer Sings Brecht Vol. I + II The London Sinfonietta, Dirigent: Dominic Muldowney	Großbritannien 1983: I: EMI Records 065 – 221 II: Angel DS 38062

Ute Lemper

Ute Lemper singt Weill Klavier: Jürgen Knieper	BRD 1986: Bayer Records 30018
Ute Lemper Sings Kurt Weill Rias Berlin Kammerensemble Dirigent: John Mauceri	Großbritannien 1989: Decca NL 425204

BILDNACHWEIS

Abbildungsvorlagen stellten freundlicherweise zur Verfügung:

Weill-Lenya Research Center, Kurt Weill Foundation for Music, New York (88)
Weill/Lenya Archive, Yale University, New Haven (13)
Akademie der Künste der DDR, Bertolt-Brecht-Archiv (6)
Akademie der Künste, Berlin (West), Archiv (1)
Irma Bauman, New York (1)
Berliner Ensemble, Archiv (1)
Bertolt Brecht Erben, Berlin (1)
Deutsche Staatsbibliothek Berlin, Musikabteilung (2)
Irene Busch, Berlin (1)
Museum für Geschichte der Stadt Leipzig (5)
Staatsbibliothek Preußischer Kulturbesitz, Berlin(West), Musikabteilung (5)
Stadtarchiv Dessau (8)
Stadtarchiv Lüdenscheid (1)
Stadt- und Universitätsbibliothek Frankfurt am Main (1)
ADN/Zentralbild Berlin (1)
Archiv Schebera, Leipzig (33)

Sämtliche weiteren Abbildungen stammen aus zeitgenössischen Quellen der Jahre 1920 bis 1933 (Bücher, Zeitschriften, Zeitungen). Die Vorlagen stellten freundlicherweise die Deutsche Bücherei Leipzig sowie die Deutsche Staatsbibliothek Berlin zur Verfügung. Ausführung der Reproduktionsarbeiten: Viola Boden, Leipzig.

Die Abbildung Weillscher Autographe erfolgt mit freundlicher Genehmigung der Verlage Universal Edition, Wien *(Happy End, Muschel von Margate, Die Bürgschaft)*, The Richmond Organization/Chappell International, New York *(Lady in the Dark)* sowie European American Music Inc., Valley Forge *(Ofrah's Lieder)*.

PERSONENREGISTER

WEILL-TITELREGISTER

Lizenzausgabe für B. Schott's Söhne, Mainz
mit Genehmigung des VEB Deutscher Verlag für Musik,
Leipzig
Printed in the German Democratic Republic
Gesamtherstellung: Offizin Andersen Nexö,
Graphischer Großbetrieb, Leipzig III/18/38
Schrift: Maxima mager
BSS 46 719
ISBN 3-7957-0208-9